JN062627

新・食品衛生学
第三版

藤井建夫・塩見一雄　著

恒星社厚生閣

はじめに

　私たちが本書の前身に当たる『食品衛生学』（恒星社厚生閣）を刊行したの
は1999年で，その頃は，堺市でのO157事件（1996）やいか乾燥菓子によるサ
ルモネラ食中毒事件（1999）などの大規模食中毒が続発し，さらに内分泌撹
乱乱物質（いわゆる環境ホルモン）や遺伝子組換え食品など，食の安全・安心
を揺るがす新たな問題が起こってきた時期である．また食品衛生法が大幅改正
され（1995），添加物の見直しと総合衛生管理製造過程の承認制度の導入など
が行われた時期でもある．

　食の安全・安心に関してはその後も，2000年の加工乳によるブドウ球菌食
中毒事件では患者数が13,420人に達し，2011年のユッケによるO111事件およ
び2012年の白菜浅漬けによるO157事件では多数の死者を出したことなど，衝
撃的な食中毒事例が続発した．さらにノロウイルス食中毒が大流行し，最近ま
で患者数は毎年1万人以上に及んでいた．これら微生物性食中毒とは別に，
BSE（牛海綿状脳症），食品の偽装表示，輸入野菜の農薬汚染，食物アレルギー，
鮮魚の新しい寄生虫（クドア），東日本大震災（原子力発電所事故）に伴う放
射性汚染物質など，食の安全・安心に関わる問題が相次いで起こっている．

　またこの間，行政面でも食品安全基本法の制定（2003）とそれに伴う食品
衛生法の改正（2003）および食品安全委員会の設置（2003）が行われ，農薬
のポジティブリスト制の導入（2006），生食用食肉の規格基準の設定（2011），
食品中の放射性物質の基準値設定（2012），食品表示法の施行（2015），
HACCPの制度化（2018）など，重要な新しい変化が続いている．

　『食品衛生学』は2007年および2012年に改訂を行い，新たな問題の解説や食
中毒統計の改訂などを行ってきた．さらに2016年には書名を『新・食品衛生学』
と改題し，すでに第二版を刊行したところであるが，さらに2018年の食品衛
生法の改正に対応するため，今般第三版として上梓することとした．

　私たちがこれまで，学校，病院，事業所などの調理の現場や，食品企業の品

質管理や製造現場を見聞してきた中で，本当の意味での衛生管理の専門家が不足しており，その人材の早急な育成が緊要の課題であることを強く感じてきた．その課題に応えるための教科書も，資格試験対策としての知識の習得だけでなく，現場で臨機応変に対応できる思考力の涵養にも資することが重要と考えた．この『新・食品衛生学』が多くの類書に比べて記述が詳細であるのは，執筆に際してこのような考えで取り組んできたためでもある．

　昨今，食品衛生・食品安全をとりまく環境は大きく変化しており，今後も新しい知見が急速に増していくことであろう．このような点については増補や改訂によって補っていきたいと考えている．読者のみなさまにはお気づきの点などがあれば，ご指摘・ご教示をいただければ幸いである．

　最後に，本書の刊行にあたっては，（株）恒星社厚生閣の小浴正博氏に多大なご援助をいただいた．厚くお礼申し上げる次第である．

　　2022年1月

藤井　建夫

塩見　一雄

新・食品衛生学　第三版　目　次

第1章　食品衛生の概念と食品衛生行政 …………………………………… (1)
　1.　食品衛生の概念 …………………………………………………… (1)
　2.　食品衛生行政 ……………………………………………………… (2)
　　2·1　食品衛生に関する法律…(2)　　2·2　食品衛生行政の体制…(4)

第2章　食中毒発生状況 …………………………………………………… (8)
　1.　食中毒とは ………………………………………………………… (8)
　2.　食中毒の分類 ……………………………………………………… (8)
　3.　食中毒発生状況 …………………………………………………… (9)
　　3·1　食中毒統計…(9)　　　3·2　年次別発生状況…(10)
　　3·3　病因物質別発生状況…(12)　　3·4　原因食品別発生状況…(13)
　　3·5　原因施設別発生状況…(13)　　3·6　月別発生状況…(14)

第3章　微生物性食中毒 …………………………………………………… (16)
　1.　わが国の微生物性食中毒の発生状況 ………………………… (16)
　2.　微生物性食中毒の種類 ………………………………………… (19)
　3.　食中毒微生物と食品原材料・加工品との関係 …………… (20)
　4.　主な食中毒微生物の概要 ……………………………………… (22)
　5.　主な微生物性食中毒 …………………………………………… (22)
　　5·1　サルモネラ…(22)　　5·2　腸炎ビブリオ…(28)
　　5·3　カンピロバクター…(32)　　5·4　腸管出血性大腸菌…(35)
　　5·5　ブドウ球菌…(41)　　5·6　ボツリヌス菌…(43)
　　5·7　ウェルシュ菌…(49)　　5·8　セレウス菌…(52)
　　5·9　リステリア…(54)　　5·10　赤痢菌…(57)
　　5·11　ノロウイルス…(60)

第4章　寄生虫性食中毒 …………………………………………………… (64)
　1.　寄生虫性食中毒とは …………………………………………… (64)

　　2.　寄生虫性食中毒の発生状況 ……………………………………（*65*）
　　3.　魚介類から感染する寄生虫 ……………………………………（*66*）
　　　3・1　アニサキス…（*66*）　　3・2　クドア・セプテンプンクタータ…（*68*）
　　　3・3　日本海裂頭条虫…（*70*）　　3・4　肝吸虫…（*71*）
　　　3・5　肺吸虫…（*73*）　　3・6　横川吸虫…（*74*）
　　　3・7　旋尾線虫…（*76*）
　　4.　獣肉から感染する寄生虫 ……………………………………（*77*）
　　　4・1　サルコシスティス・フェアリー…（*77*）
　　　4・2　トキソプラズマ…（*78*）　　4・3　無鉤条虫…（*80*）
　　　4・4　有鉤条虫…（*81*）　　4・5　旋毛虫（トリヒナ）…（*82*）
　　5.　野菜・飲料水から感染する寄生虫 …………………………（*84*）
　　　5・1　クリプトスポリジウム…（*84*）　　5・2　サイクロスポラ…（*86*）
　　　5・3　回　虫…（*87*）

第5章　自然毒食中毒 ……………………………………………（*89*）
　　1.　自然毒食中毒とは ……………………………………………（*89*）
　　2.　動物性自然毒 …………………………………………………（*89*）
　　　2・1　動物性自然毒による食中毒発生状況…（*89*）　　2・2　フグ毒…（*90*）
　　　2・3　フグ以外の魚類の毒…（*96*）　　2・4　貝類の毒…（*101*）
　　　2・5　甲殻類の毒…（*106*）
　　3.　植物性自然毒 …………………………………………………（*107*）
　　　3・1　植物性自然毒による食中毒発生状況…（*107*）
　　　3・2　キノコ毒…（*108*）
　　　3・3　高等植物の毒…（*115*）

第6章　化学性食中毒 ……………………………………………（*123*）
　　1.　化学性食中毒とは ……………………………………………（*123*）
　　2.　化学性食中毒の発生状況 ……………………………………（*123*）
　　3.　有害金属 ………………………………………………………（*125*）
　　　3・1　水銀（Hg）…（*125*）　　3・2　ヒ素（As）…（*127*）
　　　3・3　カドミウム（Cd）…（*129*）　　3・4　銅（Cu）…（*131*）

3・5　スズ（Sn）…（*131*）　　3・6　鉛（Pb）…（*132*）

3・7　セレン（Se）…（*133*）　　3・8　クロム（Cr）…（*134*）

4. 農　薬 ……………………………………………………（*134*）

4・1　農薬の分類と種類…（*135*）

4・2　飼料添加物および動物用医薬品…（*137*）

4・3　残留農薬基準…（*138*）

4・4　ポジティブリスト制度…（*140*）

5. 有機塩素系化合物 ………………………………………（*141*）

5・1　PCB …（*141*）　　5・2　ダイオキシン…（*143*）

6. アレルギー様食中毒 ……………………………………（*145*）

7. 変敗油脂 …………………………………………………（*147*）

7・1　変敗の過程…（*147*）　　7・2　変敗の指標…（*148*）

7・3　変敗油脂の毒性と中毒事例…（*148*）

7・4　トランス脂肪酸…（*149*）

8. カビ毒（マイコトキシン）……………………………（*150*）

8・1　アフラトキシン…（*150*）　　8・2　赤カビ毒…（*152*）

8・3　黄変米中毒…（*154*）　　8・4　パツリン…（*155*）

8・5　オクラトキシン…（*155*）　　8・6　麦角アルカロイド…（*156*）

8・7　そのほかのマイコトキシン…（*157*）

第7章　食品添加物 ……………………………………………（*158*）

1. 食品添加物とは ……………………………………………（*158*）

2. 食品添加物の分類 …………………………………………（*158*）

2・1　指定添加物…（*159*）　　2・2　既存添加物…（*159*）

2・3　天然香料…（*160*）　　2・4　一般飲食物添加物…（*160*）

3. 食品添加物の指定と安全性確保 ………………………（*161*）

3・1　食品添加物の指定基準…（*161*）

3・2　食品添加物指定の手続き…（*162*）

3・3　食品添加物の規格基準…（*163*）

4. 食品添加物の用途と種類 ………………………………（*164*）

4・1　食品の外観や風味を向上する添加物…（*165*）

4・2　食品の変質・腐敗を防止する添加物…（*174*）

4・3　食品の製造・加工に使用する添加物…（*184*）

4・4　食品の栄養成分を強化する添加物（栄養強化剤）…（*187*）

5. 指定取り消しになった主な食品添加物……………………………（*187*）

5・1　タール色素…（*187*）　　5・2　アカネ色素…（*188*）

5・3　ズルチン…（*188*）　　5・4　サイクラミン酸ナトリウム…（*189*）

5・5　2-（2-フリル）-3-（5-ニトロ-2-フリル）アクリル酸アミド
（AF-2）…（*189*）　　5・6　コウジ酸…（*189*）

6. 食品添加物の表示方法………………………………………………（*190*）

6・1　物質名による表示…（*190*）　　6・2　用途名併記による表示…（*191*）

6・3　一括名による表示…（*191*）　　6・4　表示の免除…（*191*）

第8章　食品の汚染指標細菌 ………………………………………（*193*）

1. 食品の微生物学的安全性と汚染指標細菌……………………………（*193*）

2. 各種食品に対する微生物の規格基準…………………………………（*195*）

3. 一般生菌数………………………………………………………………（*196*）

4. 大腸菌群…………………………………………………………………（*200*）

5. 大腸菌……………………………………………………………………（*202*）

6. E. coli（糞便系大腸菌群）……………………………………………（*202*）

7. 腸球菌……………………………………………………………………（*203*）

8. 腸内細菌科菌群…………………………………………………………（*204*）

第9章　食品の腐敗 …………………………………………………（*205*）

1. 腐敗とは…………………………………………………………………（*205*）

2. 腐敗微生物の分布と食品への汚染……………………………………（*206*）

2・1　自然界における腐敗微生物の分布…（*207*）

2・2　食品原料における腐敗微生物の分布…（*207*）

2・3　食品の加工工程における微生物汚染…（*208*）

3. 腐敗による化学成分の変化……………………………………………（*208*）

3・1　におい成分…（*208*）　　3・2　その他の腐敗産物…（*210*）

4. 食品に特有の腐敗微生物………………………………………………（*212*）

　4・1　生鮮食品の腐敗…（*212*）

　4・2　加熱殺菌工程のある食品の腐敗…（*217*）

5.　腐敗の判定……………………………………………………（*220*）

　5・1　官能的方法…（*220*）　　5・2　細菌学的方法…（*220*）

　5・3　化学的方法…（*220*）　　5・4　物理的方法…（*221*）

　5・5　魚介類の鮮度…（*221*）

第10章　食品の微生物制御……………………………………（*223*）

1.　食中毒・腐敗防止の３原則………………………………（*223*）

　1・1　付着菌数の低減…（223）　　1・2　微生物の増殖抑制…（*224*）

　1・3　微生物の殺滅…（*225*）

2.　加熱による微生物の殺滅…………………………………（*225*）

　2・1　微生物の耐熱性…（*225*）　　2・2　食品の加熱殺菌…（*226*）

　2・3　低温殺菌と高温殺菌…（*227*）

3.　冷蔵・冷凍による微生物の増殖制御……………………（*228*）

　3・1　微生物の増殖と温度…（*228*）

　3・2　凍結による微生物の死滅…（*229*）

　3・3　低温の貯蔵効果…（*230*）

4.　食塩による微生物の増殖制御……………………………（*231*）

　4・1　微生物の増殖と食塩濃度…（*231*）　　4・2　塩蔵の効果…（*232*）

5.　水分活性の調整による微生物の増殖制御………………（*233*）

　5・1　微生物と水…（*233*）　　5・2　微生物の増殖と水分活性…（*234*）

　5・3　食品の水分活性調整による腐敗防止…（*235*）

6.　pH調整による微生物の増殖制御…………………………（*235*）

　6・1　微生物の増殖とpH…（*235*）　　6・2　酸による腐敗防止…（*236*）

7.　ガス置換による微生物制御………………………………（*237*）

　7・1　微生物の増殖とガス組成…（*237*）

　7・2　ガス置換包装の貯蔵効果…（*238*）

8.　食品添加物による微生物制御……………………………（*239*）

9.　複合効果による微生物制御………………………………（*239*）

第11章　食品の安全をめぐるそのほかの話題……………………(241)
　1. 放射性物質 ………………………………………………………(241)
　　1・1　放射線，放射能，放射性物質…(241)
　　1・2　放射線による健康影響…(243)
　　1・3　食品中の放射性物質の基準値…(243)
　2. 食物アレルギー …………………………………………………(244)
　　2・1　食物アレルギーの発症機構…(244)
　　2・2　食物アレルギーの発生状況…(246)
　　2・3　アレルギーを起こすおそれがある食品の表示…(248)
　　2・4　アレルゲンの種類…(249)
　3. 遺伝子組換え食品 ………………………………………………(250)
　　3・1　遺伝子組換え食品とは…(250)
　　3・2　遺伝子組換え食品の安全性審査…(251)
　　3・3　遺伝子組換え食品の表示…(252)
　4. BSE（牛海綿状脳症）…………………………………………(254)
　　4・1　BSE とは…(254)　　4・2　BSE の原因物質…(254)
　　4・3　BSE 対策…(255)
　5. 発がん物質 ………………………………………………………(256)
　　5・1　ニトロソアミン…(256)
　　5・2　多環芳香族炭化水素（PAH）…(258)
　　5・3　ヘテロサイクリックアミン…(259)
　　5・4　アクリルアミド…(261)
　6. 内分泌撹乱化学物質（いわゆる環境ホルモン）………………(263)
　　6・1　内分泌撹乱化学物質の種類…(263)
　　6・2　内分泌撹乱化学物質の作用機構…(264)
　7. 器具・容器包装 …………………………………………………(264)
　　7・1　器具・容器包装とは…(264)
　　7・2　器具・容器包装の材質…(265)
　　7・3　器具・容器包装の規格…(266)
　　7・4　器具・容器包装のポジティブリスト制度…(267)

第12章　HACCP ··· (*268*)
  1. HACCP とは ·· (*268*)
  2. わが国における HACCP 導入 ·· (*269*)
  3. HACCP の7原則と12手順 ··· (*270*)
  4. 一般的衛生管理プログラム ··· (*270*)
  5. 加工場での HACCP の適用 ·· (*272*)
  6. HACCP 導入の効果 ·· (*273*)
  7. 国際的な HACCP 認証 ·· (*275*)
  8. ISO 22000 ·· (*276*)

付録1.　食品安全基本法 ·· (*278*)
付録2.　食品衛生法 ··· (*288*)
索　引 ··· (*301*)

第*1*章

食品衛生の概念と食品衛生行政

1. 食品衛生の概念

　日常，私たちが口にしている食物は，人によって長い歴史のなかで選抜され，保持され，育成されてきたものである．したがって，その選択の基準には当然，人の命にかかわるような有毒，有害なものの排除が含まれていたはずであり，その結果，現状のように人の健康に役立つ天然物を食糧とする慣習が定着したといえる．

　このように，通常であれば日常の食物で私たちの健康に障害を与えることはあり得ないわけであるが，現実には食物を通してさまざまな問題が起こっている．食中毒はその代表的なもので，わが国では毎年1,000 〜 2,000件の中毒が発生し，1.5 〜 3万人の患者が出ている．さらに近年は，食品流通の広域化に伴って世界各国から数多くの食品が輸入され，日常供給されるようになっており，食品の安全性に関わる要因がますます複雑になってきている．そこで，食物や食生活に起因する各種の危害から国民を守るためには技術的，制度的な対応が必要となるが，このような公共的な努力を食品衛生と呼んでいる．また，それを確かなものとするための科学技術の向上，整理，普及が食品衛生学の分担する領域となる．

　食品衛生の定義については，1955年，世界保健機関（WHO）でとりきめたものがあり，「食品衛生とは，栽培（または養殖），生産，製造から最終消費に至るまでの全過程における食品の安全性，完全性，健全性を確保するために必要なすべての手段，方法をいうものである」としている．生産現場から家庭における食卓に至るまでの過程（from Farm to Table）におけるすべての手段，方法を含む公共的な努力は人の行動に関わるものであるから，食品衛生は単なる科学技術だけでなく，それを活用した施策の策定といった社会制度の運用までを含んでいる．当然のことながら，食品安全基本法，食品衛生法および関連法

規のような法律や規則など，公共の行動を基礎づけるものも導入することになる．　このように食品衛生には，自然科学的な要素のほかに社会科学的な要素も必須である．

2.　食品衛生行政

　従来，食品衛生行政は，食品衛生法にのっとって厚生労働省が食品中の危害因子(健康に悪影響をもたらす可能性のある食品中の物質または食品の状態で，ハザードともいう）によるリスク（健康への悪影響が発生する確率と影響の程度）を評価し，さらにリスク評価に基づいて施策を策定するとともに，食品の製造，流通，販売などにおける監視や指導によってリスクを管理する役割を担ってきた．農林水産省も，農林水産物の生産過程におけるリスク管理を分担してきた．　しかし，1996 年には堺市における O157 による集団食中毒事件，2000 年には雪印乳業大阪工場が製造した低脂肪乳などによる集団食中毒事件，2001 年には BSE 牛の初めての確認，2002 年には偽装牛肉事件など，食品の安全・安心に対する国民の信頼を揺るがす事件が相次いで発生してきた．こうした状況に対処するために，2003 年には食品の安全性確保に向けた憲法ともいうべき食品安全基本法の施行，中立公正なリスク評価機関（食品安全委員会）の設置，さらに食品衛生法の大幅改正が行われ，食品衛生行政のあり方が様変わりした．以下に，現行の食品衛生行政を法律（食品安全基本法，食品衛生法）と体制の面から解説する．

2・1　食品衛生に関する法律

1）食品安全基本法 （巻末付録1参照）

　食品安全基本法は，「科学技術の発展，国際化の進展その他の国民の食生活を取り巻く環境の変化に適確に対応することの緊要性にかんがみ，食品の安全性の確保に関し，基本理念を定め，並びに国，地方公共団体及び食品関連事業者の責務並びに消費者の役割を明らかにするとともに，施策の策定に係る基本的な方針を定めることにより，食品の安全性の確保に関する施策を総合的に推進すること」（第1条）を目的としている．その基本理念は，①国民の健康の保護がもっとも重要であるという基本的認識の下に（第3条），②食品供給行程の各段階において適切に（第4条），③国際的動向および国民の意見に配慮しつつ科学的知見に基づき（第5条），食品の安全性の確保のために必要な措

置を講じることである．基本理念にのっとり，国と地方公共団体は食品の安全性の確保に関する施策を策定し実施する責務を有し（第6条，第7条），食品関連事業者は，食品の安全性の確保について一義的な責任を有することを認識し必要な措置を適切に講ずること，正確かつ適切な情報の提供に努めること，国と地方公共団体が実施する施策に協力することが責務とされている（第8条）．消費者も単なる傍観者ではなく，食品の安全性確保に関し知識と理解を深めるとともに，施策について意見を表明するように努めることによって食品の安全性の確保に積極的な役割を果たすことが求められている（第9条）．

　食品安全基本法では，施策の策定にかかる基本的方針として，リスク分析という概念を導入したことが大きな特徴である．リスク分析はリスク評価（食品健康影響評価の実施；第11条），リスク管理（国民の食生活の状況等を考慮するとともに，リスク評価に基づいた施策を策定：第12条），リスクコミュニケーション（情報の提供，意見を述べる機会の付与，関係者相互間の情報および意見の交換の促進；第13条）の3つの要素で構成され，リスク評価を専門に行う機関（食品安全委員会）を関係行政機関から独立して設置するように定めている．これまでの厚生労働省のように，リスク評価とリスク管理の両方を担っていると管理に合わせた評価に陥りやすいという批判に応えたものである．また，リスクコミュニケーションを義務づけており，食品の安全性確保にあたっては情報を公開し，広く国民の意見を取り上げるという姿勢を明確にしたという点で画期的である．

2）食品衛生法 <small>（巻末付録2参照）</small>

　食品衛生法は，新憲法の制定に伴い，戦前の食品衛生に関する法規（飲食物その他物品の取締に関する法律，飲食物営業取締規則，飲食物用器具取締規則など）を統合一体化したものとして1947年12月24日に公布され，1948年1月1日に施行された．その後も社会情勢に対応して改正が重ねられてきたが，食品安全基本法の制定に伴い，2003年8月29日には抜本的な改正が行われた．それまでの食品衛生法の第1条では「この法律は，飲食に起因する衛生上の危害の発生を防止し，公衆衛生の向上及び増進に寄与することを目的とする」と述べられていたが，改正法では「この法律は，食品の安全性の確保のために公衆衛生の見地から必要な規制その他の措置を講ずることにより，飲食に起因する衛生上の危害の発生を防止し，もって国民の健康の保護を図ることを目的と

する」という記載になり，国民の健康の保護がもっとも重要であるという食品安全基本法の精神が明確にうたわれている．そのほか改正法では，国や都道府県などの責務，営業者の責務，リスコミュニケーションの義務など，食品安全基本法に沿った条文が新たに追加されている．また，安全性が疑われる食品の販売を禁止できるようにしたこと，残留農薬等のポジティブリスト制を導入したこと，国が食品衛生に関する監視または指導の実施に関する指針を定めるようにしたことなど，国民の健康の保護を図ることを目指してそれまでの施策の変更も盛り込まれている．

　2003年の抜本的改正後，2009年6月5日には，それまで厚生労働省と農林水産省が担当していた食品および食品添加物の表示の管轄業務を，消費者行政を一元的に推進する組織として発足した消費者庁に移すための一部改正が行われた．さらに2018年6月13日には，広域的な食中毒事案への対策強化（広域連携協議会の設置），HACCPに沿った衛生管理の制度化（義務化），国際整合的な食品用器具・容器包装の衛生規制の整備（ポジティブリスト制度化）などかなり大幅な改正が行われ，現在に至っている．

2・2　食品衛生行政の体制

　食品衛生行政は，リスク評価，リスク管理，リスクコミュニケーションの3つの要素を軸にして，図1・1に示すように各機関の連携のもとに実施されてい

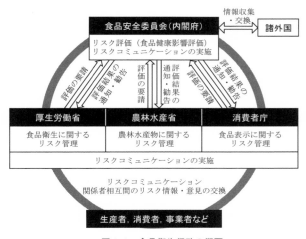

図1・1　食品衛生行政の概要

る．リスク評価は食品安全委員会が，リスク管理は厚生労働省，農林水産省および消費者庁が担い，リスクコミュニケーションは4つの機関の分担あるいは協力により，消費者や生産者，事業者，流通業者，小売業者なども交えて行われている．

1）リスク評価体制（食品安全委員会）

2003年7月1日に，規制や指導等のリスク管理を行っている厚生労働省および農林水産省から独立し，科学的知見に基づき客観的かつ中立公正に食品のリスク評価を行う機関として食品安全委員会が内閣府に設けられた．リスク評価に基づき，リスク管理機関（厚生労働省，農林水産省，消費者庁）の上位組織として勧告する権限や，リスク管理機関に対して施策の実施状況を監視し勧告する権限をもっている．

食品安全委員会は7名の委員から構成され，その下に16の専門調査会が設置されている．その内訳は，企画等専門調査会と11種類の危害要因（添加物，農薬，動物用医薬品，器具・容器包装，汚染物質等，微生物・ウイルス，プリオン，カビ毒・自然毒等，遺伝子組換え食品等，新開発食品，肥料・飼料等）のそれぞれに対応した15の専門調査会（農薬については，農薬第一～第五の5つの専門調査会が設置されている）である．

食品安全委員会のもっとも重要な役割はリスク評価である．リスク評価はリスク管理機関からの要請を受けて行うだけでなく，食品安全委員会がリスク評価の対象案件を自ら選定して行う評価（自ら評価）もある．これまでに牛海綿状脳症（BSE），食中毒原因微生物，カビ毒（デオキシニバレノールおよびニバレノール），食品中のヒ素，クドアなどが自ら評価の対象になり実施されている．リスク評価のほかに，リスクコミュニケーションの実施（リスク評価の内容などに関して消費者や食品関連事業者などに対する情報提供や意見交換を行うこと），緊急事態への対応（危害の拡大や再発防止のために，国内外からの情報収集，関係各省への迅速な対応の要請，国民への情報提供など）も食品安全委員会が担っている．

2）リスク管理体制

食品の安全性確保に向けて，種々の施策を策定したり監視や指導，取り締まりなどを行うリスク管理は，厚生労働省の医薬・生活衛生局，農林水産省の消費・安全局，消費者庁の表示対策課（食品表示対策室）と食品表示企画課が担っ

表1・1　食品衛生監視員の職務など

	国の食品衛生監視員	都道府県の食品衛生監視員	指定都市・中核市・政令市・特別区の食品衛生監視員
勤務場所	厚生労働省庁舎 検疫所	都道府県庁舎 保健所 市場検査所	市庁舎 特別区庁舎 保健所
任命権者	厚生労働大臣	都道府県知事	市長 特別区区長
主な職務	輸入食品の監視・指導	営業施設などの監視・指導，食中毒の調査	
人数	約400人	約8,400人	

ている．食品衛生法を所管している厚生労働省の役割はとくに大きい．厚生労働省の施策策定は，食品安全委員会のリスク評価結果などを踏まえて薬事・食品衛生審議会の食品衛生分科会（専門の有識者で構成）が行っている．

　日常的な監視や指導においては食品衛生監視員が重要な役割を担っている．食品衛生監視員は公務員で，国の食品衛生監視員と地方自治体の食品衛生監視員があり，それぞれ表1・1に示す職務を分担している．しかし，食品衛生監視員の人数は必ずしも十分ではなく，監視や指導などをすべて食品衛生監視員が行っているわけではない．食品衛生監視員の代役として，乳製品や添加物などの製造施設では食品衛生管理者を置くことが義務づけられている．食品衛生管理者は営業者が営業所内の人間を指名することになるので，これで本当に管理できるのかという批判が強い．2003年の食品衛生法の改正に伴い，食品衛生管理者については，「食品衛生管理者は営業者に対して必要な意見を述べなければならない」，「営業者は食品衛生管理者の意見を尊重しなければならない」といった文言が追加され（第48条），食品衛生管理者の権限と役割が強化されているが，食品衛生監視員による一元的な管理，指導体制が望ましいであろう．

　3）リスクコミュニケーション体制

　これまでは行政機関は不都合な情報は提供しない傾向があり，このことが食品の安全性に対して国民の不信感を招いてきたといえる．消費者や食品関連事業者などに対して，リスク評価機関およびリスク管理機関が広く情報を提供し，意見交換を行うというリスクコミュニケーションの重要性は，食品の安全性確保にとって重要であることはいうまでもない．この当然ともいえるリスクコミュニケーションが食品安全基本法で初めて義務づけられたが，リスクコミュ

ニケーション体制が円滑に機能するためには，リスク評価機関，リスク管理機
関からの一方的な情報提供だけでなく，国民も知識を深め積極的に意見を述べ
ていくことが求められる．

4）国際機関との連携

　食品流通の国際化に伴い，海外から多様な食品が輸入されるようになってい
る．そのため，わが国における食品衛生行政を実りあるものにするためには，
諸外国との緊密な連携・情報交換が欠かせない．情報交換は，食品の安全性に
関わる国際機関を通して行うことが多いし，本書でもこのような国際機関が登
場してくるので，主な機関の役割を表1・2にまとめておく．

表1・2　食品の安全性に関わる主な国際機関とその役割

機関名		役割
日本語名	英名（略記名）	
国際連合食糧農業機関	Food and Agriculture Organization（FAO）	国際連合の専門機関で，世界の食料・農林水産情報の収集，開発途上国地域における各種農林水産事業開発プロジェクトなどを行っている．
世界保健機関	World Health Organization（WHO）	国際連合の専門機関で，世界の保健衛生情報の収集・普及，感染症対策，災害時緊急対策などを行っている．
FAO/WHO合同食品添加物専門家会議	FAO/WHO Joint Expert Committee on Food Additives（JECFA）	FAOおよびWHOが指名した専門家で組織されている委員会で，食品添加物，汚染物質，自然毒および動物用医薬品に関する安全性評価を行っている．
コーデックス委員会	FAO/WHO Codex Alimentarius Commission（CODEX）	国によって異なる食品に関する規制に関して，国際的な整合性をもたせるための政府間協議機関である．食品添加物や重金属の基準値，農薬の残留基準値，各種食品の規格，表示方法などの国際基準（コーデックス基準）を策定している．

第2章

食中毒発生状況

1. 食中毒とは

　食物は長い間の人間の経験を通して選び出されたものであるから，それ自体が有害であるとか，健康に危険があるということはないはずである．しかし，日常の実生活の中では，飲食に起因する危害が少なからず起こってくる．食品の判別を間違えて，もともと有毒，有害な材料を使った場合や，食品の材料に何ら問題がなくても取り扱いや調理に手落ちがあったり製造工程に誤りがあった場合などに事故が起こりうる．このように不健全な食物を摂取した結果起こる疾病を食中毒（food poisoning, foodborne disease）と呼んでいる．しかし，食中毒は各種の食品によって起こるすべての健康障害を包含しているのではなく，食中毒菌や有害化学物質，自然毒などに起因する急性症状に限定されている．例えば，水俣病やイタイイタイ病のように食品を汚染した有害金属による慢性的な疾患，免疫系に異常のある特定の人のみに発症する食物アレルギーなどは食中毒の範囲に入れない．

2. 食中毒の分類

　食中毒の分類の仕方は，研究者，国によって多少違いがみられるが，原因物質によって分類するのが一般的である．わが国の厚生労働省の食中毒統計もその分類法をとっており，図2・1に示すように，細菌性食中毒，ウイルス性食中毒，寄生虫性食中毒，化学性食中毒，自然毒食中毒に大別している．細菌性食中毒とウイルス性食中毒をまとめて微生物性食中毒ということもある．

　従来，細菌性食中毒と伝染病はヒトからヒトへの伝染性や発症菌量などが異なるとされていたが，食中毒の中にも伝染性のあるものや発症菌量の少ないもの，発症機構が伝染病と同じものもあって学問的に区別することは難しい．そこで2000年から，これまで経口伝染病（感染症法の3類感染症）として扱われ

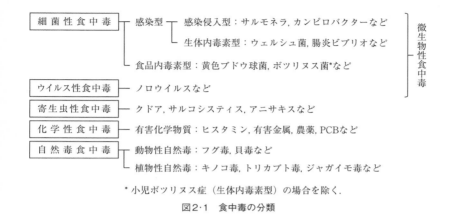

* 小児ボツリヌス症（生体内毒素型）の場合を除く.

図2·1　食中毒の分類

ていたコレラ，赤痢，腸チフス，パラチフスも，飲食に起因する場合には食中毒とみなすようになった．これら4種類の細菌による感染症のほかに，腸管出血性大腸菌による感染症も3類感染症にとして扱われている．腸管出血性大腸菌に起因する食中毒は以前から知られていたので，1997年までの食中毒統計では病原大腸菌の中に含めて，1998年以降は独立した扱いで集計されている．

　ウイルス性食中毒は1998年から統計に加えられた．原因不明とされてきた下痢，嘔吐を主症状とする食中毒の多くが，ノロウイルスに起因することがわかったためである．また，寄生虫も以前は寄生虫病予防法の対象で食中毒の範囲外とされていたが，2000年から食中毒病因物質の「その他」に含めるようになり，さらに2013年からは病因物質の一つとして扱われるようになった．

3.　食中毒発生状況

3・1　食中毒統計

　食品衛生法第63条には次のように書かれている．「食中毒患者等を診断し，又はその死体を検案した医師は，直ちに最寄りの保健所長にその旨を届け出なければならない．②保健所長は，前項の届出を受けたときその他食中毒患者等が発生していると認めるときは，速やかに都道府県知事等に報告するとともに，政令で定めるところにより，調査しなければならない．③都道府県知事等は，前項の規定により保健所長より報告を受けた場合であって，食中毒患者等が厚

生労働省令で定める数以上発生し，又は発生するおそれがあると認めるときその他厚生労働省令で定めるときは，直ちに，厚生労働大臣に報告しなければならない」．この条項は，中毒に関する届出，調査および報告を定めたもので，医師の届出義務を第1項で規定している．医師から食中毒の届け出が保健所長にあった場合や保健所長が食中毒の発生を認めた場合，都道府県知事等（都道府県知事のほかに保健所設置市の市長および特別区の区長を含む）を通して厚生労働大臣に報告される．このようにして報告された中毒事件が統計資料に使われて食中毒統計が作成され，その内容は厚生労働省から発表されている（厚生労働省のホームページから，食中毒事件一覧速報，過去の食中毒発生状況，過去の食中毒事件一覧をダウンロードすることができる）．事件数，患者数，死者数などはすべて上記の経路によって報告されたものだけが集計される，すなわち医師が中毒と診断しない場合などは集計されないので，実際の事件数は統計を上回ると考えられる．

　以下に，厚生労働省の食中毒統計に基づいて，食中毒の発生状況を年次別，病因物質別，原因食品別，原因施設別，月別に述べる．

3・2　年次別発生状況

　食中毒の年次別発生状況（1956 〜 2020 年）を表2・1 に示す．事件数はおおむね毎年1,000 〜 2,000件，患者数はおおむね毎年1.5 〜 3万人であるが，1995 〜 1996 年を境としてその前後で大きな違いがあることがわかる．1995年までは事件数はやや減少傾向，患者数はほとんど変化がみられない．患者数が減っていないのは集団食中毒が増えているためで，1事件当たりの患者数をみても明白である．一方，1996年から1998年にかけて事件数，患者数ともに増加している．これは実際的な増加のほかに，1996年の大腸菌O157事件をはじめとする細菌性食中毒の大流行によって食中毒に対する社会の関心が高まり，届け出件数が増加（とくに患者1名の事例が増加）したためともいわれる．その後はサルモネラおよび腸炎ビブリオ対策が講じられたことなどもあり，再び減少傾向にある．

　死者数は全体的に減少傾向がみられ，1968年に100人を下回り，1980年代後半以降はほとんど10人以下となっている．腸管出血性大腸菌による死者が1996年は8人，2002年は9人，2011年は7人，2012年は8人，2016年は10人と多かったため，これら5年は10人を超える中毒死者が出ている．なお，1980

表2·1　年次別食中毒発生状況（1956 ～ 2020年）

年	事件数 （件）	患者数 （人）	死者数 （人）	1事件 当たりの 患者数（人）	罹患率 （人口 10万対）	死亡率 （人口 10万対）
1956	1,665	28,286	271	17.0	31.3	0.3
1958	1,911	31,056	332	16.3	33.8	0.4
1960	1,877	37,253	218	19.8	39.9	0.2
1962	1,916	38,166	167	19.9	40.1	0.2
1964	2,037	41,638	146	20.4	42.8	0.2
1966	1,400	31,204	117	22.3	31.5	0.1
1968	1,093	33,041	94	30.2	32.6	0.1
1970	1,133	32,516	63	28.7	31.3	0.1
1972	1,405	37,216	37	26.5	35.0	0.0
1974	1,202	25,986	48	21.6	23.6	0.0
1976	831	20,933	26	25.2	18.5	0.0
1978	1,271	30,547	40	24.0	26.5	0.0
1980	1,001	32,737	23	32.7	28.0	0.0
1982	923	35,536	12	38.5	29.0	0.0
1984	1,047	33,084	21	31.6	27.5	0.0
1986	899	35,556	7	39.6	29.2	0.0
1988	724	41,439	8	57.2	33.7	0.0
1990	926	37,561	5	40.6	30.4	0.0
1991	782	39,745	6	50.8	32.0	0.0
1992	557	29,790	6	53.5	23.9	0.0
1993	550	25,702	10	46.7	20.6	0.0
1994	830	35,735	2	43.1	28.6	0.0
1995	699	26,325	5	37.7	21.2	0.0
1996	1,217	46,327	15	38.1	36.8	0.0
1997	1,960	39,989	8	20.4	31.7	0.0
1998	3,010	46,179	9	15.3	36.5	0.0
1999	2,697	35,214	7	13.1	27.8	0.0
2000	2,247	43,307	4	19.3	34.2	0.0
2001	1,928	25,862	4	13.4	20.3	0.0
2002	1,850	27,629	18	14.9	21.7	0.0
2003	1,585	29,355	6	18.5	23.0	0.0
2004	1,666	28,175	5	16.9	22.1	0.0
2005	1,545	27,019	7	17.5	21.1	0.0
2006	1,491	39,026	6	26.2	30.5	0.0
2007	1,289	33,477	7	26.0	26.2	0.0
2008	1,369	24,303	4	17.8	19.0	0.0
2009	1,048	20,249	0	19.3	15.9	0.0
2010	1,254	25,972	0	20.7	20.3	0.0
2011	1,062	21,616	11	20.4	16.9	0.0
2012	1,100	26,699	11	24.3	20.9	0.0
2013	931	20,802	1	22.3	16.3	0.0
2014	976	19,355	2	19.8	15.2	0.0
2015	1,202	22,718	6	18.9	17.9	0.0
2016	1,139	20,252	14	17.8	16.0	0.0
2017	1,014	16,464	3	16.2	13.0	0.0
2018	1,330	17,282	3	13.0	13.7	0.0
2019	1,061	13,018	4	12.3	10.3	0.0
2020	887	14,613	3	16.5	11.6	0.0

年代までは全食中毒死者の半分以上はフグ中毒が占めていたが，その後フグ中毒死者は激減し（2011 ～ 2020年の10年間の死者はわずか5人），食中毒死者全体の減少につながっている．

3・3　病因物質別発生状況

　食中毒の病因物質別発生状況（2011 ～ 2020年）を表2・2に示す．事件数，

表2・2　病因物質別食中毒発生状況（2011 ～ 2020年の累計）

	病因物質	事件数（%）	患者数（%）	死者数（%）
細菌	サルモネラ属菌	338（ 3.2）	10,821（ 5.6）	3（ 5.2）
	ブドウ球菌	297（ 2.8）	6,288（ 3.3）	0（ 0.0）
	ボツリヌス菌	2（ 0.0）	3（ 0.0）	1（ 1.7）
	腸炎ビブリオ	78（ 0.7）	1,208（ 0.6）	0（ 0.0）
	腸管出血性大腸菌（VT産生）	184（ 1.7）	3,204（ 1.7）	26（ 44.8）
	その他の病原大腸菌	87（ 0.8）	11,312（ 5.9）	0（ 0.0）
	ウェルシュ菌	250（ 2.3）	15,563（ 8.1）	0（ 0.0）
	セレウス菌	61（ 0.6）	845（ 0.4）	0（ 0.0）
	エルシニア・エンテロコリチカ	8（ 0.1）	289（ 0.1）	0（ 0.0）
	カンピロバクター・ジェジュニ／コリ	2,899（ 27.1）	20,128（ 10.4）	0（ 0.0）
	ナグビブリオ	5（ 0.0）	448（ 0.2）	0（ 0.0）
	コレラ菌	0（ 0.0）	0（ 0.0）	0（ 0.0）
	赤痢菌	8（ 0.1）	151（ 0.1）	0（ 0.0）
	チフス菌	1（ 0.0）	18（ 0.0）	0（ 0.0）
	パラチフスA菌	0（ 0.0）	0（ 0.0）	0（ 0.0）
	その他の細菌	30（ 0.3）	1,036（ 0.5）	0（ 0.0）
	総数	4,248（ 39.7）	71,314（ 37.0）	30（ 51.7）
ウイルス	ノロウイルス	2,949（ 27.6）	103,222（ 53.5）	1（ 1.7）
	その他のウイルス	83（ 0.8）	3,220（ 1.7）	0（ 0.0）
	総数	3,032（ 28.3）	106,442（ 55.2）	1（ 1.7）
寄生虫*	クドア	155（ 1.4）	1,658（ 0.9）	0（ 0.0）
	サルコシスティス	2（ 0.0）	14（ 0.0）	0（ 0.0）
	アニサキス	1,830（ 17.1）	1,879（ 1.0）	0（ 0.0）
	その他の寄生虫	7（ 0.1）	37（ 0.0）	0（ 0.0）
	総数	1,994（ 18.6）	3,588（ 1.9）	0（ 0.0）
化学物質		135（ 1.3）	2,234（ 1.2）	0（ 0.0）
自然毒	植物性自然毒	522（ 4.9）	1,645（ 0.9）	18（ 31.0）
	動物性自然毒	285（ 2.7）	488（ 0.3）	7（ 12.1）
	総数	807（ 7.5）	2,133（ 1.1）	25（ 43.1）
その他		194（ 1.8）	1,294（ 0.7）	2（ 3.4）
不明		292（ 2.7）	5,814（ 3.0）	0（ 0.0）
合計		10,702（100.0）	192,819（100.0）	58（100.0）

* 2013～2020年の合計．

患者数の大半を微生物性食中毒が占めている．事件数の点では細菌性食中毒が約40%ともっとも多いが，占める割合は1990年代の約90%から減少傾向を示している．代わって増加してきたのは，1998年から食中毒統計に加えられたウイルス性食中毒（大部分はノロウイルスによる中毒）であり，患者数の点では細菌性食中毒を上回る．微生物性食中毒による中毒死者は，ノロウイルス中毒による1人を除くと細菌性食中毒に限られており，とくに腸管出血性大腸菌による死者が多い．

　2013年から病因物質として追加された寄生虫による食中毒はかなり多く，2013〜2020年の全食中毒事件数（8,540件）の23%を占めている．特にアニサキス中毒が多く，2018年以降はアニサキスが食中毒病因物質の第1位にランクされている．化学物質を原因とする化学性食中毒は概して少ないが，過去にヒ素ミルク中毒事件（1955年）やPCBを原因とするカネミ油症事件（1968年）のように大規模で悲惨な中毒事件を起こしているので注意が必要である．自然毒食中毒は事件数の割に患者数は少ないが，フグ毒やキノコ毒のように致命的なものが多く，中毒死者は全食中毒死者の半分近くを占めている．

3・4　原因食品別発生状況

　表2·3には2011〜2020年の原因食品別発生状況を示す．原因食品がわからなかった事件（不明のもののほか，原因食事は特定できたが原因食品の特定にまで至らなかったものを含む）は件数，患者数のいずれも非常に多く，全中毒事件の約2/3を占めている．原因食品が明らかになっている事件では，魚介類，複合調理食品，肉類およびその加工品，野菜類およびその加工品によるものが件数，患者数ともに多い．死者はフグ，キノコ類を含む野菜類およびその加工品で多いことがわかる．

3・5　原因施設別発生状況

　食中毒の原因施設別発生状況（2011〜2020年）を表2·4に示す．中毒事件の半分以上は飲食店で起きている．続いて家庭，旅館，販売店の順である．家庭での事件（1,170件）の中にはフグ中毒が150件，キノコ中毒が297件あり，両中毒で約40%を占めている．患者数は飲食店，仕出屋，旅館が多く，事業所，学校がそれに続く．死者数は家庭において29人ともっとも多いが，そのうち22人は自然毒が原因である．

3・6　月別発生状況

　食中毒は夏季（7〜9月）に多いというのがかつての常識であった．これは，食中毒の大半を占めてきた細菌性食中毒が夏季に多いためである．実際，1996〜2000年の5年間では，事件数の約50％，患者数の約40％は7〜9月である（表2・5）．しかし，2000年頃からそれまでの常識がくずれはじめ，2016〜2020年の5年間の発生状況（表2・5）をみると，中毒は年間を通して発生し，患者数は夏季よりむしろ冬季（12〜2月）の方が多くなっている．これは1事件当たりの患者数が多いノロウイルス食中毒が冬季に多発する一方，夏季に多発していた細菌性食中毒が激減しているためである．

表2・3　原因食品別食中毒発生状況（2011〜2020年の累計）

原因食品		事件数（％）	患者数（％）	死者数（％）
魚介類	貝類	330（ 3.1）	3,788（ 2.0）	0（ 0.0）
	フグ	188（ 1.8）	255（ 0.1）	5（ 8.6）
	その他	1,623（15.2）	6,432（ 3.3）	2（ 3.4）
	総数	2,141（20.0）	10,475（ 5.4）	7（12.1）
魚介類加工品	魚肉ねり製品	2（ 0.0）	112（ 0.1）	0（ 0.0）
	その他	137（ 1.3）	1,846（ 1.0）	0（ 0.0）
	総数	139（ 1.3）	1,958（ 1.0）	0（ 0.0）
肉類およびその加工品		614（ 5.7）	7,569（ 3.9）	6（10.3）
卵類およびその加工品		30（ 0.3）	793（ 0.4）	1（ 1.7）
乳類およびその加工品		4（ 0.0）	78（ 0.0）	0（ 0.0）
穀類およびその加工品		79（ 0.7）	3,390（ 1.8）	0（ 0.0）
野菜類およびその加工品	豆類	4（ 0.0）	127（ 0.1）	0（ 0.0）
	キノコ類	324（ 3.0）	870（ 0.5）	3（ 5.2）
	その他	157（ 1.5）	2,839（ 1.5）	25（43.1）
	総数	485（ 4.5）	3,836（ 2.0）	28（48.3）
菓子類		50（ 0.5）	2,661（ 1.4）	1（ 1.7）
複合調理食品		645（ 6.0）	26,643（13.8）	0（ 0.0）
野菜類およびその加工品	食品特定	226（ 2.1）	5,264（ 3.2）	10（17.2）
	食事特定	4,642（43.4）	140,747（60.5）	2（ 3.4）
	総数	4,868（45.5）	122,867（63.7）	12（20.7）
不明		1,647（15.4）	12,549（ 6.5）	3（ 5.2）
合計		10,702（100.0）	192,819（100.0）	58（100.0）

表2・4　原因施設別食中毒発生状況（2011 ～ 2020年の累計）

原因施設	事件数（%）	患者数（%）	死者数（%）
家庭	1,170 （ 10.9)	2,444 （ 1.3)	29 （ 50.0)
事業場	382 （ 3.6)	12,507 （ 6.5)	11 （ 19.0)
学校	160 （ 1.5)	9,875 （ 5.1)	0 （ 0.0)
病院	47 （ 0.4)	1,959 （ 1.0)	0 （ 0.0)
旅館	442 （ 4.1)	20,496 （ 10.6)	0 （ 0.0)
飲食店	6,123 （ 57.2)	97,283 （ 50.5)	7 （ 12.1)
販売店	398 （ 3.7)	1,738 （ 0.9)	0 （ 0.0)
製造所	89 （ 0.8)	5,980 （ 3.1)	9 （ 15.5)
仕出屋	368 （ 3.4)	30,005 （ 15.6)	1 （ 1.7)
採取場所	8 （ 0.1)	58 （ 0.0)	0 （ 0.0)
その他	126 （ 1.2)	5,666 （ 2.9)	0 （ 0.0)
不明	1,389 （ 13.0)	4,808 （ 2.5)	1 （ 1.7)
合計	10,702 (100.0)	192,819 (100.0)	58 (100.0)

表2・5　食中毒の月別発生状況（1996 ～ 2000年の5年間および2016 ～ 2020年の5年間の累計）

月	1996～2000年			2016～2020年		
	事件数（%）	患者数（%）	死者数（%）	事件数（%）	患者数（%）	死者数（%）
1	449 （ 4.0)	7,453 （ 3.5)	1 （ 2.3)	387 （ 7.1)	8,380 （ 10.3)	2 （ 7.4)
2	393 （ 3.5)	8,523 （ 4.0)	2 （ 4.7)	441 （ 8.1)	8,535 （ 10.5)	1 （ 3.7)
3	420 （ 3.8)	10,919 （ 5.2)	1 （ 2.3)	493 （ 9.1)	8,192 （ 10.0)	0 （ 0.0)
4	467 （ 4.2)	7,173 （ 3.4)	5 （ 11.6)	463 （ 8.5)	5,850 （ 7.2)	4 （ 14.8)
5	544 （ 4.9)	15,464 （ 7.3)	5 （ 11.6)	472 （ 8.7)	5,797 （ 7.1)	3 （ 11.1)
6	812 （ 7.3)	33,932 （ 16.1)	2 （ 4.7)	477 （ 8.8)	8,620 （ 10.6)	1 （ 3.7)
7	1,500 （ 13.5)	29,896 （ 14.2)	6 （ 14.0)	420 （ 7.7)	4,803 （ 5.9)	1 （ 3.7)
8	2,441 （ 21.9)	33,622 （ 15.9)	3 （ 7.0)	432 （ 8.0)	8,284 （ 10.1)	12 （ 44.4)
9	1,719 （ 15.4)	24,921 （ 11.8)	3 （ 7.0)	489 （ 9.0)	4,442 （ 5.4)	1 （ 3.7)
10	1,091 （ 9.8)	14,012 （ 6.6)	6 （ 14.0)	510 （ 9.4)	4,080 （ 5.0)	1 （ 3.7)
11	661 （ 5.9)	13,745 （ 6.5)	4 （ 9.3)	407 （ 7.5)	4,585 （ 5.6)	1 （ 0.0)
12	634 （ 5.7)	11,356 （ 5.4)	5 （ 11.6)	440 （ 8.1)	10,061 （ 12.3)	1 （ 3.7)
合計	11,131(100.0)	211,016(100.0)	43(100.0)	5,431 (100.0)	81,629 (100.0)	27(100.0)

第3章

微生物性食中毒

1. わが国の微生物性食中毒の発生状況

　わが国における食中毒発生状況（第2章参照）は，とくに近年，変動が激しいが，年間の発生件数はおおむね1,000 ～ 2,000件，患者数は1.5 ～ 3万人程度で推移している．死者数は1950年代の年間数百人から徐々に減少し，この約20年間は数名～ 10名前後である．全体的な推移をみると，事件数は漸減しているのに比べて，患者数に減少傾向がみられないが，これは，食中毒病因物質の種類が次第に追加されてきたことに伴って，報告される患者が増加してきたことや，食品の製造・流通規模の大型化に伴って大型食中毒事例の発生頻度が増えたことなどによるのであろう．また1997年以降は，1996年のO157食中毒の大流行の影響で，医療機関にかかる頻度が増えたことや，患者1名の食中毒事例についても報告することが多くなったことも影響している．

　その頃は原因物質が判明した事例の中では，微生物性食中毒が事件数の約75 ～ 95％，患者数では約97％を占め．その中でも1991年まで長い間毎年首位の座にあった腸炎ビブリオ食中毒は，1992年には減少したが，1996 ～ 98年にかけて新しい血清型のO3:K6株による食中毒が急増した．また，サルモネラ（*Salmonella* Typhimurium）も長年発生頻度の多い食中毒であったが，欧米で1980年頃から流行していた鶏卵由来の*S.* Enteritidisによる食中毒が，わが国でも1989年頃より増加しはじめ，1996 ～ 99年にかけて急増した．これら爆発的な増加傾向にあった腸炎ビブリオとサルモネラについては，それぞれ1999年，2001年に食中毒低減化対策が策定されたこともあり，その後著しく減少した．これらに代わって，カンピロバクターが1997年以降急増している．また1998年より食中毒として報告されるようになったノロウイルス*もその後急増して

---

*　ノロウイルス食中毒は1998年以降，正式に微生物性食中毒として取り上げられるようになった．従来，小型球形ウイルス（small round strautered virus，SRSV）と呼ばれていたが，2003年からはノロウイルス（*Norovirus*）と呼ぶことになった．

おり，件数ではカンピロバクターと首位の座を競っているが，患者数はノロウ
イルスが圧倒的多く，例年1万人を超えるという状況にある．ノロウイルスに
対しては，2008年にこれまでの大量調理施設衛生管理マニュアル（1996年策定）
を改訂するなど対策を強化したが，今のところ十分な効果が現れていない．

　近年に起こった重大な食中毒事例として，1996年には，それまでわが国で
はあまり注目されていなかった腸管出血性大腸菌O157*による食中毒が堺市の
学校給食をはじめ全国各地で25件も発生し，患者は合計1万人以上に達し8名
の死者が出た．腸管出血性大腸菌食中毒はその後も続発しており，最近では
2011年にユッケによるO111事件（死者5人），2012年には白菜浅漬けによる
O157事件（死者8人）などが起こっている．腸管出血性大腸菌以外にも，1999
年にはいか乾燥菓子によるサルモネラ食中毒事件が，2000年には加工乳によ
るブドウ球菌食中毒事件などの大規模食中毒が相次いで発生している．

　カンピロバクターやO157はわが国では従来見られなかった新興感染症菌で
あるが，サルモネラや腸炎ビブリオにしても，従来とは異なった菌種による事
例が多くなっている．このような変化の原因としては，①耐性菌の増加や強病
原菌の出現，分布の変化など微生物側の問題，②免疫力の低下など宿主（ヒト）
側の問題，③食品製造や，給食，流通システムの拡大，食料貿易の増大など食
品産業の変化，④家畜や家禽，養殖魚などの飼育・栽培形態の変化，⑤温暖化
をはじめとする地球環境の変化などの問題が指摘されている．

　このうちとくにわが国では海外からの食料輸入の影響が大きい．最近は食品
原料の輸入が急増しているだけでなく，海外で加工されて輸入されるような
ケースも増えており，いずれにしてもそれに伴う病原菌の持ち込みが心配され
る．食料輸入を通して現地の衛生事情がわが国の食品衛生に大きく影響するか
らである．事実，わが国でのO157やサルモネラ食中毒の増加は海外での流行
から数年遅れて見られた．

　わが国の衛生対策もまだ十分とは言えず，いくつかの大規模食中毒の調査結
果からも様々な問題点が指摘される．例えば1996年夏のO157関係の報道によ
ると，当時，食材配送用トラックには保冷設備がなく，受け手の学校側にも保
管用の冷蔵庫がなかったという．1999年のいか乾燥菓子によるサルモネラ食

---

*　腸管出血性大腸菌は病原大腸菌の一種で，志賀毒素産生性大腸菌またはベロ毒素産生性大腸菌とも
いう．O157はその血清型の一つで，正式にはO157：H7のように表す．

表3・1　患者500人以上の食中毒事件（2011～2020年）

発生年月日	発生場所	患者数（人）	原因食品	病因物質	原因施設
2011. 2. 9	北海道	1,522	2/9に調理提供されたAコースの給食（ブロッコリーサラダ）	サルモネラ属菌	学校−給食施設
9. 5	横浜市	580	長ネギ小口切り	その他の病原大腸菌O148	系列社員食堂13施設
12.13	堺　市	1,037	12/13に原因施設が調製した給食	ウェルシュ菌	その他
12.26	岐阜県	756	不明(12/26,27に提供された給食弁当)	ノロウイルス	仕出屋
2012.12.10	広島市	2,035	不明(12/10～12に製造された弁当)	ノロウイルス	仕出屋
12.11	山梨県	1,442	12/11,12に調理提供された弁当	ノロウイルス	仕出屋
2013. 4. 3	愛知県	526	不明(4/3の昼食弁当)	ノロウイルス	仕出屋
9.12	北海道	516	当該施設で調理提供された食事	その他の病原大腸菌	その他
2014. 1.15	浜松市	1,271	1/13に製造された食パン	ノロウイルス	製造所
5. 1	京都市	900	キーマカレー	ウェルシュ菌	飲食店
7. 2	長野県	741	鳥そぼろ(三色丼弁当)	ブドウ球菌	仕出屋
7.27	静岡市	510	冷やしキュウリ	腸管出血性大腸菌	販売店
2015. 3. 3	愛知県	576	不明(3/3～3/4の昼食弁当)	ノロウイルス	仕出屋
12. 7	愛知県	1,267	不明(12/5または12/6の昼食)	サルモネラ属菌	仕出屋
2016. 4.28	東京都	609	鶏ささみずし	カンピロバクタージェジュニ/コリ	飲食店
2017. 1.26	和歌山県	763	磯和え(きざみ海苔)	ノロウイルス	学校-給食施設
2.16	東京都	1084	親子丼(きざみ海苔)	ノロウイルス	学校-給食施設
2018. 6.28	京都市	621	当該施設で調理提供された食事	ウェルシュ菌	事業場-給食施設
12.11	広島市	550	給食弁当	ノロウイルス	仕出屋
2020. 6.26	埼玉県	2,958	海藻サラダ	その他の病原大腸菌O7	飲食店
8.28	東京都	2,548	仕出弁当	その他の病原大腸菌O25	仕出屋

中毒事件では，機材の洗浄に洗浄・殺菌剤を使用したことがなく，手洗い設備には石鹸がなく，トイレにも専用の履物がないという状態で，原料イカの乾燥条件は45～50℃（サルモネラの増殖最適温度）で一昼夜であった．2000年の加工乳によるブドウ球菌事件をみても，返品や消費期限切れの製品を回収して再利用したり，脱脂粉乳の溶解も台車に乗せた撹拌機を用いて屋外で行っていた．また2017年の刻み海苔によるノロウイルス事件では，刻み海苔の作業者

は当時風邪症状で嘔吐を催していたが，休むことができず，また作業も素手で行っていたという．これらの例からも，食品を扱う現場での食品衛生対策や微生物制御に関する知識は昔に比べてとくに向上したとはいいがたい状態にある．その後もほぼ毎年，数件ずつの大規模食中毒が発生しており（表3・1参照），早急な対策が望まれる．

2. 微生物性食中毒の種類

　1998年にノロウイルス（当時は小型球形ウイルス）が食中毒原因微生物として取り上げられるまで，わが国で発生した微生物性食中毒はほとんどが細菌によるものであったが，現在，微生物性食中毒は細菌によるものとウイルスによるものの2つに大別されている（表3・2）．

　このうち細菌によるものは，(1) 感染型と (2) 食品内毒素型に大別される．前者はさらに，(1)-①原因菌が腸管上皮細胞に侵入して発症する感染侵入型（狭義の感染型）と，(1)-②原因菌が腸管内で毒素を産生して発症する生体内毒素型（感染毒素型，中間型ともいう）に分けられる．(2) の食品内毒素型は原因菌が食品内で産生した毒素を摂食して発症する（原因菌は摂食時に生存していなくても発症する）ものである．またその他として，(3) アレルギー様食中毒も，原因物質のヒスタミンが細菌によって生成されるため，微生物性食中毒と考えることができる（食中毒統計では化学性食中毒に分類されている）．

　ウイルス性食中毒は大部分がノロウイルス（かつての小型球形ウイルス）である．

表3・2　微生物性食中毒の分類と原因微生物

　1. 細菌性食中毒
　　(1) 感染型
　　　①感染侵入型 (＝狭義の感染型)：サルモネラ, カンピロバクター, エルシニア, リステリア, 腸管侵入性大腸菌, 赤痢菌など
　　　②生体内毒素型 (＝感染毒素型, 中間型)：ウェルシュ菌, セレウス菌 (下痢型), ボツリヌス菌 (乳児ボツリヌス症), 腸炎ビブリオ, 腸管出血性大腸菌, コレラ菌など
　　(2) 食品内毒素型：黄色ブドウ球菌, ボツリヌス菌 (食餌型ボツリヌス症), セレウス菌 (嘔吐型) など
　　(3) その他：ヒスタミン生成菌 (モルガン菌, フォトバクテリウムなど)
　2. ウイルス性食中毒
　　ノロウイルス, A型肝炎ウイルス, E型肝炎ウイルスなど

　なお従来，伝染病と食中毒はヒトからヒトへの伝搬性や発症菌量の違いなどによって区別されていたが，実際には食中毒菌のサルモネラでも伝染病菌と同じレベルの少ない菌量（$10^2 \sim 10^3$）で感染することや，コレラ，赤痢，チフスなどが食品によっても発症すること，またO157も赤痢菌と同じ志賀毒素をもつことなどが知られるようになり，これらを学問的に区別することは難しい．そのため最近では，これらは食品由来感染症または食品媒介感染症（foodborne disease）と呼ばれる．かつて伝染病菌として扱われていたコレラ菌，赤痢菌，チフス菌，パラチフス菌は，現在は腸管出血性大腸菌とともに感染症法の三類感染症として，従来の伝染病と同等の扱いを受けるが，これらが飲食物を経由してヒトに腸管感染症を引き起こした場合には，行政的に細菌性食中毒としても報告されるようになった．

3. 食中毒微生物と食品原材料・加工品との関係

　食中毒微生物は様々な環境に生息し，その性状も様々であるが，食品の種類や性状に応じて汚染されやすい微生物の種類が決まってくるため，食品ごとにどのような微生物によって食中毒が起こりやすいかをある程度想定することが可能である．食品ごとに関係の深い微生物を事前に把握しておくことは食品の微生物対策を考える上で極めて重要なことである．参考のため，表3・3に原材料や加工食品ごとに関係深い微生物の種類を示す．

　食肉類や鶏卵とそれらの加工品には，動物，特に腸管由来のサルモネラ，病原大腸菌，カンピロバクター，ウェルシュ菌のほか，リステリアなどの微生物汚染が見られる．このうち，鶏卵にはサルモネラが，牛肉には腸管出血性大腸菌とサルモネラが，豚肉にはサルモネラとエルシニアが，また鶏肉にはカンピロバクターとサルモネラがとくに関係深い．

　野菜や穀類，香辛料には，土壌由来のセレウス菌やウェルシュ菌のほか，サルモネラなどが分布する．

　魚介類には，好塩性の腸炎ビブリオやヒスタミン生成菌が関係し，貝類には腸炎ビブリオのほかノロウイルスが関係する．

　また，食中毒微生物の種類は食品の加工・包装形態によっても異なり，例えば，加熱食品では耐熱性胞子をもつセレウス菌やウェルシュ菌，ボツリヌス菌などが生き残るが，包装食品（真空包装や脱酸素剤封入包装）では，そのうち

表3·3　食品原材料および加工食品に関係深い食中毒微生物

食　品	微　生　物
牛　肉	**腸管出血性大腸菌，サルモネラ**，黄色ブドウ球菌，ウェルシュ菌，カンピロバクター，エルシニア
豚　肉	**サルモネラ**，エルシニア，黄色ブドウ球菌，腸管出血性大腸菌，リステリア，カンピロバクター，ウェルシュ菌
鶏　肉	**サルモネラ，カンピロバクター**，黄色ブドウ球菌，リステリア，ウェルシュ菌，腸管出血性大腸菌
家畜・家禽の内臓肉	多くの病原菌
鶏（鶉）卵	**サルモネラ**，黄色ブドウ球菌
食肉製品	**腸管出血性大腸菌，サルモネラ**，リステリア，黄色ブドウ球菌
乳・乳製品	**リステリア，サルモネラ**，黄色ブドウ球菌
魚介類	**腸炎ビブリオ**，サルモネラ，ヒスタミン生成菌，ボツリヌス菌，ウェルシュ菌
二枚貝	**腸炎ビブリオ，ノロウイルス**，A型肝炎ウイルス，サルモネラ
魚肉ねり製品	サルモネラ，ボツリヌス菌，ウェルシュ菌
乾燥品 　肉　類 　魚介類 　乾燥液卵 　粉乳，脱脂粉乳	 腸管出血性大腸菌，サルモネラ，ウェルシュ菌，黄色ブドウ球菌 サルモネラ，ヒスタミン生成菌 サルモネラ，黄色ブドウ球菌 黄色ブドウ球菌，サルモネラ
缶詰・瓶詰・真空包装食品	**ボツリヌス菌**，ウェルシュ菌
スープ類	**ウェルシュ菌**，セレウス菌
香辛料	有胞子細菌（ボツリヌス菌，ウェルシュ菌，セレウス菌）
野　菜	腸管出血性大腸菌，サルモネラ，リステリア
もやし類	腸管出血性大腸菌，サルモネラ，リステリア
豆　類	サルモネラ，セレウス菌
穀　類	**セレウス菌**，サルモネラ
弁当，総菜	多くの病原体
果　物	サルモネラ，リステリア，腸管出血性大腸菌
用　水	サルモネラ，カンピロバクター，エルシニア，腸管出血性大腸菌，腸管毒素原性大腸菌，腸管侵入性大腸菌，リステリア

太字は特に関係の深いもの．　　　　　　　　　　　　　　　　　（伊藤，2003を改変）

嫌気性のボツリヌス菌やウェルシュ菌が増殖する．冷蔵庫に長期保存した食品では，低温増殖性のボツリヌスE型菌（包装食品）やリステリア，エルシニア，エロモナスが問題となる．

　製造や調理の時に手で触れるおにぎりやケーキ，弁当類には黄色ブドウ球菌が付着しやすい．

4. 主な食中毒微生物の概要

　食品の微生物対策には上記のような食品ごとの微生物の分布のほか，それぞれの微生物の特性を知っておくことが必要である．詳細は以下の各節で述べるが，その概要を表3·4に示しておく．

　サルモネラや腸炎ビブリオ，ブドウ球菌など，胞子をもたない細菌は普通の調理加熱（70 ～ 75℃，1分間以上）で死滅するが，有胞子細菌は耐熱性が強く，例えばボツリヌス菌の死滅には120℃，4分相当の加熱が必要である．また，毒素の耐熱性も細菌の種類によって異なり，ボツリヌス菌の毒素は易熱性であるのに対し，黄色ブドウ球菌の毒素は耐熱性である．セレウス菌には嘔吐型と下痢型があり，両者で毒素の耐熱性が異なる．

　感染型食中毒の原因菌の多くは発症に多量の菌数が必要であるので，低温管理による増殖防止が重要な対策になるが，中には腸管出血性大腸菌やリステリア，カンピロバクターのように少量の菌数によって発症するものがあり，これらは食品への付着をなくすことが重要となる．ノロウイルスも少量感染で発症する．

　食中毒細菌の多くは好気性または通性嫌気性であるが，ボツリヌス菌とウェルシュ菌は偏性嫌気性であり，酸素の存在下ではほとんど増殖できない．カンピロバクターは酸素3 ～ 15％存在下で増殖する微好気性細菌である．

　多くの食中毒細菌は食塩無添加で最もよく増殖し，食塩5 ～ 10％以上になると増殖できない非好塩性細菌であるが，腸炎ビブリオは食塩存在下でのみ増殖可能な好塩性細菌である．また黄色ブドウ球菌は食塩10 ～ 15％以上（25％まで増殖可とのデータもある）でも増殖可能な耐塩性細菌である．

　食中毒細菌の多くは中温性であるが，中には低温でも増殖できるものがいる．とくにリステリアは0℃付近でもよく増殖できるので，冷蔵庫の過信は禁物である．

5. 主な微生物性食中毒

5·1　サルモネラ

　サルモネラ食中毒はサルモネラ属菌が増殖した食品を摂取して起こる感染侵入型食中毒である．わが国では1989 年以降はそれまでの Typhimurium 血清型菌に代わり，世界的に蔓延していた鶏卵由来のEnteritidis 血清型菌による食中

表3・4　主な食中毒微生物の分布，感染源，原因食品，特徴など

微生物	食中毒の特徴	微生物の特徴	原因食品	潜伏期間，症状
サルモネラ	感染侵入型.	1988年までの流行血清型はTyphimurium. 1989年以降はEnteritidis.	食肉とその加工品. Enteritidis型は鶏卵とその加工品が多い.	12～24時間.急激な発熱(38℃以上),頭痛,嘔吐,下痢,腹痛.
腸炎ビブリオ	生体内毒素型. 発生は夏季に集中.	好塩性.真水や凍結には弱い. 増殖速度が速い.	すし,刺身.夏季の魚介類の生食に注意.	8～12時間.激しい上腹部痛と水様便,発熱,悪心,嘔吐.
カンピロバクター	感染侵入型. 少菌量で発症.	らせん菌. 微好気性.	生鶏肉,生鶏レバー,焼き鳥.	2～7日.下痢(水様便から血便まで様々),腹痛,発熱,悪心,嘔吐.
腸管出血性大腸菌	生体内毒素型. 少菌量で発症. 血清型O157:H7が主流.	三類感染症菌.	ウシの糞便が主な汚染源.加熱不十分の食肉とその加工品に注意.	2～7日.下痢(水様性から血便),腹痛,発熱. 数%は溶血性尿毒症候群,脳症になる.
黄色ブドウ球菌	食品内毒素型.	耐塩性あり. 通常の調理加熱では菌は死滅するが毒素は失活しない.	おにぎり,弁当,手作り団子,饅頭,未殺菌牛乳.	1～5時間.悪心,嘔吐,下痢,腹痛.
ボツリヌス菌	食品内毒素型. 死亡率が高い. 乳児ボツリヌス症は生体内毒素型.	胞子形成菌,偏性嫌気性.E型は低温でも増殖する. 通常の調理加熱で菌(胞子)は生残するが毒素は失活する.	缶詰,瓶詰,レトルト食品,真空包装食品. 日本ではいずしによるものが多い.	8～36時間.嘔吐,吐き気,腹痛,下痢,瞼の下垂,複視,麻痺.
ウェルシュ菌	生体内毒素型. 食品内で大量に増殖した細菌を摂取,腸管内で発芽時に毒素産生.	胞子形成菌,偏性嫌気性.	室温放置したカレー,シチュー,肉じゃがなどの鍋物を喫食前に再加熱しなかった場合.	8～24時間.水様性下痢,下腹部痛.
セレウス菌	嘔吐型(食品内毒素型)と下痢型(生体内毒素型)がある.日本では嘔吐型が多い.	好気性,胞子形成菌.	日本では焼き飯,ピラフ,パスタなどによるものが多い.	嘔吐型:1～6時間.嘔吐. 下痢型:8～12時間.下痢.
リステリア	少菌量で発症. 感染侵入型.妊婦,乳幼児,高齢者は感染しやすい.	耐塩性あり. 0℃でも増殖する.	チーズ,生ハム,野菜,魚卵など ready-to-eat食品.	1日～数週間.風邪様症状,髄膜炎,脳炎,敗血症.
赤痢菌	少菌量で発症. 海外旅行者が持ち込む輸入事例が増加.	三類感染症菌.	患者,保菌者の下痢便などで汚染された水・食品.	1～4日.発熱,腹痛,下痢(粘血便),しぶり腹.
ノロウイルス	少ウイルス量で発症.発生は冬季に多い.	以前は小型球形ウイルスと呼ばれていた. RNAウイルス.	二次汚染された食品,二枚貝,ヒト-ヒト感染.	24～48時間.嘔吐,下痢.発熱,倦怠感,頭痛.

毒が流行したが，2000年頃からサルモネラ食中毒は急減傾向にある．

1）歴　史

　サルモネラは1885年にはじめてSalmonとSmithによって豚コレラから発見された．ついで1888年にGärtnerが現在の *Salmonella* Enteritidis（SE）を子牛の肉による急性胃腸炎患者から分離し，その食中毒の原因菌とみなした．この業績はそれまではプトマインと呼ばれる架空の腐敗物質によると考えられていた食中毒が細菌によって起こることを明らかにしたものである．その後同様な菌がヒトや動物から次々と発見され，1900年にこれらの菌群は，Salmonの名にちなんで *Salmonella* と命名された．

　わが国で初めてサルモネラが注目されたのは1936年に浜松市で起きたSEによる大福餅食中毒事件（患者2,201人，死者44人）である．その後わが国ではサルモネラ食中毒原因菌のほとんどがSEであったが，1950年代以降，アメリカからの食料援助にともなって *S.* Typhimurium が主流となり，その後は食料輸入の増大にともなって多種類の血清型が見られるようになった．しかし1989年頃からはイギリスから輸入された種鶏によってもたらされたSEが急増し，これがサルモネラのうち80～90％以上を占めていたが，2000年頃からサルモネラ食中毒自体が激減し，SEの割合も減少傾向にある．

2）菌の性状，分布

　サルモネラは腸内細菌科に属し，大きさ0.7～1.5×2～5 μmのグラム陰性，無胞子の桿菌で，大部分は周毛性の鞭毛で運動する．通性嫌気性で，5～46℃（最適温度37℃），pH 4.5～8.0の範囲で増殖できる．ただし下限pHは用いる酸によって異なり，塩酸では4.0，乳酸では4.4，酢酸では5.4である．増殖可能な水分活性の下限は0.94, 耐熱性は比較的強く，$D_{60℃}=3～19$分である（$D_{60℃}$とは60℃で菌数が元の1/10に減少するのに要する時間（分）．p.223参照）．大部分はグルコースを分解して酸とガスを産生する．一般に硫化水素を産生し，この性状は他の腸内細菌から本菌を区別する重要な鑑別性状とされているが，硫化水素非産生株も存在するので，検査に際しては注意が必要である．

　サルモネラは分類学的には *S.enterica*（= *S.choleraesuis*）*と *S.bongori* の2菌種に分けられ，前者はさらに6亜種に分けられる．サルモネラは便宜上これら

*　本菌の正式な学名は現在 *S.choleraesuis* であるが，choleraesuis という名称は血清型にも用いられていて混乱を生じるため，学名を *S.enterica* と改めるよう提案された．なお，学名と血清型を区別するため，血清型はイタリックとせず，頭文字を大文字で S.Choleraesuis のように表記することになっている．

表 3·5　サルモネラの菌種および亜種の性状と鑑別

性状	S. enterica						S. bongori (Ⅴ)
	亜種 choleraesuis (Ⅰ)	亜種 salamae (Ⅱ)	亜種 arizonae (Ⅲa)	亜種 diarizonae (Ⅲb)	亜種 houtenae (Ⅳ)	亜種 indica (Ⅵ)	
β - ガラクトシダーゼ	−	−	+	+	−	d	+
β - グルクロニダーゼ	d	d	−	+	−	d	−
γ - グルタミルトランスフェラーゼ	+	+	−	+	+	+	+
KCN 培地における発育	−	−	−	−	+	−	+
マロン酸塩利用能	−	+	+	+	−	−	−
ズルシットからの酸産生	+	+	−	−	−	d	+
ソルビットからの酸産生	+	+	+	+	+	−	+
O1 ファージによる溶菌	+	+	−	+	−	+	d
ヒトおよび温血動物における分布	あり	なし	なし	なし	なし	なし	なし
ヒトに対する病原性	強い	あり	あり	?	?	?	?

＋：90％以上陽性，　－：90％以上陰性，　d：不定（45〜70％陽性）．　　　（田村・坂崎，1991 を改変）

　種と亜種をまとめて7生物群に分類されている（表3·5）．ヒトおよび動物から分離されるサルモネラのほとんどは生物群Ⅰ（*S.enterica* subsp. *choleraesuis*）に含まれる．

　サルモネラはまたO抗原（菌体抗原）とH抗原（鞭毛抗原）の組み合わせで約 2,500 の血清型に分けられている．このうち食中毒菌としてもっとも重要な血清型は Enteritidis と Typhimurium である．また Typhi はヒトの腸チフス，Paratyphi-A および Sendai はパラチフスの原因菌として重要である．

　サルモネラの発病因子として腸粘膜表面への接着と粘膜上皮細胞への侵入の2つが重要である．

　サルモネラはウマ，ウシ，ニワトリなどの家畜の腸管内に広く分布している菌群であり，食肉，乳，卵やそれらの加工品を介してヒトに食中毒を起こす．

3）発生状況

　2011 〜 2020 年のサルモネラ食中毒の発生状況（表2·2，図3·1）は事件数338件，患者数10,821人，死者3人で，細菌性食中毒事件数の8.0％，患者数の15.2％で，事件数ではカンピロバクターに次いで第2位，患者数では第4位である．サルモネラ食中毒の原因菌は，1987年以降SE によるものが欧米諸国を中心に急増しており，わが国でも 1989年以降同菌の割合が増加している．また，サルモネラ食中毒は大規模に発生する例も多い．2011 〜 2020 年における患者

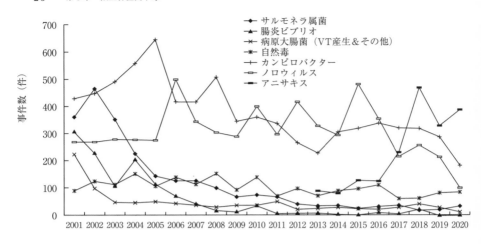

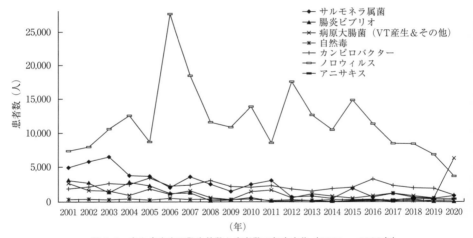

図 3·1　主な食中毒の発生件数と患者数の年次変化（2001 ～ 2020 年）

数 500 人以上の大規模食中毒事例 21 件（表 3·1）のうち 2 件がサルモネラであった.

　4）症　状
　サルモネラ食中毒は 10^2 ～ 10^6 程度の摂取菌量で発症する．潜伏期間は 12 ～ 24 時間で，主要症状は急激な発熱（38℃以上），頭痛などの全身症状と，嘔吐，下痢，腹痛などである．一般に 1 週間以内に回復するが，一部のヒトでは長期

にわたって排菌が続き，保菌者となる場合があるので注意が必要である．

5) 原因食品

サルモネラ食中毒の原因食品は食肉，鶏肉，鶏卵，牛乳およびそれらの加工品などが多い．そのうち現在流行している SE 食中毒は，SE 汚染鶏卵やそれを使用した自家製マヨネーズ，アイスクリーム，ババロア，タマゴサンドイッチ，オムレツ，とろろ汁，卵納豆などが主な原因食品である．サルモネラは60℃，15 〜 20 分程度の加熱で死滅するが，これらの食品はほとんど無加熱か，加熱程度の低い食品であり，原料として用いた鶏卵中の SE が食品の製造・貯蔵中に増殖したものと思われる．とくに液卵のサルモネラ汚染率が5％程度と高いことが指摘されている．

ふつう市販されている殻付き卵の SE 汚染率は 0.01 〜 0.03％と低いが，食中毒の原因となった鶏卵では 1 〜 3％程度と高い．鶏卵 1 個当たりの菌数は数十個とされている．このような鶏卵の SE 汚染の原因は，養鶏場内が糞便中のSEで汚染されており，また採卵鶏の卵巣内や腸管内が SE 汚染されているためで，産卵時に SE が卵内に排菌されたり，腸管内の SE が卵を汚染する．

6) 予防対策

鶏卵による食中毒の予防対策としては，まずSE 汚染のない鶏卵の供給が望まれる．SE 汚染の経路の 1 つが卵内汚染であることから，感染源である養鶏場の防除対策として，SE 汚染種鶏の排除，環境や飼料，水などからの感染防止，ニワトリの免疫力強化（ストレス軽減，SE不活性化ワクチンの接種など），鶏卵の洗浄などの対策が重要となる．また農場から出荷後の鶏卵の徹底した衛生対策も望まれる．

また食品中でのサルモネラの増殖を抑制するためには，ほかの食中毒予防と同様，低温管理も有効な手段となるが，サルモネラではとくに小児や老齢者は感受性が高く，10 〜 100 個の少数菌量でも発症することがあるので，もともと汚染されているような場合にはあまり有効ではなく，殺菌による防除が必要である．

サルモネラは乾燥や凍結には比較的強いが，熱に対しては菌株によって異なるものの，普通は大腸菌よりやや強いか同程度と考えてよい．したがって加熱（75℃，1分以上）は食肉などでは最も有効な予防手段といえる．しかし鶏卵では加熱により菌が死滅する前にタンパクが凝固し，熱が内部に伝導しにくく

なるので，内部に閉じこめられた菌は容易に死滅しない．そのため茹で卵では
より強い加熱が必要であるが，このような加熱は食味との関係で難しい面があ
る．

　給食場やホテルなどで大規模に製造される卵焼き，だし巻き，錦糸卵などで
は，液卵が使用されることが多い．未殺菌液卵では SE やその他の微生物汚染
が高く，加熱が不十分な場合には製品中に生残する可能性があるので殺菌液卵
を使用することが望ましい．

5・2　腸炎ビブリオ

　腸炎ビブリオ食中毒は主に生の魚介類で起きる感染毒素型食中毒で，事件数，
患者数とも最近は急減しているが，魚介類の刺し身やすしを好むわが国では長
い間サルモネラとともに細菌性食中毒のトップの座にあった．

1）歴　史

　腸炎ビブリオは 1950 年に大阪で起きたシラス干し中毒事件（患者数 272 人，
死者 20 人）の際，藤野により初めて分離された．本菌の生理性状は *Vibrio* に
近かったが，形態が湾曲していないという点で，当時の分類基準では *Vibrio* 属
として扱うことができなかったため *Pasteurella parahaemolytica* と命名された．
一方，1955 年に横浜国立病院で起きたキュウリの浅漬けによる食中毒事例（患
者120名）より滝川は好塩細菌を分離し，これに *Pseudomonas enteritis* と命名
した．これと類似の好塩菌はその後日本各地で発生した魚介類による食中毒事
例よりしばしば分離されるようになり，またこれらが藤野の分離株とも同じで
あることがわかった．その後，坂崎らは多くの分離株について詳細な分類学的
検討を行い，これらの病原性好塩菌に対して現在の学名である *Vibrio
parahaemolyticus*（和名：腸炎ビブリオ）と命名した．

2）腸炎ビブリオの性状，分布

　腸炎ビブリオは大きさ 0.4 〜 0.6 × 1 〜 3 μm のグラム陰性桿菌で，液体培養
ではsheath（鞘）に包まれた端在性の1本の鞭毛をもち，活発に運動する．た
だし寒天培地上では極毛と側毛の両方をもち遊走現象を示す．通性嫌気性で，
食塩無添加培地では増殖せず，2 〜 3％の食塩添加培地でよく増殖する微好塩
細菌（低度好塩細菌）である．増殖温度域は 10 〜 43℃，最適温度は 30 〜
37℃である．増殖の pH 域は4.8 〜 11.0（ブイヨン中）で，pH 7.5 〜 8.5 でもっ
ともよく増殖し，0.5％酢酸中では数分で死滅する．増殖可能な水分活性の下

表 3·6　病原ビブリオおよび関連細菌の性状

	V. cholerae *	V. mimicus	V. parahaemolyticus	V. alginolyticus	V. hollisae	V. vulnificus	V. anguillarum	V. fluvialis	V. furnissii	Plesiomonas shigelloides	Aeromonas spp.
無塩ペプトン水での増殖	+	+	-	-	-	-	-	-	-	+	+
リシン脱炭酸	+	+	+	+	-	+	v	-	-	+	+
アルギニン加水分解	-	-	-	-	-	-	v	+	+	+	+
オルニチン脱炭酸	+	+	+	v	-	+	-	-	-	+	-
8% NaCl 加ペプトン水での増殖	-	-	+	+	+	-	-	v	v	-	-
10% NaCl 加ペプトン水での増殖	-	-	-	+	+	-	-	-	-	-	-
ラクトース，酸	v	v	-	-	-	+or(+)	-	-	-	-	v
β-ガラクトシダーゼ（ONPG）	+	+	-	-	-	+	v	-	v	+	+
スクロース，酸	+	-	+	+	-	+	+	+	+	-	-
VP	v	v	-	+	-	-	-	-	-	-	v
アラビノース，酸	-	-	+	-	+	-	-	+	+	-	v
グルコース，ガス	-	-	-	-	-	-	-	-	-	+	-
オキシダーゼ	+	+	+	+	+	+	+	+	+	+	+
硝酸塩還元	+	+	+	+	+	+	+	+	-	+	+

＋：90％以上陽性（48 時間），－：90％以上陰性（48 時間），＋or（＋）：90％以上陽性または遅れて陽性（3～7 日），v：10～89％陽性（48 時間）．
* ナグビブリオ（non-O1 V. *cholerae*）を含む．░░░░░ 内は種相互の鑑別指標となる性状を示す．

（篠田，1996）

限は 0.94 である．最適条件下での世代時間は短く8～10 分である．熱抵抗性はサルモネラよりやや弱く，$D_{53℃}=0.9～4.0$ 分，60℃，10分以内で死滅し，煮沸では瞬時に死滅する．

　類縁菌である V. *alginolyticus* やコレラ菌などとは食塩に対する挙動のほか，表 3·6 のような性状の違いによって区別される．ショ糖（スクロース）非分解性も本菌の特徴で，TCBS 寒天培地で青緑色コロニーを形成する．

　腸炎ビブリオは菌体（O）抗原，莢膜（K）抗原，および鞭毛（H）抗原をもつ．本菌は O抗原により 11 型に，K抗原により 74 型に分類されており，血清型はこれらの組合せで表される．H抗原は極毛と側毛で異なり，極毛は1群，側毛は3群に分類されているが，血清型別には用いられていない．最近の食中毒のうち，型別が判明しているものでは，毎年50％以上がO3: K6 で占められている．

　腸炎ビブリオの病原性は溶血毒素の産生と相関性があり，患者からの分離株

は血液寒天培地で溶血性を示して動物実験でも病原性を示すが，海水・鮮魚由来株のほとんどすべては溶血性および病原性を示さない．すなわち患者株も海水・鮮魚株も形態学的，生化学的性状がまったく同じであるにもかかわらず，溶血性の点で明確な差異がある．このような特異的溶血反応は神奈川県衛生研究所で発見されたので神奈川現象と呼ばれている．

　本菌は海や汽水域に生息するが，一般の海洋細菌と異なり中温性で低温には弱く，5℃では次第に死滅する．そのため，本菌はとくに夏季の沿岸海水に多く分布し，魚介類の鰓，腸管，体表などを汚染しているが，11 ～ 4 月にかけてはほとんど検出されない．冬季には海底土で越冬し，海水温が上昇するにつれ海水中に遊離してきて，プランクトンに付着して急激に増殖すると考えられている．

3）耐熱性溶血毒

　神奈川現象を起こす因子は，耐熱性溶血毒（thermostable direct hemolysin，TDH）と呼ばれ，溶血性，細胞致死性，心臓毒性などの生物活性をもち，腸炎ビブリオ食中毒の主徴である下痢を引き起こすと考えられている．本毒素は単純タンパク質で，分子量約21,000の同一サブユニット 2 個から構成され，100℃，15 分の加熱に耐える．

　TDH の作用は，まず腸管上皮細胞を破壊し粘血便などの消化器症状を起こす．その際体内に侵入した毒素は心筋細胞表面のレセプターと結合し，その後，図3・2のような機序に従って，最終的には心拍停止を引き起こすと考えられている．

　なお腸炎ビブリオ感染事例の中には TDH と構造的に類似の易熱性溶血毒（TDH-related hemolysin，TRH）による事例も報告されている．

4）発生状況

　腸炎ビブリオ食中毒は，長い間，わが国で最も発生件数・患者数の多い細菌性食中毒であった（最多の1998年には839件発生，患者12,318 人）．最近ではカンピロバクターやノロウイルスによる食中毒が第 1 位を占める年が多く，腸炎ビブリオ食中毒は激減している（2019年は発生なし，2020年の発生は 1 件，患者 3 人）．最近10年間（2011 ～ 2020 年）の発生状況（表2・2，図3・1）を見ると，事件数78件，患者数1,208 人，死者 0 人で，細菌性食中毒件数の1.8％，患者数の1.7％である．2007年には低塩分のいか塩辛で大規模食中毒（患者数

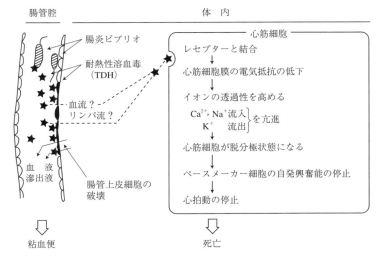

図 3·2　腸炎ビブリオ感染時における TDH の役割（本田，1994）
菌の腸管内定着には 29 kDa の赤血球凝集素が関与していることがわかってきている．

620名）が起こっている．

　腸炎ビブリオ食中毒が魚介類で多発する主な理由は，日本人が生食を好むことと，この原因菌の *V. parahaemolyticus* が好塩性で海の沿岸部や汽水域に生息するので，魚介類が本菌に汚染されやすいためである．また本食中毒はとくに夏季に集中して発生が見られるものであるが，これは夏季に気温が高いことのほかに，本菌が夏季の沿岸海水に多いために夏場の魚が汚染されている可能性が高いからである．

　5）症　状
　本食中毒の潜伏期間はふつう 8 ～ 12 時間，主な症状は下痢と腹痛，嘔吐で，37 ～ 38℃ 台の発熱が見られる．下痢は必発症状で水様性のものが多く，血便が混じることがあり，赤痢と誤診されることもある．重症な場合には本菌の病因因子である耐熱性溶血毒の心臓毒性により突然死する例も見られるが，一般に経過は良好で，発症後 12 時間ほどで回復に向かい，2 ～ 3 日で治癒する．

　6）原因食品
　原因食品は近海産魚介類の刺し身，すし，たたきなどによるものが多いが，そのほかに魚のてんぷらやフライ，塩焼きなどによるものも多い．低塩分塩辛

や野菜の浅漬けによる食中毒も起こっている．また，生の魚介類をあつかった調理器具，食器，手指などを介しての二次汚染によるものも多く，炒り卵や卵焼きなども原因食品となりやすい．一般にpH 5.8以上で食塩を1〜3％程度含む食品でよく増殖し，酢の物では死滅する．

7）予防対策

本菌は10℃以下ではほとんど増殖できないので，漁獲後，加工，流通を通して低温保持をすることは極めて重要な防止策となる．しかし温度管理を誤った場合には，本菌の増殖速度が速いことが食中毒の発生に効力を発することになる．いま仮に，世代時間を10分，TDH陽性株の初発菌数を魚肉1g当たり100個と仮定すると，2時間後には4.1×10^5に達することになる．腸炎ビブリオの食中毒発症菌量は$10^6 \sim 10^8$といわれているので，4.1×10^5/gという菌数はこの魚肉を10 g摂取しただけで食中毒にかかる可能性のあることを意味している．

腸炎ビブリオ対策として，産地市場では漁獲後の魚介類の洗浄には腸炎ビブリオ汚染の心配のある港内の海水は用いない（清浄海水を用いる）ようにし，また加工場では加工・調理には飲用適の水を用いるなどの注意が必要である．腸炎ビブリオは海産魚介類の鰓，腸管，体表などに付着しているので，鰓，内臓を除去し，よく洗浄してから調理する必要がある．本菌は真水中では速やかに死滅するので，調理前に真水の流水でよく洗うことも除菌方法として効果がある．二次汚染による食中毒事例も多いことから，魚を調理したまな板や包丁などは十分に水洗し熱湯消毒するなどして，交差汚染しないよう注意が必要である．飲食店や家庭では，生の魚介類は冷蔵2日以内に消費し，調理後は長時間室温に放置せず早めに（目安として2時間以内）食べるようにしたい．

近年わが国で腸炎ビブリオ食中毒の発生が急減している理由としては，上記のような対策を組み込んだ「生食用鮮魚介類等の腸炎ビブリオ対策」（厚生省通知，2001年）の効果が大きいと考えられている．

5・3　カンピロバクター

カンピロバクターは比較的新しく知られるようになった感染侵入型食中毒細菌である．最近わが国でも焼き鳥，とり刺しなど鶏肉による本食中毒が多発している．

1）歴　史

カンピロバクターは1913年にウシの流産の原因菌として *Vibrio fetus* という名ではじめて分離されているが，ヒトの下痢症患者からは 1972年に Dekeyserらがフィルター濾過法によって最初に分離した．イギリスの Skirrow らは抗生物質を用いた選択培地を考案し，それにより下痢性患者の7.1％から本菌を分離し，その重要性を指摘した．さらに 1978年に米国で水系感染により約2,000人が感染する事件が起こり，世界的に知られるようになった．わが国でも1980年以降本菌が下痢症患者から分離され，1983 年からは食中毒菌として行政対応されるようになった．

2）菌の性状，分布

カンピロバクター（*Campylobacter*）は大きさ0.2 〜 0.5 × 0.5 〜 5 μm のグラム陰性，らせん状の菌で，一端または両端に1 〜 2本の鞭毛をもつ．微好気性菌で酸素が3 〜 15％程度含まれる気相下でよく増殖し，好気性や嫌気性条件では増殖しない．現在15種類に分類され，これらのうち *Campylobacter jejuni* が下痢症の重要な原因菌である．*C. coli* による例も頻度は低いが発生している．増殖温度域は菌種によって異なり，*C. jejuni* および *C. coli* は30 〜 45℃で増殖し，最適温度は42 〜 43℃である．室温では死滅しやすいが，冷蔵や凍結状態では長期間生存する．また増殖pH域は5.5 〜 8.0で，最適pHは6.5 〜 7.5である．酸性域や乾燥には弱い．また耐塩性は低く，食塩濃度 1.5％以下でしか増殖しない．水分活性の下限は0.987である．

C. jejuni および *C. coli* はウシ，ヒツジ，ブタ，ニワトリ，七面鳥，ウズラ，イヌ，ネコ，小鳥などの家畜や家禽が健康状態で腸内に保菌することが多い．調査例によると，とくに *C. jejuni* はニワトリに50 〜 80％，*C. coli* はブタに55％と，サルモネラ以上に高率に保菌されている．

3）発生状況

2011 〜 2020年のカンピロバクター食中毒の発生状況は事件数2,899件，患者数20,128人（表2·2，図3·1）であり，細菌性食中毒件数の68.2％，患者数の28.2％を占め，事件数，患者数ともに細菌性食中毒の第1位である．1997年以降件数が急増していて，それ以来，年間約250 〜 500事例，患者数2,000 〜 3,000人程度の発生が見られる．散発事例が多く，発生場所は飲食店が約80％，次いで集団給食施設，家庭などである．小児および30歳未満の比較的若い成人

での発症率が高く，小児の下痢の15 ～ 25％に及ぶ.

4）症　状

カンピロバクター食中毒は他の食中毒と異なり，潜伏期間は2 ～ 7日と長く，下痢，腹痛，発熱，全身倦怠感などが主症状であり，ときに嘔吐がみられる．下痢は一般に水様性または粘液性で，血便を示すことがある．腹痛が下痢より長期間続く．ギラン・バレー症候群*や関節炎などを併発することがある．

5）原因食品

本菌は家畜や家禽類に広く分布することから，欧米では生牛乳を原因食品とする事例が多いが，わが国では市販牛乳は殺菌されているため牛乳による発生例はない．最近の調査では解体直後の牛肉の *C. jejuni* 汚染率は2.8％，豚肉の *C. coli* 汚染率は47％，また肉店での鶏肉汚染率は20 ～ 70％と高率である．しかし本食中毒は散発事例が多く，潜伏期間も長いため，原因食品がすでに廃棄されていて細菌検査が困難であることなどのため，食中毒事例の約70 ～ 80％が原因食品不明である．原因食品が判明したものの中では，鶏肉（とり刺し，とりわさ，とりレバー刺し）による事例が40％と圧倒的に多く，ついで飲料水（29％），焼き肉（8％）などである．本菌は5×10^2個程度の少量でも感染することから，食品以外にもヒトからヒトへの感染や院内感染もまれに見られる．

6）予防対策

ニワトリは雛のときにはカンピロバクターを保菌せず，飼育中に汚染された水や保菌した野生動物などから感染すると考えられるので，飼育場での汚染対策が重要である．また解体処理工程では，外剥ぎ法は中抜き法に比べ汚染率が高く，また工程ごとに器具を変えるなど工夫することでも汚染率が減少するので，この工程での汚染防止も重要である．

食中毒事例をみると散発事例が多く，原因施設では飲食店が約80％と多いことから，飲食店を中心とした対策が必要である．*C. jejuni* および *C. coli* は市販の牛肉や豚肉，鶏肉に付着している可能性が高く，またカンピロバクター食中毒は少量感染でも発症するので，加熱を伴わない生食肉での防止は困難である．生食を避け，十分加熱することが感染防止のためには必要である．カンピ

---

*　急性発症の多発性神経炎で，手足の軽いしびれから始まり，四肢の運動麻痺で歩行困難となる．そのほか，呼吸麻痺，一過性の高血圧や不整脈，多汗などを伴うことがあり，死亡率は2 ～ 3％で，予後は良好である．ギラン・バレー症候群患者の約半数がカンピロバクター感染によるといわれる．

ロバクターの熱抵抗性は大腸菌よりやや弱く，牛乳中で72℃，20秒または60℃，80秒間で死滅する．また二次汚染の防止（調理器具の洗浄・消毒，肉用と野菜用の使い分けなど）にも注意が望まれる．

5・4　腸管出血性大腸菌

大腸菌のうち，志賀毒素（および類似の毒素）を作るものがO157などの腸管出血性大腸菌である．志賀毒素産生性大腸菌またはベロ毒素産生性大腸菌とも呼ばれる．ウシでの保菌率が高いため食肉およびその加工品による食中毒が多い．

1）歴　史

ヒトの下痢がある種の大腸菌によって起こることは1927年にAdamが，ついで1933年にGoldschmidtが報告しているが，大腸菌がヒト腸炎の原因菌として注目されるようになったのは，1945年イギリスで死亡率の高い乳幼児下痢症が流行した際，Brayが患者44人中42人から同一菌群に分類される大腸菌を分離し，下痢症との関係を明らかにしてからである．それ以来乳幼児下痢症と大腸菌の関係は多くの研究によって裏付けられ，下痢症由来の大腸菌は，Kauffmannらの分類したO抗原の中で特定のものに該当することが明らかになった．わが国ではこれらの大腸菌は一般の大腸菌と区別して病原大腸菌と呼ばれるようになった．現在ではこれらは乳幼児だけでなく成人に対しても急性胃腸炎および下痢症の原因菌として重要視されており，後述するように6種類に分けられている．その中でもっとも重大な危害を及ぼすものが腸管出血性大腸菌であり，感染症法では3類感染症として扱われている．

本菌は1982年，アメリカで同一チェーン店のレストランで販売されたハンバーガーで食中毒が多発した際に発見され，その後もカナダ，イギリスの老人ホームや保育所などで集団発生例が次々と報告されている．わが国でも，本菌による散発事例は1984年以来，毎年数件ずつ見られたが，死者を伴う集団事例は1990年に埼玉県の幼稚園で患者268人，死者2人を出した事件以来，1996年5月の岡山県邑久町での学校給食による事件（患者468人，死者2人），同年7月の堺市での学校給食による事件（患者7,996人，死者3人）などが続発し，その後も今日まで各地で多発している．

2）菌の性状，分布

大腸菌（*Escherichia coli*）は腸内細菌科に属し，大きさ1.1 〜 1.5 × 2.0 〜 6.0

μmのグラム陰性，非胞子形成の通性嫌気性菌で，大部分が周毛性の鞭毛で運動する．増殖温度域は7.0 ～ 45.6℃，最適温度は37℃である．増殖のpH域は4.3 ～ 9.0で，pH 7.0 ～ 7.5付近でもっともよく増殖する．増殖可能な水分活性の下限は0.95，食塩濃度6 ～ 8％まで増殖できる．耐熱性はサルモネラよりもやや弱く，$D_{60℃}$ = 45秒，$D_{62.8℃}$ = 24秒である．

　一般の大腸菌はヒトや動物の腸管内に常在し，糞便汚染の指標菌として用いられる．病原大腸菌は通常の大腸菌と比較して，形態，生理・生化学的性状，生態など種々の点においてほとんど差異はない．したがって腸管出血性大腸菌も形態や生理・生化学的性状から他の大腸菌と区別することは困難である．しかし本菌の中で主体をなしているO157: H7血清型菌は一般の大腸菌や他の病原大腸菌と異なり，β-グルクロニダーゼ非産生，ソルビトール非発酵（または遅れて発酵）であるので，この性状は本菌の鑑別に利用されている．

　腸管出血性大腸菌はウシ，ヒツジ，ヤギ，シカなどの反芻動物の消化管内に生息しており，日本の肉用牛の10 ～ 20％が保菌している．腸管出血性大腸菌の中でも特にO157は耐酸性が強く，日本の肉用牛は濃厚飼料（生草，サイレージ，乾草，わら類などではなく，穀類，油粕類，糖類など，食物繊維が少なく可消化栄養物の多い飼料）を多給するため，第一胃内が酸性に傾く傾向があるので，O157が選択的に増殖しやすい．

3）志賀毒素

　本菌が産生する毒素は志賀赤痢菌（*Shigella dysenteriae*）の産生する毒素とほぼ同じ活性をもち，志賀毒素抗体によって活性が中和されるもの（Shiga like toxin I, SLT Ⅰ）と中和されないSLT Ⅱの少なくとも2種類が知られている．いずれも，1分子のAサブユニットに5 ～ 6分子のBサブユニットが結合した構造をしており，Aサブユニットが毒活性を有し，Bサブユニットは細胞表面のレセプターとの結合機能を担っている．本毒素はヒトに血性下痢から溶血性尿毒症症候群などを続発する原因になっている．本毒素はベロ細胞に細胞毒性を示すことからベロ毒素として報告されており，本菌はベロ毒素産生性大腸菌とも呼ばれてきた．最近，ベロ毒素のような志賀毒素と同じ活性をもつ毒素は志賀毒素（Shiga toxin）に統一することが提案され，海外では本菌を志賀毒素産生性大腸菌（Shiga toxin-producing *E.coli*）と呼ぶようになった．

　志賀毒素は易熱性で，ベロ細胞のリボソームを不活性化しタンパク質合成を

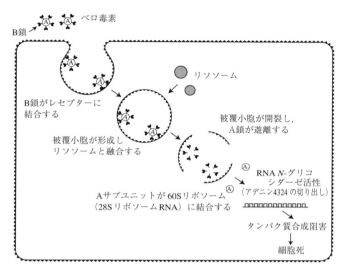

B鎖

ベロ毒素

リソソーム

B鎖がレセプターに
結合する

被覆小胞が形成し
リソソームと融合する

被覆小胞が開裂し,
A鎖が遊離する

Aサブユニットが 60S リボソーム
（28S リボソーム RNA）に結合する

RNA *N*-グリコ
シダーゼ活性
（アデニン4324 の切り出し）

タンパク質合成阻害

細胞死

図 3・3　志賀毒素（ベロ毒素）の作用機序（本田，1994）

阻害するため細胞壊死を示す（図3・3）．動物実験で神経毒活性，下痢活性（腸管毒活性）を示す．また腎臓には志賀毒素に対するレセプターが豊富なため腎障害を多発しやすい．

　志賀毒素を産生する大腸菌は O157: H7，O111: H－，O26: H11，O118: H2，O145: H－ など 100 以上の血清型が知られているが，わが国では O157: H7 による食中毒が圧倒的に多い．

4）発生状況

　腸管出血性大腸菌による集団食中毒は，米国では1982年から発生が見られ，1993年以降増加傾向にあり，最近の患者数は年間2万人，死者数は100人以上と推定されている．カナダでは年間500 ～ 1,000人，イギリスでも年間500 ～ 700人の患者が報告されている．WHOの報告ではO157は先進諸国21カ国に蔓延しており，わが国でもO157による集団食中毒は1984 ～ 1995年までは合計8事例であったが，1996年には全国規模の食中毒が 25 件発生し，散発事例を含めると患者数10,322人，死者8人に達した．その後も多くの死亡事例が発生しており，最近では2011年4月に飲食チェーン店でのユッケにより5人が，2012年8月には白菜浅漬けにより8名が死亡している．2001 ～ 2020 年の死亡事例

表 3·7　腸管出血性大腸菌による食中毒での死亡事例（2001 〜 2020 年）*

発生年月日	発生場所	原因食品	原因施設	摂食者数（人）	患者数（人）	死者数（人）
2002.8. 2	宇都宮市	不明(7/29提供の昼食)	病院給食施設	876	123	9
2003.5.19	長野県	5/16の配食弁当	仕出し屋	199	4	1
2011.4.19	富山県	ユッケ	飲食店	不明	181	5
5. 2	山形県	団子および柏餅(推定)	製造所	491	287	1
2012.8. 1	千葉市	サンドイッチおよびロースト ビーフ(7/31納涼祭で調理 提供の食事)	給食施設－老 人ホーム	63	14	1
8. 2	札幌市	漬け物(白菜切り漬け)	製造所	不明	169	8
2016.8.25	千葉県	きゅうりのゆかり和え	給食施設－老 人ホーム	125	52	5
8.27	東京都	きゅうりのゆかり和え(8/27夕 食)	給食施設－老 人ホーム	94	32	5
2017.8.13	群馬県	不明(8/11に調理・販売さ れた食品)	飲食店	40	11	1

*2018 〜 2020 年は死亡事例なし.　　　　　　　　　　（厚生労働省，食中毒統計）

を表3·7に示す．2011 〜 2020年における腸管出血性大腸菌による食中毒事件数は184件，患者数は3,204人，死者は26人であった（表2·2）．

5）症 状

　この食中毒の潜伏期間は長く，2 〜 7日（平均5日）前後である．初期症状は風邪に似ているが，比較的抵抗力の弱い老人や乳・幼児などが感染した場合に激しい腹痛と下痢に始まり，発症後2 〜 3日目に血便，3 〜 7日で無尿，乏尿，貧血出血傾向が続き，その後重症化すると溶血性尿毒症症候群，脳症などに移行，最悪の場合には死亡する．

　本菌の感染力は強く，普通の食中毒よりもはるかに少ない$10^2 \sim 10^3$程度の菌量でも発症し，ヒトからヒトへ感染する例も多く知られている．症状も一般の下痢性食中毒より重いにもかかわらず，今のところ適当な治療法が確立されていない．

6）原因食品

　この食中毒は潜伏期間が長いため，感染源の特定が難しく，わが国では原因食品が不明のケースが多かった．これまで原因食品が解明されたものは，焼き肉，ユッケ，レバー，井戸水，おかかサラダ，かぼちゃサラダ，ポテトサラダ，きゅうりの和えものなどで，堺市の集団食中毒ではかいわれ大根が最も疑われ

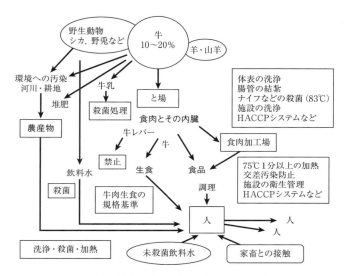

図 3・4　腸管出血性大腸菌の感染と予防の概略（伊藤，2015）

た．アメリカ，イギリス，カナダなどで起こった集団食中毒では，ハンバーガー，牛肉，牛乳，ローストビーフ，アルファルファ，レタスなどが原因食品であり，感染源として一般的には牛糞が最も重視されている．また，世界的に野菜や果物が原因食品の事例が多く報告されているが，これらは生産段階での牛糞の汚染の関与が疑われている（図3・4参照）．

7）予防対策

O157 はウシが感染源と考えられるので，まず農場やと場，乳製品工場，食肉製品工場での衛生管理が重要である．また少菌量で感染することから，原料段階での汚染を避けることも重要であるが，調理段階では二次汚染を防ぎ，汚染菌の死滅対策を講じる必要がある．二次汚染防止対策としては，汚染作業区域の区別や，サラダなどの非加熱食品と肉類の接触をなくし，器具器材の使い分けと使用後の殺菌などがとくに重要である．また汚染菌の死滅対策としては，加熱調理食品は75℃，1分以上の加熱をし，野菜などは次亜塩素酸ナトリウムなどで洗浄することが推奨されている（図3・4参照）．

8）その他の病原大腸菌

病原大腸菌は病原因子の違いなどから，腸管出血性大腸菌以外に下記の5種

類（「その他の病原大腸菌」）がある．これらによる食中毒の多くは，患者や家
畜などの糞便に汚染された食品や水を摂取することで起こる．発展途上国での
乳幼児下痢症の重要な原因菌となっている．発症菌量は$10^2 \sim 10^3$程度と低く，
とくに乳幼児は感受性が高く，飲食物のほか，保育施設内での手指や玩具など
によっても接触感染を起こす．わが国では発展途上国への渡航者にみられる旅
行者下痢症の主要な原因菌として検出される．衛生環境の整っていない地域へ
の旅行時には注意が必要である．

　「その他の病原大腸菌」による食中毒は，2011 ～ 2020年の10年間に87件で，
患者数は11,312人（死者0人）である（表2・2）．わが国ではこれまで散発事例
が多かったが，2020年には大規模食中毒（患者数2,958人および2,548人）が2
件起こっている（表3・1参照）．

　（1）腸管毒素原性大腸菌 (enterotoxigenic *E.coli*, ETEC) ——定着因子により
小腸下部に定着，増殖し，耐熱性毒素（ST）または易熱性毒素（LT）のいず
れか，または両方を産生する．潜伏期間12 ～ 72時間．水様性下痢，腹痛，嘔
吐を主な症状とする．開発途上国では代表的な乳幼児下痢症の原因菌で，わが
国での旅行者下痢症の代表的な菌である．

　（2）腸管病原性大腸菌 (enteropathogenic *E.coli*, EPEC) ——多くの病原大腸菌
はこの型に属す．腸管の粘膜上皮細胞に付着し（細胞への局在付着性），サル
モネラに似た急性胃腸炎を起こす．潜伏期間12 ～ 24時間．細胞侵入性はなく，
LTやSTも産生せず，発症の機序は不明．熱帯，亜熱帯における乳幼児下痢症
の主要原因菌である．

　（3）腸管侵入性大腸菌 (enteroinvasive *E.coli*, EIEC) ——腸管粘膜上皮細胞の
中に入って増殖，粘膜の剥離を起こす．赤痢菌と似た粘血便の下痢を起し，発
熱，腹痛を起こすことが多い．潜伏期間12 ～ 72時間．開発途上国や東欧諸国
に多く，旅行者下痢症の原因菌である．

　（4）腸管凝集接着性大腸菌 (enteroaggregative *E.coli*, EAggEC) ——線毛で腸
管の粘膜上皮細胞に付着し，微絨毛の壊死と剥離を起こし，さらに上皮細胞に
強く密着し，intimin産生により水分吸収が阻害され下痢を引き起こす．(2)の
症状に似ているが，遷延性下痢が多い．潜伏期間40 ～ 50時間．

　（5）分散接着性大腸菌（diffusely adherent *E.coli*, DAEC）——上記に該当し
ない病原大腸菌として，近年知られるようになったが，その病原因子などは不

明である.

5・5　ブドウ球菌

　ブドウ球菌食中毒は，従来わが国では腸炎ビブリオ，サルモネラとともに三大食中毒と呼ばれてきた食品内毒素型食中毒である．近年，本食中毒の発生は減少しているが，2000年には加工乳による大規模食中毒が発生した.

1）歴　史

　ブドウ球菌と食中毒の関係は1914年にフィリピンで乳房炎のウシの乳から作ったクリームによる集団食中毒が発生した際にBarberによって初めて明らかにされた．さらに1930年にDackらは中毒例から分離したブドウ球菌の培養濾液中に嘔気や嘔吐を起こす毒素の存在することを証明し，その毒素にエンテロトキシンと名付けた．わが国でブドウ球菌による食中毒が注目されるようになったのは1940年ころからである.

2）菌の性状，分布

　ブドウ球菌は糖発酵性の通性嫌気性菌で，現在35菌種が知られている．このうち食中毒の原因菌となるのはコアグラーゼ陽性の黄色ブドウ球菌（*Staphylococcus aureus*）である．黄色ブドウ球菌のその他の鑑別症状は表3・8のとおりである．黄色ブドウ球菌は直径0.8 ～ 1 μmの球状のグラム陽性菌で，細胞がブドウの房状に配列している．増殖温度域は7 ～ 50℃，最適温度は35 ～ 37℃である．耐塩性は比較的高く，10 ～ 15％食塩加培地でも良好な増殖を示し（上限25％というデータもある），水分活性の下限は0.86である．増殖pH域は4.0 ～ 10，増殖の最適pHは6.5 ～ 7.5である.

　黄色ブドウ球菌はヒトの皮膚，鼻腔，塵埃，下水などに広く分布している.

3）ブドウ球菌エンテロトキシン

　黄色ブドウ球菌は食品中で増殖する際にエンテロトキシンを産生し，これが食品とともに摂取されて嘔吐作用を引き起こす．ブドウ球菌エンテロトキシンは分子量約28,000のタンパク質で，免疫学的にA ～ Eの5型に分けられる．毒素産生の最適pHは6.8 ～ 7.2にあり，pH5.0以下または9.0以上では産生されない．毒素産生の温度域は10 ～ 48℃（最適40 ～ 45℃）であり，また食塩10％以上では著しく抑制される．毒素は耐熱性が強く，120℃，20分の加熱でも完全には破壊されない.

表3・8　主な *Staphylococcus* の鑑別性状

性　状	S. aureus	S. epidermidis	S. saprophyticus	S. hominis	S. haemolyticus	S. capitis	S. intermedius
コアグラーゼ	+	−	−	−	−	−	+
クランピングファクター	+	−	−	−	−	−	±
耐熱性ヌクレアーゼ	+	−	−	−	−	−	+
溶血性	+	−	−	−	(+)	−	(±)
プロテイン A	+	−	−	−	−	−	−
嫌気的発育	+	+	(+)	−	(±)	(+)	(+)
マンニット分解性	+	−	±	−	±	+	(±)
食塩耐性 (7.5%, w/v)	+	+	+	+	+	+	+
ノボビオシン感受性 (1.6 µg/ml)	+	+	−	+	+	+	+
タイコ酸　リビトール型	+	−	+	−	−	−	+
グリセロール型	−	+	−	+	+	+	+
ペプチドグリカン架橋アミノ酸							
グリシン	+	+	+	+	+	+	+
セリン	−	+	+	+	+	+	+

（　）：増殖あるいは反応が遅いもの.　　　　　　　　　　　　　　　　　　　（杉中，1996）

4）発生状況

　ブドウ球菌食中毒の最近10年間（2011 ～ 2020年）の発生状況（表2・2，図3・1）を見ると，発生件数297件，患者数6,288名で，細菌性食中毒件数の6.9％，患者数の8.8％で，件数ではカンピロバクター，サルモネラに次いで3 番目，患者数でもカンピロバクター，ウェルシュ菌，その他の病原大腸菌，サルモネラに次いで5番目と，いぜん重要な食中毒である．2000年には加工乳による食中毒事件（患者数13,420人）が起こっている．毒素型はA型単独による事例が半数以上を占め，その他にA型と他型の混合事例も多い.

5）症　状

　本中毒は，毒素がすでに作られている食品を摂食して起こるので，感染型食中毒に比べて潜伏期間は通常1 ～ 5時間と短い．症状は悪心，吐き気，嘔吐，下痢，腹痛が起こる．とくに激しい嘔吐は本中毒の特徴である．一般に経過は軽く，1 日程度で回復する.

6）原因食品

　本食中毒の原因食品はわが国では握り飯および弁当類によるものが60 ～

70％と圧倒的に多い．ほかに生菓子，菓子パン，惣菜類，学校給食，会食料理などが多い．いずれもヒトの手指による整形，混合，盛りつけ，詰め合わせなどが行われる食品であり，作業従事者からの汚染が原因である．食品への汚染源としてはとくにヒトの手指の化膿巣が重要で，ほかに喉や鼻腔に存在している黄色ブドウ球菌が，咳やくしゃみ，手指などを介して食品を汚染することが多い．

7）予防対策

本食中毒の起因物質であるエンテロトキシンは耐熱性が強いため，食品中で本菌が増殖して毒素が作られたときには，ふつうの加熱調理では菌は死滅しても毒素は破壊されないので，加熱食品でも食中毒が発生することになる．したがって本食中毒を予防するために重要なことは，手指や調理器具などの洗浄殺菌を徹底し，とくに化膿巣のある人は直接食品に触れないようにするなど，本菌の汚染を防ぐことである．また，汚染があったとしても，10℃以下ではほとんど増殖できないので，低温貯蔵することも重要である．

5・6　ボツリヌス菌

ボツリヌス食中毒は食品中に産生された毒素を摂取することによって起こる典型的な食品内毒素型食中毒である．発生件数は比較的少ないが極めて致死率が高い食中毒である．なお，これとは別に，ボツリヌス菌は1歳未満の乳児にいわゆる乳児ボツリヌス症（生体内毒素型食中毒）を起こすことがある．

1）歴　史

ボツリヌス中毒の歴史は古く，1,000年以上前からヨーロッパ各地でハムやソーセージで中毒が発生し恐れられていた．原因菌のボツリヌス菌（*Clostridium botulinum*）は1895年にベルギーでvan Ermengenによって生ハムから初めて分離され，*Bacillus botulinus*と命名された．ボツリヌスの語源はラテン語でソーセージを意味するbotulusに由来する．当時本中毒の原因は主に肉製品であったが，1904年にドイツで野菜による事件が初めて報告されている．このときの分離株の毒素は免疫学的にベルギーのものとは異なることがわかり，ボツリヌス毒素はA，Bの2つの型に区別された．ボツリヌス中毒は米国でも1913年以降，野菜その他の缶詰で多発している．1920年代になるとさらにC型，D型菌が分離され，1936年にはE型菌がチョウザメから発見された．E型菌中毒は1932年に米国でも発生していることがわかり，本菌による中毒はその後，

日本，カナダ，米国で多発している．ボツリヌス菌は現在までにG型菌まで知られている．

わが国では1951年に北海道で初めていずしによるE型菌中毒が発生しており，その後もわが国での事例はほとんどがE型菌によるものであるが，B型菌（1974年～）およびA型菌（1984年～）による中毒も数件ずつ起こっている．

2）菌の性状，分布

ボツリヌス菌は偏性嫌気性で，胞子を形成するグラム陽性桿菌である．その大きさは $0.8 \sim 1.2 \times 4 \sim 6\,\mu m$ で，周毛を有して活発に運動する．産生する神経毒素の抗原性の違いによりA～G型に分類され，このうちヒトに中毒を起こすのはおもにA, B, E型毒素で，まれにF型毒素でも中毒が発生している．

本菌はまた培養性状によりⅠ～Ⅳの4群に分類される（表3・9）．Ⅰ，Ⅳ群はタンパク分解性，Ⅱ，Ⅲ群はタンパク非分解性である．Ⅰ群は胞子耐熱性が強く（$D_{112℃} = 1.23$分），一方Ⅱ群は胞子耐熱性は弱い（$D_{80℃} = 0.6 \sim 1.25$分）が低温でも増殖して毒素を産生するので食品衛生面から注意が必要である．

ボツリヌス菌は胞子の形で世界中の土壌，海，湖の底土などに広く分布しているので，農作物，魚介類，肉類，香辛料，蜂蜜，砂糖などの日常の食品もそ

表 3・9　ボツリヌス菌の生物性状による群分け

性状	Ⅰ	Ⅱ	Ⅲ	Ⅳ[1]
毒素型	A, B, F	B, E, F	C, D	G
リパーゼ	+	+	+	−
レシチナーゼ	−	−	−	−
凝固卵白液化	+	−	−	+
ゼラチン液化	+	−	+	+
グルコース	+	+	+	−
ラクトース	−	−	−	−
マンノース	−	−	+	−
増殖至適温度	37～39℃	28～32℃	40～42℃	37℃
増殖最低温度	12℃	3.3℃	15℃	
胞子耐熱性				
温度	112℃	80℃	104℃	104℃
D値（分）	1.23	0.6～1.25	0.1～0.9	0.8～1.2
代謝産物（有機酸）[2]	A, iB, B, iV, PP	A, B	A, P, B	A, iB, B, iV, PA
類似菌	*C. sporogenes*		*C. novyi*	*C. subterminale*

[1] *C. argentinense* と命名された．
[2] A：酢酸，P：プロピオン酸，B：酪酸，iB：イソ酪酸，iV：イソバレリアン酸，PP：フェニルプロピオン酸，PA：フェニル酢酸．

(Hatheway, 1996)

　の頻度，濃度は別として胞子が汚染している可能性がある．これらの胞子は栄養，温度，水分，嫌気度など，増殖に好適な条件に遭遇すると発芽，増殖して毒素を生成する．

3）ボツリヌス毒素

　ボツリヌス毒素の本体は分子量約15万の単純タンパク質で強い神経毒活性を示す．毒素はこの毒性成分1分子と分子量15万（M毒素），35万（L毒素），

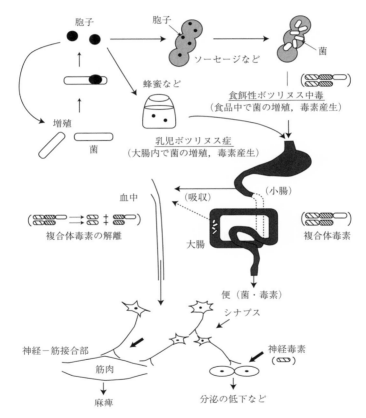

図 3·5　ボツリヌス中毒の発症機構（小熊ら，1998）

食品中で胞子の発芽，菌の増殖，毒素の産生が起こる食餌性ボツリヌス中毒と，乳児の腸管
内で起こる乳児ボツリヌス症がある．中毒過程における毒素の分子形態を（ ）内に示した．

◨◨◨神経毒素；　◨◨◨無毒成分；　◯赤血球凝集活性成分．

または75万（LL 毒素）の無毒成分1分子の複合体（progenitor toxin）の形で
産生される．このうち L 毒素および LL 毒素の無毒成分には血球凝集活性が存
在する．毒性成分はpH 3 ～ 4で速やかに失活し，タンパク分解酵素の作用も
受けやすいが，複合体は抵抗性がある．

　ボツリヌス毒素は食品中に複合体の形で産生されるので，胃酸やペプシンで
分解されずに小腸まで達することができる．この複合体の毒性成分と無毒成分
の結合はpH 7.2 以上で解離するので，腸液が存在するときには解離せず，小
腸からリンパ管へ吸収されたのち直ちに解離する（図3·5）．したがってボツ
リヌス毒素が複合体を形成することは，本中毒の成立に大きな意味をもつこと
になる．その後，毒素は血流によって全身をまわり，神経 - 筋接合部に到達し，
そこでコリン作動性神経末端におけるアセチルコリンの遊離を抑制することに
より刺激の伝達を阻害する．その結果，筋肉の弛緩性麻痺による呼吸困難で致
死作用を発現する．

　この毒素は易熱性で，80℃ 20分，100℃ 1 ～ 2分の加熱により不活性化され
る．毒力は強力で，1gで1,400 万人を殺すことができ，フグ毒の300倍以上と
いわれている．

4）発生状況

　世界における近年のボツリヌス中毒の発生状況は年平均449件，963 人の患
者が報告されている．菌の型別では，A型が34％，B型が52％，E型が13％で
F型は2事例のみである．しかし国によって特徴があり，ポーランド，西ドイツ，
フランスでは B 型が90％以上であるのに対し，中国ではA型が93％，米国で
も A 型が60％と多い．

　わが国では1951年に北海道岩内郡でニシンいずしによる最初のE型菌食中
毒が発生して以来，2020年までの70年間に121件が発生，543 人が発症，114
人が死亡している．致死率は21％と極めて高い（表3·10）．最近10年間（2011
～ 2020年）の発生件数は2件（患者3人，死者1人）である（表2·2）．わが国
ではE型菌によるものが98件と圧倒的に多く，これまでにA型は15件，B型
は6件，毒素型不明が2件である．

5）症　状

　本中毒の潜伏期間はふつう8 ～ 36時間で，主要症状は特異な神経症状である．
まず悪心，筋力低下，脱力感，便秘，嘔吐などの症状が現れ，その後，めまい，

表 3·10   わが国におけるボツリヌス中毒の発生状況（1951 ～ 2020 年）*

年	件数（件）	発生場所	原因食品	患者数（人）	死者数（人）	毒素型
1951～1983	91			439	101	
1984	4	青森県	ハタハタとサケのいずし	6	－	E 型
		青森県	イワシのいずし	1	－	E 型
		栃木県	不明	1	－	B 型
		14 都府県	辛子れんこん（熊本県産）	36	11	A 型
1985	1	北海道	イワシのいずし	1	1	E 型
1988	2	岡山県	不明	1	－	A 型
		北海道	自家製サケの調味乾燥品	3	－	不明
1989	3	北海道	ニシンのいずし	1	－	E 型
		北海道	カレイのいずし	2	－	E 型
		滋賀県	ハスずし	3	－	E 型
1991	3	青森県	ウグイのいずし	1	－	E 型
		青森県	アユのいずし	1	－	E 型
		広島県		1	－	A 型
1993	2	大阪府	不明	1	－	不明
		秋田県	缶詰の里芋	4	－	A 型
1995	3	北海道	サケのいずし	6	－	E 型
		青森県	コハダのいずし	1	－	E 型
		青森県	ウグイのいずし	3	－	E 型
1996	1	千葉県	不明	1	－	A 型
1997	2	福島県	ハヤのいずし	3	－	E 型
		福島県	イワナのいずし	1	－	E 型
1998	1	東京都	びん詰のオリーブ	18	－	B 型
1999	3	東京都	不明	1	－	A 型
		千葉県	レトルト類似食品	1	－	A 型
		大阪府	不明	1	－	A 型
2006	1	宮城県	井戸水	1	－	A 型
2007	1	岩手県	アユのいずし	1	－	E 型
2010	1	千葉県	不明	1	－	B 型
2012	1	鳥取県	あずきばっとう	2	－	A 型
2017	1	東京都	はちみつ	1	－	A 型
総計	121			543	114	

* 2018～2020は発生なし.

頭痛，視力低下，複視，眼瞼下垂，瞳孔拡大などが起こる．これとともに嚥下困難，歩行困難が起こり，重症例では呼吸困難となって死亡する．

6）原因食品

欧米では古くからA，B型菌によるソーセージ，缶・びん詰での食中毒で多

くの死者を出している．わが国では従来，ボツリヌス中毒と言えばほぼいずしによるE型菌中毒に限られていた．いずしは魚の切り身を野菜，麹，米飯とともに重石をして漬け込む発酵食品である．ボツリヌス菌は嫌気性菌であるので空気に触れないこの桶の中でよく増殖する．いずしの場合，冬に作られることが多いが，比較的気温の高い時期に長時間血抜き（水晒し）をして作られた場合に毒化する可能性が高い．しかし近年はわが国でもA，B型菌による事例が増えている．原因食品は辛子れんこん（1984年），びん詰オリーブ（1998年），あずきばっとう（2012年）など様々に見えるが，いずれも真空包装またはそれに類似の包装形態のものである．

7）予防対策

食品中でボツリヌス菌が増殖して毒素が蓄積されていても外見やにおいなどが変化するとは限らないので見分けることは難しい．しかも多くの食品原料にはボツリヌス菌胞子が存在しうるので，加工段階や流通消費段階でボツリヌス菌の増殖・毒素産生の機会を避けることが重要となる．ボツリヌス中毒が起こりやすい食品は，農産物，畜産物，水産物というような食品別で考えるよりも，食品の加工・貯蔵形態でとらえることが予防対策の上では重要であろう．とくに加工や貯蔵の目的で真空包装や缶・びん詰などにされ，嫌気状態になるような食品では注意が必要である．

予防対策としては次のいずれかを実施すればよい．①加熱により胞子を殺滅する．E型菌胞子は比較的耐熱性が弱く80℃，20分程度で死滅するが，A，B型菌（I群菌）は耐熱性が強く，120℃，4分以上（115℃，12分；110℃，36分；100℃，360分）の加熱が必要である．レトルト食品や缶・びん詰食品はこのことに基づいて120℃，4分相当の加熱が義務づけられているが，今後はこれらの食品もHACCPの導入によりこの製造基準によらない多様な製法のものが出回ることが予想されるので，加熱不足によるボツリヌス中毒にも十分な警戒が必要である．②温度，pH，水分活性，食塩濃度などを食品中の菌が増殖・毒産生できないような条件にする．ボツリヌス菌は3.3℃以下（E型菌），pH 4.6以下，水分活性0.94以下，または食塩5％以上で増殖・毒化が抑制される．③真空包装や脱酸素剤封入包装によってボツリヌス菌が増殖可能となる食品（非加熱殺菌の食品など）では低温貯蔵を厳守する．真空包装や脱酸素剤は簡便であるので広く使われているが，普通は非殺菌の食品に用いられる．しかも

最近は嗜好性の点から低塩・ソフト化した食品が増えており，また真空包装された製品はポリ袋と密着しているため，少々痛んでいても中身がきれいに見え，においもせず，腐敗に気づきにくい．事実1984年6月に発生した辛子れんこん事件は真空包装（一部は脱酸素剤封入）によるA型ボツリヌス中毒であった．この食中毒は新しい包装技術の普及によって生じた食中毒といえる．新しい技術の導入に当たっては，その利点だけでなく想定される危害についても十分周知させることが重要であろう．④喫食直前に加熱する．ボツリヌス毒素は易熱性で，100℃，1〜2分程度の煮沸により破壊される．万一毒ができても加熱して食べる食品では失活するので中毒は起こりにくい．しかしいずしのように生で食べる食品では一旦毒素ができると極めて危険である．

8）乳児ボツリヌス症

これまで述べたいわゆる食餌性ボツリヌス中毒とは別に，生後2週間から6カ月の乳児に発生するボツリヌス中毒がある．これは離乳食として与えられた蜂蜜などに混在しているA型またはB型菌胞子が，腸内フローラの不安定な乳児の腸内で発芽，増殖して毒素を産生するために起こるもので，頑固な便秘，吸乳力の低下，弱い泣き声，手足の筋肉弛緩などが起こる．菌はおもに大腸で増殖するため毒素の吸収は少なく，致死率は3％以下である．1976年以来，米国を中心にすでに650以上の症例があり，わが国でも1986年以降10数例が報告されており，2017年にはわが国初の死亡例が発生している．

5・7　ウェルシュ菌

ウェルシュ菌食中毒は食品中で増殖した大量のウェルシュ菌を摂取して腸炎を起こす食中毒であるが，その主因は本菌が腸管内で胞子形成をする際に産生されるエンテロトキシンであることから，この食中毒は，ブドウ球菌食中毒（食品内毒素型）とは区別して生体内毒素型または中間型と呼ばれる．カレー，シチュー，煮物など多量に作り置く食品で多発している．給食施設での事例が多いことから「給食病」ともいわれる．

1）歴　史

ウェルシュ菌（*Clostridium perfringens*）は本来ガスえそ菌として知られていた．食中毒原因菌としては，1943年Knoxらが学校給食（肉汁スープ）による食中毒の際に原因菌として確認している．Hobbsらはロンドンで発生した23事例を詳細に検討，食中毒はウェルシュ菌の中の特定の株だけに限定されること

を明らかにし，血清型による群別法を確立した．その後1967年にHauschildら
は本中毒がウェルシュ菌の菌体外毒素によることを，またDuncanらはその毒
素が胞子形成時に産生されることを明らかにした．こうして本食中毒は感染型
から毒素型に修正され，また毒素による食中毒には食品内毒素型（ブドウ球菌
食中毒など）と生体内毒素型（ウェルシュ菌食中毒など）の2タイプあること
が明らかになった．

2）菌の性状，分布

　ウェルシュ菌は大きさ0.7 ～ 2.4 × 1.3 ～ 19 μmのグラム陽性，莢膜を形成す
る非運動性の偏性嫌気性細菌で，卵形の端在性胞子を形成する．増殖温度域は
12 ～ 50℃（最適温度は43 ～ 47℃），増殖pH域は5.0 ～ 9.0（最適pHは7.2）
である．増殖可能な水分活性の下限は0.93，食塩濃度の上限は7%である．嫌
気性菌の中では，ボツリヌス菌などに比べて嫌気性が比較的弱く，酸化還元電
位（Eh）が− 125 ～ + 287mV以下で増殖できる．糖分解力が強く，ガス産生
が著しい．ウェルシュ菌は至適条件下での増殖速度が速く，世代時間は10 ～
12分である．

　ウェルシュ菌の胞子の耐熱性はバラエティがあるが，多くは$D_{98.8℃} = 26 ～$
31分である．腸炎の原因となるのは主に耐熱性の強い菌群であるが，易熱性
ウェルシュ菌も腸炎を起こすことが知られている．

　ウェルシュ菌は12種類の毒素を産生することが知られているが，その産生
性は菌株によって異なり，その種類によりA ～ Eの5型に分けられる（表
3・11）．このうちヒトの食中毒の原因となるのはおもにA型であり，これらは
さらに80以上の血清型（Hobbs型）に分類される．

　エンテロトキシンは胞子殻の構成タンパクで，ウェルシュ菌が小腸管内で増
殖し，胞子を形成する際に過剰に産生されたものが菌体の自己崩壊により放出
される．分子量34,262の単純タンパクで，加熱に弱く（$D_{60℃} = 4$分），酸にも
弱くpH 4以下で破壊される．

　ウェルシュ菌はヒトや動物の腸管内，土壌，下水，塵埃など，広く自然界に
分布している．

3）発生状況

　イギリスや米国では本食中毒はサルモネラや黄色ブドウ球菌による食中毒と
ともに発生件数の多い食中毒であり，重要視されている．わが国での最近10

表 3·11　ウェルシュ菌の型別と毒素，感染症

菌型	主要毒素				従属毒素*				感染症（動物）
	α	β	ε	ι	θ	κ	λ	ent	
A	++	−	−	−	+	+	−	++	食中毒（ヒト），ガス壊疽（ヒト，動物一般）
B	++	++	++	−	+	+	+		赤痢（ヒツジ），腸性中毒症（ヒツジ，ヤギ）
C	++	++	−	−	+	+	−	+	壊疽性腸炎（ヒト）
D	++	−	++	−	+	+	+		腸性中毒症（ヒツジ，ヤギ，ウシ）
E	++	−	−	++	+	+	+		腸性中毒症（ウシ，ウサギ）
生物活性	致死 壊死 溶血	致死 壊死	致死 壊死	致死 壊死	溶血	コラーゲン分解	タンパク質分解	下痢・エンテロトキシン	

* 従属毒素の一部記載.
++：ほとんどの株が産生，　＋：一部の株が産生，　−：ほとんどの株が非産生.　　　　　（櫻井，1997）

年間（2011 ～ 2020年）の発生件数（表2·2，図3·1）は240件，患者数は15,464人（死者0人）で，事件数では細菌性食中毒のうち5.9％で比較的少ないが，患者数では21.8％を占め，集団給食での事例が多いこともあって1件当たりの患者数が多いという特徴がある．最近の10年間に患者数500人以上の大規模食中毒が3件発生している（表3·1）．

　4）症　状
　ウェルシュ菌食中毒の潜伏期間は8 ～ 24時間であり，比較的潜伏期間が長いのは，本菌が小腸内で胞子を形成して毒素を産生するまでに時間を要するためである．本食中毒の主な症状は激しい水様性下痢と腹痛であり，嘔吐，発熱はまれである．経過は一般に軽症で，24時間以内に快方に向かう．

　5）原因食品
　本食中毒の原因食品は，主に食肉の調理食品（カレー，シチュー，コロッケ，肉団子など），魚介類の調理食品（フライ，煮物など）である．とくにこれらの食品が大量に作り置かれるような場合の事例が多い．調理加熱食品が本食中毒の原因食品になりやすいのは，加熱調理により競合菌が殺菌され，酸化還元電位が低下し，さらにウェルシュ菌胞子は 80℃ 前後の温度で発芽促進効果を受けるので，加熱後に 54℃ 以下になると発芽・増殖するというように，加熱

がウェルシュ菌の増殖に好適な環境を与えるためである．しかもカレー，シチューのような粘稠性のある食品ではいったん下がった酸化還元電位が元に戻りにくく，温度も下がりにくいという効果もある．

6）予防対策

　ウェルシュ菌は自然界に広く分布していて，食材が汚染を受ける機会は多い．しかも多くは胞子の状態で存在しているので，調理加熱後も生残している可能性が高く，また熱処理によって発芽しやすくなっている．本食中毒の発症のためには大量（一般に10^8）の菌の摂取が必要であるため，予防対策としては，食品中での本菌の増殖を阻止することが最も重要と考えられる．具体的には，加熱後すみやかに食べること，室温に長く置かないことなどである．また低温貯蔵することや食べる前に再加熱して増殖した菌を殺菌することも予防に有効である．

5・8　セレウス菌

　セレウス菌食中毒は嘔吐型中毒と下痢型腸炎の2タイプがあり，前者は黄色ブドウ球菌食中毒に，後者はウェルシュ菌食中毒に酷似している．わが国では嘔吐型がおもで，原因食品は米飯，麺，パスタ類が多い．

1）歴　史

　セレウス菌はタンパク質や多糖類など高分子物質分解活性が高く，従来から食品の腐敗・変敗菌として知られていた．本菌が食中毒を起こすことがわかったのは1955年のことで，Haugeがバニラソースが原因の下痢・腹痛を主症状とする食中毒事例から本菌を検出し，また彼自身もこの分離株を摂取し，同様の症状が現れることを実証した．それ以来，ヨーロッパ各地でセレウス菌による下痢・腹痛を主徴とする腸炎が多数報告されるようになった．一方，1971年にイギリスで従来とは症状がまったく異なり，悪心・嘔吐を主徴とするセレウス菌中毒が米飯または焼き飯によって相次いで報告されるに及び，セレウス菌食中毒には嘔吐型と下痢型の2タイプあることが明らかとなった．わが国では，1960年に岡山で発生した輸入脱脂粉乳による下痢型食中毒が最初の事例であり，1970年代半ばまではセレウス菌食中毒はまれであった．その後日本でも嘔吐型食中毒が報告されるようになり，今日では嘔吐型が主流となっている．

2）菌の性状，分布

　セレウス菌（*Bacillus cereus*）は大きさ$1.0 \sim 1.2 \times 3 \sim 5\,\mu m$，通性嫌気性の

グラム陽性胞子形成桿菌で，生物性状は炭疽菌と似ているが，運動性（周毛性鞭毛）を有し，莢膜を欠く点で区別される．増殖温度域は $10 \sim 50℃$（最適温度は $32℃$），増殖 pH 域は $4.3 \sim 9.3$（最適 pH は 7.2）である．増殖可能な水分活性の下限は 0.93 である．一般に非病原性であるが，嘔吐毒（セレウリド）や下痢毒素（エンテロトキシン）を産生する菌株が食中毒の原因となる．嘔吐毒は環状ポリペプチドで耐熱性が強く，$126℃$ 90 分でも失活しないが，下痢毒はタンパク質で耐熱性が弱く，$56℃$ 5 分で失活する．

セレウス菌は土壌細菌の1種であり，自然界に多くは胞子の形で広く分布しており，穀類，豆類，香辛料，食肉製品，乳製品などを汚染している．土壌中からは $10^2 \sim 10^5/g$，野菜からは $10^2 \sim 10^3/g$ 程度検出される．

3）発生状況

本菌による食中毒は，わが国では他の細菌性食中毒と同様夏期に多く見られ，大半が $5 \sim 9$ 月に集中している．最近 10 年間（$2011 \sim 2020$ 年）の発生件数（表 $2 \cdot 2$，図 $3 \cdot 1$）は 61 件，患者数 845 人（死者 0 人）で，その大部分が嘔吐型食中毒であり下痢型は少ない．また1事例当たりの患者数は比較的少なく，原因施設としては飲食店，喫茶店が多い．

4）症　状

セレウス菌食中毒は嘔吐型と下痢型があり，両者は症状がまったく異なる（表 $3 \cdot 12$）．嘔吐型は黄色ブドウ球菌に似ており，潜伏期間は $1 \sim 6$ 時間と短く，嘔吐を主症状とする．一方，下痢型はウェルシュ菌食中毒に似ていて，$8 \sim 16$ 時間の潜伏期の後，下痢と腹痛が起こる．いずれも症状は比較的軽く，1両日中にほとんど回復する．

5）原因食品

嘔吐型食中毒の原因食品は焼き飯，ピラフ，オムライスなど米飯を主体としたものが圧倒的に多く，ほかにスパゲッティ，焼きそばなどの麺類も多い．それに対し，下痢型食中毒は食肉，野菜，乳およびそれらの加工品など種々の食品で起こっている．

6）予防対策

本食中毒は，前日に残った米飯で焼き飯を作るというように，食材が長時間室温放置されていたために起こったと思われる事例が多い．セレウス菌は胞子の状態で広く食材を汚染しており，しかも通常の加熱調理では完全殺菌するこ

表 3・12 セレウス菌，ウェルシュ菌，黄色ブドウ球菌による食中毒の特徴

	セレウス菌 （嘔吐型）	セレウス菌 （下痢型）	ウェルシュ菌	黄色ブドウ球菌
食中毒のタイプ	食品内毒素型	生体内毒素型	生体内毒素型	食品内毒素型
潜伏期間	1〜6時間	8〜12時間	8〜24時間	1〜6時間
主な症状	悪心，嘔吐	下痢，腹痛	水様性下痢，腹痛	悪心，嘔吐
菌の特徴	胞子形成，好気性 （通性嫌気性）	胞子形成，好気性 （通性嫌気性）	胞子形成， 偏性嫌気性	胞子非形成， 通性嫌気性
毒素	ペプチド，耐熱性 （セレウリド）	タンパク，易熱性 （エンテロトキシン）	タンパク，易熱性 （エンテロトキシン）	タンパク，耐熱性 （エンテロトキシン）
原因食品	焼き飯，ピラフ， パスタなど	食肉，野菜，牛乳 など	カレー，シチュー， 肉じゃがなど	握り飯，弁当， 生菓子など

とはできないので，予防対策としては，調理前後の食材を増殖可能な温度帯に長期間おかないことが重要である．

5・9 リステリア

リステリアは人畜共通感染症の重要な原因菌の1つとして注目されており，とくに近年，欧米を中心に ready-to-eat 食品（非加熱喫食食品）を介した集団食中毒事例が発生している．

1）歴 史

リステリアは1927年に Murray らが急性敗血症で死亡したウサギとモルモットからグラム陽性の小桿菌を分離し，その病原性を明らかにし，その菌に *Bacterium monocytogenes* と命名したのが最初の報告例といわれている．その後も本菌はウシやヒツジの脳炎，ヒツジの流産，ニワトリの敗血症など，一般に動物に限定された病原菌と考えられていて，従来ヒトの感染症はまれであった．わが国では 1958 年に山形県で小児の髄膜炎からはじめて検出され，現在では全国的に発生が見られる．食品を介した集団発生例はわが国では2001年にナチュラルチーズによるものが1件のみ確認されているが，欧米では1980年代以降，多数の死者を含む大規模なリステリア症が相次いで発生したことから食品衛生の分野でにわかに注目されるようになった．

2）菌の性状，分布

リステリアは8菌種に分類されるが，ヒトに感染症を起こすのは *Listeria monocytogenes* のみであり，血清型 4b，1/2a，1/2b による事例が多い．*L.mono-*

cytogenes は大きさ0.4 〜 0.5 × 0.5 〜 2 μmのグラム陽性，胞子非形成の短桿菌である．通性嫌気性で，20 〜 25℃培養では数本の周毛性鞭毛で運動するが37℃では鞭毛を形成しない．最適増殖温度は30 〜 37℃であるが，0 〜 45℃で増殖可能であり，とくにその低温増殖能は食品衛生面で重要な特性である．pH 4.5 〜 9.5の範囲で増殖でき，最適pHは7付近である．食塩耐性があり，10％食塩加ブイヨン中でも増殖できる．耐熱性はサルモネラよりも強く，$D_{60℃}$ = 2.6 〜 8.3分，$D_{70℃}$ = 0.7 〜 1.0分である．本菌の主要な病原因子として，リステリオシンと呼ばれる分子量58,000のタンパク性の溶血素が関与していると考えられている．

　L. monocytogenes は哺乳類だけでなく，鳥類，魚類，昆虫などほとんどの動物に分布することがわかっている．最近の調査では，ウシ（2 〜 69％），ブタ（6 〜 47％），ニワトリ（24 〜 87％）などにおける検出率が高く，乳，食肉，魚介類，野菜およびそれらの加工品からも分離される．わが国で流通しているready-to-eat 食品のなかではネギトロ，筋子，たらこ，明太子での汚染率が高い．食品以外にも，土壌，河川水，下水，サイレージなど広範囲の環境中にも分布する（図3・6）．健康人の保菌率は0.5 〜 3％である．

　3）発生状況

　海外では1981年以降，牛乳，チーズ，食肉製品，サラダなどで多数の死者を含む大規模なリステリア症が頻繁に発生している（表3・13）．わが国では食

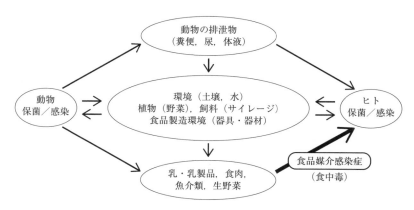

図3・6　環境および食品中におけるリステリアの分布（食品安全委員会，2013）

表3·13 各国におけるリステリア食中毒の主な集団発生例

食品区分	原因食品	患者数(人)	死者数(%)	血清型	発生国	発生年
乳・乳製品	牛乳	49	14 (28.6)	4b	アメリカ	1983
	ソフトタイプチーズ	122	34 (27.9)	4b	スイス	1983〜1987
	ソフトタイプチーズ	142	48 (33.8)	4b	アメリカ	1985
	アイスクリーム, サラミ, チーズ	36	16 (44.4)	4b 他	アメリカ	1986〜1987
	青カビタイプなどのチーズ	23	6 (26.1)	4b	デンマーク	1989〜1990
	チョコレートミルク	45	0 (0)	1/2b	アメリカ	1994
	ソフトタイプチーズ	33	4 (20.0)	4b	フランス	1995
	ソフトタイプチーズ	14	0 (0)	4b	フランス	1997
	バター	25	6 (24.0)	3a	フィンランド	1998〜1999
	ソフトタイプチーズ	12	5 (41.7)	4b	アメリカ	2000〜2001
	ソフト, セミハードタイプチーズ	38	0 (0)	1/2b	日本	2001
	ソフト, セミハードタイプチーズ	17	0 (0)	−	カナダ	2002
	生乳チーズ	17	0 (0)	−	カナダ	2002
	チーズ（低温殺菌乳使用）	47	−	−	カナダ	2002
	チーズ（低温殺菌乳使用）	86	−	−	カナダ	2002
	バター	17	0 (0)	4b	イギリス	2003
	チーズなどの乳製品	12	3 (25.0)	1/2a	スイス	2005
	チーズ, ミックスサラダ	20〜30	−	1/2b	チェコ	2006
	殺菌乳から製造した酸性カードチーズ	189	27 (14.3)	4b 他	ドイツ	2006〜2007
	酸チーズ	34	8 (23.5)	1/2a	オーストリア・ドイツ・チェコ	2009
食肉・食肉加工品	ミートパテ	355	94 (26.5)	4b,4bx	イギリス	1987〜1989
	パテ, ミートスプレッド（食肉製品）	11	6 (54.5)	1/2a	オーストラリア	1990
	豚タンのゼリー寄せ	279	85 (30.5)	4b	フランス	1992
	リーエット（豚肉調理品）	39	12 (30.8)	4b	フランス	1993
	ホットドッグ	108	24 (22.2)	4b	アメリカ	1998
	ホットドッグなどの食肉製品	101	20 (19.8)	4b	アメリカ	1998〜1999
	豚タンのゼリー寄せ	32	7 (21.9)	4b	フランス	1999〜2000
	調理済み七面鳥	29	7 (24.1)	1/2a	アメリカ	2000
	加熱調理済み七面鳥（スライス）	16	0 (0)	1/2a	アメリカ	2001
	調理済み七面鳥	63	7 (11.1)	−	アメリカ	2002
	Ready-to-eat デリ・ミート	57	22 (38.6)	1/2a	カナダ	2008
サラダ	コールスロー（キャベツサラダ）	41	17 (41.5)	4b	カナダ	1981
	ライスサラダ	18	0 (0)	1/2b	イタリア	1993
	コーンサラダ	1,566	0 (0)	4b	イタリア	1997
魚介類加工品	ムール貝の薫製	2	0 (0)	−	オーストラリア	1991
	ムール貝の薫製	4	0 (0)	1/2b	ニュージーランド	1992
	ニジマス（グラバド）	9	2 (22.2)	4b	スウェーデン	1994〜1995
	カニカマ	2	0 (0)	1/2b	カナダ	1996
	ニジマスの薫製	5	0 (0)	1/2a	フィンランド	1999

−：データなし.

(食品安全委員会, 2011)

中毒とは特定されないヒトのリステリア症は年平均83件（発症報告数からの推計）発生しているが，食品媒介によるリステリア症は知られていなかった．しかし，過去のリステリア症患者の追跡調査の結果，2001年に北海道でナチュラルチーズが原因のリステリア集団食中毒（患者数38名）が発生していたことが明らかとなった．

4）症　状

潜伏期間は24時間から長い場合では2〜6週間と幅広い．本菌の感染症は軽症者では風邪様症状（発熱，頭痛，悪寒など）がみられ，一部のものでは胃腸炎症状を併発することがある．重症者では髄膜炎や髄膜脳炎，敗血症が主な症状で，死亡率が高い．本菌による感染はとくに妊婦，乳幼児，高齢者，免疫不全者などに高率に見られる．

5）原因食品

本食中毒は加熱せずにそのまま食べる ready-to-eat 食品によって多く発生している．これまでの海外での原因食品を見ると，牛乳，チーズ，ミートパテ，アイスクリーム，ソーセージ，生野菜サラダ，コールスロー（キャベツサラダ）などでの事例が多く，これらは保菌牛由来の牛乳や保菌動物の糞便汚染を受けた野菜などが感染源となっている可能性が高い．その他生カキや燻製ムール貝によると思われる事例も報告されている．

6）予防対策

上で述べたように *L. monocytogenes* は乳や食肉，野菜などに付着している可能性があり，しかも 10^3 程度の菌数でも発症するといわれているので，生食をするものではとくに生産流通段階での衛生管理が重要である．本食中毒は冷蔵保存の ready-to-eat 食品での発生が多いが，これは本菌の低温増殖性が関係し，少量の汚染菌が低温貯蔵されている間に増殖し感染源となっている可能性が高いと思われる．汚染の可能性のある食品は冷蔵庫中に長期間置かないようにし，また貯蔵中の交差汚染にも注意が必要である．Redy-to-eat 食品で摂食前に加熱ができるものでは，74℃，15秒間以上の加熱で予防することができる．

5・10　赤痢菌

赤痢はわが国では，腸チフス，パラチフス，コレラとともに重要な消化器系感染症（感染症法の3類感染症に該当）であり，1960年ごろまでは患者数も毎年10万人にも及ぶ状態であった．現在も世界的に発生頻度が高く依然として

重要な下痢性疾患の1つである. 2000年以降, 食品を介した場合は食中毒として扱われるようになった.

1) 歴　史

赤痢は, 粘血便が赤いところから命名されたものである. 赤痢には細菌性赤痢とアメーバ性赤痢の2種類があるが, わが国における赤痢の主体は細菌によるものである. 両者の区別が明確になったのは19世紀半ばになってからのことで, 赤痢アメーバは1875年にLoeshにより重篤患者から分離され, のちに熱帯赤痢および熱帯肝膿瘍の原因病原体であることが証明された. 赤痢菌は1898年に志賀潔によって多数の赤痢患者の糞便から分離された. この菌は現在の A 亜群赤痢菌に相当する. 1900年にKruseおよびFlexnerはそれぞれ別個に志賀赤痢菌とは血清型の異なる赤痢菌を分離しており, 現在赤痢菌は4亜群に分類されている.

2) 微生物の性状

赤痢菌 (*Shigella*) は腸内細菌科に属し, 大きさ0.4 ～ 0.6 × 1.0 ～ 3.0 μm, 通性嫌気性, グラム陰性の無胞子桿菌で, 鞭毛はない. 赤痢菌の生化学的・血清学的性状は *E. coli* と近似しており, GC含量はともに50 ～ 54%で, 両者のDNA相同性もふつう85%以上であることから, 分類学的には*E. coli*の1種と考えられるが, 医学上の重要性から伝統的に*E. coli*とは区別して扱われており, *S. dysenteriae* (志賀菌), *S. flexneri* (フレキシネル菌), *S. boydii* (ボイド菌), *S. sonnei* (ゾンネ菌) の4亜群に分けられている (表3・14).

表 3·14　赤痢菌 4 菌種の性状と鑑別

性　状	菌　種				
	S. dysenteriae	*S. flexneri*	*S. boydii*	*S. sonnei*	*E. coli* (対照)
血清群 (亜群)	A 亜群	B 亜群	C 亜群	D 亜群	−
O 抗原の血清型の数	12	8	18	1	173
運動性	−	−	−	−	+
インドール産生	d	d	d	−	+
β - ガラクトシダーゼ (ONPG)	d	−	d	−	+
酸産生：乳糖	−	−	−	(+)	+
ショ糖	−	−	−	(+)	d
マンニット	−	+	+	+	+
オルニチン脱炭酸	−	−	−	+	d
アルギニン水解	−	−	−	d	d

d：不定, (+)：遅れて陽性.　　　　　　　　　　　　　　　　　　　　(本田, 1995)

　赤痢菌の増殖温度域は7 〜 46℃，最適温度は37℃である．増殖のpH域は4.5 〜 9.5，最適pHは7.2 〜 7.4である．増殖可能な水分活性の下限は0.96である．熱抵抗性は比較的弱く，55℃，1時間以内で死滅する．また1％フェノールで15 〜 30分で死滅し，直射日光や塩素殺菌剤には弱い．乾燥状態で室温において5 〜 46日間くらい生存できる．発症菌量は10^1 〜 10^2といわれている．

3）発生状況

　わが国では赤痢は戦前戦後を通じて長い間，毎年5 〜 10万人にも及ぶ患者が発生しており，極めて重要な位置を占めてきた．しかし1960年代後半からは徐々に減少し，1975年以降は年間1,000人前後の患者数で推移している．最近の事例の約80％は海外旅行者が旅先で感染してわが国に持ち込む，いわゆる輸入事例であり，その80％以上がアジア地域での感染である．また菌種もわが国では長い間，B亜群赤痢菌が高率であったが，1960年代後半以降は1980年前後の一時期を除くとD亜群赤痢菌が主体となっている．そのほか従来はまれであったA亜群赤痢菌およびC亜群赤痢菌が，その割合は5％以下と低いが，輸入事例の増加に伴って増加傾向にある．2011 〜 2020年における食中毒事例（表2・2）は8件，患者数289人（死者0人）であった．

4）症　　状

　赤痢の主要な病原性因子は細胞侵入性であり，主に腸管粘膜上皮細胞に侵入，増殖し，さらに隣接細胞への伝搬を繰り返すことで，上皮細胞の壊死と炎症を起こし，血液の混じった下痢を引き起こす．このほかに志賀菌では志賀毒素を産生し，上皮細胞の炎症の拡大を引き起こすと考えられている．潜伏期間は1 〜 4日で，主な症状は，発熱，腹痛，膿，粘血便，しぶり腹などである．

5）原因食品

　赤痢の集団発生のほとんどは食品または水を介して起こる．食品への汚染は，軽症の赤痢にかかり下痢便を排出している食品取扱者による．水系汚染はとくに途上国において飲料水への下水の混入によることが多い．散発事例の多くは，患者の大便（とくに液状便）に汚染された環境（例えば便所）を介してヒトからヒトへ経口感染するケースである．そのほか大便に触れたハエやゴキブリによる食品への媒介も考えられる．

6）予防対策

　赤痢は患者や保菌者の糞便を介しての食品，飲料水，環境の汚染が原因であ

るので，人糞の衛生的処理や上下水道の整備，食品取扱者の衛生意識の向上を
はかる必要がある．また先進国では海外旅行者による事例が急増していること
から，早急にその対策を講じることが重要である．

5・11 ノロウイルス

ノロウイルス食中毒は，わが国では1998年より正式に微生物性食中毒とし
て行政的に対応されるようになった新しい食中毒である．感染力が強く，大型
食中毒も多発しているため，年間の患者数は1万人以上である．かつてはカキ
の生食が主な原因とされていたが，最近はそれ以外の事例が増えている．

1）歴　史

米国のオハイオ州ノーウォークの小学校で1968年に発生した集団下痢症か
ら得た試料中に免疫電顕下で直径27 nmのウイルス粒子が観察され，また同試
料（無菌濾液）の人体感染実験の結果から，本ウイルスが下痢症の原因物質で
あることが確認され，ノーウォーク因子と名付けられた（1972年）．その後，
同様のウイルスによる胃腸炎は世界各地で報告され，小型球形ウイルス（small
round structured virus，SRSV）と総称されていたが，2003年からはノロウイル
ス（*Norovirus*）と呼ばれるようになった．食中毒原因となるウイルスには，
ノロウイルスのほか，サポウイルス，A型肝炎ウイルス，E型肝炎ウイルスな
どがある．これらの特徴をまとめて表3・15に示す．最近の統計では，ノロウ
イルスが件数，患者数ともウイルス性食中毒の97%以上を占めている．

2）微生物の性状，分布

ノロウイルスはエンベロープをもたない直径30 ～ 38 nm の球形ウイルスで
ある．プラス一本鎖 RNA を遺伝子にもち，カリシウイルス科ノロウイルス属
に分類される．ノロウイルスはゲノム塩基配列から5つの遺伝子群（genogroup，
G I ～ G V）に分類されており，そのうちヒトに病原性を示すのはG I とG II
である．流行するノロウイルスの遺伝子型は年々変化している．2006 ～ 2011
年は圧倒的にG II.A型が多かったが，現在はG II.4型とG II.2型が比較的多
い．

ノロウイルスはヒト小腸上皮細胞に感染して増殖，十二指腸付近の小腸上皮
細胞を破壊し，特有の症状を引き起こす．

貝類が原因食品となりやすいが，これは餌となるプランクトンなどを濾過す
る際に同時に水中に含まれるウイルスが濾過・濃縮され，カキなどの中腸腺に

表3·15　主なウイルス性食中毒の特徴

	ノロウイルス	サポウイルス	A型肝炎ウイルス	E型肝炎ウイルス
学名ウイルスの特徴など	*Caliciviridae* 科 *Norovirus* 属 RNA ウイルス（約7,600塩基）. 主に遺伝子群ⅠとⅡが食中毒を発生.	*Caliciviridae* 科 *Sapovirus* 属 RNA ウイルス（約8,300塩基）.	*Picornaviridae* 科 *Hepevirus* 属 RNA ウイルス（約7,500塩基）.	*Hepeviridae*科 *Hepevirus* 属 RNA ウイルス（約7,200塩基）. 遺伝子型1〜4に型別, 日本のシカ, イノシシ, ブタには3型と4型が分布.
感染源など	感染者の吐物, 糞便. 症状が快癒後も患者から1カ月間ほどウイルス排泄が続く. 感染力が極めて高く, 数十個程度の経口摂取で感染する.		開発途上国からの帰国, 汚染輸入食材の喫食.	開発途上国からの帰国, 汚染輸入食材の喫食. 日本では生シカ肉, 生イノシシ肉, ブタ生レバーの喫食で発症.
潜伏期間, 症状など	潜伏期間は24〜48時間. 主な症状は嘔吐, 下痢で, 発熱, 倦怠感, 頭痛もみられることがある. 重症化することはないが, 吐物をのどに詰まらせ死亡することがある. 冬に多発.		潜伏期間は2〜6週間. 主な症状は黄疸, 灰白色便, 発熱, 下痢, 腹痛, 吐き気, 嘔吐, 全身倦怠感. 春〜初夏に多発.	潜伏期間は15〜50日. 主な症状はA型肝炎に類似. 妊婦が罹患すると劇症肝炎など重症化する.
その他	消毒用アルコールは効果が低い. ワクチン無し.		消毒用アルコールは効果が低い. 界面活性剤, エーテル, pH3 程度の酸, 温度, 乾燥に対して抵抗性が強い. ワクチン有.	消毒用アルコールは効果が低い. ワクチン無し.

(森田, 2013 を改変)

蓄積されるためである. ノロウイルスはヒトにのみ感染し, カキの体内で増殖するわけではない.

　ノロウイルスはpH 3 〜 10で安定であり, 次亜塩素酸ナトリウム（100ppm）や消毒用アルコールにも比較的抵抗性を示す.

　ノロウイルスは培養ができず, また電子顕微鏡での観察も困難なため, 患者糞便や食品からの検出にはウイルス抗原を検出する方法のほか, 最近ではPCR法やLAMP法* が一般化しつつある.

　3）発生状況

　わが国では毎年10月から4月頃にかけて集団食中毒が数百件発生していた

---

* 　LAMP 法は loop-mediated isothermal amplification 法の略で, PCR 法とは異なる原理による遺伝子増幅法の1つ.

が，これら患者の糞便や原因食品からは食中毒細菌はまったく検出されないことがあり，長い間原因不明であった．現在では，これら冬季の非細菌性胃腸炎の大部分はノロウイルスであり，本食中毒は2000年以降急増していたが，2019年以降は減少傾向にある．2011〜2020年の発生件数（表2・2）は2,949件，患者数は103,222人である．事件数に比べて患者数が圧倒的に多く，2011〜2020年における患者数500人以上の大規模食中毒事例21件（表3・1）のうち9件がノロウイルスであり，病因物質別患者数は毎年1位である．

4）症 状

24〜48時間の潜伏期間の後に下痢，吐き気，嘔吐，腹痛，発熱，頭痛などの症状を起こす．とくに嘔吐は突然，急激に強く起こるのが特徴である．このような症状が1〜2日続いた後治癒し，後遺症は残らない．ただし，症状消失後1週間〜1カ月程度，便中にウイルスを排出することがある．

5）原因食品

ノロウイルスの感染経路は，汚染食品によるものと感染者の汚物（嘔吐物，糞便），手指などからの感染（ヒト-ヒト感染と呼ばれる）に大別される（図3・7）．

原因食品としてかつては生カキまたは酢ガキが多かったが，近年はそれ以外に，食中毒患者や不顕性感染者が直接素手で扱った食品（弁当，惣菜，サラダ，すし，パン，ケーキ，和菓子など），飲料水（わき水，井戸水など）などが増

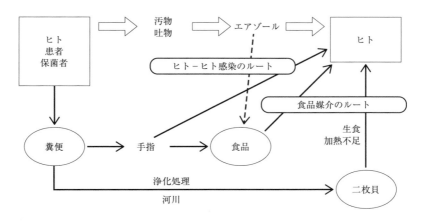

図3・7 ノロウイルスの感染経路（伊藤，2015）

えている．また直接食品を介さず，患者の嘔吐物や便のエアゾール飛沫感染や
患者・感染者が触れた蛇口，ドアノブ，雑誌などからの汚染のように，ヒトか
らヒトへのウイルスの直接感染のケースも増えている．

　6）予防対策
　ノロウイルスはヒトにしか感染せず，動物実験や細胞を用いた培養ができな
いため，ワクチンの製造や予防法の開発が難しい．
　食品を介した感染を防ぐには，原因食品となりやすい食品，とくに貝類の生
食を避け，十分に加熱（85℃，90秒以上）することが効果的である．調理器
具などは洗剤で十分洗ったあと，次亜塩素酸ナトリウム（塩素濃度200 ppm）
で拭くか，熱湯で1分間以上加熱する．また食品以外による感染事例も多いこ
とから，防止には手洗いやうがいも重要である．ノロウイルス食中毒は治癒後
も長期間ウイルスを排出する場合があり，またウイルスに感染しても発症しな
いがウイルスを排出する不顕性感染も認められていることから，とくに食品取
扱い者にあっては，手洗いを徹底し，ウイルスの排出が陰性になるまで直接食
品に触れる作業にはつかないようにするなど注意が必要である．

第*4*章

寄生虫性食中毒

1. 寄生虫性食中毒とは

　寄生虫は原虫，粘液胞子虫，吸虫，条虫，線虫に大別される．肉眼では見えない原虫，粘液胞子虫から長さ10 mにも達する条虫（いわゆるサナダムシ）まで，大きさは様々である．寄生虫によるヒトの感染経路としては，皮膚から侵入するケース（日本住血吸虫など），蚊などが媒介するケース（マラリア原虫など），飲食物を介して経口的に入るケースがある．このうち，飲食物を介して経口的に取り込まれた寄生虫によって引き起こされる急性の健康障害を寄生虫性食中毒という．寄生虫感染は飲食物を介さない場合もあるので，以前は食中毒の範囲外として寄生虫病予防法で扱っていた．寄生虫病予防法は1994年に廃止され，その後1999年に，食中毒事件票における食中毒病因物質の分類「その他」にクリプトスポリジウム，サイクロスポラ，アニサキスが例示さ

表4·1　食中毒の原因となる主な寄生虫

寄生虫の分類	寄生虫の名称	主な中毒原因食品
原虫（原生動物）	クリプトスポリジウム サイクロスポラ サルコシスティス トキソプラズマ	飲料水 飲料水，野菜 馬肉 牛肉，豚肉，鶏肉
粘液胞子虫（ミクソゾア動物）	クドア	ヒラメ
吸虫（扁形動物）	肝吸虫 肺吸虫 横川吸虫	コイ科の淡水魚 サワガニ，モクズガニ 淡水魚
条虫（扁形動物）	日本海裂頭条虫 無鉤条虫 有鉤条虫	サケ・マス類 牛肉 豚肉
線虫（線形動物）	アニサキス 回虫 旋尾線虫 旋毛虫	海産魚，イカ類 野菜 ホタルイカ ソーセージ，熊肉

れた. さらに寄生虫性食中毒の増加に伴い, 2013年からは病因物質として細菌, ウイルス, 化学物質, 自然毒と並んで寄生虫が追加され, 寄生虫の種別欄にクドア (クドア・セプテンプンクタータ), サルコシスティス (サルコシスティス・フェアリー), アニサキス (アニサキス属およびシュードテラノーバ属の線虫) およびその他の寄生虫が示された. 表4・1には, 飲食物を介してヒトに取り込まれ, 健康障害を引き起こす寄生虫をまとめて示す. ヒトに取り込まれて障害が現れるまでの潜伏期間が長く, 寄生虫性食中毒というより寄生虫症の原因となるものも多い.

2. 寄生虫性食中毒の発生状況

　寄生虫性食中毒の発生状況を, 最近8年間 (2013 ～ 2020年) について表4・2に示す. 事件数の90%以上はアニサキスによるもので, クドア中毒が続き, そのほかの寄生虫による中毒はごくわずかである. アニサキス中毒のほとんどは患者1人であるが, それに対してクドア中毒は集団中毒が多いので, 患者数の点ではアニサキス中毒に迫っている. なお近年, アニサキス中毒は増加傾向にあり, 2018年以降は, それまで病因物質の上位1, 2位を占めてきたカンピロバクター (ジェジュニ/コリ) とノロウイルスを抜いて第1位にランクされている。そのため, 寄生虫性食中毒の事件数は細菌性食中毒と匹敵する状況になっている.

表4・2　寄生虫性食中毒の発生状況 (2013 ～ 2020年)

年	事件数 (件)				患者数 (人)			
	クドア	サルコシスティス	アニサキス	そのほか*	クドア	サルコシスティス	アニサキス	そのほか*
2013	21	1	88	0	244	6	89	0
2014	43	0	79	0	429	0	79	0
2015	17	0	127	0	169	0	133	0
2016	22	0	124	1	259	0	126	21
2017	12	0	230	0	126	0	242	0
2018	14	1	468	4	155	8	478	6
2019	17	0	328	2	188	0	336	10
2020	9	0	386	0	88	0	396	0
小計	155	2	1,830	7	1,658	14	1,879	37
合計	1,994				3,588			

*内訳: 旋毛虫3件 (患者33人), 旋尾線虫2件 (患者2人), 肺吸虫1件 (患者1人), 条虫 (種類不明) 1件 (患者1人).

3. 魚介類から感染する寄生虫

3・1　アニサキス

　アニサキスは線形動物回虫目アニサキス亜科のアニサキス属（*Anisakis*）およびシュードテラノーバ属（*Pseudoterranova*）に属する線虫で，魚介類の代表的な寄生虫である．アニサキス症の原因になるのは主として*A. simplex*，*A. physeteris*，*P. decipiens*の3種である．遺伝的多型に基づき，*A. simplex*はさらに*A. simplex* sensu stricto，*A. pegreffii*，*A. simplex* Cの3種に分けられており，このうち*A. simplex* sensu stricto と*A. pegreffii*についてはヒトへの感染性が確認されている．なお，アニサキス症の大部分は*A. simplex* sensu stricto による．

1）生活史

　アニサキスの生活史を図4・1に示す．終宿主は海産哺乳類（イルカ，クジラ，アザラシなど）で，胃内に寄生している成虫が産んだ卵は排泄物とともに海水中に放出される．卵は海水中で発育して第1期幼虫になり，続いて卵殻内で脱皮して第2期幼虫になる．第2期幼虫はオキアミ類（第1中間宿主）に摂取され，オキアミ類の体内で第3期幼虫にまで成長する．オキアミ類が海産哺乳類に捕食される経路もあるが，ヒトへの健康影響で問題になるのは魚類やイカ類（第2中間宿主）に捕食される経路である．オキアミ類が魚類やイカ類に捕食されると，第3期幼虫は宿主の消化管から腹腔内に移動し，肝臓や生殖腺などの内臓表面に嚢包（虫体が渦巻き状になって袋に入った状態）を形成して寄生する（図4・2）．筋肉内に寄生することもある．魚類やイカ類に寄生している第3期幼虫は体長2～3 cmの大きさである．アニサキスが寄生する魚類やイカ類を海産哺乳類が捕食すると，胃内で第4期幼虫を経て成虫になり生活史を終える．生活史からわかるようにヒトはアニサキスの宿主ではないが，第3期幼虫が寄生している生の魚介類を食べると，虫体が胃や腸に食い込むことがありアニサキス症を発症する．

2）発生状況

　2018年以降，アニサキスは病因物質の第1位である．実際の症例は中毒届出数よりはるかに多いようで，国立感染症研究所は2005～2011年のアニサキス症発生件数は年平均7,147件であったと試算している．また，欧州食品安全機関（EFSA, 2010）は，日本におけるアニサキス症の発生は毎年約2,000件（世界のアニサキス症の90％に相当する）と推定している．

3）症　状

　アニサキス症は幼虫の寄生部位によって胃アニサキス症と腸アニサキス症に分類される．症例の大半は胃アニサキス症である．また，症状の程度によって劇症型（急性）と緩和型（慢性）とに分類される．劇症型アニキサス症では，幼虫で汚染された刺し身などを摂食して数時間～十数時間後に激しい腹痛や嘔吐，悪心のほか，じんましんや血管性浮腫がみられる．緩和型アニサキス症の場合は自覚症状がないことも多い．ヒトはアニサキスの宿主ではないので，幼虫がヒトの体内で成虫になることはない．寄生しても1～2週間程度で死亡して体外に排泄され，症状も治まる．

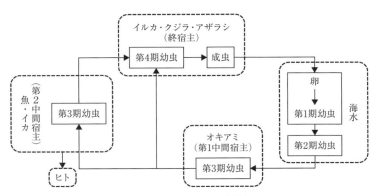

図4・1　アニサキスの生活史

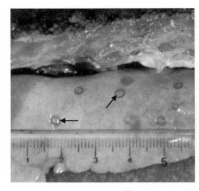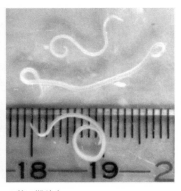

図4・2　アニサキスの第3幼虫
（左）スケトウダラの肝臓に嚢包を形成している幼虫（矢印），（右）左の肝臓から取り出した幼虫．

　近年，アニサキスはIgE抗体を介したアレルギーの抗原としても注目されている．最初の感染でIgE抗体を産生したアレルギー体質のヒトでは，再感染したときにアレルギー反応が引き起こされる．劇症型アニサキス症で見られる症状にはアレルギー反応の関与が考えられている．

4）原因食品

　アニサキスの第3期幼虫が寄生したサバ，アジ，イワシ，サンマ，ブリ，カツオなどの海産魚およびイカ類の刺し身や寿司が原因になる．2020年に発生したアニサキス中毒は386件であるが，原因食品が刺身の盛り合わせやにぎり寿司であるため，原因魚介類が特定されているのは142件と少ない．そのうちの約半分の73件はサバが原因で，アジ（16件），イワシ（9件）がそれに続く．サバの場合，しめサバが49件と非常に多い．

5）予防対策

　アニサキスは加熱に弱く，60℃では数秒で，70℃以上では瞬時に死滅する．凍結に対しては多少抵抗性を示すが，－20℃で24時間冷凍すると死滅する．アニサキス症の防止には，魚介類の加熱調理や冷凍保存が有効である．しめサバによる中毒例が多いことでもわかるように，アニサキスは酢に対しては抵抗性を示す．また，しょうゆやわさび，にんにくも通常の使用量ではアニサキス症の防止効果はない．

3・2　クドア・セプテンプンクタータ

　クドア・セプテンプンクタータ（*Kudoa septempunctata*）はミクソゾア動物多殻目に分類されている粘液胞子虫類である．クドア属の粘液胞子虫は世界で80種，日本で20種が知られており，内部にコイル状の極糸を含む極嚢という構造を4個以上有する胞子を形成するのが特徴である．クドア・セプテンプンクタータの場合，胞子は5〜7個の極嚢をもつ（図4・3）．クドア属粘液胞子虫はほとんどが海産魚に寄生し，*K. clupeidae*，*K. musculoliquefaciens*，*K. thyrsites* などはブリやヒラメなどにおいてジェリーミート（魚の死後，粘液胞子虫の出すプロテアー

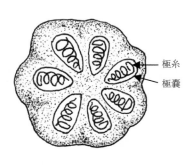

極糸
極嚢

図4・3　クドア・セプテンプンクタータの
胞子（模式図）

ゼにより筋肉が溶解する現象）を引き起こすことは以前からよく知られている．これら寄生虫は商品価値を低下させるが，中毒を引き起こすことはないと考えられている．今のところ，食中毒の原因となるクドア属粘液胞子虫はクドア・セプテンプンクタータのみである．

1）生活史

多くのクドア属の寄生虫は魚類と環形動物（ゴカイなど）の2つの宿主を行き来することが明らかにされている．クドア・セプテンプンクタータの生活史は不明であるが，ヒラメと環形動物が宿主になっていると考えられる．

2）発生状況

2009年6月〜2011年3月の間に，原因物質不明有症例（一過性の下痢，吐き気および嘔吐を主症状とする集団発生であり，既知の病原物質が検出されない，あるいは検出されても症状などと合致しない有症例）が各地で198例発生した．このうち135例（68%）はヒラメの刺し身の摂食によるものであり，クドア・セプテンプンクタータが原因であることが究明された．2013〜2020年の8年間では，クドア・セプテンプンクタータによる食中毒は155件（患者1,658人）発生している（表4・2参照）．

3）症　状

クドア・セプテンプンクタータが寄生しているヒラメを生で食べると，食後数時間程度で下痢，嘔吐，腹痛，発熱などが起こる．症状は軽くかつ一過性であり，24時間以内に回復する．ヒトは本来の宿主ではないので，ヒトの体内では長く生きることができないためであると考えられる．

4）原因食品

クドア・セプテンプンクタータが寄生している養殖ヒラメの刺し身や寿司が原因になる．天然ヒラメはほぼ安全であると考えられているが，天然ヒラメにおけるクドア・セプテンプンクタータの寄生の可能性が低い理由はよくわかっていない．

5）予防対策

クドア・セプテンプンクタータが寄生していても，胞子の大きさは10 μmと小さく肉眼ではみえない．また，ほかのクドア属のようにジェリーミートを引き起こすこともないので，活ヒラメから刺し身を作る段階では中毒の予測は困難である．クドア・セプテンプンクタータは−20℃，4時間以上の凍結処理ま

たは中心温度70℃，5分以上の加熱処理で死滅するので，ヒラメの冷凍や加熱により中毒は防止できるが，刺し身としての商品価値は失われる．中毒防止対策としてヒラメの養殖現場では，クドア・セプテンプンクタータを保有する種苗（稚魚）を排除する，環形動物がいない飼育環境を確保する，出荷前のモニタリング検査によりクドア・セプテンプンクタータの寄生がないことを確認するなどの対策を行っている．なお，筋肉1 g当たり1×10^6を超える胞子が検出されたヒラメは流通が禁止されている．

3・3　日本海裂頭条虫

　日本海裂頭条虫（*Diphyllobothrium nihonkaiense*）は扁形動物裂頭条虫科に分類されている条虫で，日本における裂頭条虫症の原因種である．ヒトに寄生する裂頭条虫としては，ヨーロッパや北米，南米に分布している広節裂頭条虫（*D. latum*）も知られている．

1）生活史

　図4・4に日本海裂頭条虫の生活史を示す．終宿主（ヒト，イヌ，ネコ，キツネ，クマなど）に寄生している成虫が産んだ卵は糞便とともに水中に入り，約10日で卵の内部にコラシジウムと呼ばれる幼虫が形成される．コラシジウムがふ化してケンミジンコ（第1中間宿主）に取り込まれると，2～3週間でプロセルコイド（前擬充尾虫）とよばれる幼虫に発育する．プロセルコイドを保有するケンミジンコが第2中間宿主の魚（サクラマス，カラフトマスなどのサケ属の魚）に食べられると，プロセルコイドは約1カ月で魚の筋肉内でプレロセル

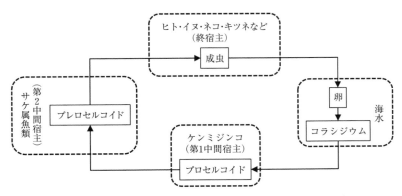

図4・4　日本海裂頭条虫の生活史

コイド（擬充尾虫）と呼ばれる幼虫に発育する．プレロセルコイドが魚から終宿主に入ると，小腸上部で絨毛に固着して約20日で成虫（体長5～10 m，幅1 cm）になり，さらに10日ほどで成熟成虫になって1日当たり約100万個の卵を産むようになる．成虫は1個の頭節とそれに続く数千にも及ぶ片節で構成されている．頭節には1対の吸盤があり，小腸粘膜に吸着できるようになっている．

2）発生状況

裂頭条虫症は，厚生労働省の食中毒統計には出てこないが，国立感染研究所における確定診断症例（114例）に学術雑誌の症例数を加えると，2007年～2017年3月の発生は439例に達する（杉山ら，2017）．年平均約40例に相当するが，実際の発生数はこの数倍と推定されている．

3）症　状

感染から発症までの期間は不明である．主な症状は腹痛や下痢，食欲不振で，体重減少，めまい，耳鳴り，息切れ，しびれ感がみられることもある．大型であるが組織への侵入性はないので症状は比較的軽い．自覚症状がなく，排便時に虫体の一部（片節）が排出されて感染に気づくことも多い．

4）原因食品

プレロセルコイドが寄生しているサケ属の魚（サクラマスやカラフトマスなど）の刺し身，寿司，マス寿司が原因となる．

5）予防対策

プレロセルコイドは，56℃以上の加熱または−20℃以下，24時間以上の冷凍保存で死滅する．北海道の郷土料理であるサケのルイベは冷凍処理がされているので，感染の心配はない．

3・4　肝吸虫

肝吸虫は扁形動物後睾吸虫科の吸虫で，以前は肝臓ジストマとも呼ばれていた．ヒトに寄生する主な肝吸虫は *Clonorchis sinensis*，タイ肝吸虫（*Opisthorchis viverrini*）およびネコ肝吸虫（*O. felineus*）の3種類で，このうち *C. sinensis* がわが国の肝吸虫症の原因である．

1）生活史

生活史を図4・5に示す．終宿主はヒト，イヌ，ネコ，ネズミ，ブタなどで，糞便とともに外界に出た卵は第1中間宿主であるマメタニシ（淡水産の小型巻

貝）に摂食される．マメタニシの体内でふ化し，ミラシジウムからセルカリア
にまで発育する．セルカリアはマメタニシから水中に泳ぎだし，第2中間宿主
であるコイ科の淡水魚（モツゴ，ホンモロコ，バラタナゴ，ウグイ，フナ，コ
イなど）に経皮的に侵入して主に筋肉内でメタセルカリアになる．メタセルカ
リアが寄生した淡水魚をヒトなどが生で食べると，メタセルカリアは小腸で被
嚢を脱して幼虫となり，肝臓内の胆管に定着する．約1カ月で平たい柳の葉の
形をした成虫（体長10 〜 20 mm，体幅3 〜 5 mm）になり，産卵を開始する．
成虫の寿命は20年以上に達する．

2）発生状況

　肝吸虫は中国，台湾などのアジア諸国を中心に広く分布し，全世界で700万
人以上が感染していると推測されている．日本における感染状況ははっきりし
ないが，京都府立医科大学における症例数は1971 〜 1989年に52例（2.7例/年）
であったのに対し，1990 〜 2009年は13例（0.65例/年）であり，近年はかな
り減少していると思われる．第1中間宿主のマメタニシが，農薬汚染や用水路
改修などにより減っているためである．

3）症　状

　食欲不振，下痢，腹部膨満などの症状がみられる．成虫は20年以上生存す
るので症状は慢性化し，進行すると肝硬変（寄生虫性肝硬変とよばれる）にな
り腹水や黄疸の症状も現れる．ただし，少数の寄生では無症状に近い．

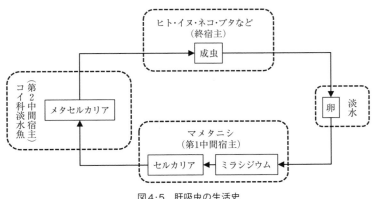

図4·5　肝吸虫の生活史

4）原因食品
モツゴ，ホンモロコ，バラタナゴ，ウグイ，フナ，コイなどのコイ科淡水魚の生食や加熱不十分な調理が原因になる．

5）予防対策
寄生が予想される淡水魚は十分に加熱して食べる．

3・5　肺吸虫
肺吸虫は扁形動物肺吸虫科の吸虫で，古くは肺臓ジストマとも呼ばれていた．ヒトに寄生する肺吸虫としては7種類が報告されており，日本ではウェステルマン肺吸虫（*Paragonimus westermani*）と宮崎肺吸虫（*P. miyazakii*）の2種が問題になる．

1）生活史
生活史を図4・6に示す．終宿主（ヒト，イヌ，ネコ，タヌキなど）の肺に寄生する成虫が産んだ卵は，喀痰とともに排出されて水中に入る．約2週間でミラシジウムが発育してふ化する．ミラシジウムは水中を泳いで第1中間宿主である淡水産巻貝（ウェステルマン肺吸虫ではカワニナ，宮崎肺吸虫ではホラアナミジンニナ）に侵入して増殖し，多数のセルカリアが生じる．次いでセルカリアは第1中間宿主から脱出し，第2中間宿主である淡水産カニ類（ウェステルマン肺吸虫ではモクズガニ，サワガニ，アメリカザリガニなど，宮崎肺吸虫ではサワガニ）に経皮的に侵入する，または第1中間宿主の捕食という経口的経路でカニ類に侵入する．セルカリアはカニの体内で被嚢してメタセルカリア

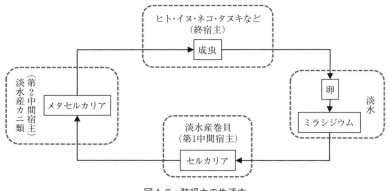

図4・6　肺吸虫の生活史

へと発育する．メタセルカリアを保有するカニをヒトなどの終宿主が食べると，メタセルカリアは十二指腸内で脱嚢する．幼虫は腸壁を穿通して腹腔に入り，横隔膜，胸腔を経由して肺に侵入し，肺で成虫（体長10 〜 12 mm，体幅5 〜 7 mm）になる．イノシシの場合，幼虫が成虫に発育しないで筋肉に長く残るので，ヒトはイノシシ肉の生食によって感染することもある．

2）発生状況

　1950年代までは淡水産カニ類を摂食する習慣が全国的にあったため肺吸虫症患者は多かったが，その後の啓蒙活動により1970 年代には激減している．最近の発症数は年間50 〜 60例と推定されており（杉山ら，2017），その多くは淡水産カニ類の摂食による散発的なものと九州地方の狩猟者におけるイノシシ肉の生食習慣によるものと考えられている．

3）症　状

　成虫が主に肺に寄生するので，肺の炎症，血たん，自然気胸，胸水貯留などの症状が現れ，肺結核と混同されやすい．肺以外の臓器に寄生することもあり，とくに脳に寄生すると頭痛や嘔吐などが引き起こされる．

4）原因食品

　生の淡水産カニ類が主な原因食品である．イノシシの生肉も原因になることがある．食品を介した感染のほか，カニ類の調理の際に調理器具や手に付着したメタセルカリアによって経口感染することもある．

5）予防対策

　モクズガニ，サワガニ，イノシシは生食せずに，十分加熱してから食べる．また，これらを調理した後，調理器具や手を十分に洗浄する．

3・6　横川吸虫

　横川吸虫（*Metagonimus yokogawai*）は扁形動物異形吸虫科の吸虫である．横川吸虫という名前は，この寄生虫を台湾のアユから最初に検出した横川定博士にちなんでいる．

1）生活史

　図4・7に生活史を示す．終宿主（ヒトを含む哺乳類および鳥類）に寄生している成虫から放出された虫卵は水中に入る．虫卵はミラシジウム幼生がふ化直前の状態になっているが，水中でふ化することはない．虫卵が第1中間宿主であるカワニナ（淡水産巻貝）に食べられると，体内でふ化してセルカリアまで

成育する. セルカリアはカワニナから水中に泳ぎだし, 第2中間宿主の淡水魚 (アユ, ウグイ, シラウオ, フナなど) に体表から侵入し, メタセルカリアに成育して主に筋肉に寄生する. メタセルカリアが終宿主に経口的に取り込まれると, 小腸粘膜に寄生して成虫 (体長1 ～ 2 mm) になる. ヒトの場合, 感染後10日ほどで産卵を開始する. 成虫の寿命は1 ～ 3年である.

2) 発生状況

横川吸虫の感染率は, 日本寄生虫予防会による全国調査によれば, 1970 ～ 1990年代に増加し (0.01 → 0.67%), 2004 ～ 2008年には減少傾向 (0.05 → 0.01%) にある.

3) 症　状

成虫は小腸粘膜に吸着して寄生するが, 粘膜内に侵入することはないので症状は軽微である. 少数寄生の場合は無症状で, 多数寄生により腹痛, 下痢, 粘血便などがみられる.

4) 原因食品

アユ, ウグイ, シラウオ, フナなどの淡水魚の不完全調理や生食が原因になる.

5) 予防対策

アユ, ウグイ, シラウオ, フナなどの淡水魚を摂食するときは, 十分に加熱調理をする. また, 調理の際にメタセルカリアが飛散しないように心がけることも重要である.

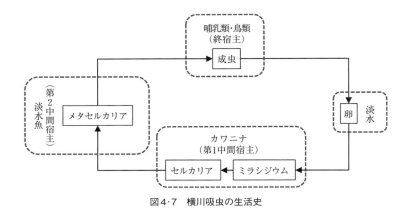

図4・7　横川吸虫の生活史

3・7　旋尾線虫

旋尾線虫（*Crassicauda giliakiana*）は線形動物旋尾線虫目の線虫である．幼虫は type I ～ X III の13種類にわけられ，そのうちヒトに寄生する幼虫は type X である．

1）生活史

旋尾線虫 type X 幼虫（体長5 ～ 10 mm，体幅0.08 ～ 0.1mm）は，ホタルイカ，スルメイカ，ハタハタ，スケトウダラなどの海産魚介類の内臓に寄生する．生活史はよくわかっていないが，成虫は終宿主であるツチクジラの腎臓に寄生している．ヒトは宿主ではないが，幼虫を体内に保有するホタルイカなどを経口摂取することにより感染する．摂取された幼虫は消化管に寄生し，さらに消化管壁に侵入して腹腔から腹壁にもいたる．ヒトの体内で成虫になることはない．

2）発生状況

旋尾線虫 type X 幼虫による感染症は比較的新しい寄生虫症で，1974年に初めて症例が報告された．今のところ症例は日本に限られている．1988 ～ 2017年に113症例が報告されている（吉田，2021）．1995 ～ 2003年に発生した49例の原因食品は，ホタルイカ45例，サバ1例，不明3例である．2018年には食中毒として2件（患者2人）の届け出があったが，2件ともホタルイカが原因である．

3）症　　状

幼虫が消化管に寄生して起こる腸閉塞を伴う急性腹症（腹痛，腹部膨満感，吐き気，嘔吐など）と幼虫が皮下に迷入して起こる皮膚爬行症（皮膚のみみず腫れなど）がある．急性腹症は摂食して数時間～2日後に，皮膚爬行症は1 ～ 4週間後に現れる．

4）原因食品

もっとも主要な原因食品は内臓つき生鮮ホタルイカで，そのほかにスルメイカ，ハタハタ，スケトウダラ，サバなどの内臓も原因となることがある．

5）予防対策

旋尾線虫症の防止のために，2000年に厚生省（現厚生労働省）は「生食用ホタルイカの取扱いについて」という通知を出し，ホタルイカを生食する場合は，①－30℃で4日間以上もしくはそれと同等の殺虫能力（中心温度－35℃で15時間以上または－40℃で40分以上）を有する条件で凍結すること，②内臓

を除去することまたは内臓除去が必要である旨を表示することとしている．また，生食用以外の場合には，加熱処理（沸騰水に投入後30秒以上保持，もしくは中心温度で60℃以上の加熱）を行うこととされている．生食の場合，冷凍および内臓除去は有効であるが，家庭の冷凍庫の温度（約 − 18℃）では死滅しないこと，内臓除去の際に虫体が胴部などに付着する可能性があることに留意しておく必要がある．

4. 獣肉から感染する寄生虫
4・1 サルコシスティス・フェアリー
サルコシスティス・フェアリー（*Sarcocystis fayeri*）は真コクシジウム目肉胞子虫科の原虫である．以前は住肉胞子虫目に属するとされていたため，住肉胞子虫の一種と記載されることも多い．

1）生活史
サルコシスティス・フェアリーはウマを中間宿主，イヌを終宿主とする生活史をもつ（図4・8）．イヌから糞便とともにオーシストが排泄されるが，オーシストの壁は弱く実質的には内部のスポロシスト（スポロゾイトを多数内蔵する被嚢）が排泄される．ウマが水や飼料などを介してスポロシストを取り込むと，スポロシストから放出されたスポロゾイトが筋肉内でサルコシスト（ブラディゾイトと呼ばれる三日月上の増殖虫体を多数含む）を形成する．ウマがイヌに食べられると，イヌの中でサルコシストからブラディゾイトが放出される．ブラディゾイトは腸管上皮細胞に侵入し，有性生殖によりオーシストが作られる．ヒトは宿主ではないが，馬刺しから取り込み感染する．

2）発生状況
クドアの項（3・2項）で述べたように，2009年6月〜2011年3月の間に原因物質不明有症例が各地で198例発生したが，このうち摂食した食品に馬刺し

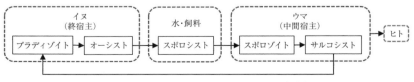

図4・8　サルコシスティス・フェアリーの生活史

が含まれていた事例が33件あり，少なくとも4件は疫学的に馬刺しが原因食品であると考えられた．このことをもとに馬刺しで検討が行われ，中毒原因はサルコシスティス・フェアリーであることが究明された．その後の対策の効果が現れ，最近8年間（2013〜2020年）ではサルコシスティス・フェアリーによる中毒はわずか2件（患者14人）である（表4・2参照）．

　ヨーロッパのイタリアやフランス，アジアの韓国（済州島）や中国（大連）などで馬肉の生食の習慣はあるが，これまでにサルコシスティス・フェアリーによる食中毒の報告例はない．最近になって日本で急に問題になった理由は不明である．

　3）症　状

サルコシスティス・フェアリーが多数寄生した馬肉を生で食べると，食後数時間で下痢，おう吐，腹痛などの消化器症状が起こる．症状は軽度かつ一過性で，24時間以内に回復する．

　4）原因食品

原因食品は馬肉の刺し身である．

　5）予防対策

　馬肉中のサルコシストは，長さ数mm程度，幅0.5〜1.0mmで肉眼でもみえるが，脂肪組織との区別が困難である．サルコシスティス・フェアリーの病原性は凍結により失われるので，馬刺しによる中毒は凍結処理（−20℃で48時間以上）により防止できる．加熱調理用馬肉の場合は肉の中心まで火がとおるよう十分に加熱すれば問題ない．

4・2　トキソプラズマ

　トキソプラズマ（*Toxoplasma gondii*）は真コクシジウム目トキソプラズマ科の原虫である．

　1）生活史

　トキソプラズマの生活史を図4・9に示す．終宿主はネコで，トキソプラズマが増殖できる唯一の宿主でもある．ネコから糞便とともにオーシストが外界に排出されるが，この時点のオーシストは未成熟で，感染性のある成熟オーシストになるには数日を要する．成熟オーシスト（10×12μm）は2個のスポロシストを含み，各スポロシストには4個のスポロゾイトが内蔵されている（図4・10）．成熟オーシストが中間宿主である哺乳類や鳥類に経口的に感染すると，

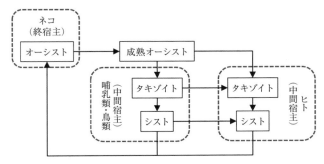

図4·9　トキソプラズマの生活史

感染初期にはスポロゾイトが
増殖型（タキゾイト）に変わ
り，その後はシストになる.
中間宿主からシストがネコに
経口的に摂取されると，腸管
上皮細胞で無性生殖を繰り返
した後，有性生殖によりオー
シストが形成される．ヒトへ
の感染は，ネコ糞便に含まれ

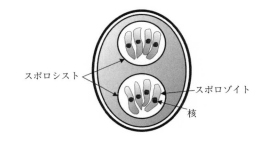

図4·10　トキソプラズマの成熟オーシスト（模式図）

るオーシストの経口的な摂取，食肉に寄生しているタキゾイトまたはシストの
経口摂取による.

2）発生状況

　トキソプラズマ症はネコのいる地域・国ではどこでもみられる．世界人口の
1/3がトキソプラズマに感染しているとされ，日本でも成人の20 〜 30％が感染
していると推定されている.

3）症　状

　感染しても無症状または症状（軽い頭痛や発熱など）があっても軽度である
ので，感染に気づくことはあまりない．重篤な場合は，リンパ節炎や筋肉痛な
どのインフルエンザに似た症状がみられる．免疫不全の感染者では脳炎，肺炎
などを起こし，死亡することがある．妊娠期間中に初めて感染した場合，胎盤
感染が起こり流産を招いたり異常児（水頭症など）が生まれたりする危険性が

ある.

4）原因食品

生または加熱不十分な豚肉，ヒツジ肉，ヤギ肉，ヤギの生乳が原因食品となる．食品以外ではネコの糞便からの感染がある．

5）予防対策

食肉中のシストは4℃では長期間感染力を失なわないし，− 10℃，2日間程度の凍結では死滅しない．しかし，加熱処理には弱いので，肉は十分に加熱して食べることが感染防止には重要である．と畜場法により感染食肉は全廃棄することが定められている．

4・3　無鉤条虫

無鉤条虫（*Taenia saginata*）は扁形動物テニア科の条虫である．

1）生活史

中間宿主はウシ，終宿主はヒトである（図4・11）．ヒトの便とともに受胎片節（虫卵が詰まっている節）が排出されると，片節から虫卵が遊離して牧草を汚染する．汚染した牧草を食べたウシの腸管内でふ化して全身の筋肉に移行し，約2カ月で嚢虫になる．ヒトが牛肉とともに嚢虫を摂取すると，嚢虫は小腸上部で脱嚢して5 〜 10週間で成虫（体長3 〜 7 m）になる．成虫は頭節と無数の片節から成るが，頭節に鉤がない点で次の有鉤条虫とは区別される．

2）発生状況

無鉤条虫による感染例は国内ではほとんどない．海外渡航者や輸入牛肉を摂食した場合に散発的にみられる．世界的には牛肉を食用にしている国，特に豚肉を食べないイスラム国で多い．牛肉を食べないヒンズー教徒には分布しない．

3）症　状

成虫が腸に寄生した場合，腹部膨満感や悪心，下痢，便秘などの症状がみられるが，一般に軽微である．無症状で，便に寄生虫の断片（片節）が排出され

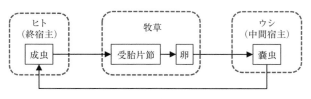

図4・11　無鉤条虫の生活史

て感染に気づくこともある.

4）原因食品

　囊虫を含んだ生焼けの牛肉や牛のホルモン料理が原因となる.

5）予防対策

　無鉤囊虫は60℃以上の加熱や－10℃，10日以上の冷凍で死滅するので，予防のためには食用牛肉は十分に加熱する，または冷凍処理を行うことである.なお，と畜場法により無鉤囊虫が感染している食肉について，全身に蔓延している場合は全廃棄，全身に蔓延していない場合は部分廃棄することになっている.

4・4　有鉤条虫

　有鉤条虫（*Taenia solium*）は扁形動物テニア科の条虫で，上述の無鉤条虫の近縁種である.

1）生活史

　中間宿主はブタとイノシシ，終宿主はヒトである（図4·12）.ヒトの便とともに受胎片節が排出されると，片節から虫卵が遊離して水や飼料を汚染する.ブタやイノシシが虫卵を取り込むと，腸管内でふ化した幼虫は腸壁に侵入し，身体各部の筋肉に移行して3～4カ月で囊虫となる.ヒトが豚肉やイノシシ肉とともに囊虫を摂取すると，囊虫は小腸上部で脱囊して2～3カ月で成虫（体長2～5 m）になる.成虫は鉤のある頭節と無数の片節から成る.ヒトは虫卵を経口摂取すると中間宿主にもなり，腸管でふ化した幼虫が各種臓器（筋肉，脳，眼，皮下組織など）に運ばれ人体有鉤囊虫を生ずる.また，消化管内で成虫が産んだ卵がふ化し，幼虫が次々と腸壁に侵入して筋肉や脳に多数の有鉤囊虫を形成するという自家感染も起こる.有鉤囊虫のヒト体内での生存期間は約20年と非常に長い.

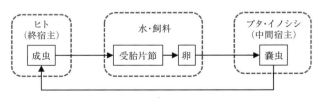

図4·12　有鉤条虫の生活史

2）発生状況

　有鉤条虫による症例（大部分が有鉤嚢虫症）は大戦前後に相当数が報告されているが，日本には有鉤条虫そのものがほとんどみられないので中国などで感染したと考えられている．最近の症例はわずかで，中国からの帰国子女などの海外感染例である．有鉤条虫は中南米，アフリカ，インド，中国，韓国などに広く分布しているので，輸入豚肉には注意を要する．

3）症　状

　有鉤条虫による症状は，成虫による有鉤条虫症と幼虫（嚢虫）による有鉤嚢虫症に分けられる．有鉤条虫症の場合，腹部膨満感，悪心，下痢，便秘などがみられるが，症状は軽微で気がつかないことも多い．有鉤嚢虫症の場合，症状は嚢虫が寄生する臓器によって異なる．脳へ寄生するとてんかん症状（けいれん，意識障害），眼に寄生すると視野障害のような重い症状がみられる．

4）原因食品

　加熱不十分な豚肉が原因になる．

5）予防対策

　中心温度が少なくとも60°C以上になる加熱処理または−10°C以下で10日間以上の冷凍で死滅する．豚肉は中心までよく焼いて食べることが予防になる．と畜場法により，有鉤嚢虫が感染している食肉は全廃棄することになっている．

4・5　旋毛虫（トリヒナ）

　旋毛虫（別名トリヒナ）は線形動物旋毛虫科の線虫である．日本においては，世界的にブタでの家畜感染サイクルの主役になっている *Trichinella spiralis* はみいだされていないが，*Trichinella nativa* と *Trichinella* T9 という2種類のトリヒナの存在が確認されている．

1）生活史

　ヒトをはじめ，ブタ，イノシシ，ウマ，クマなど多くの哺乳類が宿主となる．ある宿主に寄生している幼虫がほかの宿主によって経口的に取り込まれると，幼虫は成虫（体長は雄1.4 〜 1.6 mm，雌3 〜 4 mm）になって小腸粘膜に寄生する．雌の成虫は小腸粘膜内で幼虫を産むが，幼虫は血流を介して全身に分散し横紋筋に到達したものだけが被嚢して生き残る．この状態の幼虫がさらにほかの宿主に経口的に取り込まれると，同様の生活史が繰り返される．このように旋毛虫の場合は，それぞれの宿主は終宿主でもあり中間宿主でもある．

2）発生状況

欧米（とくにドイツ）では豚肉を非加熱調理で食べる習慣が広がっていたため，19世紀後半から20世紀半ばにかけて豚肉を介したトリヒナ症による死亡者を含む食中毒事件が頻発していた．その後，養豚場の衛生環境の改善によりブタ由来のトリヒナ感染は激減したが，フランスやイタリアでは馬肉による集団食中毒事件も起こっている．日本では熊肉による食中毒が6件発生している（表4・3）．豚肉による中毒も数件知られているが，いずれも輸入豚肉（感染は海外）である．国内で家畜として飼育されているブタについては，これまでに感染の報告はない．

3）症　状

小腸に寄生している時期は，主として悪心，腹痛，下痢などの消化器症状がみられる．幼虫が体内を移行する時期（感染後2～6週）は発熱，筋肉痛，皮疹などが現れ，心筋の通過による心筋炎により死亡することもある．幼虫が横紋筋で被囊する時期は軽症であれば回復に向かうが，重症の場合は貧血，全身浮腫，心不全，肺炎などにより死亡することもある．

4）原因食品

わが国では熊肉（刺し身またはルイベ）が原因になる．世界的には豚肉（生肉，生ハム，自家製ソーセージなど）がもっとも重要な原因食品で，ヨーロッパでは馬肉も原因になっている．

5）予防対策

豚肉をはじめ食肉は中心まで火が通るように十分加熱する．熊肉中毒6件のうち3件はローストやカツで起こっているが（表4・3），加熱が不十分であったためと考えられる．また，2件は冷凍肉が原因になっているが，旋毛虫は冷凍

表4・3　熊肉を原因とする旋毛虫中毒事件

発生年	発生場所	原因食品	摂食者数（人）	患者数（人）
1974	青森県岩崎村	ツキノワグマ肉の刺身	15	15
1979	北海道札幌市	ヒグマの冷凍肉	11	11
1981～1982	三重県四日市市	ツキノワグマの冷凍肉	413	60
2016	茨城県水戸市	ヒグマ肉のロースト	31	21
2018	北海道	熊肉のロースト，カツ	4	3
2019	北海道札幌市	熊肉のロースト	10	9

に対しては抵抗性があるので死滅させることはむつかしい．なお，と畜場法により旋毛虫に感染している食肉は全廃棄することになっている．

5. 野菜・飲料水から感染する寄生虫

5・1 クリプトスポリジウム

クリプトスポリジウム（*Cryptosporidium*）属は真コクシジウム目コクシジウム科の原虫である．遺伝的多型も含めて20種以上が知られているが，そのうちヒトに寄生してクリプトスポリジウム症を引き起こすのは，ヒトを固有宿主とする*C. hominis*とウシなどの反すう動物に寄生する*C. parvum*の2種で，感染事例のほとんどは*C. parvum*による（ただし，*C. parvum*のヒト型が2001年に*C. hominis*として独立したので，それまで*C. parvum*とされていたものの中には*C. hominis*も含まれている可能性がある）．わが国では，クリプトスポリジウムは感染症法において全数把握の5類感染症に指定されている．

1）生活史

*C. parvum*のオーシストは直径5 μmの円形で，内部にバナナ形の4個のスポロゾイトを含んでいる（図4・13）．ヒトやウシがオーシストを経口的に摂取すると，スポロゾイトが小腸の粘膜上皮細胞に侵入し，無性生殖を繰り返して増殖する．一部は有性生殖過程に入りオーシストを形成する．成熟したオーシストは糞便とともに体外へ排出され環境水などを汚染する．オーシストは湿潤な環境では2〜6カ月間生存でき，水道水消毒用の塩素剤にも耐性が高いので，生き残ったオーシストは水道水などを介して再びヒトやウシに取り込まれる．

2）発生状況

ヒトのクリプトスポリジウム症が最初に報告されたのは1976年で，1980年代以降に米国や英国で水道水による集団事例が次々に報告されて広く知られるようになった．1993年に米国ウイスコンシン州ミルウォーキーでは，飲用水道水の摂取により約40万人もの患者が発生している．わが国では欧米に比べるとクリプトスポリジウムの環境汚染率やヒトの感染率は低いと考え

図4・13 クリプトスポリジウムのオーシスト（模式図）

られているが，表4・4に示すように1990年代以降いくつかの集団感染事例が知
られている．水道水からの感染のほか，プールの水からの感染やウシとの接触
による感染もある．欧米では未殺菌アップルサイダー，殺菌が不十分な牛乳，
加熱処理がされていない生野菜や果物といった食品が原因となる症例も起こっ
ている．わが国でも2007年に堺市で，生の牛肝臓およびユッケを介した*C.
parvum*による食中毒（患者4人）が発生している．

3）症　状

10 ～ 30 個程度のオーシストを経口摂取すると，2 ～ 10日の潜伏期を経て水
様性下痢および腹痛を起こす．健常者では感染しても無症状であったり，発症
しても数日～ 2週間で自然治癒するが，エイズ患者など免疫不全者では重症と
なり死亡することもある．

4）原因食品

オーシストに汚染された水道水が主な感染源で，非加熱または加熱が不十分
な食品も原因になる．飲食物のほか，プールの水を介した感染やウシとの接触
による感染もある．

5）予防対策

クリプトスポリジウムは塩素に対する耐性が高く，一般の水道水に用いられ
ている塩素消毒は効果がない．厚生労働省の指針では，原水中に混入するおそ
れがある場合はろ過池出口の濁度を0.1以下に維持することが可能なろ過設備，
またはクリプトスポリジウムを不活化することができる紫外線処理設備を整備
することとされている．

表4・4　クリプトスポリジウム症の集団発生事例

発生年月	発生場所	感染者数	感染原因
1994年8～9月	神奈川県（平塚市）	461	簡易専用水道の受水槽汚染
1996年6月	埼玉県（越生町）	8,700～9,000	町営水道の汚染
2002年2月	北海道	129	宿泊施設での感染（汚染源は不明）
2002年4月	北海道（胆振地方）	170	宿泊施設での感染（汚染源は不明）
2004年8月	長野県	288	プールの水の汚染
2009年6月	青森県	13	牛舎でのウシとの接触
2014年6月	長野県	230	牧場でのウシとの接触

クリプトスポリジウムは凍結や乾燥には比較的弱く，－20℃，30分の凍結，常温で1〜4日の乾燥で感染力を失う．耐熱性も弱く60℃，30分の加熱で死滅する．家庭などでの予防法としては加熱が簡便で有効な方法である．米国では水道水がクリプトスポリジウム汚染されている可能性のある場合の対応策として1分以上の煮沸を指導している．

5・2　サイクロスポラ

サイクロスポラ（*Cyclospora cayetanensis*）は真コクシジウム目アイメリア科の原虫である．1996年に米国，カナダでグアテマラから輸入したラズベリーを原因とする広域集団感染（患者1,465人）が起きて注目されるようになった．

1）生活史

サイクロスポラの固有宿主はヒトを含む霊長類である．成熟オーシスト（直径10 μm）が経口的に取り込まれると，内蔵されているスポロゾイトが小腸粘膜上皮細胞に侵入する．小腸粘膜上皮細胞内で無性生殖期および有性生殖期が完結すると，オーシストは糞便中に排出される．糞便中に排出されるオーシストは未成熟であるが，1〜2週間で成熟して感染性をもつようになる．成熟オーシストは，トキソプラズマのオーシストと同様に2個のスポロシストを含んでいるが（図4・10参照），トキソプラズマのオーシストとは違ってそれぞれのスポロシストに内蔵されるスポロゾイトの数は2個である．

2）発生状況

米国とカナダでは，グアテマラ産のラズベリーやバジルが原因と思われる集団感染が1996〜1998年に多発し，これまでの患者数は数千人に達する．また米国では，マクドナルドのサラダによる感染が2018年に発生し，患者507人を出している．日本では1996年以後，東南アジアなどを旅行した下痢患者から数十例が報告されている．海外で感染したと思われる例が多いが，国内感染例も知られている．

3）症　状

主な症状は頑固な下痢で，1日6〜10回の水溶性下痢がある．そのほか，腹部不快感，悪心，嘔吐，軽度の発熱，体重減少なども伴う．症状は5〜10日で治まる．

4）原因食品

成熟オーシストで汚染された飲料水，環境水，生鮮食品（野菜やラズベリー

など）などが感染原因となる．糞便とともに排出されたオーシストは未成熟であるので，糞便を介した直接的感染や動物からの感染はない．

5）予防対策

手指，飲料水，生鮮食品などをオーシストによる汚染から防止することが予防対策になる．オーシストは通常の各種消毒剤では死滅しないが，70℃以上の加熱で対処できる．自然界で増殖することはなく徐々に感染性を失うが，湿った低温環境下では数カ月間は感染性を保持すると考えられている．

5・3 回 虫

回虫は線形動物回虫目回虫科の線虫である．ヒト回虫，イヌ回虫，ネコ回虫，ブタ回虫などがあり，それぞれ固有の哺乳類を宿主とする．以下にヒト回虫（*Ascaris lumbricoides*）について述べる．

1）生活史

ヒトの糞便中に排泄された卵が，手や野菜を介して経口的にヒトに取り込まれると，小腸でふ化して幼虫になる．幼虫は腸壁に入った後に血流にのって肝臓，心臓，肺へと移行する．次いで肺から気管支を通って口に上り，飲み込まれて食道，胃，小腸へ達して成虫になる．幼虫から成虫になるまでの期間は約3カ月である．成虫の大きさは雌雄で異なり，雄は約20 cm，雌は約30 cmである．

2）発生状況

1950年代まではほぼ半数の日本人に寄生していた代表的な寄生虫である．その後，農薬の普及，衛生状態の改善とともに急減して絶滅状態になったが，近年，有機農業の見直しにつれて再び増加傾向にあるといわれている．世界では発展途上国を中心に感染者は非常に多く，10億人以上と見積もられている．また，腸閉塞などによる死者も年間6万人と推定されている．

3）症 状

小腸にいるだけではそれほど問題にならないが，虫垂や胆管に侵入すると痛みが引き起こされる．腸閉塞または胆管閉塞により死亡することもある．

4）原因食品

虫卵で汚染された野菜が主な原因食品である．

5）予防対策

野菜は加熱調理すれば問題ない．生野菜として食べる場合には洗浄を十分に

行う．人糞を肥料として栽培されたことが明らかな野菜の場合，とくに注意が
必要である．

第5章

自然毒食中毒

1. 自然毒食中毒とは

　動物や植物の中には体内に毒成分をもつものが数多く知られており，その毒成分による食中毒を自然毒食中毒という．毒成分は一般的には常成分であるが，成育のある特定の時期にのみ毒を産生する場合や，食物連鎖を通じて餌から毒を蓄積する場合もある．自然毒食中毒は，細菌性食中毒と比べると件数，患者数はそれほど多くないが，致命率の高いものがあるので食品衛生上極めて重要である．以下に自然毒食中毒を動物性自然毒と植物性自然毒に分けて説明する．

2. 動物性自然毒

2・1 動物性自然毒による食中毒発生状況

　最近10年間（2011 〜 2020年）の動物性自然毒による食中毒発生状況を，フグとそのほかに分けて表5・1に示す．フグ中毒が圧倒的に多く，事件数の

表5・1　動物性自然毒による食中毒発生状況（2011 〜 2020年）

年	件数（件）		患者数（人）		死者数（人）	
	フグ	そのほか	フグ	そのほか	フグ	そのほか
2011	16	6	20	12	1	0
2012	14	13	18	31	0	1
2013	15	6	19	14	0	0
2014	27	4	33	20	1	0
2015	29	9	46	23	1	1
2016	17	15	31	42	0	0
2017	18	8	21	21	0	0
2018	14	11	19	15	0	0
2019	15	13	18	20	1	0
2020	20	15	26	39	1	0
小計	185	100	251	237	5	2
合計	285		488		7	

表5·2　フグ以外の動物性自然毒による食中毒発生状況（2011 ～ 2020年）

病因物質	原因食品	事件数(件)	患者数(人)	死者数(人)
シガテラ毒	バラハタ	9	21	0
	その他のハタ科魚類	4	7	0
	イッテンフエダイ	7	23	0
	バラフエダイ	5	17	0
	サメ類	1	1	0
	種類不明	15	36	0
テトラミン	ヒメエゾボラ	8	12	0
	エゾボラモドキ	7	14	0
	その他のエゾバイ科巻貝	9	29	0
	種類不明	7	8	0
パリトキシン様毒	アオブダイ	5	9	2
	ハコフグ	4	5	0
	クエ	1	2	0
	ハタ科（種類不明）	1	14	0
麻痺性貝毒	ムラサキイガイ	4	8	0
	アサリ	2	3	0
	ホタテガイ	1	4	0
	ナミガイ	1	1	0
ビタミンA	イシナギ	2	11	0
ジノグネリン	タウエガジ	1	2	0
	ナガズカ	1	1	0
5α-キプリノール	コイ	1	1	0
テトロドトキシン	キンシバイ	1	1	0
不明	種類不明	3	7	0
	合計	100	237	2

65％，患者数の51％，死者数の71％を占めている．フグ以外の動物性自然毒による食中毒の内訳を表5·2に示すが，シガテラ毒とテトラミンによる中毒がとくに多く，両者で事件数の72％，患者数の71％に達する．それに続くのはアオブダイやハコフグ類（ハコフグ，ウミスズメ）によるパリトキシン様毒中毒で，死者も出ているので注意が必要である．そのほか，二枚貝による麻痺性貝毒中毒，イシナギによるビタミンA過剰症，タウエガジおよびナガズカの卵巣毒（ジノグネリン）による中毒，コイの胆のう毒（5α-キプリノール）による中毒，キンシバイによるテトロドトキシン中毒が散発している．

2・2　フグ毒

1）中毒発生状況

縄文時代の遺跡からもフグの骨が出土しており，フグは古くから食用にされていたことがわかる．江戸時代には "あら何ともなきやきのうは過ぎてふくと汁（芭蕉）"，"鰒食わぬ奴には見せな不二の山（一茶）"，"鰒も食いますと花嫁

しゃれたもの"といったようにフグは俳句や川柳にもしばしば登場し，食用の習慣は庶民の間でも相当普及していたと思われる．現在でも，"フグは食いたし命は惜しし"といいつつ日本人ほど多量にフグを消費する国民はない．この特殊事情のため，フグ中毒による死者は動物性自然毒による中毒死者の大半を占めてきた．近年，フグ中毒およびそれに伴う死者は減少しているが，それでも最近10年間（2011〜2020年）では，中毒発生件数は毎年20件近く，患者数は毎年25人程度，死者数は2年に1人程度という状態であり（表5・1参照），依然としてもっとも警戒を要する中毒であることには変わりない．

　表5・3には，フグ中毒の都道府県別発生状況を事件数の多い県順に示す．中毒は西日本，とくに瀬戸内海沿岸で多発しているのが特徴である．月別のフグ中毒発生状況を表5・4に示すが，中毒は秋〜春に多く発生している．表5・5には原因施設別発生状況を示す．家庭での素人料理による発生が目立ち，事件数の81％，患者数の74％，死者数の60％を占めている．フグの素人料理がいかに危険であるかを意味している．一方，飲食店，販売店が原因施設となっている例もかなり多く，行政指導の徹底が望まれる．

2）中毒症状

　フグ中毒の症状は通常食後20分〜3時間で現れる．唇，舌先のしびれから始まり，指先のしびれが続く．頭痛や腹痛を伴うこともある．次いで歩行困難，言語障害が起こり，呼吸麻痺により死亡する．致死時間は4〜6時間と早い．

表5・3　フグ中毒の都道府県別発生状況（2011〜2020年）

順位	都道府県	事件数（件）	患者数（人）	死者数（人）
1	広島県	29	42	1
2	兵庫県	17	24	1
3	福岡県	12	18	0
	岡山県	12	15	0
5	長崎県	10	12	0
6	愛媛県	9	13	1
	鳥取県	9	10	0
8	熊本県	8	9	0
	島根県	8	8	0
10	大分県	7	9	0
	山口県	7	8	0
	その他	57	83	2
	合　計	185	251	5

表5·4　フグ中毒の月別発生状況（2011 ～ 2020 年）

月	事件数（件）	患者数（人）	死者数（人）
1	20	32	1
2	23	36	0
3	21	23	1
4	18	32	0
5	11	15	0
6	10	14	0
7	7	7	0
8	8	12	0
9	9	11	1
10	17	22	1
11	22	26	0
12	19	21	1
合　計	185	251	5

表5·5　フグ中毒の原因施設別発生状況（2011 ～ 2020 年）

原因施設	事件数（件）	患者数（人）	死者数（人）
家　庭	150	185	3
飲食店	21	49	1
販売店	10	12	0
製造所	1	2	0
その他	1	1	0
不　明	2	2	1
合　計	185	251	5

　なお，発症しても8時間以上生命を維持できれば回復するといわれている．現在のところ，フグ中毒の特効薬はなく，食べたものを吐き出させるとか人工呼吸をするといった程度の応急処置しかない．

3）フグの毒性

　日本産フグ科魚類の組織別最高毒性を表5·6に示す．フグの毒性はマウスに対する致死作用に基づき，組織1g当たりのMU（mouse unit，マウスユニット）という単位で表示される．MUは後述する麻痺性貝毒の毒性表示にも用いられるが，1 MUの定義は毒成分によって少し異なっている．フグ毒の場合，1 MUは体重20 gのマウス（ddY系の雄マウス）を30分で死亡させる毒量と定義されている（フグ毒の本体であるテトロドトキシンの1 MUは0.18 µgに相当す

る）．表5·6の脚注にみられるように，フグの組織の毒性は猛毒，強毒，弱毒，無毒の4つに分けられている．ヒトの致死量は約10,000 MUと推定されているので，例えば猛毒（1,000 MU/g以上）であれば組織10 gを食べると10,000 MU以上になり死亡することになる．同様に強毒の場合は100 g，弱毒の場合は1,000 gを食べると致死量を超える．10 MU/g未満の毒性であれば無毒とみなされているが，1,000 gを食べても死亡することはないからである．

　フグ目にはフグ科のほかにウチワフグ科，ハリセンボン科，ハコフグ科などがあるが，フグ毒をもつものはフグ科に限られている（ただしハコフグ科は，パリトキシン様毒を主に肝臓に，パフトキシンと呼ばれるコリンエステル系の毒成分を体表粘液にもっている）．フグの毒性は種類や組織によって異なるのみならず，個体差，季節差，地域差も著しい．そのため表5·6は，食品衛生上

表5·6　日本産フグ科魚類の組織別最高毒性

属	種	卵巣	精巣	肝臓	胆のう	皮膚	腸	筋肉
キタマクラ	キタマクラ	○		△		▲	△	○
ヨリトフグ	ヨリトフグ	○	○	○		○	○	○
サバフグ	クマサカフグ	○	○	○		○		○
	シロサバフグ	○	○	○		○		○
	ドクサバフグ	●	▲	▲		▲	▲	▲
	カナフグ	△	○	●		○	△	○
	センニンフグ	●		▲		▲		△
トラフグ	メフグ	●	○	▲		▲	●	○
	シマフグ	▲	○	▲		○	○	○
	トラフグ	▲	○	▲		○	△	○
	カラス	●		●				
	クサフグ	●	△	●		▲	●	△
	ゴマフグ	●	△	●	▲	▲	○	△
	ショウサイフグ	●	△	●		▲	▲	△
	ナシフグ	●	○	●		●	○	△
	マフグ	●	○	●		▲	○	○
	コモンフグ	●	▲	●		▲	▲	○
	ムシフグ	▲	○	▲		▲	▲	○
	ヒガンフグ	●	▲	●	●	▲	▲	▲
	アカメフグ	●	○	▲		▲	▲	△
	サンサイフグ	▲		▲		△	▲	○
	ナメラダマシ	▲		△		△		△
モヨウフグ	ホシフグ	▲	○	○		△	△	○
	シロアミフグ	●		△	△			○

● 猛毒（1,000 MU/g以上），▲ 強毒（100 MU/g以上～1,000 MU/g未満），
△ 弱毒（10 MU/g以上～100 MU/g未満），○ 無毒（10 MU/g未満）．　　　　　　　　（長島，2015）

の観点からこれまでに調べられた試料の中の最高毒性に基づいて作られている．ヨリトフグ，クマサカフグおよびシロサバフグの3種は筋肉を含むすべての組織が無毒である．反対にすべての組織が有毒である種類は多い．中でもドクサバフグは，シロサバフグの近縁種で外見も非常に類似しているにも関わらず全組織が有毒であるので，とくに注意が必要である．有毒種では卵巣と肝臓の毒性が高いものが多い．

4）フグ中毒対策

　1983年12月に厚生省（現厚生労働省）は，既往のデータを考慮して表5・7に示すようなフグ食用のガイドライン，すなわち「処理などにより人の健康を損なうおそれがないと認められるフグの種類および部位」を明示した．22種類のフグの決められた部位についてのみ，人の健康を損なうおそれがないとして販売などが認められている．フグ中毒に対して国が統一基準を作ったという意味で画期的なことであり，中毒死者数の減少など確実に効果が現れている．なお，石川県の伝統食品としてフグ卵巣のぬか漬けが有名であるが，それに対応して表5・7にリストされているフグについては，長期間塩蔵処理することによりその毒力がおおむね10 MU/g以下となった卵巣および皮の販売なども認められている．

5）フグ毒の本体

　フグ毒の本体は図5・1に示すテトロドトキシン（tetrodotoxin，TTX）で，そのほかに4-エピTTX，6-エピTTX，アンヒドロTTXといった関連毒も検出されている．しかし近年，東南アジアの淡水産フグ，米国フロリダ近海のヨリトフグ

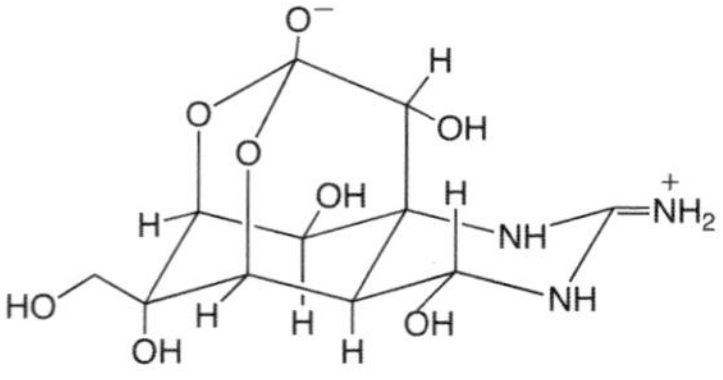

図5・1　フグ毒（テトロドトキシン）の構造

属，日本沿岸のホシフグ（卵巣）では毒の主成分はTTXではなく麻痺性貝毒であることが報告されており，フグ毒＝TTXというこれまでの常識が崩れつつある．

　TTXおよび関連毒はいずれもナトリウムチャネルに作用する神経毒である．すなわち，神経や骨格筋の細胞膜のナトリウムチャネルに特異的に結合してチャネルをブロックし，細胞外から細胞内へのナトリウムイオンの流入を阻止する．その結果，活動電位の発生が阻害され，細胞膜上の興奮伝達が停止する．

表5·7　フグ食用のガイドライン

科名	種類（種名）	部位		
		筋肉	皮	精巣
フグ科	クサフグ	○	―	―
	コモンフグ	○	―	―
	ヒガンフグ	○	―	―
	ショウサイフグ	○	―	○
	ナシフグ	○	―	○
	マフグ	○	―	○
	メフグ	○	―	○
	アカメフグ	○	―	○
	トラフグ	○	○	○
	カラス	○	○	○
	シマフグ	○	○	○
	ゴマフグ	○	―	○
	カナフグ	○	○	○
	シロサバフグ	○	○	○
	クロサバフグ	○	○	○
	ヨリトフグ	○	○	○
	サンサイフグ	○	―	―
ハリセンボン科	イシガキフグ	○	○	○
	ハリセンボン	○	○	○
	ヒトヅラハリセンボン	○	○	○
	ネズミフグ	○	○	○
ハコフグ科	ハコフグ	○	―	○

1. 本表は，有毒魚介類に関する検討委員会における検討結果に基づき作成したものであり，ここに掲載されていないフグであっても，今後，鑑別法および毒性が明らかになれば追加することもある.
2. 本表は，日本沿岸域，日本海，渤海，黄海および東シナ海で漁獲されるフグに適用する．ただし，岩手県越喜来湾および釜石湾ならびに宮城県雄勝湾で漁獲されるコモンフグおよびヒガンフグについては適用しない.
3. ○は可食部位.
4. まれに，いわゆる両性フグといわれる雌雄同体のフグが見られることがあり，この場合の生殖巣はすべて有毒部位とする.
5. 筋肉には骨を，皮にはヒレを含む.
6. フグは，トラフグとカラスの中間種のような個体が出現することがあるので，これらのフグについては，両種とも○の部位のみを可食部位とする.
7. ナシフグに関しては，有明海，橘湾，香川県および岡山県の瀬戸内海域で漁獲されたものの筋肉（骨を含む），有明海，橘湾で漁獲され，長崎県が定める要領に基づき処理されたものの精巣のみが食用可とされている.

この特異な作用のため，TTXはナトリウムチャネルの構造と機能の解析に必須の研究試薬として世界的に活用されている．

6）自然界におけるフグ毒の分布

　TTXをもつものはフグだけかと思いがちであるが，実は自然界に広く分布している．両生類のイモリ類（カリフォルニアイモリ，ニホンイモリなど），*Atelopus*属のカエル（ヤドクガエル類），魚類のツムギハゼ，棘皮動物のモミジガイ類，節足動物のオウギガニ類，マルオカブトガニ（卵），軟体動物のヒョウモンダコ（後部唾液腺），肉食性巻貝類（ボウシュウボラ，バイ，キンシバイなど），扁形動物のツノヒラムシ類，紐形動物のヒモムシ類，紅藻ヒメモサズキ*Jania* sp. など，実に多様な生物に存在が確認されている．このうち肉食性巻貝ではTTX中毒の例もある．さらにフグの腸内細菌や海洋細菌（*Alteromonas*属，*Psuedomonas*属，*Vibrio*属など）の中にはTTXを生産するものが見いだされており，TTXは細菌から始まる食物連鎖を通してTTX保有動物に蓄積されると考えられている．

2・3　フグ以外の魚類の毒

1）シガテラ毒

　シガテラ（ciguatera）とはシガトキシン類による魚類食中毒であり，主として熱帯から亜熱帯海域，とくにサンゴ礁海域に生息する魚類の摂食によって起こる．カリブ海でシガ（cigua）と呼ばれる小型の巻貝による食中毒がシガテラの語源となっている．中毒症状は複雑で，ドライアイスセンセーション（シガテラ特有の温度感覚異常症状で，冷たいものに触れたときに電気刺激のような痛みを感じたり，冷水を口に含んだときにサイダーを飲んだような「ピリピリ感」を感じたりする），筋肉痛，関節痛などの神経系障害，下痢，嘔吐などの消化器系障害，血圧低下などの循環器系障害がみられる．とくに神経系障害は長時間持続することが多く，回復に数カ月以上要することもある．自然毒による急性食中毒としては世界最大規模で，患者数は毎年2万人以上と推定されている．わが国では南西諸島を中心に，2011 〜 2020年の10年間ではシガテラ中毒は41件記録されている（表5・2参照）．南西諸島を除く国内でのシガテラ中毒は，1949年に東京都で発生したオニカマス（別名ドクカマス）による集団食中毒（患者30人）が最初で，オニカマスは1953年に販売禁止措置がとられている．その後，南方から持ち込まれた魚による中毒が散発しているだけで

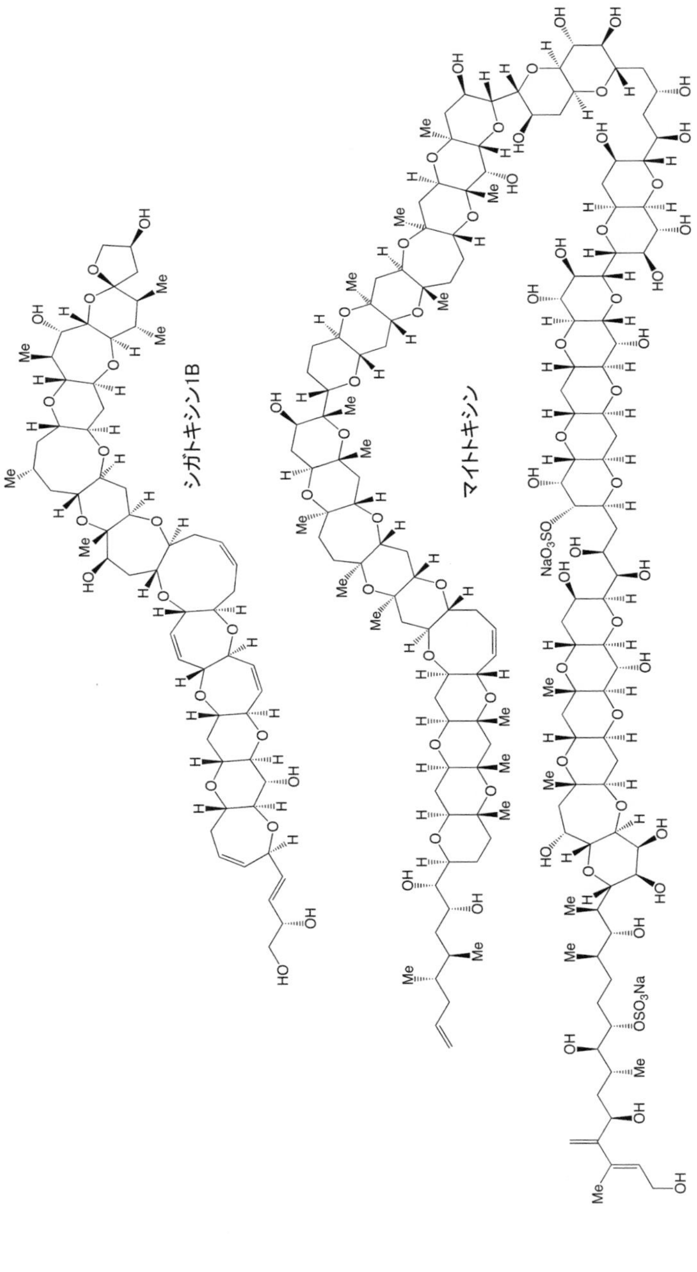

シガトキシン1B

マイトトキシン

図5-2　シガテラ毒の構造

なく，日本近海で漁獲されたヒラマサやカンパチ，イシガキダイによる中毒も知られている．

シガテラ毒魚は数百種に及ぶといわれているが，とくに問題となる魚種はウツボ科のドクウツボ，カマス科のオニカマス，ハタ科のマダラハタ，バラハタ，フエダイ科のイッテンフエダイ，バラフエダイ，ブダイ科のナンヨウブダイ，ニザダイ科のサザナミハギなどの約20種である．毒性は筋肉より内臓の方が数倍高いが，食中毒の大半は筋肉の摂食によって起こっている．また，毒性は藻食魚よりも肉食魚の方が，小型魚よりも大型魚の方が高い傾向があるが，同じ魚種でも個体，漁獲場所，漁獲時期により無毒から強毒まで著しい差がある．このことが中毒発生の予知を困難にしているばかりでなく，南方海域の漁業資源の開発にとっても大きな障害になっている．

シガテラ毒の本体は脂溶性のシガトキシン1B（ciguatoxin1B，図5·2），3C，4Aなどのシガトキシン類で，そのほかにサザナミハギからは水溶性のマイトトキシン（maitotoxin，図5·2）が得られている．いずれも複雑な構造をしたポリエーテル化合物で，マウス（腹腔内投与）に対するLD_{50}はシガトキシン0.35 μg/kg，マイトトキシン0.05 μg/kgと毒性は非常に強い．とくにマイトトキシンの毒性はフグ毒（TTX）の約200倍と見積もられ，微生物由来の毒を除いた生物毒の中で最強である．シガテラ毒は石灰藻などの海藻に付着している有毒渦鞭毛藻*Gambierdiscus toxicus*が産生し，食物連鎖を通して藻食魚から肉食魚へ移行，蓄積される．

2）魚卵毒

卵巣を食べると嘔吐，下痢，腹痛などの胃腸障害を引き起こす魚が知られている．その代表は北海道を主産地とするタウエガジ科のナガズカである．北海道では「ナガズカの卵はカラスも食べない」とか「ハエもつかない」という古くからの言い伝えがあるため中毒はまれであった．中毒事件は，ナガズカがねり製品原料として出荷されるようになった1960年頃に本州で一時的に続発した．原因毒は

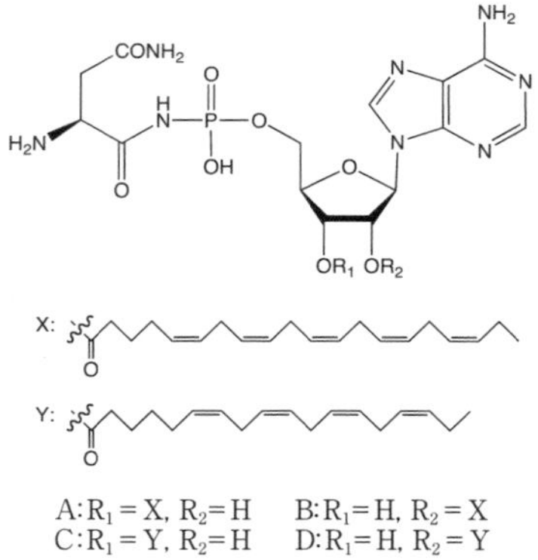
CONH2
NH2
H2N
OH
OR1 OR2
X:
Y:
A: R1 = X, R2 = H　B: R1 = H, R2 = X
C: R1 = Y, R2 = H　D: R1 = H, R2 = Y

図5·3　ジノグネリンA～Dの構造

図5·3に示すジノグネリン（dinogunellin）A ～ Dである．ジノグネリン（またはその類縁化合物）は，ナガズカの近縁種であるタウエガジ，cabezonと呼ばれるカジカの仲間*Scorpenichthys marmoratus*およびkillifishと呼ばれるメダカの仲間*Fundulus heteroclitus*にも確認されている．

3）コイの毒

コイ科魚類の胆のうは，眼精疲労，聴力および咳に効果があるとされ，中国では古くから珍重されている．しかし中国や東南アジアでは，ソウギョの胆のうを食べて腎不全や肝不全を伴った中毒が発生し死者も出ている．わが国でもコイ胆のうの摂食による同様な中毒例がある．コイの胆汁には常成分として5 α-キプリノールが含まれているが，毒成分はその誘導体の5 α-キプリノール硫酸エステル（5 α-cyprinol sulfate，図5·4）である．なお，コイの筋肉（こいこく，あらいまたはみそ煮）による中毒事件が，1976 ～ 1978年にかけて九州の宮崎県，佐賀県，鹿児島県において17件（患者数125人）発生したが，原因毒は未解明であるし中毒もその後発生していない．

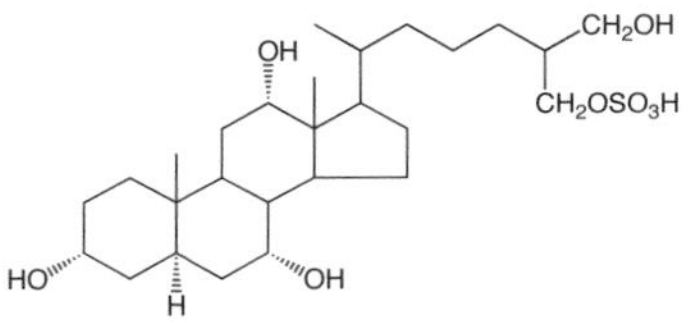

図5·4　5 α-キプリノール硫酸エステルの構造

4）パリトキシン

熱帯域ではマイワシやニシンなどの近縁種による死亡率の高い食中毒（ニシン類の科名Clupeidaeにちなんでクルペオトキシズムと呼ばれている）が散発しているが，原因毒はパリトキシン（palytoxin，図5·5）であることが究明されている．そのほかサンゴ礁海域で発生したモンガラカワハギ科のクロモンガラ，さらにはオウギガニ科のヒロハオウギガニおよびウロコオウギガニによる食中毒もパリトキシンが原因である．一方，わが国では，ブダイ科のアオブダイの肝臓摂食により激しい筋肉痛（横紋筋融解症），ミオグロビン尿症などを伴った中毒事件が2020年までに少なくとも30件発生し，7人の死者も記録されている．アオブダイ中毒の原因毒はパリトキシン様毒と推定されている．また，ハコフグ類やクエによる類似の中毒事件も発生しており（表5·2参照），毒成分はやはりパリトキシン様毒と考えられている．なお，パリトキシンは刺胞動物イワスナギンチャク類に最初に見いだされた毒成分で，マウス（腹腔内

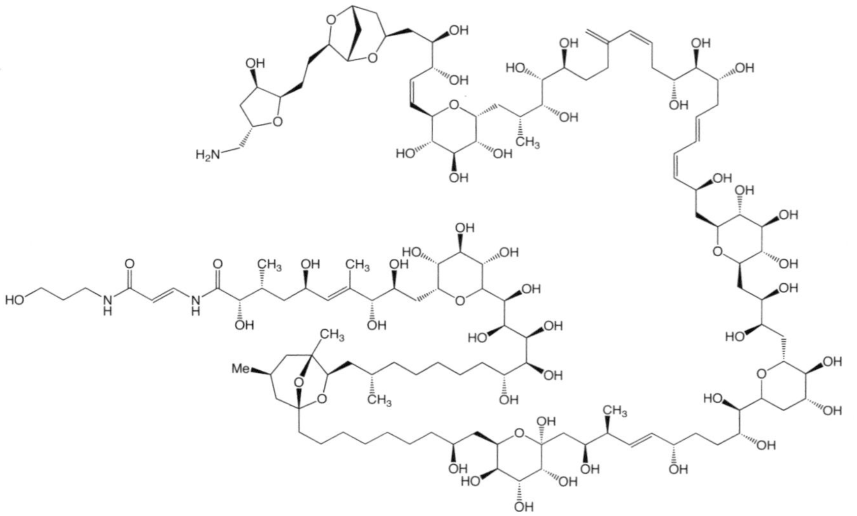

図5·5　パリトキシンの構造

投与）に対するLD_{50}は0.45 µg/kgと毒性は極めて強い.

5）異常脂質

　筋肉中に多量の脂質を含み，食べると必ず下痢を起こす魚としてギンダラ科のアブラボウズ，クロタチカマス科のバラムツおよびアブラソコムツが知られている．脂質は自然毒とはいえないかもしれないが，厚生労働省の食中毒統計では自然毒として扱われている．アブラボウズの場合，脂質の主成分は普通の魚と同じくトリグリセリドであるが，脂質含量が50％近くに達することもあるほど異常に高濃度なため下痢が起こると考えられる．一方，バラムツおよびアブラソコムツの場合，脂質含量が約20％と高いのみならず，脂質の主成分は高級脂肪酸と高級アルコールのエステルであるワックスエステル（単にワックスとも呼ばれる）である．動物実験により，ワックスエステルは下痢と皮脂漏症（油が皮膚からしみ出てくる症状でセボレア seborrhea ともいう）を引き起こすことが証明されている．なお，バラムツは1970年に，アブラソコムツは1981年に販売禁止措置がとられている．

6）ビタミンA過剰症

　ハタ科のイシナギの筋肉は食用可であるが，肝臓の摂食により中毒が引き起こされる．食後30分〜12時間で発症し，激しい頭痛，発熱，吐き気などがみられる．2日目頃からは顔面や頭部の皮膚の剥離という特異な症状が伴う．原因物質は肝臓に高濃度に含まれるビタミンAで，中毒はビタミンA過剰症と呼ばれている．ビタミンAの中毒量は100万 IU（IU とは国際単位のことで，1 IU は 0.3 µg のビタミンAに相当する）以上と推定されているが，イシナギ肝臓中のビタミンA含量は 10 〜 20万 IU/g であるので，イシナギの肝臓を 5 〜 10 g 摂取すると中毒量に達する．異常脂質と同様にビタミンAも厳密な意味では自然毒とはいえないが，厚生労働省の分類では自然毒に入れられている．イシナギの肝臓は1960年以来販売禁止になっているが，イシナギのほかにサメ，マグロ，ブリなどの大型魚，とくに老成魚の肝臓のビタミンA含量も高く中毒が起きている．外国ではホッキョクグマやアザラシの肝臓摂食により類似の中毒が発生しているが，これもビタミンA過剰症と推定されている．

2・4　貝類の毒

1）麻痺性貝毒

　麻痺性貝毒（paralytic shellfish poison, PSP）は有毒プランクトン（渦鞭毛藻）が産生する強力な神経毒である．わが国で問題になる有毒プランクトンは *Alexandrium catenella*，*A. tamarense*，*A. tamiyavanichii* および *Gymnodinium catenatum* の4種である．プランクトンフィーダーである二枚貝が有毒プランクトンからPSPを主に中腸腺に蓄積し，中毒の原因となる．PSPによる中毒症状はフグ中毒の場合とほぼ同じで，死亡率が高いため欧米ではフグ毒以上に古くから恐れられていた．日本では，1975年に三重県尾鷲湾において *A. catenella* による赤潮が初めて観察され，貝類にPSPが検出された．その後，日本各地で有毒プランクトンによる赤潮が発生し，二枚貝の毒化がしばしばみられるようになった．PSPで毒化した二枚貝による中毒事件は2020年までに少なくとも19件発生し，患者80人中2人が死亡している．中毒事件もさることながら，ホタテガイをはじめとした毒化二枚貝の出荷停止措置（出荷規制値は 4 MU/g である．PSPの場合，体重20 g のマウスを15分で殺す毒量が 1 MU と定義されている）により受ける経済的損失は甚大である．

　PSP成分として最初に単離されたのはサキシトキシン（saxitoxin）で，その

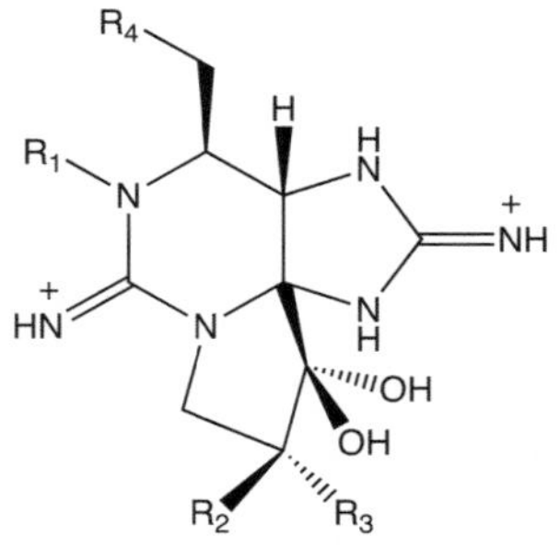

R$_1$: HまたはOH
R$_2$: HまたはOSO$_3^-$
R$_3$: HまたはOSO$_3^-$
R$_4$: H, OH, OCONH$_2$, OCONHOHまたはOCONHSO$_3^-$
例えばサキシトキシンの場合,
R$_1$=H, R$_2$=H, R$_3$=H, R$_4$=OCONH$_2$ である.

図5・6 麻痺性貝毒の構造

後ゴニオトキシン群(gonyautoxins),C群など30成分近くの関連毒の存在が確認されている(図5・6).C群などの*N*-スルホカルバモイル誘導体グループ(図5・6の構造の中でR$_4$がOCONHSO$_3^-$の化合物)は弱毒であるが,そのほかはおおむねフグ毒TTXに匹敵する毒性を有し,作用機構もTTXとまったく同じでナトリウムチャネルを特異的にブロックする.

　PSPは有毒プランクトンが産生するので,二枚貝以外のプランクトンフィーダーも毒化する可能性がある.実際,マボヤがPSPを蓄積し中毒原因となった例もある.一方,プランクトンフィーダーとはいえないが南西諸島で中毒事件を起こしているオウギガニ科のウモレオウギガニをはじめ,スベスベマンジュウガニ,ツブヒラアシオウギガニなど10数種のカニ類,マルオカブトガニの卵,ロブスターの肝膵臓にもPSPが確認されている.さらに,スペインから輸入された藻食性巻貝であるセイヨウトコブシ *Haliotis tuberculata* にも高濃度のPSPが検出されて問題になったことがあるが,国内のアワビ類ではPSPによる毒化は認められていない.

　2)下痢性貝毒

　1976年に宮城県と岩手県で,ムラサキイガイの摂食により下痢をはじめとした吐き気,嘔吐,腹痛といった消化器系障害を伴った新しいタイプの食中毒が発生し,この中毒事件を契機に下痢性貝毒(diarrhetic shellfish poison, DSP)が発見された.同様な中毒事件はその後もムラサキイガイ,ホタテガイ,コタマガイなどの二枚貝により東北地方を中心として続発し,ヨーロッパなどでも主としてムラサキイガイの摂食により起こっている.中毒症状は食後30分〜4

時間の短時間で現れ，通常3日以内に回復する．中毒時期が6～9月に集中していることと中毒症状から腸炎ビブリオ中毒と誤認されやすいが，新鮮な二枚貝あるいは加熱調理品で発生すること，食べてから発症するまでの時間が短いことから識別される．DSP中毒では死亡することはないが，大規模な集団食中毒を起こす傾向があること（1981年のスペインでの中毒では約5,000人の患者を出した），PSP同様に有毒二枚貝の出荷停止による水産業の被害が大きいことから社会問題となっている．出荷規制値は以前は0.05 MU/g（DSPの場合，体重16～20 gのマウスを24時間で死亡させる毒量が1 MUと定められていた）であったが，国際的な動向を踏まえて2015年4月1日から分析の公定法はマウス試験法から機器分析法（LC/MS/MS法）に，規制値も0.16 mgオカダ酸当量/kgに変更された．

　DSP成分は水溶性であるPSPとは違って脂溶性で，これまでにオカダ酸（okadaic acid），オカダ酸の同族体であるジノフィシストキシン類（dinophysistoxins）が同定されている（図5・7）．オカダ酸類（オカダ酸とジノフィシストキシン類）はポリエーテル化合物で，下痢原性を示すことが確認されている．DSP産生プランクトン（渦鞭毛藻）は*Dinophysis*属の仲間で，わが国では*D. fortii*が主な毒化原因藻である．二枚貝はこれら有毒プランクトンからDSPを取り込み中腸腺に蓄積する．なお，オカダ酸類のほかに貝類には，マウス致死作用を示すポリエーテル化合物のペクテノトキシン類（pectenotoxins）やイェソトキシン類（yessotoxins）も検出されるが，下痢原性は非常に弱いので中毒にはほとんど関与しないと考えられている．上述した新しい出荷規制値は，下痢を起こす毒成分（オカダ酸類）のみが対象になったといえる．

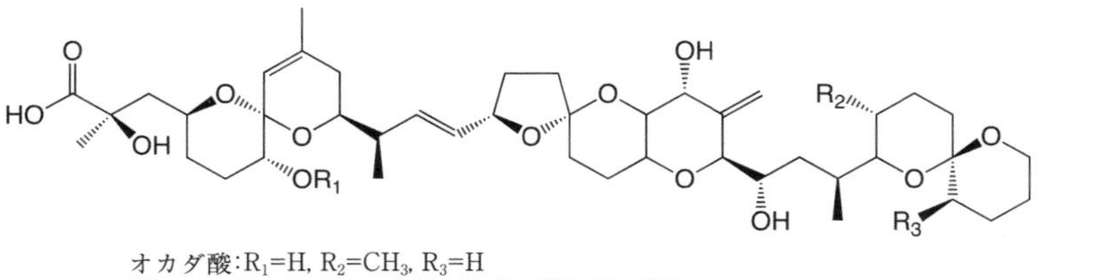

オカダ酸:R_1=H, R_2=CH₃, R_3=H
ジノフィシストキシン1:R_1=H, R_2=CH₃, R_3=CH₃
　　　　　　　　　2:R_1=H, R_2=H, R_3=CH₃
　　　　　　　　　3:R_1=acyl, R_2=HまたはCH₃, R_3=HまたはCH₃

図5・7　下痢性貝毒の構造

3) 記憶喪失性貝毒

1987年11〜12月にカナダ大西洋岸のプリンスエ
ドワード島周辺で, ムラサキイガイの摂食により死
者3人を含む患者100人以上の集団食中毒が発生し
た. 嘔吐, 腹痛, 下痢のほかに記憶障害という特異
な症状がみられ, 毒成分は記憶喪失性貝毒 (amnesic
shellfish poison, ASP) と名付けられた. ASPの本
体はアミノ酸の一種ドウモイ酸 (domoic acid, 図
5·8) で, 鹿児島県徳之島で回虫駆虫のために煎じ

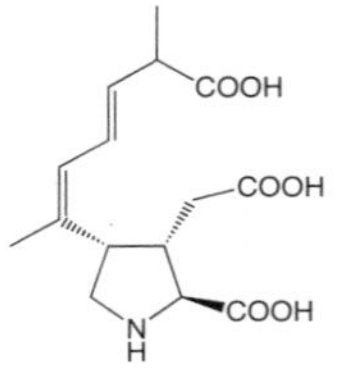

図5·8 ドウモイ酸の構造

て飲まれていた紅藻ハナヤナギ (現地名ドウモイ) から駆虫成分としてすでに
単離されていた化合物である. ドウモイ酸は中枢神経の興奮性神経伝達物質で
あるグルタミン酸と構造が類似しているため, グルタミン酸受容体に作用して
脳の海馬を選択的に破壊し記憶障害をもたらす. 日本ではこれまでのところ
ASPによる中毒例はないが, ドウモイ酸の産生者として同定されている
Pseudo-nitzschia multiseries など数種珪藻は日本沿岸でもみられるので, 今後の
警戒が必要である.

4) アザスピロ酸

1995年11月にオランダで,
ムラサキイガイの摂食により吐
き気, 嘔吐, 下痢, 腹痛などを
伴う中毒が発生した. 同様な中
毒はその後ヨーロッパ各地で報
告されている. 中毒症状はDSP
中毒と類似していたが, 原因毒
はアザスピロ酸と10数成分の
同族体 (azaspiroacids, 図5·9)
であることが示され, 中毒はア
ザスピロ酸中毒と呼ばれてい

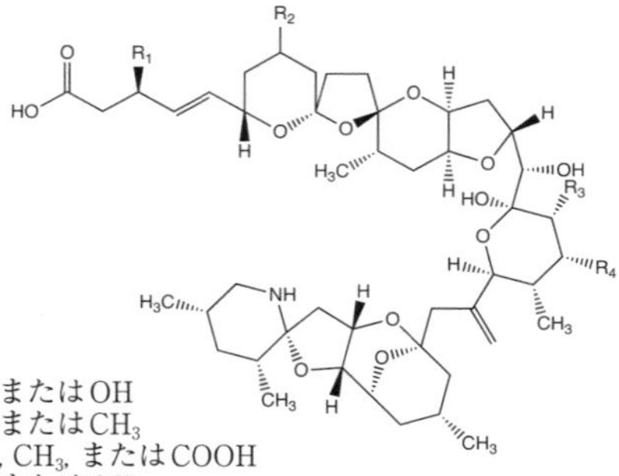

R₁:HまたはOH
R₂:HまたはCH₃
R₃:H, CH₃, またはCOOH
R₄:HまたはOH
例えばアザスピロ酸 -1の場合,
R₁=H, R₂=H, R₃=CH₃, R₄=Hである.

図5·9 アザスピロ酸類の構造

る. アザスピロ酸の産生者は渦鞭毛藻の *Azadinium spinosum* である. わが国で
はアザスピロ酸中毒は発生していないが, *A. spinosum* はヨーロッパだけでなく
中南米やアジアにも分布していることが報告されているので, 中毒の危険性は

あると思われる.

5）バイの毒

　エゾバイ科の巻貝バイは食用として広く流通しているが，ときとして毒化し中毒を引き起こしてきた．静岡県沼津産のバイによる特異な食中毒事件がもっとも有名で，1965年から数年間にわたって14件発生し，26人の患者を出している．特徴的な中毒症状は視力減退と瞳孔散大で，そのほか口渇，言語障害などもみられた．毒成分は中腸腺に局在し，ネオスルガトキシン（neosurugatoxin）とプロスルガトキシン（prosurugatoxin）が同定されている．図5・10に示すように両毒は臭素を含んだ類似化合物で，生産者はグラム陰性の好気性細菌と推定されている．沼津産のバイ以外では，1957年には新潟県寺泊産のバイによる中毒事件（原因毒はテトロドトキシンと推定）が発生し，患者5人中2人が死亡している．また，幸い中毒事件には至らなかったが，1980年には福井県坂尻産のバイがテトロドトキシンで毒化したことがある．

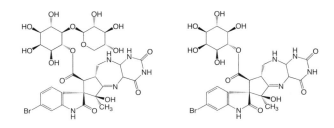

図5・10　ネオスルガトキシン（左）およびプロスルガトキシン（右）の構造

6）巻貝の唾液腺毒

　肉食性巻貝であるエゾバイ科エゾボラ属（*Neptunea*属）のヒメエゾボラ，エゾボラモドキ，ヒメエゾボラモドキなどはツブとかツブ貝という俗称で流通し食用にされているが，しばしば中毒を引き起こしている（表5・2参照）．酒に酔ったような中毒症状があることからこれら貝類は地方によっては“酔い貝”として知られ，また眠気をもよおすことからヒメエゾボラはネムリツブという別名もある．原因毒はテトラミン（tetramine）$(CH_3)_4N^+$で，唾液腺にのみ高濃度に含まれている．食後30分～1時間で頭痛，めまい，吐き気，船酔い感，視覚異常などが現れるが，テトラミンの体外排泄が早いため通常数時間で（遅

くとも24時間以内に）回復する．死亡例はない．

7）アワビの毒

　アワビの内臓摂取による特殊な中毒として
光過敏症が知られている．東北地方では「春
先のアワビのツノワタ（内臓）を食べさせる
とネコの耳が落ちる」という言い伝えが古く
からある．これはネコがうるしにかぶれたよ
うになり，かゆいためか耳をよくかき，耳が
なくなってしまうことがあることからきてい
る．毒成分は中腸腺に局在し，クロロフィル
aの誘導体であるピロフェオホルバイドa

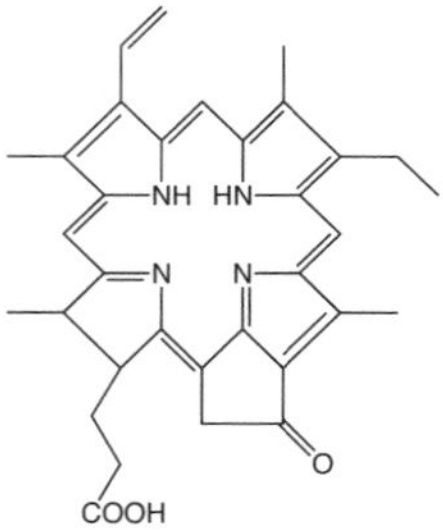

図5・11　ピロフェオフォルバイドaの
構造

（pyropheophorbide a，図5・11）と同定されている．アワビの餌である海藻のク
ロロフィルに由来すると思われるが，なぜ春先だけに蓄積するのかは不明であ
る．なお，ピロフェオホルバイドaおよびその同族体による光過敏症は，乾の
りやクロレラでも知られている．

2・5　甲殻類の毒

　甲殻類の毒については，フグ毒，パリトキシン，麻痺性貝毒の項でもすでに
述べてきたが，ここでは食中毒例のあるものについてまとめておく．有毒甲殻
類として古くから有名なのは，南西諸島で死者を含む中毒事件を起こしている
オウギガニ科の3種のカニ（ウモレオウギガニ，ツブヒラアシオウギガニ，ス
ベスベマンジュウガニ）である．これら3種のカニの毒成分は麻痺性貝毒PSP
（とくにサキシトキシン）で，鋏（鉗脚）や脚（歩脚），甲羅（外骨格）に多く
含まれている．ウモレオウギガニとスベスベマンジュウガニにはテトロドトキ
シン（TTX）も検出されているが，興味深いことに温帯域に生息しているス
ベスベマンジュウガニではTTXが毒の主成分である．太平洋熱帯域で中毒を
起こしているヒロハオウギガニとウロコオウギガニの中毒原因はパリトキシン
である．ウロコオウギガニの場合，スベスベマンジュウガニと同様に生息地に
よって毒成分が異なる．すなわち，フィリピンやシンガポールではパリトキシ
ンであるが，オーストラリア産ではPSP，台湾産ではTTXである．マルオカブ
トガニの卵による大規模な中毒も知られている．1994年11月から数カ月の間
に，タイのシャンブリ地方で中毒者100人以上，死者10人を出している．毒成

分はTTXとPSPである.

3. 植物性自然毒
3・1　植物性自然毒による食中毒発生状況

　最近10年間（2011 〜 2020年）の植物性自然毒による食中毒の発生状況を,
キノコとそのほかに分けて表5·8に示す. キノコ中毒が非常に多く, 事件数の
63％, 患者数の54％を占めている. 死者数は, 1986 〜 2010年の25年間の累計
ではキノコ中毒（32人）の方がほかの植物性自然毒による中毒（8人）よりか
なり多いが, 最近10年間に限ると逆転している. これはキノコ中毒死者の減
少とイヌサフラン中毒による死者の急増が原因である. 表5·9には, キノコ以
外の植物性自然毒による発生状況を原因植物別に事件数の多い順に示す. 近年,
スイセンによる中毒が増加傾向にあり, 第1位にランクされている. スイセン
に次いでバイケイソウによる中毒が多く, ジャガイモ, イヌサフランが続く.
これら上位4種で事件数の約60％を占めている. 死者は, スイセン, イヌサフ
ラン, トリカブト, グロリオサによる中毒で出ているが, イヌサフラン中毒の
10人が突出している. なお, ジャガイモによる中毒は事件数（18件）の割に
患者数（285人）の多さが目立つが, これは小学校での家庭科や行事の際に発
生した集団食中毒が多いためである.

表5·8　植物性自然毒による食中毒発生状況（2011 〜 2020年）

年	事件数（件）		患者数（人）		死者数（人）	
	キノコ	その他	キノコ	その他	キノコ	その他
2011	38	9	100	39	0	0
2012	58	12	171	47	0	2
2013	37	13	108	44	1	0
2014	24	24	85	150	0	1
2015	38	20	95	83	0	2
2016	42	35	110	119	0	4
2017	16	18	44	90	0	1
2018	21	15	43	56	1	2
2019	26	27	52	82	0	2
2020	28	21	74	53	1	1
小計	328	194	882	763	3	15
合計	522		1,645		18	

表5·9　キノコ以外の植物性自然毒による食中毒発生状況（2011～2020年）

順位	原因植物	事件数（件）	患者数（人）	死者数（人）
1	スイセン	61	203	1
2	バイケイソウ*1	22	49	0
3	ジャガイモ	18	285	0
4	イヌサフラン	17	24	10
5	クワズイモ	16	35	0
6	チョウセンアサガオ*2	14	39	0
7	トリカブト	9	17	3
8	ヨウシュヤマゴボウ	4	4	0
9	ヒョウタン	3	20	0
	ユウガオ	3	9	0
	ハシリドコロ	3	8	0
	その他	19	52	1
	種類不明	5	18	0
	合計	194	763	15

*1 コバイケイソウを含む.
*2 キダチチョウセンアサガオを含む.

表5·10　キノコの種類別中毒発生状況（2011～2020年）

順位	種類	事件数（件）	患者数（人）	死者数（人）
1	ツキヨタケ	159	497	0
2	クサウラベニタケ	45	134	0
3	テングタケ	16	27	0
4	イボテングタケ	11	15	0
5	ドクササコ	10	16	0
6	カキシメジ	8	23	0
7	オオシロカラカサタケ	7	12	0
8	イッポンシメジ	5	16	0
9	ニセショウロ	3	6	0
	オオワライタケ	3	4	0
	その他	33	57	2
	種類不明	28	75	1
	合計	328	882	3

3・2　キノコ毒

　植物性自然毒の中で食品衛生上もっとも問題となってきたのはキノコ毒である．最近10年間（2011～2020年）のキノコ中毒の発生状況を，原因種類別に事件数の多い順に示すと表5·10のようになる．ツキヨタケとクサウラベニタケの上位2種で事件数の63％，患者数の72％と半分以上を占めているが，この傾向は以前から変わらない．ただし，これら2種のキノコ中毒では死亡するこ

表5·11　キノコ中毒の都道府県別発生状況（2011 〜 2020 年）

順位	都道府県	事件数（件）	患者数（人）	死者数（人）
1	山形県	50	147	0
2	新潟県	37	100	0
3	北海道	27	52	0
	秋田県	18	57	0
3	福島県	16	34	0
4	茨城県	16	33	0
5	長野県	12	30	0
6	石川県	11	34	0
7	富山県	11	29	0
	兵庫県	11	26	0
	鳥取県	9	27	0
8	岩手県	9	24	0
	その他	101	289	3
	合計	328	882	3

とはまれで，死者を出している猛毒キノコはドクツルタケやニセクロハツである．

表5·11にはキノコ中毒の都道府県別発生状況を事件数の多い県順に示す．フグ中毒とは対照的に東日本（北海道，東北，上信越）での発生が圧倒的に多い．キノコ中毒の月別発生状況を表5·12に示すが，キノコ狩りの季節である9月，10月に集中しており，この2カ月で事件

表5·12　キノコ中毒の月別発生状況（2011 〜 2020 年）

月	事件数（件）	患者数（人）	死者数（人）
1	0	0	0
2	0	0	0
3	0	0	0
4	0	0	0
5	0	0	0
6	4	7	0
7	1	2	0
8	11	21	1
9	88	231	1
10	195	554	1
11	26	60	0
12	3	7	0
合計	328	882	3

数および患者数の90％近くを占めている．次に原因施設別発生状況を表5·13に示すが，フグ中毒同様に家庭での発生が圧倒的に多い．毒キノコは一見食用キノコと類似しているものが多いため，野山にハイキングに出かけたときなどに誤って採取し，家庭で調理し中毒につながっている．中毒の防止には毒キノコと食用キノコを確実に覚える以外に方法はない．毒キノコと食用キノコの鑑別法に関しては数多くの民間伝承（“毒キノコは美しく食用キノコは地味な色

をしている”，“縦によく裂け
るキノコは食べられる”など）
があるが，いずれも信頼はお
けない．

　毒キノコの種類は多いが，
毒成分がはっきりしているも
のは限られている．毒成分が
わかっているキノコについて
以下に個別に述べる．

1）ツキヨタケ

　キシメジ科に属し，暗所で青白いりん光を
発することでこの名がある．夏から秋にかけ
てブナやイタヤカエデの枯れ木に群生する．
形はヒラタケ，色はシイタケに似ているので
しばしば誤食され，毎年数多くの中毒患者を
出している．中毒症状は嘔吐，下痢，腹痛な
どで，1〜2日で回復する．毒成分はイルジ
ン類（illudins，図5・12）で，イルジンS（ラ
ンプテロールlampterolともいう）とイルジ
ンMが知られている．

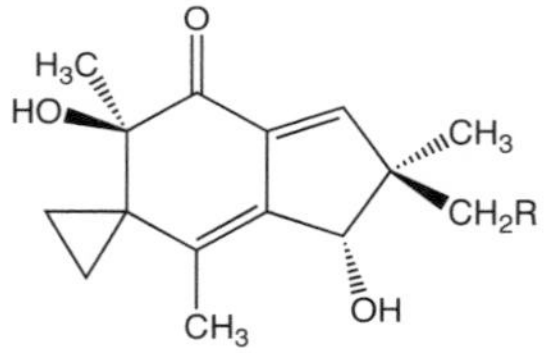

表5・13　キノコ中毒の施設別発生状況（2007〜2016年）

原因施設	事件数 （件）	患者数 （人）	死者数 （人）
家庭	297	732	3
販売店	7	35	0
飲食店	5	26	0
事業場	5	25	0
旅館	1	8	0
採取場所	1	6	0
その他	11	47	0
不明	1	3	0
合計	328	882	3

イルジンS（ランプテロール）：R=OH
イルジンM：R=H

図5・12　イルジン類の構造

2）クサウラベニタケ

　イッポンシメジ科のキノコで，夏から秋にかけて広葉樹林（とくに松との混
生林）の地上に群生する．シメジ類や近縁のウラベニホテイシメジ（食用）と
似ているので誤食される．わが国ではツキヨタケと並んで重要な中毒原因キノ
コである．中毒症状は嘔吐，下痢，腹痛などで，毒成分として図5・13に示す
四級アンモニウム塩基のコリン（choline），ムスカリン（muscarine），ムスカ
リジン（muscaridine）などが同定されているが，そのほかにタンパク毒もあ
ると考えられている．

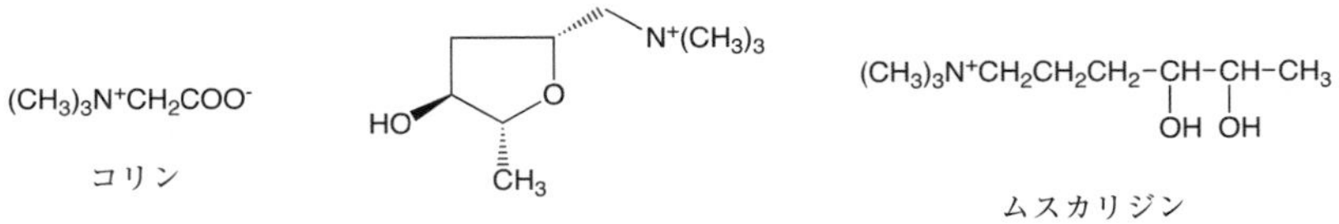
$(CH_3)_3N^+CH_2COO^-$
$N^+(CH_3)_3$
HO
O
CH_3
$(CH_3)_3N^+CH_2CH_2CH_2-CH-CH-CH_3$
OH OH

コリン　ムスカリン　ムスカリジン

図5·13　コリン，ムスカリンおよびムスカリジンの構造

3）カキシメジ

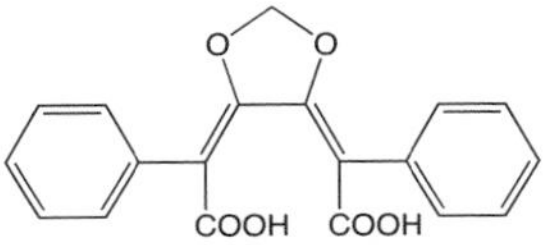
O
O
COOH
COOH

図5·14　ウスタル酸（ウスタリン酸）の構造

キシメジ科のキノコで，秋に針葉樹林や広葉樹林内の地上にはえる．食用のチャナメツムタケやシイタケと誤食される．かつてはツキヨタケ，クサウラベニタケと合わせて毒キノコ御三家と呼ばれていたが，最近はカキシメジによる中毒は激減している．食後30分～3時間で発症し，嘔吐，下痢，腹痛などの消化器系症状のほかに頭痛もみられる．毒成分はウスタル酸（ウスタリン酸ともいう；図5·14）である．

4）ドクツルタケ，シロタマゴテングタケ，タマゴテングタケ

テングタケ科の猛毒キノコである．ドクツルタケとシロタマゴテングタケによる中毒死者は，日本におけるこれまでのキノコ中毒死者の過半数を占めている．両者は白色の類似したキノコで，夏から秋にかけて針葉樹林や広葉樹林内の地上にはえる．シロタマゴテングタケは英語でspring amanitaといわれるように春にはえることもある．一方，タマゴテングタケはわが国では北海道でまれにみられる程度であるが，ヨーロッパでは多くの死亡事故を起こしている．これら3種キノコを摂食すると，6～24時間の潜伏期間を経て突然激しい嘔吐，下痢，腹痛，粘液便，血便といったコレラ様の中毒症状が現れる．症状は1日程度でいったん治まるが，24～72時間後には再び肝臓肥大，黄だんなどの肝機能障害や腎機能障害が現れ，重症の場合はけいれん，意識混濁，昏睡の後に死亡する．毒成分は環状ペプチドのファロトキシン群（phallotoxins）とアマトキシン群（amatoxins）で，前者は7個，後者は8個のアミノ酸から構成されている．ファロトキシン群の主要な成分ファロイジン（phalloidin）の構造を

図5·15に，アマトキシン群の主要な成分アマニチン類（amanitins）の構造を図5·16に示す．ファロトキシン群は即効性の毒でマウスに注射すると1〜2時間で死亡させるが，経口投与では毒性を示さない．一方，アマトキシン群は遅効性で毒性発現には通常15時間ほどを要するが，マウスに対するLD_{50}は0.2〜0.5 mg/kgでファロトキシン群のLD_{50}（1.8〜2.5 mg/kg）と比べると毒性は10倍強く，また経口投与でも毒性を示す．中毒症状の発現にはアマトキシン群の寄与が大きいと考えられる．

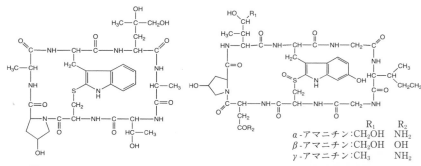

図5·15　ファロイジンの構造　　　　図5·16　アマニチン類の構造

5）ニセクロハツ

ベニタケ科のキノコで，夏から秋にかけてシイやカシなどの広葉樹林の地上に生える．食用のクロハツと誤食して中毒する．中毒例は多くないが，これまでに死者を出している猛毒キノコである．食後30分から数時間で嘔吐，下痢などの消化器系の中毒症状がみられる．その後18〜24時間程度で縮瞳，全身筋肉痛，ミオグロビン尿症，言語障害，

図5·17　2-シクロプロペンカルボン酸の構造

呼吸困難を示し，重篤な場合には死亡する．毒成分の本体は2-シクロプロペンカルボン酸（cycloprop-2-ene carboxylic acid，図5·17）で，有機生物毒としてはもっとも小さい化合物である．マウスに対する強い経口毒性のほかに横紋筋（骨格筋および心筋）融解作用を示す．

6）ドクササコ

キシメジ科に属する日本特産のキノコで，晩秋に竹やぶや笹やぶの地上には

えるのでヤブシメジともいう．本州の日本海側に多く分布している．誤食すると数日後に手の指先や足の指先が赤く腫れ，激痛が1カ月以上続く．この特異な症状は末端紅痛症と呼ばれ，やけどに似ていることからドクササコは別名ヤケドタケともいう．毒成分としてはアミノ酸の一種であるアクロメリン酸類（acromelic acids）やヌクレオシドに属するクリチジン（clitidine）などが知られている（図5･18）．アクロメリン酸は記憶喪失性貝毒のドウモイ酸（図5･8参照）と類似した基本骨格を有するが，グルタミン酸アゴニストとしての作用はドウモイ酸よりはるかに強い．

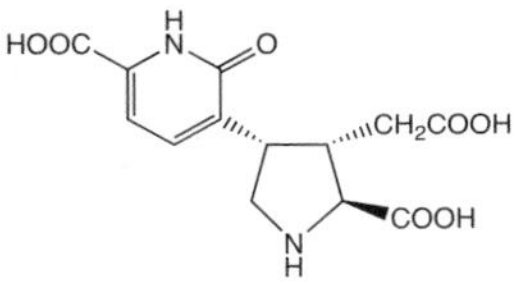

アクロメリン酸A

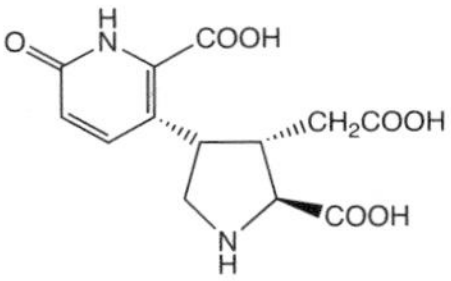

アクロメリン酸B

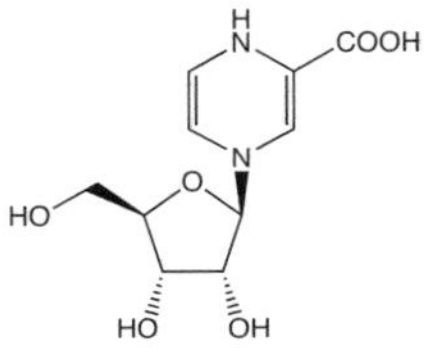

クリチジン

図5･18　アクロメリン酸A，アクロメリン酸Bおよびクリチジンの構造

7）アセタケ属キノコ

フウセンタケ科アセタケ属は中毒すると驚くほど汗をかくことからこの名がある．オオキヌハダトマヤタケ，キヌハダトマヤタケ，シロトマヤタケ，クロトマヤタケなどのアセタケ属キノコは，夏から秋にかけて雑木林の地上にはえる．摂食すると10～30分後に激しい発汗のほかに流涎，縮瞳，血圧低下，呼吸困難などが引き起こされる．錯乱や幻覚を伴うこともある．これらの症状は副交感神経の異常興奮によるもので，アトロピンなどの副交感神経遮断薬が治療に用いられる．毒の主成分はクサウラベニタケの毒としても知られているムスカリン（図5･13参照）である．

8）テングタケ，ベニテングタケ

いずれもテングタケ科に属するキノコで，夏から秋にかけて針葉樹林や広葉樹林内の地上にはえる．ハエトリタケの異名がある．摂食後30分～3時間で異常興奮，流涎，視覚異常，幻覚などが現れる．これらキノコの毒成分としては従来ムスカリンがよく知られていたが，その含量は実はごく微量で，毒成分の本体は図5･19に示すアミノ酸の一種イボテン酸（ibotenic acid），トリコロ

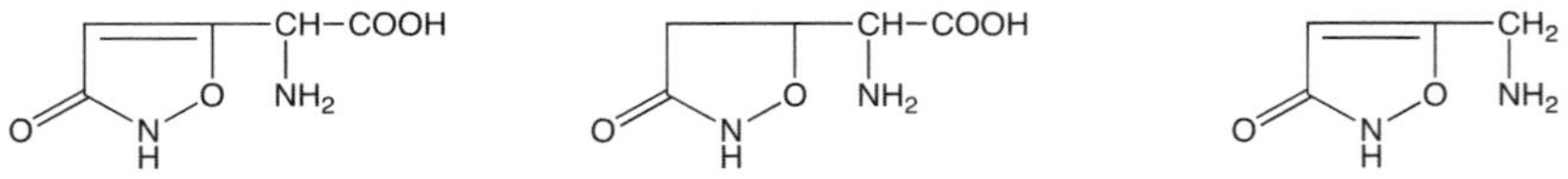

イボテン酸 トリコロミン酸 ムシモール

図5·19 イボテン酸，トリコロミン酸およびムシモールの構造

ミン酸（tricholomic acid）およびイボテン酸の脱炭酸化合物であるムシモール（muscimol）と考えられている．イボテン酸とトリコロミン酸は殺ハエ効果を有する．

　9）ヒカゲシビレタケ，ワライタケ

　ヒカゲシビレタケはモエギタケ科に属するキノコで，梅雨時と初秋に林の縁の草地にはえる．ワライタケはオキナタケ科のキノコで，最近は見かけることが少ないが早春から秋にかけて馬ふんなどにはえる．これらキノコを摂食すると，30〜60分後に幻聴，幻視，口渇，精神錯乱，意識障害といった中毒症状が現れる．症状は数時間〜10時間で消失する．毒成分はインドー

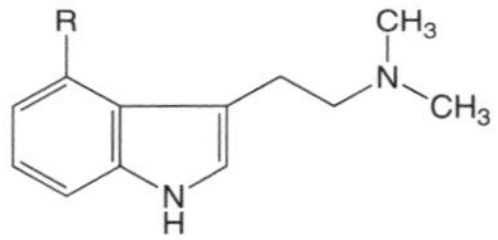

シロシビン:R=OPO₃H
シロシン　:R=OH

図5·20　シロシビンおよびシロシンの構造

ル化合物で，図5·20に示すシロシビン（psilocybin）やシロシン（psilocyn）などである．シロシビンを含む*Psilocybe mexicana*というキノコはメキシコインディアンに"テオナナカトル"と呼ばれ，祭時には幻覚を誘うために用いられたという．

　10）ヒトヨタケ，ホテイシメジ

　ナヨタケ科のヒトヨタケおよびキシメジ科のホテイシメジは一般的には食用キノコである．それ自体を食べても中毒症状は起こさないが，アルコール飲料とともに摂食した場合，あるいは摂食した後でアルコール飲料を飲んだりした場合には，食後（または飲酒後）30〜60分で顔面や手の紅潮，吐き気，嘔吐，頭痛，めまいなど，不愉快な二日酔状態がみられる．中毒原因成分としてコプリン（coprin，図5·21）が分離されている．コプリンは消化管内で1-アミノシクロプロパノールに加水分解されて体内に吸収されるが，1-アミノシクロプロパノールがアルデヒド脱水素酵素作用を阻害するので飲酒後の血中アルデヒド

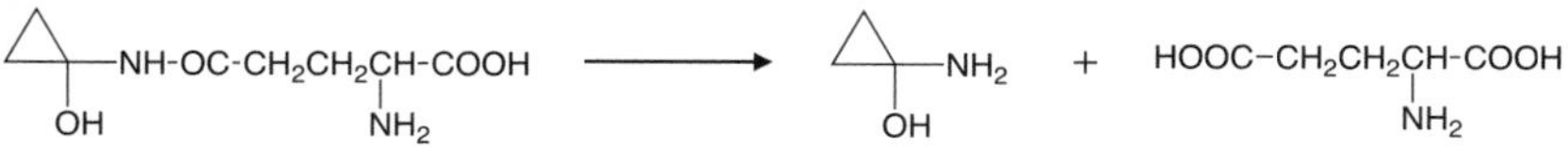

コプリン　　　　　　1-アミノシクロプロパノール

図5·21　コプリンからの1-アミノシクロプロパノールの生成

濃度が高くなる.

11）シャグマアミガサタケ

ノボリリュウ科のキノコで春に針葉樹林内の地上にはえる．ヨーロッパでは食用にされ，死亡事故を含む中毒例が多い．毒成分はギロミトリン（gyromitrin，図5·22）で，調理中あるいは体内で加水分解を受けてメチルヒドラジン（$H_2N\text{-}NHCH_3$）になり毒性が増強するといわれている．サラダのように生で食べたほうが危険で，加熱調理すると中毒はかなり防止できる．これはメチルヒドラジンが揮発性で，加熱調理中にある程度揮散するからである．しかし，調理人が加熱中に蒸気を吸って中毒した例もある．

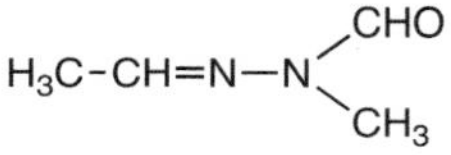

図5·22　ギロミトリンの構造

3・3　高等植物の毒

1）トリカブトの毒

キンポウゲ科の草木で，古くから矢毒や強心薬の原料として利用されてきた．春先の新芽がいかにも食べられそうなことから同じキンポウゲ科のニリンソウやキク科のモミジガサなどと誤食されることが多い．変わった例としてはヤマトリカブトの密生地帯近くで採集されたハチミツによる中毒が知られているが，これはヤマトリカブトの花粉がハチミツに混入したことが原因である．有毒成分は根に多いが，葉，茎，花にも存在する．中毒症状は口唇や皮膚の灼熱感，流涎，嘔吐，めまいなどで，呼吸困難から心臓麻痺および呼吸麻痺によって死に至る．毒成分はジテルペンアルカロイドで，図5·23に示すアコニチン（aconitine），メサコニチン（mesaconitine），リコクトニン（lycoctonine）などである．

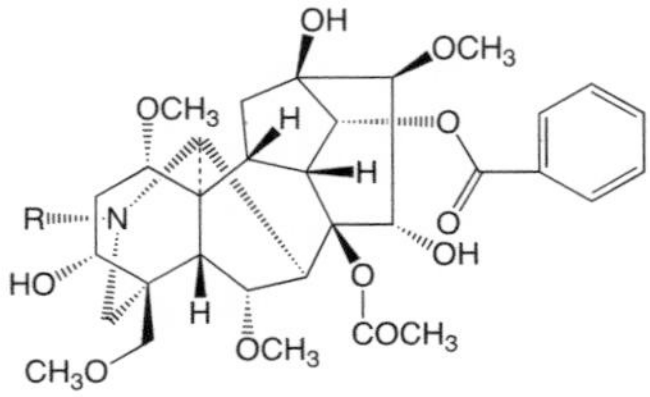

アコニチン：R=CH$_2$CH$_3$
メサコニチン：R=CH$_3$

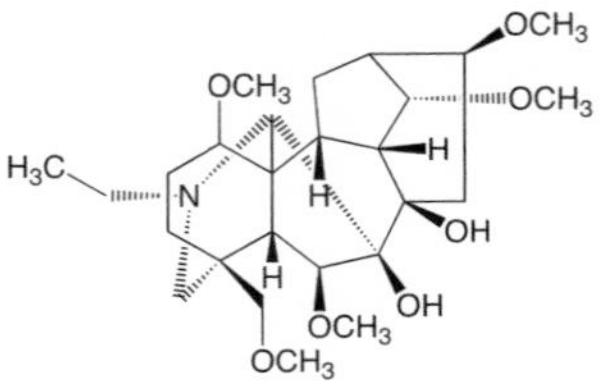

リコクトニン

図5・23　トリカブトの毒成分の構造

2）バイケイソウの毒

　シュロソウ科（旧ユリ科）の植物バイケイソウは，古代ヨーロッパでは吐剤として利用されたという．また，生薬として解熱薬や神経痛用の外用薬としても用いられてきたが，毒性が強いため現在では医薬としては利用されていない．山菜のギボウシなどと間違えてしばしば中毒を引き起こしている．中毒症状は流涎，嘔吐，よろめき，衰弱，血圧降下などで，呼吸停止により死に至ることもある．毒成分は図5・24に示すジェルビン（jervine），ベラトラミン（veratramine），ベラトリジン（veratoridine），プロトベラトリン（protoveratrine）

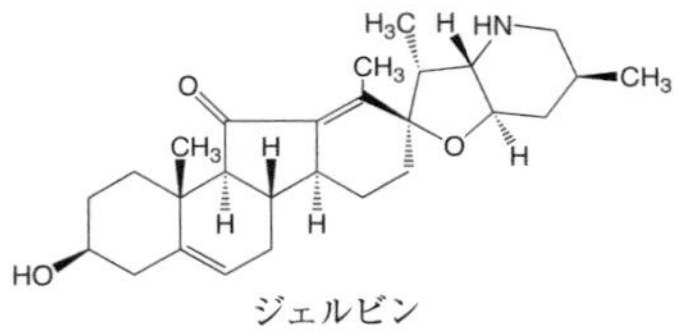

ジェルビン

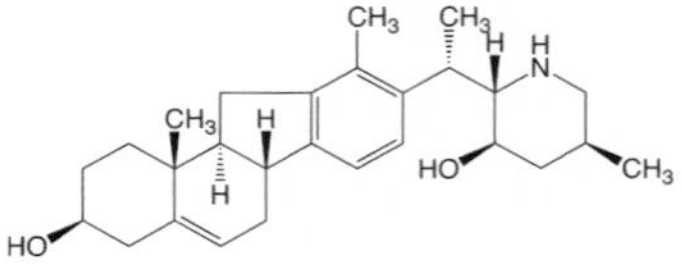

ベラトラミン

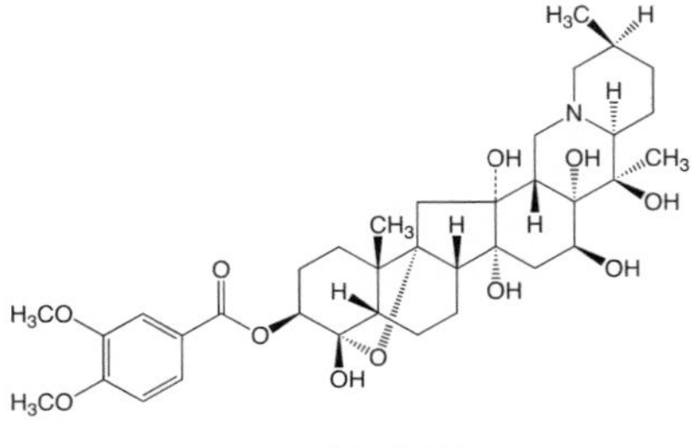

ベラトリジン

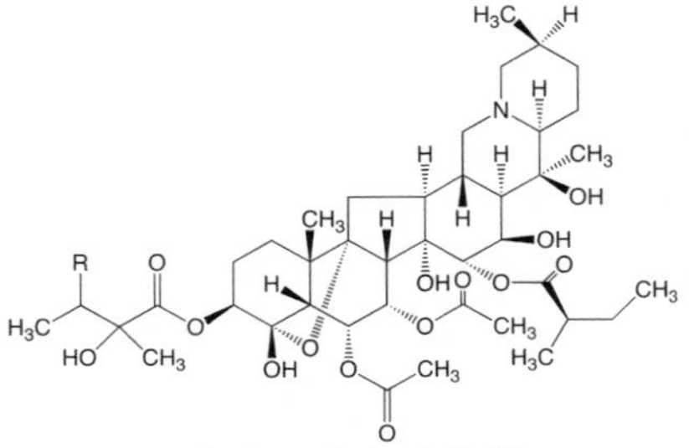

プロトベラトリンA：R=H
　　　　　　　　B：R=OH

図5・24　バイケイソウの毒成分の構造

などのステロイドアミンである.

3）チョウセンアサガオおよびハシリドコロの毒

　チョウセンアサガオおよびハ
シリドコロはいずれもナス科の
植物である. チョウセンアサガオ
は観賞用に栽培されているが, 根
をゴボウと, 葉をモロヘイヤやア
シタバと, つぼみをオクラやシシ
トウと, 種子をゴマと間違えて中
毒する. 近縁のヨウシュチョウセ
ンアサガオやキダチチョウセン
アサガオなども中毒原因になる.
ハシリドコロの場合は春先の新
芽を山菜と間違えて中毒を引き
起こす. 中毒症状は興奮, めまい,
瞳孔散大, 幻覚, 錯乱などである.

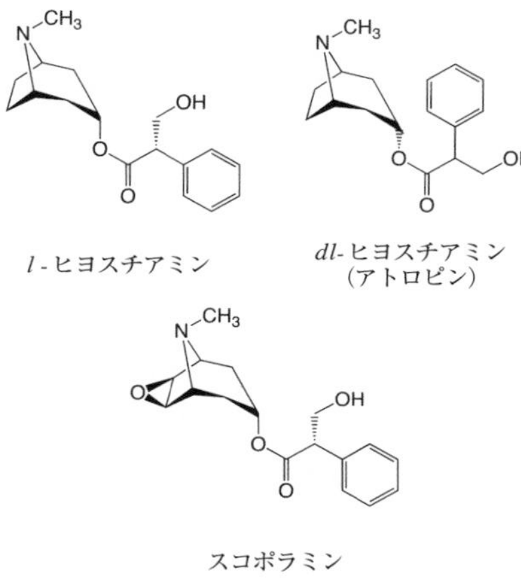

l-ヒヨスチアミン

dl-ヒヨスチアミン
（アトロピン）

スコポラミン

図5·25　チョウセンアサガオおよび
ハシリドコロの毒成分の構造

ハシリドコロは狂奔して走り回るのでこの名が付けられている. 毒成分は図
5·25に示す*l*-ヒヨスチアミン（hyoscyamine）, アトロピン（atropine, *dl*-ヒヨ
スチアミン）, スコポラミン（scopolamine, ヒヨスチンhyoscineともいう）な
どのトロパンアルカロイドである. ちなみに, 1805年にわが国で最初に全身
麻酔による外科手術を行った華岡青洲は, 麻酔薬としてチョウセンアサガオを
用いたという. これはアトロピンやスコポラミンの副交感神経抑制作用を利用
したものである.

4）スイセンの毒

　スイセンはヒガンバナ科の植物で, 日本ではニホンスイセンとラッパスイセ
ン（ニホンスイセンに対して西洋スイセンともいう）の2種が知られているが,
一般にスイセンといえばニホンスイセンのことを指している. 葉はニラやノビ
ルに, 鱗茎（球根）はタマネギに似ているので誤食される. 花が咲いていない
ときの葉をニラと間違えた中毒例がもっとも多い. ニラの葉は強烈な臭いを放
つが, スイセンの葉はとくに臭いがしないので, 両者の区別は臭いをかげば容
易である. 誤食すると, 30分以内の短い潜伏期間の後に悪心, 嘔吐, 下痢,

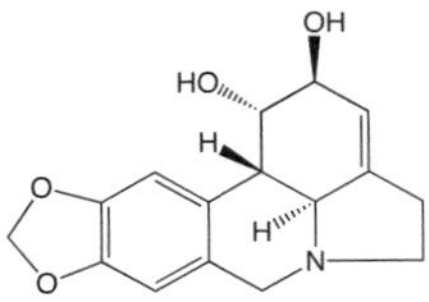

リコリン 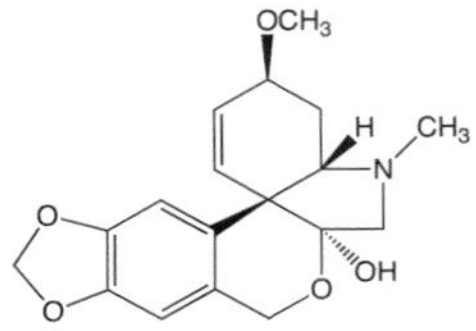　　　　　　　　　タゼチン 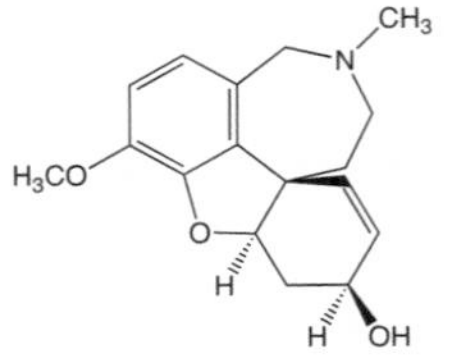　　　　　　　　ガランタミン

図5·26　スイセンの毒成分の構造

流涎，発汗，頭痛などの症状が現れる．毒成分はリコリン（lycorine），タゼチン（tazettine），ガランタミン（galanthamine）などのアルカロイドである（図5·26）．

5）イヌサフランおよびグロリオサの毒

　イヌサフランはイヌサフラン科（旧ユリ科）の植物で，その葉はギボウシやギョウジャニンニクと，球根はジャガイモやタマネギと間違えて中毒することがある．嘔吐，下痢，皮膚の知覚減退，呼吸困難などの症状がみられ，重症の場合は死亡することもある．毒成分はコルヒチン（colchicine，図5·27）というア

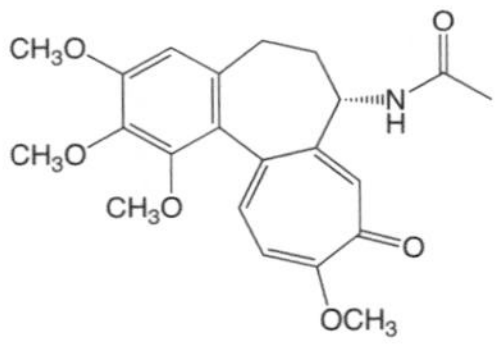

図5·27　コルヒチンの構造

ルカロイドで，全草（とくに球根）に含まれている．なお，名前が似ているサフランはアヤメ科に属し，イヌサフランとはまったく異なる植物で毒成分をもたない．

　グロリオサもイヌサフラン科（旧ユリ科）の植物である．グロリオサによる中毒事件は少なく，最近10年（2011 ～ 2020年）でもわずか1件（患者数1人）であるが，1人の患者は死亡しているので警戒を要する．毒成分はイヌサフランと同じくコルヒチンで，地下部の濃度が高い．上記中毒は，グロリオサの地下部をヤマノイモの担根体（食用にしている部分で，根でも茎でもないヤマノイモ特有の器官）と間違え，すりおろして食べたことが原因である．ヤマノイモをすりおろすとねばねばするが，グロリオサはすりおろしても粘りが出ないので，少し注意すれば誤食は防止できる．

6）ドクゼリの毒

　セリ科のドクゼリはまれにセリと誤食されて中毒を起こす．毒成分はシクトキシン（cicutoxin, 図5・28）というポリイン系化合物で，主に根に含まれる．非常に吸収されやすい物質のため摂食後数分で発症することもある．中毒症状はけいれん，めまい，嘔吐，皮膚の発赤などで，重症の場合は呼吸麻痺により 10 〜 20時間で死亡する．

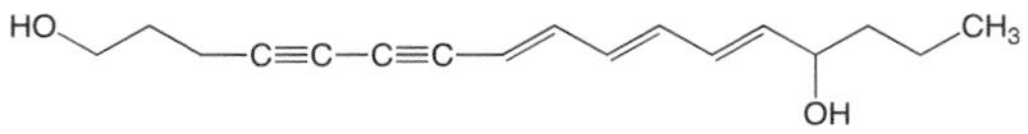

図5・28　シクトキシンの構造

7）ドクニンジンの毒

　ドクニンジンはドクゼリと近縁のセリ科の植物である．若葉をパセリや山菜のシャクと間違えて中毒する．哲学者ソクラテスがドクニンジンで最期を遂げたといわれている．食後30 〜 40分で，悪心，嘔吐，流涎，昏睡などの中毒症状が現れる．主な毒成分はアルカロイド系のコニイン（coniine, 図5・29）である．

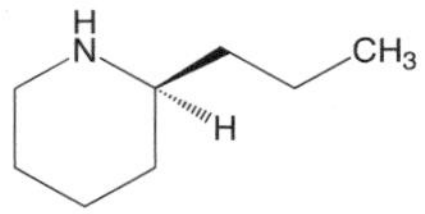

図5・29　コニインの構造

8）シキミの毒

　モクレン科のシキミは関東以西に自生している常緑の小木で，香気が高いことから線香の材料に使用されコウノキとかハナノキなどともいわれる．果実は甘いが猛毒で，子供が食べて中毒することがある．シキミの果実がトウシキミ（別名ダイウイキョウ）の果実（八角と呼ばれる香辛料）と誤って日本からドイツに輸出され，中毒を起こした例がある．めまい，嘔吐，けいれん，虚脱などの中毒症状を起こす．毒成分はセスキテルペンのアニサチン（anisatin, 図5・30）である．

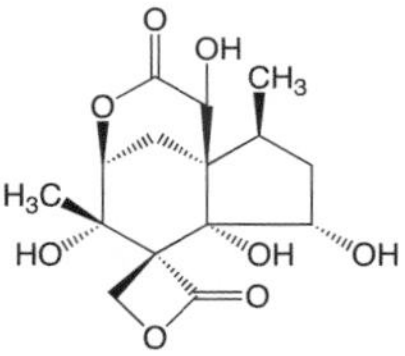

図5・30　アニサチンの構造

9）ドクウツギの毒

　ドクウツギはドクウツギ科の植物で6月に結実する．果実は熟するにつれて紅色から紫色に変わるが，美しさに誘われて子供たちが誤って食べて中毒することがある．主な中毒症状は悪心，嘔吐，全身硬直，口唇紫変，瞳孔縮小など

で，死亡することもある．毒成分は図5・31に示すコリアミルチン（coriamyrtin）およびツチン（tutin）で，いずれもモノテルペンを骨格とするラクトン化合物である．

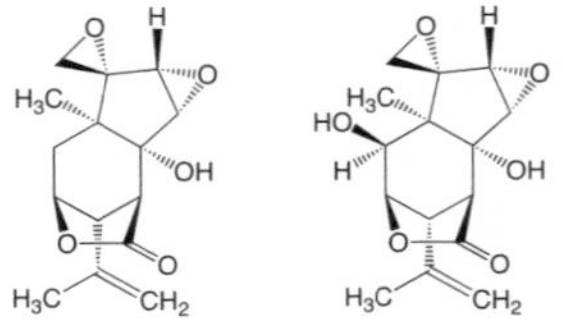

コリアミルチン　　ツチン
図5・31　ドクウツギの毒成分の構造

10）ジャガイモの毒

　ジャガイモ（ナス科）の新芽や日光にあたって緑色に変色した部分には，図5・32に示すソラニン（solanine）やチャコニン（chaconine）という有毒な配糖体アルカロイドが多量（0.1％以上）に含まれている．皮の直下部分にも0.005〜0.01％程度のソラニンが存在する．ソラニンやチャコニンを50 mg摂取すると中毒する可能性があり，150〜300 mg摂取すると死亡する可能性がある．中毒症状は食後数時間で現れ，頭痛，嘔吐，腹痛，疲労感などがみられる．重症の場合は脳浮腫を生じ，意識の混濁，昏睡からけいれんを経て死亡することもある．ジャガイモの新芽や緑色の部分は除去し，皮を厚めにむいて調理すれば中毒は予防できる．

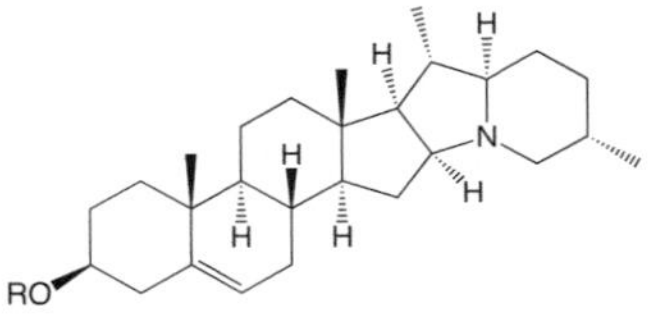

ソラニン:R=−D-Gal−D-Glu
　　　　　　　　　　|
　　　　　　　　　L-Rha

チャコニン:R=−D-Gul−L-Rha
　　　　　　　　　　|
　　　　　　　　　L-Rha

図5・32　ジャガイモの毒成分の構造

11）クワズイモの毒

　クワズイモはサトイモ科の多年草で，名前は「食わずイモ（＝食べられないイモ）」に由来する．大きな葉をもつ観葉植物として人気がある．同じサトイモ科のハスイモやサトイモの茎は芋茎（ずいき）と呼ばれ，酢の物やサラダ，みそ汁などにして食べられているが，クワズイモの外観がハスイモやサトイモに似ているため誤食される．食後すぐに，悪心，嘔吐，下痢，麻痺，皮膚炎などを発症する．飲食以外にも，汁に触れると皮膚炎を起こすことがあるので，観賞用として取り扱うときにも注意が必要である．毒成分はシュウ酸カルシウム$(COO)_2Ca$である．

12）青酸配糖体

　未熟なウメ（青梅）にはアミグダリン（amygdalin，図5・33）という青酸配

糖体が含まれ，自らがもつ酵素または腸内細菌の酵素により加水分解されてヒドロキシニトリルと糖になり，前者はさらにヒドロキシニトリル分解酵素の作用を受けて青酸を発生する．青梅のほかに，同じバラ科のアンズ，リンゴ，ナシなどの未熟な果実にもアミグダリンは豊富に含まれているので注意を要する．アミグダリンのほかに，トウダイグサ科のキャッサバやマメ科にはリナマリン（linamarin，図5・34；ファゼオルナチン phaseolunatin ともいう）という青酸配糖体が含まれ，やはり青酸を生じる．キャッサバやアオイマメによる中毒死はアフリカ，インドネシア，フィリッピン，ミャンマーなどで報告されている．わが国では生あん原料として豆類を東南アジアから輸入しているが，生あんについては製造基準，成分規格（シアン化合物不検出）を設けて製造過程でシアン化合物を除去するようにしている．

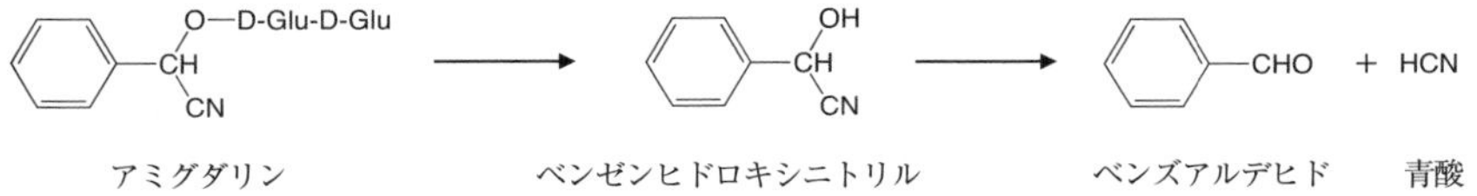

図5・33　アミグダリンからの青酸の生成

13）発がん性の植物毒

食用植物であるが発がん物質を含むことから問題にされているものにワラビとソテツがある．ワラビを食べているウシには慢性の血尿と膀胱がんが多いといわれており，発がん物質はプタキロシド（ptaquiloside，図5・35）であることが明らかにされている．プタキロシドはあく抜き（湯通し）の過程でかなり除去される．また，プタキロシドは熱に弱いので，あく抜きの過程で分解されて発がん性を失う．したがってヒトに対する発がんの心配はないと考えられる．一方，ソテツの茎や髄はデンプンに富んでいるので熱帯～亜熱帯地域では一般に食用にされているが，種子，葉，茎は有毒であることもよく知られている．毒成分としてはサイカシン（cycasin，図5・36）が得られてい

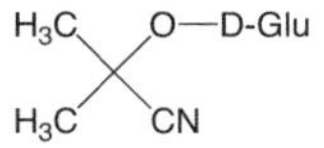

図5・34　リナマリンの構造

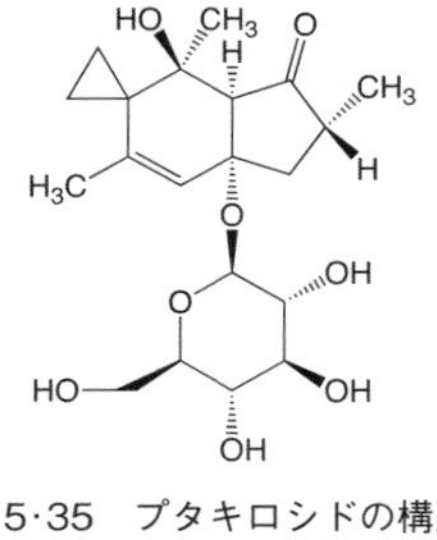

図5・35　プタキロシドの構造

るが，実はサイカシンそのものは毒性も発がん性もない．サイカシンは腸内細
菌の β-グルコシダーゼにより加水分解を受けてメチルアゾオキシメタノール
に変換され，メチルアゾオキシメタノールは容易にホルムアルデヒドを放ちジ
アゾメタンにまで代謝される．毒性はホルムアルデヒドにより，発がん性はジ
アゾメタンにより発現される．

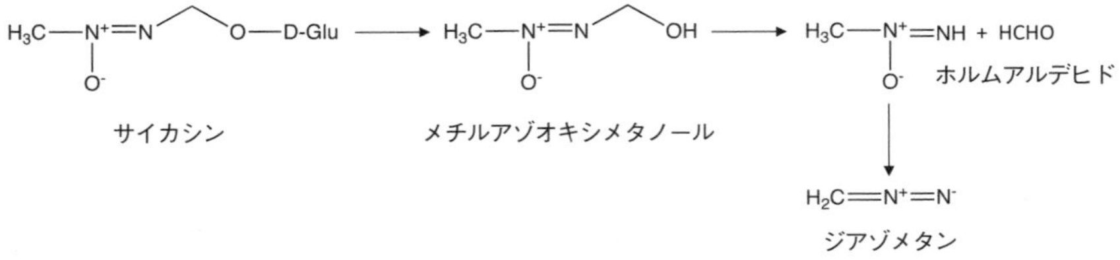

図5・36　サイカシンからのジアゾメタンの生成

14）オゴノリの毒

　海藻の中で食品衛生上問題となるのは
紅藻のオゴノリおよびその近縁種である
ツルシラモである．日本ではこれまでに
3件（1980年8月山形県酒田市，1982年
4月愛媛県東予市，1993年10月横浜市）
の中毒事件が発生し，患者8人のうち3
人が死亡している．いずれの中毒事件に

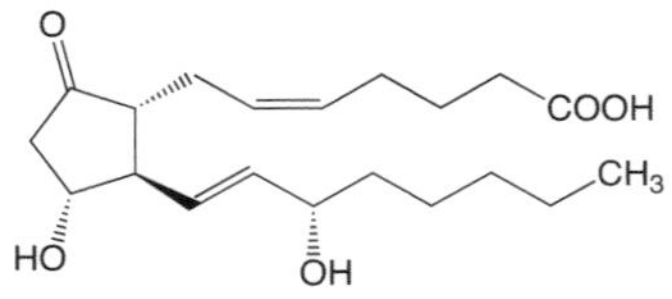

図5・37　プロスタグランジンE_2の構造

おいても生の海藻を摂食したという共通点がみられ，中毒症状は吐き気，下痢，
腹痛で，重症の場合には血圧低下によりショック死に至っている．中毒原因物
質はプロスタグランジン類（とくにプロスタグランジンE_2，図5・37）で，藻
体中の酵素作用により，藻体中あるいは食べあわせの食品中の高度不飽和脂肪
酸から生成されると推定されている．なお，刺し身のツマとして広く流通して
いるオゴノリ類は石灰処理が施されているが，石灰処理中の酵素の失活により
プロスタグランジン類の生成はみられない．

第6章

化学性食中毒

1. 化学性食中毒とは

　前章で述べた自然毒食中毒は，食品原料となる動植物中の常成分である有毒成分に起因する中毒である．それに対して，食品原料あるいは食品に本来含まれていないはずの有害化学物質の汚染，混入，生成などにより発生する中毒を化学性食中毒と呼んでいる．有害金属やカビ毒による汚染,農薬や洗剤の混入・誤用,赤身魚肉におけるヒスタミンの蓄積,変敗に伴う油脂酸化物の生成といったことが化学性食中毒の原因となる．化学性食中毒の発生件数はほかの食中毒と比べると少ないが，これまでにヒ素ミルク中毒事件，水俣病，イタイイタイ病，カネミ油症事件といった悲惨で大規模な中毒事件を招いており軽視できない．また，急性中毒だけでなく，有害金属，カビ毒などは長期間摂取による慢性中毒や発がん性の点でも問題になる．以下に，化学性食中毒の発生状況ならびに化学性食中毒に関与する個々の化学物質について述べる．

2. 化学性食中毒の発生状況

　最近10年間（2011 ～ 2020年）の化学性食中毒の発生状況をヒスタミンとそのほかに分けて表6・1に示す．中毒事件数は総数135件で，患者数は2,234人と多いが死亡例はない.化学性食中毒の中ではヒスタミンによる中毒（アレルギー様食中毒）が圧倒的に多く，事件数の79％，患者数の96％を占めている．ヒスタミン以外の化学性食中毒の原因物質別発生状況を表6・2にまとめて示す．銅を原因とする2件（1件は焼酎の保存容器から焼酎中に溶出した銅，もう1件はやかんの内側に蓄積しスポーツドリンク中に溶出した銅が原因）を除くと，洗剤，消毒剤，漂白剤などの混入や誤用などが原因で，いずれも人為的な単純ミスによる中毒である．なお，戦後間もない頃のわが国でメチルアルコール中毒が多発したが（1945年には患者569人,死者403人,1946年には患者2,453人,

死者1,841人，1947年には患者288人，死者143人を出している），今ではほぼ根絶したといってもよい状況である（1977年と2005年にそれぞれ1件発生している）．

表6·1　化学性食中毒の発生状況（2011 ～ 2020年）

年	事件数（件）		患者数（人）		死者数（人）	
	ヒスタミン	その他	ヒスタミン	その他	ヒスタミン	その他
2011	7	5	206	16	0	0
2012	9	6	113	23	0	0
2013	7	3	190	9	0	0
2014	7	3	61	9	0	0
2015	13	1	405	5	0	0
2016	15	2	283	14	0	0
2017	8	1	74	2	0	0
2018	20	3	355	6	0	0
2019	8	1	228	1	0	0
2020	13	3	219	15	0	0
小計	107	28	2,134	100	0	0
合計	135		2,234		0	

表6·2　ヒスタミン中毒以外の化学性食中毒の原因物質別発生状況（2011 ～ 2020年）

原因物質	中毒原因	事件数（件）	患者数（人）
洗剤	混入	9	28
	溶液の提供	3	14
	誤用	1	12
消毒剤	混入	3	10
	溶液の提供	2	3
漂白剤	混入	4	5
	溶液の提供	1	7
銅	容器からの溶出	2	16
苛性ソーダ	誤用	1	3
除菌剤	溶液の誤飲	1	1
不明	不明	1	1
合計		28	100

3. 有害金属

　有害金属といえば，過去の中毒経験から水銀，ヒ素，カドミウムなどがすぐに思い浮かぶ．しかしながら，有害金属と一般にいわれている中にも，銅，セレン，クロムなどは必須元素であることが証明されているし，ヒ素でさえ必須性の可能性が示唆されている．要するに微量であれば有用に作用し，量が多くなると有害性が現れてくることになる．また，量が多いと単純に有害というわけでもなく，有害性は化学形に依存していることを理解しておく必要がある．魚介類に高濃度に含まれているヒ素は食品衛生上ほとんど問題がないことが明らかにされているが，化学形が重要であることを示している典型例である．

3・1　水銀（Hg）

　水銀は常温，常圧で凝固しない唯一の金属元素で，比重は13.6と非常に大きい．体温計や血圧計に使われてきたが，2021年1月1日以降，水銀体温計・血圧計の製造・輸出入は禁止されている．金とアマルガム（水銀とほかの金属との合金の総称）を作る性質があり，この性質を利用して金を採取するために現在でも世界の一部で用いられている．無機水銀のうち塩化第二水銀 $HgCl_2$ は，強力な殺菌作用のために病院などで消毒に繁用されたこともある．有機水銀化合物（アルキル水銀およびフェニル水銀）も強い殺菌作用，抗菌作用を示し，医薬品や農薬として広く用いられてきた．しかし水銀製剤は毒性が強いため，先進国ではほとんど使用されなくなっている．

　水銀による大規模な中毒事件としては，わが国では熊本県・鹿児島県にまたがって発生した水俣病（1956年に公式確認）と新潟県阿賀野川下流域で確認された第二水俣病（新潟水俣病とか阿賀野川水銀中毒とも呼ばれ，1965年に公式確認）がある．四日市ぜんそく（原因は亜硫酸ガスによる大気汚染），イタイイタイ病（本章3・3項参照）とあわせて日本における四大公害と呼ばれている．水俣病および第二水俣病は，いずれも工場廃液に含まれていたメチル水銀 CH_3HgX（X = Cl，OHなど）が原因であり，食物連鎖を通してメチル水銀が魚介類に濃縮され，汚染魚介類を食べた沿岸住民に大きな被害を及ぼした．中毒症状は中枢神経系障害で，初期には口のまわりや手足のしびれ感が，進行すると歩行障害，視野狭窄，難聴，嚥下障害などが現われた．重症の場合は死に至り，軽症でも後遺症が残っている．これら有機水銀中毒症状は，1937年にイギリスの農薬工場で起こった神経症がメチル水銀中毒であることを報告し

たハンターとラッセルにちなんで，ハンター・ラッセル症候群と呼ばれている．水俣病は世界最初の水銀中毒事件として注目を集め，英語でもMinamata diseaseとして知られている．その原因をめぐっては長期にわたり論争が続き，被害者救済が遅れて大きな社会問題となった．

　水俣湾の魚介類の総水銀含量は，1969年の熊本大学の調査では10 ppm以上と高かったが，1994年後半からは後述する魚介類の水銀の暫定的規制値を下回るようになり，1997年の調査では平均0.16 ppmであったので水俣湾の魚介類の安全宣言が出された．水俣湾では1973年に漁獲自主規制がしかれ，湾口には汚染魚の拡散を防ぐために1974年に延長4,400 mの仕切り網が設置されたが，これも安全宣言にともない1997年に全面撤去された．

　外国での中毒事件としては，1972年にイラクで発生したメチル水銀処理小麦による中毒が有名である．この事件は，食糧用の小麦が不足して飢餓に瀕した農民がメチル水銀で処理した種子小麦を食べたために起ったもので，患者6,500人以上，死者約500人という悲惨なものであった．同様の中毒事件はその後もイラクで報告されているし，パキスタン，ガーナなどの発展途上国でも繰り返されている．なお，ブラジルのアマゾン川流域，フィリピン，カンボジアなどでは，金アマルガム法による金採取業者の金属水銀曝露が以前から問題になっている．職業的水銀曝露だけでなく，金属水銀による周辺河川の汚染とメチル化の進行，さらにメチル水銀を蓄積した魚介類によるメチル水銀中毒も懸念されている．

　水銀中毒でとくに問題になるのは上述のようにメチル水銀であり，その由来は魚介類である．1973年に厚生省（現厚生労働省）は，魚介類の水銀の暫定的規制値を総水銀0.4 ppmかつメチル水銀0.3 ppm（水銀として）と定め，これ以上の濃度の水銀を含む魚介類の流通を禁止している．ただし，マグロ類（マグロ，カジキおよびカツオ），内水面水域の河川産の魚介類（湖沼産の魚介類は含まない），深海性魚介類（メヌケ類，キンメダイ，ギンダラ，ベニズワイガニ，エッチュウバイガイおよびサメ類）については適用しないことになっている．重要なことは，規制値以上の水銀が検出されることが多くかつ消費量の多いマグロ類が規制対象外になっていることである．マグロ類にはセレンも多く含まれ，セレンが水銀の毒性を軽減することが示唆されている（本章3・7項参照）．

3・2　ヒ素（As）

　ヒ素は農薬や殺菌用医薬として，また工業的には半導体や光学レンズとして使用されている．一方，ヒ素は古来毒物の代表とされ自殺や他殺にしばしば用いられてきた．ナポレオンはヒ素で毒殺されたという説もあったし（現在では否定されている），1998年7月に和歌山市で起きた亜ヒ酸入りカレー事件では67人が急性ヒ素中毒を示し，そのうち4人が死亡している．ヒ素の毒性はヒ酸 $O=As(OH)_3$ や亜ヒ酸 $As(OH)_3$ のような無機ヒ素化合物が強く，成人の急性中毒量は5〜50 mg，致死量は100〜300 mgと見積られている．急性中毒症状としては咽頭部乾燥感，腹痛，悪心，嘔吐，ショック症状，心筋障害などがある．慢性ヒ素中毒は，1920年以降，宮崎県土呂久鉱山，松尾鉱山，島根県笹ヶ谷鉱山など，硫砒鉄鉱を焼いて亜ヒ酸を製造していた鉱山の労働者や周辺住民の間で多発した．また，インド，バングラデシュ，中国などのアジア諸国では，1980年以降，飲料水（地下水）の無機ヒ素汚染による慢性ヒ素中毒が深刻な問題になっている．1日当たり0.5 mg以上のヒ素摂取を数年続けると慢性中毒が発症し，黒皮症（腹部などの色素沈着），手足の角化症といった症状のほかに種々のがん（とくに皮膚がん）の発生もみられる．発がんの危険があることから，1993年12月に厚生省（現厚生労働省）は水道水質基準を改正し，ヒ素の基準値は0.05 ppmから0.01 ppmに強化された．

　わが国での食品を介した大規模なヒ素中毒事件を表6・3に示す．いずれも多数の患者を出しているが，とくにヒ素ミルク中毒事件では患者はすべて乳幼児で，しかも131人もの死者を出したというわが国における最大の食中毒事件である．原料乳に安定剤として添加した第二リン酸ナトリウムがヒ素（亜ヒ酸と推定されている）によって汚染されていたことが原因で，製品の粉ミルク中のヒ素含量は20〜60 ppmもあった．外国では，1900年にイギリスで発生したヒ

表6・3　ヒ素による主な食中毒事件

発生年	発生場所	原因食品（ヒ素濃度, ppm）	患者数（人）	死者数（人）
1948	三重県津市	しょう油（16〜18）	2,019	0
1955	岡山県を中心とする西日本	ドライミルク（20〜60）	12,159	131
1955〜1956	山口県宇部市	しょう油（90）	390	0

素混入ビール事件が有名である．ビール酵母の培養に使用した転化糖（ショ糖を酸または酵素によって加水分解して得られる果糖とブドウ糖の混合物）にヒ素が混入していたためで，ヒ素は転化時に使用した硫酸中に不純物として含まれていた．

　これまでのヒ素による食中毒はすべて汚染が原因である．汚染されていない食品中のヒ素含量は，陸上生物では通常ppbのオーダーであるが魚介類ではppmのオーダーと非常に高いことが知られている．とくに甲殻類，肉食性巻貝，褐藻類の中には高含量のものが多く，ヒ素ミルク中毒事件の粉ミルク中の含量を超えるものも珍しくない．魚介類に含まれるヒ素の大部分は水溶性の低分子有機態で存在し，動物ではアルセノベタインが主要なヒ素化合物で，そのほかにアルセノコリン，トリメチルアルシンオキシド，テトラメチルアルソニウム塩なども副成分として知られている（図6·1）．表6·4に示すように，これら海

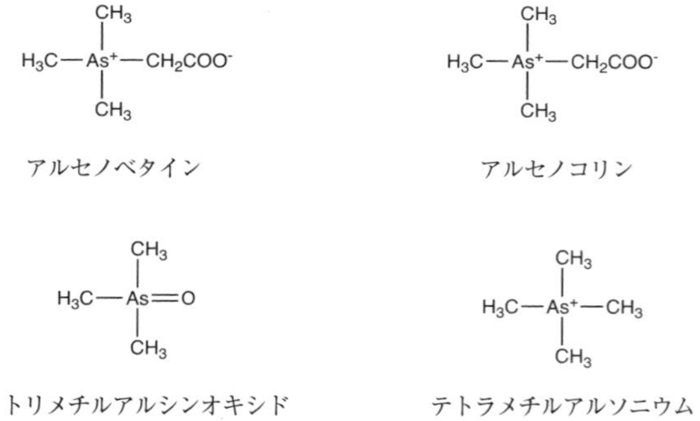

図6·1　海産動物に含まれるヒ素化合物の構造

表6·4　各種ヒ素化合物のマウスに対するLD$_{50}$（経口投与）

ヒ素化合物	LD$_{50}$（g/kg）
アルセノベタイン	＞10
アルセノコリン	6.5
トリメチルアルシンオキシド	10.6
ヨウ化テトラメチルアルソニウムイオン	0.89
ジメチルアルシン酸	1.2
モノメチルアルソン酸	1.8
亜ヒ酸（三酸化二ヒ素）	0.0345

（塩見，1992）

産動物に含まれる有機ヒ素化合物のマウスに対する経口毒性は，無機ヒ素化合物（三酸化二ヒ素）と比べると非常に弱い．主成分であるアルセノベタインは無毒といってもよい．テトラメチルアルソニウム塩だけはやや毒性が高いが，高濃度のテトラメチルアルソニウム塩は食用種の中では一部二枚貝の鰓にしか検出されていない．急性毒性が弱いだけでなく，海産動物のヒ素化合物はたとえ体内に取り込まれても短時間で尿中に排泄され，蓄積性がないことも証明されているので，食品衛生上の問題はないと判断される．一方，海藻の主要なヒ素化合物としては各種アルセノシュガー（図6·2）が同定されている．アルセノシュガーに関しては急性毒性のデータはないが，細胞毒性試験や染色体異常誘発試験ではジメチルアルシン酸より毒性はかなり弱いことが示されている．代謝実験はまだ十分ではないが，体内蓄積性はあまりないと思われる．ヒジキは特殊で，含まれているヒ素の約半分は毒性の高い無機ヒ素（ヒ酸）であるが，通常の摂取頻度（10日に1回）と摂取量（1回当たり乾燥重量で3 g程度）であればとくに健康影響はないと見積もられている．

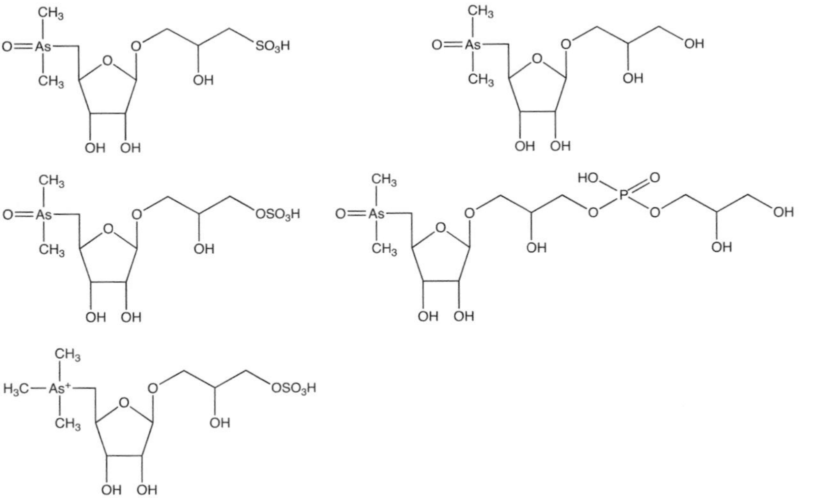

図6·2　主なアルセノシュガーの構造

3·3　カドミウム（Cd）

カドミウムはポリ塩化ビニルの安定剤，プラスチック製品やガラス製品の着

色料，電池の電極材料，種々の合金成分，顔料などの用途がある．一方，カドミウムは亜鉛や鉛などの精錬時の副産物として得られるので，亜鉛鉱山などの周辺ではカドミウムによる環境汚染，ひいては飲料水，穀物，野菜類の汚染によるカドミウム中毒でも問題となる．大規模な中毒事件としては富山県神通川流域で発生したイタイイタイ病が有名である．1955年に原因不明の奇病として学会に報告されたが，その後，神通川上流の亜鉛・鉛精錬所からの鉱滓，廃水中に多量に含まれていたカドミウムによることが究明された．

　カドミウムによる急性中毒は 3 mg/70 kg 以上の摂取で起こる．摂取直後から嘔吐，腹痛，下痢がみられるが回復は速やかである．環境汚染によるカドミウム中毒で問題となるのは，長期間にわたり微量を摂取し続けたときの慢性中毒である．慢性中毒での標的臓器は腎臓で，とくに近位尿細管が影響を受けやすく，多尿，アミノ酸尿，糖尿，タンパク尿がみられる（ファンコニー症候群と呼ばれている）．もっとも早期に観察される所見は低分子量タンパク尿である．WHO によると，毎日 140 ～ 260 μg をほぼ全生涯にわたり摂取し続ける，あるいは総摂取量が約 2,000 mg を超えると低分子量タンパク尿がみられると見積られている．無機イオンの形で吸収されたカドミウムはまず肝臓に移行し，メタロチオネイン（カドミウム，銅，亜鉛，水銀などにより誘導される 6 ～ 7 kDa の金属結合タンパク質で，有害元素の毒性緩和や必須微量元素の生体内での恒常性維持などの機能を担っていると考えられている）を誘導する．メタロチオネインと結合したカドミウムは血液中に放出され，腎糸球体でろ過され，最後に尿細管で再吸収され蓄積することになる．腎臓ではメタロチオネインの分解再合成が繰り返し行われているが，カドミウムが過剰に蓄積するとメタロチオネインの合成が間に合わなくなり，結果としてメタロチオネインと結合できないカドミウムが多くなる．この形のカドミウムが腎障害を引き起こすと考えられている．腎障害が起こると骨の形成に重要なカルシウムの再吸収が低下するので，骨軟化症もみられる．骨軟化症に伴う疼痛（とくに大腿部と腰部の痛み）がイタイイタイ病の名前の由来である．

　日本人のカドミウム摂取にもっとも大きく寄与している米に関しては，玄米および精米中 0.4 mg/kg 以下という成分規格が設定されている．通常，米をはじめとした食品中のカドミウム含量はほとんどが 0.1 ppm 未満で，やや高いカニ類，イカ類，海藻類でも 0.1 ～ 0.5 ppm 程度である．ただし，カニ類の内臓

やイカ類の肝臓，ホタテガイなど一部貝類の中腸腺では数十 ppm と異常に高含量であることが知られ，食品衛生上あるいは廃棄物の有効利用にとって障害になっている．

3・4　銅（Cu）

銅は調理器具として広い用途があり，電線や農薬にも利用されている．必須元素の一つで，チトクロム c 酸化酵素，スーパーオキシドディスムターゼ（SOD）など生体内で重要な働きをする金属酵素の構成成分となっている．欠乏症としては貧血をはじめ，心筋症，神経障害などがある．一方，高濃度になると中毒を引き起こし，食中毒事件も知られている（表6・2参照）．ヒトでの中毒量は250 〜 500 mg/70 kg で，急性中毒では嘔吐，下痢，頭痛などが，慢性中毒では溶血のほか肝臓，腎臓に障害がもたらされる．亜鉛は銅の糞中排泄量を増加させるので，亜鉛の経口投与は中毒の緩和に効果がある．なお，緑青と呼ばれる銅のさびは以前は猛毒と考えられていたが，その主成分である塩基性炭酸銅 $CuCO_3 \cdot Cu(OH)_2$ の毒性は非常に弱いことが明らかにされているので，緑青により中毒することはまずないと思われる．

食品中の銅含量は，野菜や果実では 1 ppm 以下であるが，魚介類ではやや高く 10 ppm を超える例もある．

3・5　スズ（Sn）

無機スズはブリキ，ハンダ，メッキなどの用途がある．有機スズの中では，ジアルキルスズ（ジメチルスズ，ジブチルスズなど）がポリ塩化ビニル樹脂の安定剤として，トリフェニルスズが抗真菌剤として使用されている．トリブチルスズ化合物およびトリフェニルスズ化合物（図6・3）は貝類や藻類の付着を防ぐために船底防汚剤や漁網防汚剤として以前は用いられていたが，内分泌撹乱化学物質の一つとして海洋生物に悪影響を与え，汚染魚介類を通してヒトへの健康影響が懸念されたので，国際的に使用が禁止されている．

食品中のスズ含量は缶詰（とくに野菜や果物といった酸性食品の缶詰）で高い．これは缶のメッキに用いられているスズが溶出するためであり，開缶後放置時間が長くなると溶出が著しい．無機スズの毒性はそれほど強くはないが，スズ含量2,000 ppm という酸性（pH 3.0）のフルーツポンチの缶詰やスズ含量300 〜 500 ppm の缶ジュースで，嘔吐，吐き気，腹痛といった胃腸障害を引き起こしたことがある．最小発症量は200 〜 300 ppm 程度と推定されている．現

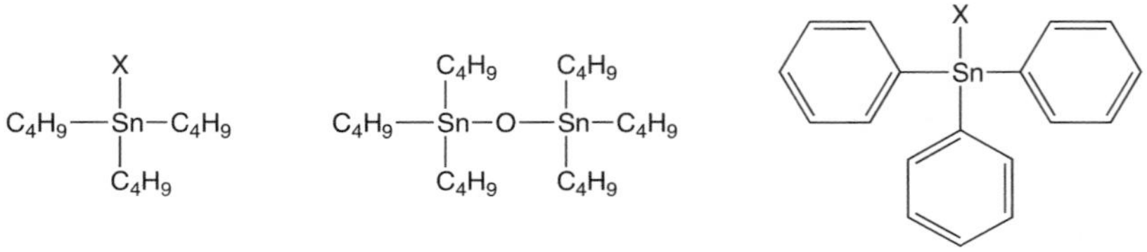

トリブチルスズ　　　　　　ビス(トリブチルスズ)オキシド　　　　　　トリフェニルスズ

X = Cl, F, CH₃COO など.

図6·3　トリブチルスズおよびトリフェニルスズの構造

在，スズの溶出を押さえるために，缶内面を樹脂でコーティングした塗装缶が一般に使用されている．なお，清涼飲料水および粉末清涼飲料水のスズの成分規格として，金属製容器包装入りのものについては150 ppmという規制値が設けられている．

3·6　鉛（Pb）

鉛は融点の低い加工しやすい金属で，鉛管やハンダ，鉛蓄電池，無機薬品（顔料など）など広い用途がある．現在では大気の鉛汚染が問題となって無鉛ガソリンに切り替わっているが，テトラメチル鉛やテトラエチル鉛などはガソリンのアンチノッキング剤として以前は大量に使用された．

鉛による中毒量は1〜5 mg/70 kg，致死量は10,000 mg/70 kgとされている．中毒での典型的な症状はヘモグロビンの合成阻害による重度の貧血（鉛貧血）である．ヘモグロビン合成過程でのγ-アミノレブロン酸（ALA）の脱水酵素を特異的に阻害し，その結果血液中にALAが蓄積し，尿中へのALAの排泄増加がみられる．そのほか，神経系障害として上肢の伸筋麻痺や鉛脳症，消化管系障害として大腸の強い痛み（鉛疝痛）があげられる．

食品中の鉛濃度は，穀類で＜0.05〜0.07 ppm，野菜類で＜0.05〜0.41 ppm，魚介類で＜0.05〜1.75 ppmと低く（田中ら，1973），中毒を引き起こすことはない．ヨーロッパではワイン，パプリカ，小麦粉などによる鉛中毒事件がいくつか報告されているが，いずれの食品も何らかの原因で鉛に汚染されたものである．1996年にアルバニアで発生した小麦粉による鉛中毒事件は，製粉機の金属部分の固定化に使用した金属鉛が摩耗して小麦粉に混入したことが原因である．小麦粉の鉛濃度は550〜800 ppmで，患者5人，死者2人を出した．日

本では汚染食品による鉛中毒例は報告されていない．特殊な例として，明治から大正にかけて役者が使用していた鉛含有白粉（おしろい）により母乳が汚染され，それを飲用した乳児が重篤な鉛中毒を発症したことがある．

3・7　セレン（Se）

セレンは整流器，光電池，顔料，塗料などの用途がある．肝臓や赤血球に含まれるグルタチオンペルオキシダーゼの構成成分で，生体にとって必須元素である．グルタチオンペルオキシダーゼは脂質過酸化物の還元など生体内での過酸化物の蓄積を防いでいるが，この効果はビタミンEと類似しており，ビタミンEの摂取量が十分であればセレンの欠乏症は現われないといわれている．欠乏症としては中国の三大風土病の一つである克山病が有名である．中国北東部から南西の雲南省に至る帯状地域で発生している心筋症で，黒竜江省克山県で多発したことが病名の由来である．患者は小児や妊娠中の女性が多い．セレンの有用性に関しては，水銀の毒性緩和があげられる．マグロは水銀濃度が高く暫定的規制値を超える個体も多いが，同時にセレン濃度も高く，マグロから精製された有機セレン化合物（セレノネイン，図6・4）はメチル水銀の毒性を緩和することが実験的に証明されている．セレンはこのように有用な反面，濃度が高くなれば毒性も現われる．わが国ではセレンによる中毒の報告はないが，中国では高濃度のセレンを含む植物による慢性中毒例が，アメリカではセレンを高濃度に含むサプリメント製品による亜急性の中毒例が知られている．中毒症状は脱毛，爪の変色・変形，胃腸障害，倦怠感などである．

　食品中のセレン濃度は，農作物では0.02 ppm程度と低く，畜肉では0.1 ppm

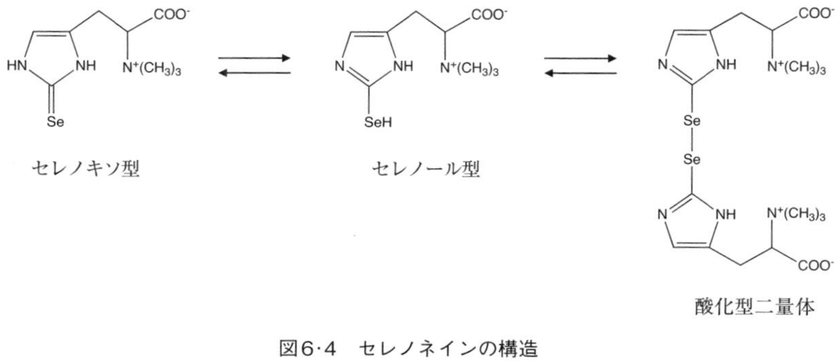

セレノキソ型　　　　　　　　　セレノール型

酸化型二量体

図6・4　セレノネインの構造

前後，魚介類では0.15 ～ 0.92 ppmとやや高い．

3・8 クロム（Cr）

金属クロムは延性，展性があり，クロムメッキとして用途がある．表面に光沢があること，硬く耐食性があること，溶出しないことから食器や調理機器などに広く用いられている．

クロムも銅やセレンなどと同様に必須性と有害性をあわせもつ元素である．酸化状態によって2価から6価まであり，3価がもっとも普通の形である．クロムの必須性は，ラットを用いた実験で3価クロムにインシュリン様作用があること，すなわち耐糖能回復効果があることで確認された．実際，栄養失調で耐糖能異常の小児に3価クロムを投与すると，耐糖能の改善がみられている．一方，有害性の点で問題になるのは3価より毒性の高い6価クロム（三酸化クロム CrO_3 や二クロム酸カリウム $K_2Cr_2O_7$ など）である．飲料水の規制値はほかの金属の場合は総量で示されているが，クロムの場合は6価クロム 0.05 mg/L 以下というように化学形が明示されている．6価クロムのヒトでの中毒量は200 mg/70 kg，致死量は3,000 mg/70 kgと推定されている．食品を介してのクロム中毒の例はないが，クロム酸工場の労働者では皮膚障害，呼吸器障害のほか，鼻中隔穿孔（鼻中隔に孔があく疾患）が多発したことで知られている．さらに6価クロムについては発がん性が動物実験で示され，疫学調査からも肺がん，胃がんとの関連が指摘されている．1975年には，東京でクロム製造工場の残さい処理が不完全のまま埋め立てに用いられ，6価クロム公害として住民の健康への影響が問題になったことがある．

4. 農 薬

農薬は欧米では1930年代から，日本では第2次大戦後から使用されてきた．農業の生産性向上に果たしてきた役割は大きく，近代農業にとって不可欠となっている．一方，農作物に残留する農薬は当然のことながら直接ヒトの健康に悪影響を与えるし，農薬による土壌汚染や河川汚染は単に環境汚染の問題だけでなく，食物連鎖を経て最終的には農薬がヒトに摂取される可能性がある．そこで農薬は，「農薬取締法」に基づいてその製造，輸入，販売，使用のすべての過程で厳しく規制されている．その中心になっているのが登録制度で，原則として国（農林水産省）に登録された農薬だけが製造，輸入，販売，使用で

きるという仕組みになっている.

4・1　農薬の分類と種類

　農薬は，殺虫剤，殺菌剤，殺そ剤，除草剤などの化学農薬と，天敵および誘引剤の生物農薬に大別される（表6・5）.

表6・5　農薬の用途別分類

用途名		用途の内容
化学農薬	殺虫剤	農作物に有害な昆虫類を防除する.
	殺ダニ剤	農作物に有害なダニ類を防除する.
	殺線虫剤	農作物に有害な線虫類を防除する.
	殺菌剤	農作物に有害な病原菌を防除する.
	殺虫殺菌剤	殺虫成分と殺菌成分を混合し，農作物に有害な昆虫類と病原菌を同時に防除する.
	除草剤	雑草類を防除する.
	殺そ剤	農作物に有害なネズミ類を駆除する.
	植物成長調整剤	農作物の生理機能を増進または抑制する.
	展着剤	薬剤が害虫の体や作物の表面に付着しやすくする.
	燻蒸剤	収穫後の農作物の保管のために害虫を駆除する.
生物農薬	天敵	農作物に有害な昆虫類や病原菌を防除する.
	誘引剤	昆虫類を性フェロモンにより一定の場所に引き寄せる.

1）化学農薬

　殺虫剤，殺ダニ類，殺線虫剤，殺菌剤，殺虫殺菌剤，除草剤および殺そ剤が化学農薬であることは容易に理解できる. そのほかに，農作物の生理機能の増進または抑制に用いる植物成長調整剤（成長促進剤または発育抑制剤），それ自身は生物活性（殺虫活性や除草活性など）を示さないがほかの農薬の補助剤（溶剤や乳化剤など）として用いる展着剤，収穫した農作物の保管のために用いる燻蒸剤も化学農薬の扱いをされている. なお，燻蒸剤は収穫後の農作物に使用されるのでポストハーベスト農薬の一種である. ポストハーベスト農薬は一般に高濃度に残留しやすいので，わが国では燻蒸剤以外は使用が禁止されている. ただし，ポストハーベスト農薬と類似したものとして，防かび剤（オルトフェニルフェノール，ジフェニなど）および防虫剤（ピペロニルブトキシド）が収穫後のかんきつ類やバナナに対して食品添加物としての使用が認められている.

　これまでに用いられた主要な化学農薬を表6・6に示す. ヒトへの健康危害の点で過去に大きな話題となったのはDDT，BHC，ドリン系農薬（アルドリン，

ディルドリン，エンドリン）などの有機塩素系農薬（図6·5）である．これら
農薬は昆虫類に対して広い効力を有し，効力の持続性も優れていたが，1970
年代に牛乳などの食品から検出され問題になった．効力に持続性があるという
ことは環境中で分解されにくいということであり，しかもいずれも脂溶性の化
合物で生体内に取り込まれると脂肪組織に蓄積しやすい傾向がある．このため
1970年代にわが国をはじめ欧米諸国では使用が中止されているが，環境汚染
問題は今日でも続いている．

表6·6　主要な化学農薬

用途名	主な農薬
殺虫剤	有機塩素系（DDT*，BHC*，アルドリン*，ディルドリン*，エンドリン*） 有機リン系（パラチオン，フェニトロチオン，マラチオン） ピレスロイド系（シベルメトリン，ピレトリン，フェンバレレート，ペルメトリン） カルバメート系（オキサミル，カルバリル，メソミル）
殺菌剤	クロロタロニル（TPN），水銀剤*，石灰硫黄合剤，ペンタクロロフェノール*， ボルドー液（硫酸銅＋消石灰）
除草剤	グリホサート，ジクワット，パラコート，ペンタクロロフェノール*
殺そ剤	黄燐，モノフルオロ酢酸塩，硫酸タリウム，リン化亜鉛

* 使用禁止になっている農薬．

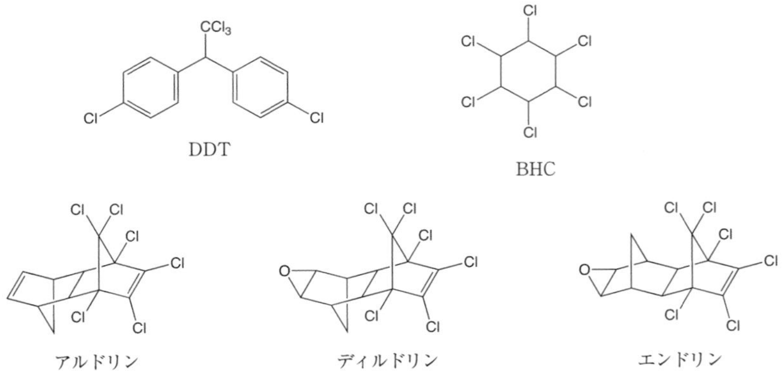

図6·5　使用禁止になった代表的な有機塩素系農薬

2）生物農薬

生物農薬のうち天敵とは，農作物に有害な生物を捕食する，あるいは生物に
寄生するなどにより殺す生物で，農薬の有効成分として昆虫などを生きた状態

で製品化したものである．天敵昆虫（捕食性昆虫，寄生性昆虫など），天敵線虫（微生物捕食性線虫，昆虫寄生性線虫など）および微生物（細菌，糸状菌，ウイルスなど）の3種類に分けられ，天敵昆虫や天敵線虫を有効成分とするものを天敵農薬，微生物を有効成分とするものを微生物農薬と呼ぶこともある．もう一つの生物農薬である誘引剤とは，昆虫の性フェロモンを製剤化したものである．誘引剤そのものには殺虫効果はないが，農場施設に多数設置して害虫の行動を撹乱し，交尾や産卵などを妨害することで効果を発揮する．また，誘引される昆虫を殺虫剤で殺したり粘着剤などで捕まえたりもする．

　生物農薬も生態系の一部に影響を与えるという心配があるが，ヒトの健康影響や環境汚染という点においては化学農薬よりはるかに優れている．ただし，生物農薬は高価である，長期保存が難しい，効果は環境条件に左右されやすい，効果を示す範囲は限られるなどの欠点もある．

4・2　飼料添加物および動物用医薬品

　後述する残留基準およびポジティブリスト制度では，農薬だけでなく飼料添加物と動物用医薬品も対象になっている．飼料添加物および動物用医薬品も，使用した家畜や魚などに残留し，ヒトが食品として体内に取り込む可能性があるためである．農薬等という記載があれば，農薬のほかに飼料添加物と動物用医薬品を含んでいると理解されたい．まず，飼料添加物と動物用医薬品について説明しておく．

1）飼料添加物

　飼料添加物は「飼料の安全性の確保及び品質の改善に関する法律（飼料安全法）」によって規制されている．この法律の中で，飼料添加物とは「飼料の品質の低下防止，飼料の栄養成分その他の有効成分の補給または飼料が含有している栄養成分の有効な利用の促進を目的として飼料に添加，混和，浸潤その他の方法によって用いられるもの」と定義されている．指定は，農業資材審議会の意見を聴いて農林水産大臣が行っている．2020年5月29日現在，156種（飼料の品質低下防止のための抗酸化剤，防かび剤，乳化剤など17種，飼料の栄養成分などの補給のためのアミノ酸，ビタミン，ミネラルなど94種，飼料中の栄養成分の有効利用促進のための合成抗菌剤，抗生物質，酵素など45種）が指定されている．対象動物は家畜（牛，豚など），家きん（鶏，うずら），養殖水産動物などの産業動物で，伴侶動物（犬，猫などのペット類）は対象外で

ある.

2）動物用医薬品

　動物用医薬品は「専ら動物に使用する医薬品」と定義されている（動物用医薬品等取締規則）. 動物の病気の診断, 治療または予防を目的とした医薬品で, ヒト用の医薬品と同様に,「医薬品, 医療機器等の品質, 有効性及び安全性の確保等に関する法律（医薬品医療機器等法）」によって規制されている. 動物用医薬品の承認は, 薬事・食品衛生審議会の意見を聴いて農林水産大臣が行っている. 現在, 約3,000種が承認されており, 感染症の治療や予防のための抗菌性物質（合成抗菌剤, 抗生物質）およびワクチン, 寄生虫（回虫や吸虫などの内部寄生虫およびダニやシラミなどの外部寄生虫）による疾病の治療や予防のための寄生虫駆除剤, 成長促進のためのホルモン剤などがある. 動物用医薬品は, 原則として診察した獣医師（水産用ワクチンの場合は水産試験場の技術者）が処方する（一部はドラッグストアでの購入も可能）. 飼料添加物と異なり, 動物用医薬品は産業動物だけでなくペット類も対象にしている.

4・3　残留農薬基準

　農薬等を使用した結果, 食品（農作物, 畜産物, 水産物）に残った農薬等を残留農薬等という. 残留農薬等が人の健康に悪影響を及ぼすことがないように, 食品衛生法によって各種食品に残留が許される農薬等の量を定めたのが残留基準であり, これを超える食品は市場に流通しないように規制している. 以下に述べるように, 残留基準は慢性毒性に基づくADI（acceptable daily intake, 1日摂取許容量または許容1日摂取量）と急性毒性に基づくARfD（acute reference dose, 急性参照用量）のいずれも超えないように決めている. なお, ADIとは, ヒトが当該化学物質（ここでは当該農薬）を一生涯にわたって毎日摂取しても健康に悪影響を示さないと推定される1日当たり, 体重1kg当たりの摂取量である. 一方, ARfDとは, ヒトが当該化学物質を24時間またはそれより短い時間経口摂取した場合に健康に悪影響を示さないと推定される体重1kg当たりの摂取量である.

1）ADIを指標にした決め方

　当該農薬について, 実験動物を用いて行われた各種毒性試験（慢性毒性試験, 生殖発生毒性試験など）の結果から, 生物学的なすべての有害影響が対照群に対して統計学的に有意な変化を示さなかった最大の投与量であるNOAEL（no

observed adverse effect level；無毒性量または最大無毒性量）を求める．NOAEL
を安全係数で割った値がADIである．一般的にヒトと実験動物との感受性の差
を10倍，ヒトの個人差を10倍と見積って安全係数100が採用されている．ADI
を求めた後に，当該農薬の残留基準値は次式をみたすように定める．

$$0.8 \times \text{ADI} \geqq \sum_{k=1}^{n} \text{Fk} \cdot \text{Sk}$$

ここでFkは国民栄養調査に基づく食品kの平均1日摂取量（体重1kg当たり），
Skは食品kにおける当該農薬の残留基準値である．上式の左辺はADIの80％
に相当し，右辺は基準値まで残留していると仮定した場合の当該農薬のすべて
の食品からの平均1日摂取量（体重1kg当たり）になる．すなわち，すべての
食品について基準値まで農薬が残留していたとしても，1日当たりに摂取する
農薬の総量はADIの80％を超えないようになっている．ADIを超えないでは
なくADIの80％を超えないとしているのは，水や環境からの農薬摂取を最大
20％と仮定しているためである．

2）ARfDを指標にした決め方

従来は，残留基準値はADIのみを指標にして決められていた．しかし，高濃
度の農薬が残留する特定の食品を大量に摂取することもあり，そのような場合
の健康影響評価にはADIは適切ではない．そこで2014年度から，短期暴露評
価に基づくARfDという指標も導入した．当該農薬の短期毒性試験結果から
NOAELを求め，NOAELを安全係数で割ってARfDを算出する．当該農薬の残
留基準値は，個別の食品ごとに次式をみたすように定める．

$$\text{ARfD} \geqq \text{Fkmax} \times \text{Sk}$$

ここでFkmaxは食品kの最大1日摂取量（体重1kg当たり），Skは食品kにおけ
る当該農薬の残留基準値である．上式の右辺（Fkmax × Sk）は，基準値まで
残留していると仮定した場合の当該農薬の食品kからの最大1日摂取量（体重
1kg当たり）になる．すなわち，いずれの食品においても，基準値まで農薬が
残留していたとしても最大1日摂取量がARfDを超えないようになっている．
通常は，ADIを指標にして決めた残留基準値が上式をみたすことが確認できれ
ばそのまま採用する．もし，いずれかの食品で最大1日摂取量がARfDを超え
れば，基準値の設定を再検討することになる．なお，既存の登録農薬について
は順次ARfDを決め，設定されている残留基準の見直しを進めている．

4・4 ポジティブリスト制度

ネガティブリスト制度とは,「原則として規制がなく自由に使用できる状態で,使用を規制（または禁止）するものだけをリスト化する制度」である. それに対してポジティブリスト制度は,「原則として使用が規制（または禁止）された状態で,使用してよいものだけをリスト化する制度」である. 農薬等については,従来は283種の農薬等に残留基準が設定されており,基準のないものは基本的に流通の規制はなかった,すなわちネガティブリスト制度がとられていた. しかし,基準がない農薬等もヒトの健康被害を招くおそれがあるので,2006年5月29日から食品中に残留する農薬等に対してポジティブリスト制度が施行されている.

農薬等のポジティブリスト制度の概要を図6・6に示す. 残留基準（暫定基準を含む）が設定されている農薬等および一律基準（0.01 ppm）が告知されているそのほかの大部分の農薬等がポジティブリスト制度の対象である. 一部農薬等は制度の対象外となっている. すなわち人の健康を損なうおそれのないことが明らかであると厚生労働大臣が指定する農薬等（食品添加物としても使用が認められているオレイン酸やレシチン,普通に食品に用いられている重曹など74品目）については,食品中に残留していても基本的に流通の規制はない. なお,発がん性などのためADIを設定できない20品目については不検出とされている. また,残留基準が設定されていない抗生物質および合成抗菌剤には,「抗生物質または化学的合成品たる抗菌物質を含有してはならない」という食品一般の成分規格が適用される.

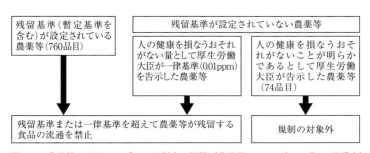

図6・6　農薬等のポジティブリスト制度の概要（品目数は2020年12月15日現在）

5.　有機塩素系化合物

　農薬や工業化学品として製造・使用されてきた，あるいは意図することなく生成された有機ハロゲン化合物は残留性有機汚染物質（persistent organic pollutants，POPs）といわれる．POPsは難分解性（環境中で分解しにくい），蓄積性（生物の体内に蓄積しやすい），長距離移動性（地球上で長距離を移動して遠い国の環境に影響を及ぼす）および毒性（ヒトの健康に対して有害性がある）という共通の特徴を有しているため，地球規模の環境汚染ならびにヒトへの健康危害が懸念される．POPsの製造や使用の廃絶または削減に向けて国際的な話し合いが行われ，2001年には「残留性有機汚染物質に関するストックホルム条約（POPs条約）」が採択されている．POPsの多くは有機塩素系化合物であるが，有機塩素系農薬についてはすでに述べたので，ここではそのほかの代表的な塩素系POPsとしてPCBとダイオキシンを取り上げる．

5・1　PCB

1）PCBとは

　PCB（polychlorinated biphenyl）は図6·7に示す構造のポリ塩化ビフェニルの総称である．置換した塩素の数（1 〜 10）によって10種類の同族体があり，塩素数10以外の同族体には置換位置によってそれぞれ複数の異性体が存在する（異性体の合計は209種）．1968年に北九州で発生した米ぬか油によるカネミ油症事件でその毒性が注目されたばかりでなく，生物への蓄積性から環境汚染の面でも問題になった物質である．1972年に生産・使用が中止になるまでに日本では約59,000トンが製造された．環境汚染は現在に至るまで続いており，数世代にわたる毒性が懸念されている．

　PCBは水に難溶な脂溶性化合物で，塩素数が少ないと液体として，塩素数が多くなると粘性が増した液体または結晶性の固体として存在する．耐酸性，耐アルカリ性，耐熱性，絶縁性，接着性，伸展性などに富む優れた物理化学的性質を有するので，1930年代からトランスなどの絶縁油，熱媒体，塗料，可塑剤，複写紙などとして世界的に大量に使用された．しかし，安定な化合物であることは逆に廃棄されても環境生態系による代謝を受けにく

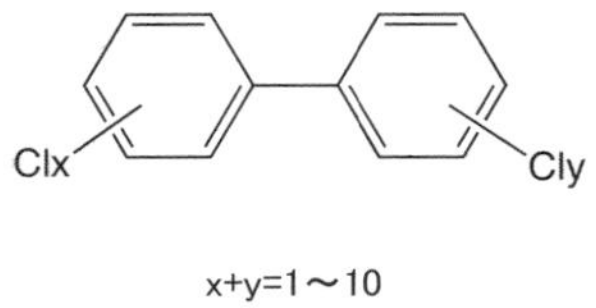

$x+y=1〜10$

図6·7　PCBの構造

く，食物連鎖を経て魚介類に生物濃縮されるという環境汚染の問題を引き起こしたのである．

2）PCBの毒性

PCBの急性毒性は弱く，経口投与のLD$_{50}$はマウスに対して800 mg/kg，ラットに対して1,010 〜 4,250 mg/kgである．体内に入ると脂肪が多い組織に蓄積しやすいので，問題になるのは長期的な影響すなわち慢性毒性である．ラットでの長期投与実験では，肝臓の肥大や脂肪変性，体重増加の抑制がみられる．また，免疫抑制作用が臨床的に認められているし，発がんプロモーター作用の可能性も示唆されている．

3）カネミ油症事件

1968年のカネミ油症事件（米ぬか油中毒事件とかライスオイル中毒事件ともいう）は被害者約14,000人（ただし，認定患者は2021年3月末現在で2,353人である）にものぼる大規模なものであった．米ぬか油の加熱脱臭工程で熱媒体として使用していたカネクロール400（PCB）がパイプの腐食により油中に漏れて発生した．油症患者の総PCB摂取量は平均633 mg，発症までの潜伏期間は71日と見積もられている．代表的な症状は塩素にきび（クロールアクネ）といわれる顔などの皮膚への色素の異常沈着で，そのほか眼瞼の腫脹，視力減退，関節痛，四肢のしびれ，全身倦怠感などもみられた．詳しい原因調査の結果，カネクロール400に含まれていたPCBの中でも毒性がとくに強い3,3',4,4',5-ペンタクロロビフェニルなどのコプラナー PCB（2つのベンゼン環が同じ平面上にあるPCBのことで，メタ位とパラ位が選択的に塩素化されている；図6・8参照）のほかに，PCBの加熱によって生成されたダイオキシン類の一種であるポリ塩化ジベンゾフラン（図6・8参照）が大きく関与していることがわかっている．カネミ油症事件と類似のPCB中毒事件は1979年に台湾でも発生し，2,000人以上の患者を出している．この中毒事件も米ぬか油中に熱媒体（PCB）が混入したことが原因である．

4）食品中のPCB規制値

1972年に厚生省(現厚生労働省)は，表6・7に示すような食品中のPCBの暫定的規制値を定めた．ヒトの暫定的ADI（5 µg/kg体重/日）とPCBによる各種食品の汚染の実態を考慮して定められたものである．

表6·7　PCBの暫定的規制値

対象食品	規制値（ppm）
魚介類	
遠洋沖合魚介類（可食部）	0.5
内海内湾（内水面を含む）魚介類（可食部）	3.0
牛乳（全乳中）	0.1
乳製品（全量中）	1.0
育児用粉乳（全量中）	0.2
肉類（全量中）	0.5
卵類（全量中）	0.2
容器包装	5.0

5·2　ダイオキシン

1）ダイオキシンとは

　ダイオキシンはポリ塩化ジベンゾ-*p*-ジオキシン，ポリ塩化ジベンゾフラン
およびコプラナー PCB の総称である（図6·8）．ダイオキシンの主な発生源は
ゴミの焼却炉で，塩化プラスチック系の物質が燃える際に有機物と反応して生
成する．ダイオキシンは高温では分解するので，ゴミは800℃以上で焼却する
ことが義務づけられている．ダイオキシンの残りの源として有機塩素系農薬が
考えられている．除草剤として使用されていたPCP（ペンタクロロフェノール）
やCNP（3-ニトロ-1,3,5-トリクロロビフェニルエーテル）などに不純物とし
て含まれており，環境中に残留している．

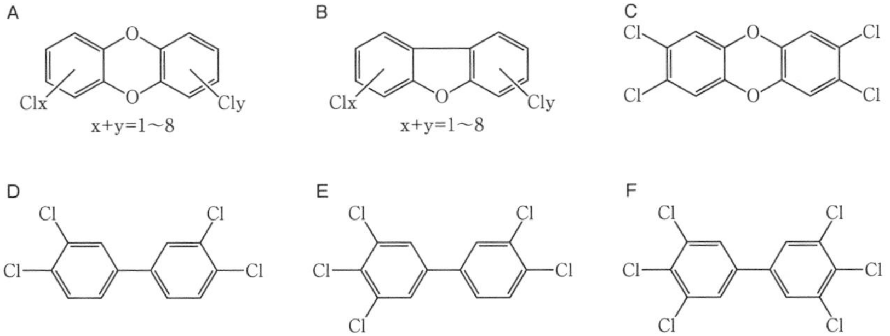

A：ポリ塩化ジベンゾ-*p*-ジオキシン，B：ポリ塩化ジベンゾフラン，C：2, 3, 7, 8-テトラクロロジベン
ゾ-*p*-ジオキシン，D～F：コプラナーPCB

図6·8　ダイオキシン類の構造

2）ダイオキシンの毒性

　ダイオキシンは強い抗エストロゲン作用を示す内分泌攪乱化学物質の一つで，生殖毒性，発達毒性，発がん性，免疫毒性を示す．PCB同様にダイオキシンは置換している塩素の位置や数によって多数の同族体および異性体があり，毒性も異性体によってかなり違う．毒性がもっとも強いのは2,3,7,8-テトラクロロジベンゾ-*p*-ジオキシン（2,3,7,8-TCDD，図6·8）で，2,3,7,8-TCDDは人工産物の中で最強の毒性物質といわれている．ダイオキシンの毒性は2,3,7,8-TCDDの毒性を1とし，ほかの異性体の毒性は2,3,7,8-TCDDの毒性に対する係数（TEF，toxic equivalency factor；毒性等価係数という）で示す．また，ダイオキシンの量は，各異性体の濃度に毒性等価係数を掛けた値の合計（TEQ，toxic equivalency quantity；毒性等量という）として表している．日本でのダイオキシンの耐容1日摂取量（TDI，tolerable daily intake；数値はADIと同じであるが，食品に意図的に使用される添加物や農薬などに対してはADIが，食品に非意図的に存在するダイオキシンや重金属などに対してはTDIが用いられている）は4 pg-TEQ/kg体重/日と設定されている．

3）食品中のダイオキシン

　ダイオキシンの摂取源は環境（大気，土壌）と食品（飲料水を含む）であるが，摂取量の大部分（約98％）は食品由来である．各種食品からのダイオキ

表6·8　各種食品からのダイオキシン類の1日摂取量（2019年度）

食品	摂取量（pg-TEQ/50 kg/日）	比率（%）
米，米加工品	0.00	0.00
米以外の穀類，種実類，いも類	0.01	0.04
砂糖類，菓子類	0.02	0.08
油脂類	0.01	0.05
豆，豆加工品	0.00	0.01
果実，果汁	0.00	0.00
緑黄色野菜	0.01	0.04
他の野菜類，キノコ類，海藻類	0.09	0.27
酒類，嗜好飲料	0.00	0.00
魚介類	28.43	88.21
肉類，卵類	3.51	10.90
乳，乳製品	0.03	0.10
調味料	0.10	0.30
飲料水	0.00	0.00
合計	32.23	100.00

シン類の1日摂取量は厚生労働省が毎年調査しているが，TDIを上回った年はないし，全体的に減少傾向がみられる（2019年度の1日摂取量は0.46 pg-TEQ/kg体重）．表6・8に2019年度の調査結果を示すが，90％近くを魚介類から摂取していることがわかる．魚介類に続いて肉類・卵類からの摂取量が多いが，そのほかの食品からの摂取量はごくわずかである．

6.　アレルギー様食中毒

　1951 ～ 1953年頃に全国的に発生したサンマみりん干し（桜干し）による集団食中毒は，細菌性食中毒とは異なりアレルギー様症状を主徴とする中毒として注目された．症状から本中毒はアレルギー様食中毒と命名され，中毒を引き起こしたサンマみりん干しから多量（450 ～ 500 mg/100 g）に検出されたヒスタミン（図6・9）が原因物質であることが判明した．ヒスタミンは胃液分泌促進，血管透過性亢進，毛細血管の拡張，血圧低下などの作用をもち，アレルギー症状を引き起こす．

　アレルギー様食中毒はその後も頻発し，化学性食中毒の中では事件数，患者数とも最大となっている（表6・1参照）．最近10年間（2011 ～ 2020年）のアレルギー様食中毒の原因となった魚種を表6・9に示すが，サバ，マグロ，ブリ，イワシ，サンマなど各種赤身魚類が原因となっていることがわかる．また，刺身のほかに，竜田揚げ，干物，照り焼き，唐揚げ，つみれといった乾燥品や加熱品でも中毒が起きているが，これはヒスタミンが熱に対して安定であることによる．これまでの中毒例から，成人1人当たり22 ～ 320 mgのヒスタミンを摂取すると発症すると見積もられている．高濃度のヒスタミンを含む食品を摂取すると，数分～ 30分後位に顔面，とくに口の周りや耳たぶが紅潮し，頭痛，じんましん，発熱などの症状が現れる．普通6 ～ 10時間で回復し死亡することはない．

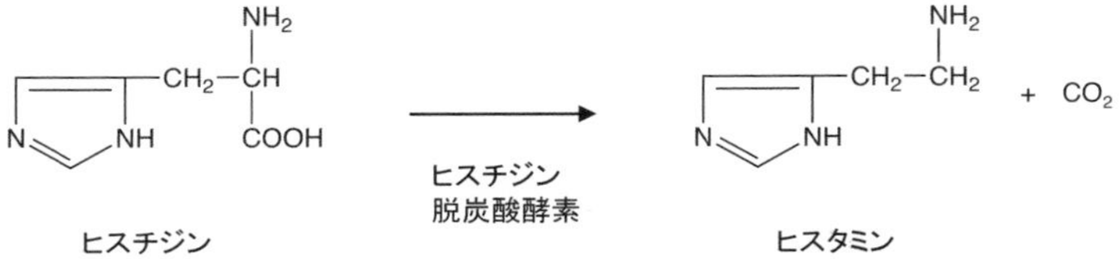

図6・9　ヒスチジンからのヒスタミンの生成

表6·9 アレルギー様食中毒の原因魚（2011～2020年）

順位	原因魚	調理方法	事件数(件)	患者数(人)
1	サバ	塩焼き, 竜田揚げ, みそ煮, しょうが煮など	18	349
2	マグロ	刺し身, ネギトロ, ステーキなど	15	198
3	ブリ	照り焼き, 唐揚げ, ステーキなど	15	108
4	イワシ	塩焼き, 丸干し, つみれなど	13	381
5	サンマ	蒲焼き, ハンバーグ, つみれ汁など	11	203
6	シイラ	竜田揚げ, ホイル焼き, フライなど	8	212
7	カジキ	刺し身, 野菜蒸しなど	8	127
8	アジ	塩焼き, 唐揚げなど	6	453
9	カツオ	たたき, 刺し身など	5	36
	不明	づけ丼, 天日干しなど	8	67
	合計		107	2,134

　アレルギー様食中毒の原因となる赤身魚類はもちろん生鮮時から多量にヒスタミンを含んでいるわけではない. 赤身魚類の筋肉中に高濃度（700～1,800 mg/100 g）に含まれている遊離ヒスチジンが, 貯蔵や流通の条件が悪ければ細菌のヒスチジン脱炭酸酵素作用を受けてヒスタミンに変化する（図6·9）. ヒスタミン生成菌としては, モルガン菌（*Morganella morganii*, 旧*Proteus morganii*）などの腸内細菌や*Photobacterium phosphoreum*, *P. damselae*といった海洋細菌が知られている. 一般的には5℃前後の低温流通は中毒防止に効果的であるが, *P. phosphoreum*は低温でもヒスタミンを産生するので注意を要する.

　近年, 患者数の増加から社会問題となっている各種アレルギー（食物アレルギー, 花粉アレルギー, ダニアレルギーなど）においてもヒスタミンは症状に深く関与している（アレルギーの発症機構の詳細については第12章2·1項を参照されたい）. アレルギー様食中毒と魚による食物アレルギー（以下, 魚類アレルギーと呼ぶ）は, どちらもヒスタミンが原因であるので見かけの症状は似ており, しばしば混同されている. 両者の違いは次のように整理できる.

　①原因魚：アレルギー様食中毒の原因魚は赤身魚に限られているが, 魚類アレルギーではほとんどあらゆる魚が原因となる.

　②発症機構：アレルギー様食中毒は赤身魚に蓄積したヒスタミンの直接作用で症状が現れる. それに対して魚類アレルギーは, 免疫系を介してマスト細胞という特殊な細胞から遊離されたヒスタミンによって発症する. すなわち, 免疫系が関与するかどうかで両者は区別される.

　③発症者：アレルギー様食中毒では一定量以上のヒスタミンを摂取したすべ

ての人に症状が現れる．一方，魚類アレルギーの発症は，魚のアレルゲンに感作された特定の人（アレルギー体質の人）だけにみられる．

7.　変敗油脂

　食用油脂を空気中に放置すると空気中の酸素により酸化され（自動酸化），味や臭いが悪くなるとともに粘度も高くなる．魚の干物を長期間貯蔵すると表面が褐色に変色したり不快臭を生じたりするのは，魚油の酸化反応が原因である．このような油脂の劣化を油脂の変敗あるいは酸敗というが，有毒成分が生成され食品衛生上問題となる．また，硬化油の製造過程や高温加熱調理過程などでは健康影響が懸念されているトランス脂肪酸が生成されるが，これも油脂の変敗といえる．

7・1　変敗の過程

　油脂の変敗においては遊離脂肪酸が重要な役割を担っている．動植物の油脂の主成分は脂肪酸とグリセロールのエステルであるトリグリセリドで，新鮮な油脂には遊離脂肪酸はほとんど含まれていない．油脂を放置しておくと水分による加水分解あるいは食品や腐敗菌のリパーゼによる加水分解により遊離脂肪酸が増加し，変敗の準備が整う．

　脂肪酸の中で二重結合（C＝C）をもつものを不飽和脂肪酸という．変敗の最初の段階は，不飽和脂肪酸が空気中の酸素により酸化されて過酸化物を生ずるという自動酸化である．とくに水産物の油脂は陸上動植物油と比べて高度不飽和脂肪酸含量が高く，自動酸化を受けやすい．自動酸化は図6・10に示す4つの反応が複雑にからみあって進行する．主要な反応としては，まず脂肪酸（RH）中の二重結合に隣接した炭素に結合している水素が引き抜かれ，フリーラジカル（R・）が生成される(開始反応)．フリーラジカルの生成は光，熱，金属イオン（鉄イオン，銅イオンなど）により著しく促進される．次いでフリーラジカルは空気中の酸素と反応してパーオキ

(1) 開始反応
RH＋O_2 ⟶ R・＋H・

(2) 連鎖的進行
R・＋O_2 ⟶ ROO・
ROO・＋RH ⟶ ROOH＋R・

(3) 分解反応
ROOH ⟶ RO・＋・OH
2ROOH ⟶ ROO・＋RO・H_2O

(4) 停止反応
R・＋R・ ⟶ R−R
R・＋ROO・ ⟶ ROOR
ROO・＋ROO・ ⟶ ROOR＋O_2

図6・10　脂質の自動酸化機構

シラジカル（ROO・）になり，さらにほかの脂肪酸分子から水素を引き抜きハイドロパーオキシド（ROOH）が生成される（連鎖反応）．この際同時にR・が生成され，酸化反応は連続的に進行することになる．油脂酸化の一次生成物はハイドロパーオキシドであるが，ハイドロパーオキシドは不安定で，容易にアルデヒド，ケトン，低級脂肪酸などといった二次生成物に変化する（分解反応）．アルデヒドは不快臭の原因となる．一方，ラジカル同士の反応により重合体も生成し，油脂の粘度を高めることになる（停止反応）．

7・2　変敗の指標

　上述の変敗の過程における化学変化を考慮し，変敗の指標としては酸価，ヨウ素価，過酸化物価およびカルボニル価の組み合わせが用いられる．酸価は遊離脂肪酸を，ヨウ素価は不飽和脂肪酸を，過酸化物価はハイドロパーオキシドを，カルボニル価は二次生成物のカルボニル化合物を定量するものである．これら酸化指標値と時間経過との関連を図6・11に模式的に示す．酸化の初期段階では，油脂の主成分であるトリグリセリドの加水分解により遊離脂肪酸は増加する．不飽和脂肪酸の酸化・分解により遊離脂肪酸は減少するが，その一方で短鎖の脂肪酸が増加するので，見かけ上は平衡状態になる．したがって遊離脂肪酸含量を反映する酸価は酸化の初期段階で増加し，その後はほぼ一定になる．不飽和脂肪酸は当初は多いが，酸化の進行とともにC＝C結合が減少するので，C＝C結合の数を反映するヨウ素価は一貫して減少傾向をたどる．過酸化物は酸化とともに増加し，その後の分解反応により減少するので，過酸化物価は山型のカーブを描く．カルボニル化合物（アルデヒド，ケトン）は分解反応の過程で増加するので，カルボニル価は酸化の進行とともに増加傾向を示す．

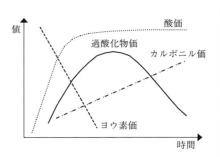

図6・11　脂質の酸化指標値と時間経過との関係

7・3　変敗油脂の毒性と中毒事例

　油脂の酸化生成物は一般に有毒であるが，ハイドロパーオキシドより短鎖の二次生成物の方が毒性は強い．これら短鎖化合物の消化管からの吸収率がハイ

ドロパーオキシドより高いためと考えられる。過酸化物を実験動物に経口投与すると障害は腸管に現われ、出血、上皮細胞の剥離、壊死が観察される。大量投与すると腸管のみならず、肝臓をはじめとした各種臓器にも障害が認められる。少量の長期投与では、免疫担当系のリンパ系組織に対する選択毒性がみられる。

変敗油脂による最初の大規模な食中毒事件（患者数69人）は、1964年6～8月に2府3県（大阪府、京都府、岐阜県、静岡県、長野県）で発生したもので、同一メーカーの即席焼きそばが原因食品であった。下痢、吐き気、嘔吐、腹痛が主な症状で、倦怠感、脱力感、頭痛を訴える例もあった。潜伏期間は3時間以内が1/2で、ほかは3～6時間であった。その後も即席ラーメン、揚げせんべい、ポテトチップスなどによる中毒例がしばしばみられたが、脱酸素剤の普及や包装技術の進歩に伴って大幅に減少し、最近10年間（2011～2020年）は発生していない。なお、即席めん類（めんを油脂で処理したものに限る）の含有油脂について、酸価3以下、または過酸化物価30以下であることという成分規格、直射日光を避けて保存しなければならないという保存基準が設けられている。

7・4　トランス脂肪酸

トランス脂肪酸とは、「少なくとも一つ以上のメチレン基（-CH_2-）で隔てられたトランス型の非共役炭素—炭素二重結合（C＝C）をもつ単価不飽和脂肪酸および多価不飽和脂肪酸のすべての幾何異性体（コーデックス委員会の定義）」である。図6・12に、C＝C結合が1つの場合と2つの場合の、シス脂肪酸とトランス脂肪酸の構造を示す。

天然の動植物油の脂肪酸は大部分がシス型である。融点が低い不飽和脂肪酸を多く含む植物油などは常温で液体であるが、水素添加を行うと融点が高い飽和脂肪酸の割合が増えて固形化する（固形化した油脂を硬化油という）。硬化油はマーガリンやファットスプレッドなどの原料として利用されるが、硬化油の製造過程でトランス脂肪酸が生成する。トランス脂肪酸は、植物油の高温での脱臭工程や高温での加熱調理の過程でも、シス型不飽和脂肪酸から生成する。また、ウシ、ヒツジ、ヤギなどの反すう動物の胃内でも、トランス脂肪酸は微生物の働きによって生成することが知られているので、これら動物の肉や乳製品（乳、バター、チーズ）にも含まれる。

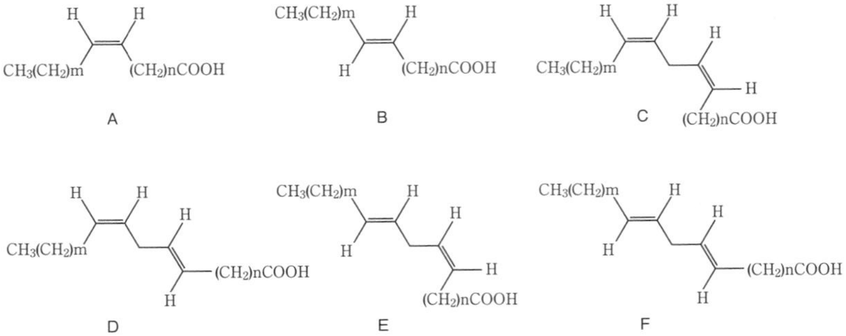

図6・12　シス脂肪酸（A,C）およびトランス脂肪酸（B,D,E,F）の構造

　トランス脂肪酸は，血液中のLDL（low density lipoprotein）-コレステロール（悪玉コレステロール）を増加させるだけでなく，HDL（high density lipoprotein）-コレステロール（善玉コレステロール）を減少させ，動脈硬化などによる心疾患のリスクを高める．そのため，アメリカ，カナダ，オーストラリア，南米諸国（ブラジル，アルゼンチンなど），アジア諸国（中国，韓国など）では，トランス脂肪酸の食品における含有量の表示が義務化されている（日本では義務化されていない）．また，アメリカは「部分水素添加油」を2018年6月以降は食品に加えることを原則禁止している．WHOは，トランス脂肪酸の摂取を総エネルギー摂取量の1%未満にするように勧告しているが，日本人の大多数はWHOの勧告値を下回っている．

8.　カビ毒（マイコトキシン）

　カビ毒（マイコトキシンmycotoxin）はカビの二次代謝産物で，急性あるいは慢性毒性を示す物質の総称である．ヒトや家禽家畜の中毒を契機として発見されたものが多い．カビ毒による中毒症はカビ毒症または真菌中毒症（マイコトキシコーシスmycotoxicosis）という．ヒトの食生活に関与するカビ毒は20種以上に及ぶが，以下に主要なものだけを述べる．

8・1　アフラトキシン

　アフラトキシン（aflatoxin）の発見は，1960年にロンドン近郊で10万羽以上の七面鳥のヒナが突然斃死するという事件が端緒である．この事件は当初原因不明であったので"七面鳥X病（turkey X disease）"と呼ばれた．その後の

調査で，ブラジルから輸入された飼料用ピーナッツを汚染していた*Aspergillus flavus*の産生する毒（アフラトキシン）が原因であることが判明した．*Aspergillus*属の*A. parasiticus*や*A. nomius*などもアフラトキシンを産生することが認められている．アフラトキシンはアフラトキシンB_1，B_2，G_1，G_2，M_1，M_2など約20種類が知られているが（図6・13），普通にアフラトキシンといえば毒性がもっとも強いアフラトキシンB_1のことを指している．アフラトキシンは耐熱性で270〜280℃以上に加熱しないと分解されないことが知られているので，通常の調理で毒性が失われることはまずない．

　アフラトキシンはラット，ウサギ，ネコ，ブタ，ウシ，ウマなどの家畜，アヒル，ニワトリ，七面鳥などの鳥類，サケ，マスなどの魚類といった広範囲の動物に対して急性毒性を示す．アフラトキシンで汚染された穀物などの摂食による急性中毒事件は数多く知られている．主な中毒症状は嘔吐，腹痛，黄だん，肝肥大，昏睡などで，死亡例もある．1974年にインドで発生した中毒事件（患者397人，死者106人）と2004年にケニアで発生した中毒事件（患者317人，死者125人）ではとくに多くの死者を出している．

　アフラトキシンで問題になるのは急性毒性だけでなく，強力な経口発がん性

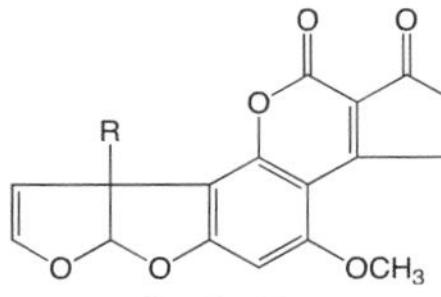

B_1：R=H
M_1：R=OH

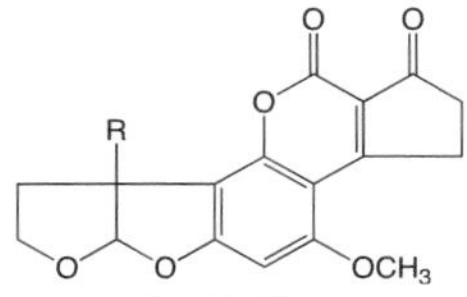

B_2：R=H
M_2：R=OH

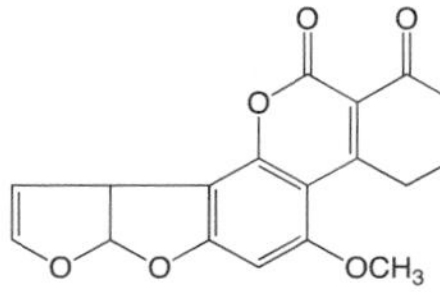

G_1

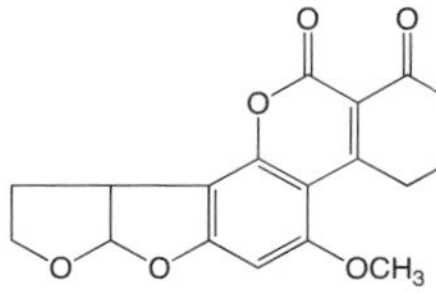

G_2

図6・13　代表的なアフラトキシンの構造

を有することである．WoganとNewbarnの有名な実験では，15 ppbのアフラト
キシンを混ぜた飼料でラットを飼育すると雄は68週で，雌は82週ですべてに
肝がんが発生している．ヒトに対する経口発がんの危険性も指摘されている．
熱帯〜亜熱帯地域（ケニア，ウガンダ，タイなど）で行われた疫学調査により，
日常食品のアフラトキシンB_1による汚染と肝がん発生率との間には密接な相
関があることが裏付けられている．日常の食生活を通じて摂取される程度のわ
ずかな量によってヒトの経口発がんが確認された物質はアフラトキシンのみで
ある．

　アフラトキシンを産生する*Aspergillus*属のカビは熱帯〜亜熱帯地域の土壌に
生息している．収穫した農作物の貯蔵，輸送などの過程で汚染の拡大を招きや
すく，世界的に問題となっている．わが国では，土壌におけるアフラトキシン
生産菌の分布は九州南部から沖縄にかけてのごく一部であり，しかも国内で生
産された農作物のアフラトキシン汚染はまれにしか見つかっていない．した
がってアフラトキシンの監視対象は主として輸入食品である．食品中のアフラ
トキシンの規制値は，2011年10月に総アフラトキシン（アフラトキシンB_1,
B_2, G_1, G_2の総和）に対して10 ppbと定められた．さらに2016年1月には，
乳中のアフラトキシンM_1に対しても0.5 ppbという規制値が設けられた．

8・2　赤カビ毒

　*Fusarium*属のカビは土壌中に広く分布し，赤色綿毛状の集落を作るものが多
く赤カビと呼ばれている．赤カビは各種農作物の病原菌で，フザリウムトキシ
ンと総称される毒成分を産生する．主なフザリウムトキシンとしては，トリコ
テセン系のデオキシニバレノール（deoxynivalenol），ニバレノール（nivalenol），
T-2トキシン（T-2 toxin），HT-2トキシン（HT-2 toxin），マクロライド系のゼ
アラレノン（zearalenone），スフィンゴ脂質類似のフモニシンが知られており，
ヒトの中毒原因にもなる．各フザリウムトキシンの主な産生カビと汚染穀物を
表6・10に，化学構造を図6・14に示す．

　赤カビ毒による有名な中毒事件としては，1941 〜 1947年に旧ソ連のオーレ
ンバーク地方で発生したATA症（alimentary toxic aleukemia，食中毒性無白血
球症）があげられる．1944年には地域住民の10％が罹患したといわれている．
汚染穀物（キビ，ライ麦，小麦）が原因で，悪心，嘔吐，下痢，腹痛，造血機
能障害，免疫不全などの中毒症状がみられ，多くの死者（患者の30 〜 80％が

表6·10　赤カビ類（*Fusarium* 属）の産生する毒成分と汚染穀物

毒成分	主な産生カビ	主な汚染穀物
デオキシニバレノール	*F. culmorum*, *F. graminearum*	麦類, トウモロコシ
ニバレノール	*F. crookwellense*, *F. culmorum*, *F. graminearum*, *F. poae*	麦類, トウモロコシ
T-2トキシン	*F. acuminatum*, *F. equiseti*, *F. poae*, *F. sporotrichioides*	麦類, トウモロコシ
HT-2トキシン	*F. acuminatum*, *F. equiseti*, *F. poae*, *F. sporotrichioides*	麦類, トウモロコシ
ゼアラレノン	*F. crookwellense*, *F. culmorum*, *F. graminearum*	麦類, トウモロコシ
フモニシン類	*F. nygamai*, *F. proliferatum*, *F. verticilliodes*	トウモロコシ

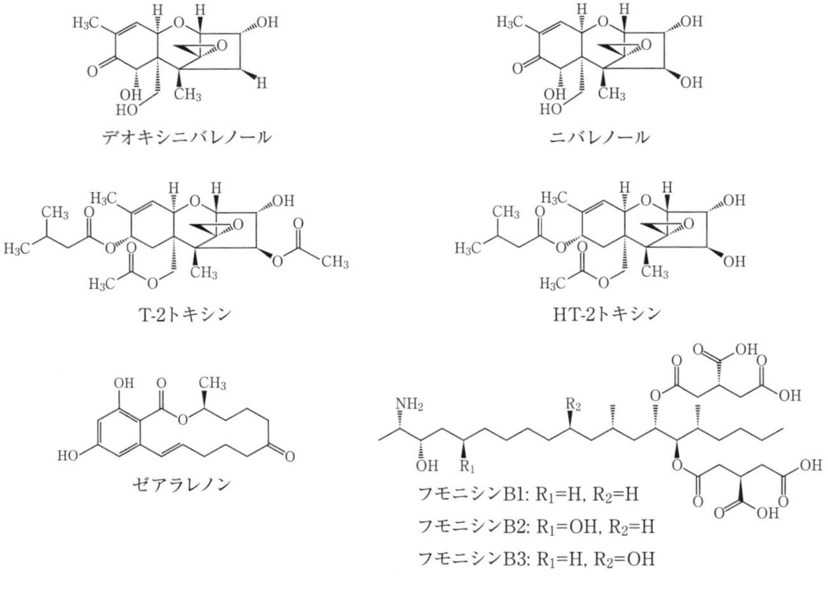

デオキシニバレノール　　　　　ニバレノール

T-2トキシン　　　　　HT-2トキシン

ゼアラレノン

フモニシンB1: R₁=H, R₂=H
フモニシンB2: R₁=OH, R₂=H
フモニシンB3: R₁=H, R₂=OH

図6·14　赤カビ毒の構造

死亡）も出した．ATA症の主な原因物質はT-2トキシンと推定されている．わが国でも戦後の食糧事情が悪い時期に赤カビ毒による中毒が多発している．1946年に東京都中野区で1,000人を超える患者を出したのをはじめ，1949年に北海道帯広市で，1956年に北海道中川郡本別町でといったように各地で集団

食中毒が発生したが，いずれも汚染小麦粉を原料に用いたすいとん，うどん，パンなどが原因食品であった．これらの中毒事件における主な原因物質はデオキシニバレノールであると考えられている．なお，デオキシニバレノールは低濃度でも長期間汚染された食物を摂取していると成長抑制や体重低下，免疫機能抑制などヒトの身体に深刻な影響を及ぼす慢性毒性があることがわかっているので，小麦に含まれるデオキシニバレノールに対しては1.1 ppmという暫定的な基準値が設定されている．

8・3　黄変米中毒

*Penicillium*属のカビに汚染されて黄色に変色した米を黄変米と総称している．戦中，戦後の食糧事情の悪い頃に社会問題になったが，幸い中毒例は記録されていない．1938年には台湾産黄変米（トキシカリウム黄変米という）から*P. toxicum*（*P. citreoviride*）が有毒カビとして見いだされ, 毒成分として神経・心筋障害性のシトレオビリジン（citreoviridin, 図6・15）が分離された．1953年には，東南アジアから輸入された米の中に大量の黄変米が見つかり，汚染していたカビの*P. citrinum*および*P. islandicum*が毒成分を産生することから輸入米の配給を停止するという黄変米事件が発生した．*P. citrinum*によって黄変し

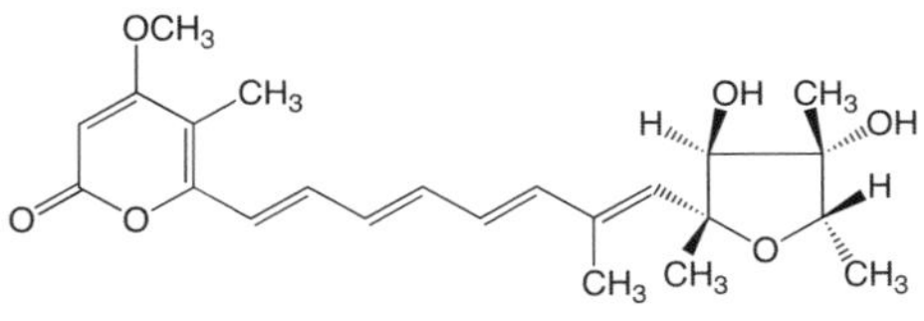

図6・15　シトレオビリジンの構造

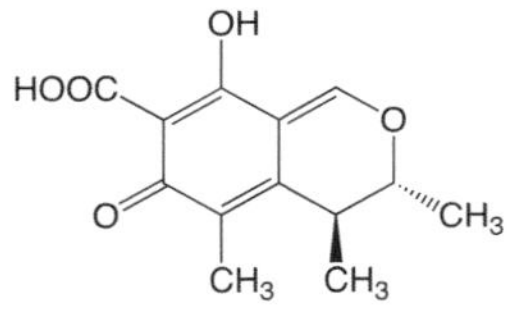

図6・16　シトリニンの構造

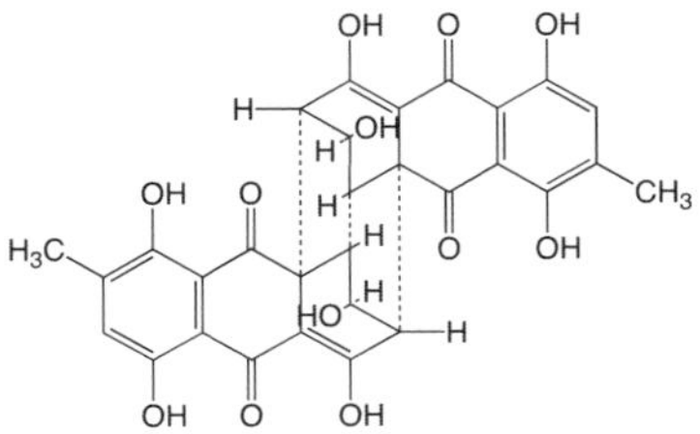

ルテオスカイリン

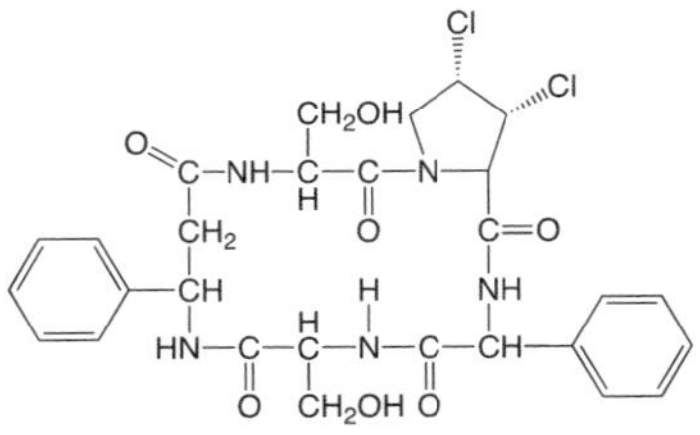

シクロクロロチン

図6・17　ルテオスカイリンおよびシクロクロロチンの構造

た米をタイ国黄変米（またはシトリナム黄変米），*P. islandicum* によって黄変した米をイスランジ黄変米という．*P. citrinum* の黄色色素シトリニン（citrinin, 図6·16）は1931年にすでに単離されていたが，黄変米事件を契機として腎臓毒性を示すことが判明した．　一方，*P. islandicum* からは肝臓毒性を示すルテオスカイリン（luteoskyrin，図6·17）およびシクロクロロチン（cyclochlorotine, 図6·17）が単離されている．

8・4　パツリン

パツリン（patulin，図6·18）は *Penicillium patulum*，*P. claviforme*，*P. expansum*，*Aspergillus clavatus* などのカビが産生する．　これらカビは主として損傷あるいは腐敗したりんごに付着する．　わが国ではりんご果汁（濃縮果汁を含む）および清涼飲料水原料用りんご果汁のパツリンに対して 0.05 ppm という基準が設けられている．パツリンによる中毒症状はチアノーゼ，けいれんなどで，動物実験では発がん性が示唆されている．タンパク質のSH基と結合し，タンパク質を変性させることにより毒性を示す．

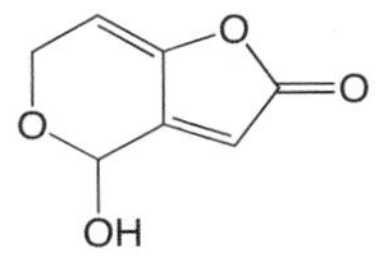

図6·18　パツリンの構造

8・5　オクラトキシン

オクラトキシン（ochratoxin，図6·19）は *Asperugillus* 属の *A. ochraceus* や *A. niger* など，*Penicillium* 属の *P. viridicatum* などが産生する毒成分で，A，B，C などが知られている．　これらカビ類は主に穀類や豆類を汚染する．　主要な産生カビである *A. ochraceus* の分布域は熱帯から温帯と広く，低温でも増殖しオクラトキシンを産生するので，寒冷地における中毒が懸念されている．　オクラトキ

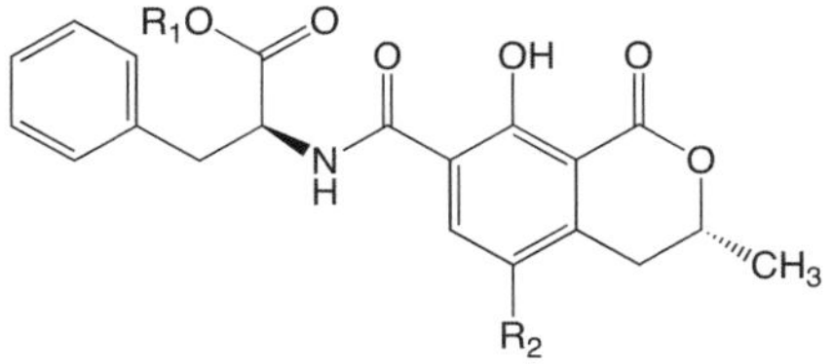

A: R$_1$=H, R$_2$=Cl
B: R$_1$=H, R$_2$=H
C: R$_1$=CH$_2$CH$_3$, R$_2$=Cl

図6·19　オクラトキシンA〜Cの構造

シンは腎臓と肝臓に発がん性を示し，バルカン腎症（ルーマニアやブルガリアなどのバルカン半島諸国で流行していた腎不全と尿路がん）の原因物質の一つと考えられている．ヨーロッパを中心とした世界の多くの国で規制の対象になっているが，わが国ではまだ規制値は設けられていない．

8・6　麦角アルカロイド

　麦角菌（*Claviceps purpurea* などバッカクキン属 *Claviceps* に属するカビの総称）は小麦，大麦，ライ麦などに寄生して黒い角状または爪状の菌核（菌糸が集まってできる硬い塊で麦角という）を作る．麦角には麦角菌が産生するエルゴタミン，エルゴメトリン（図6・20）などのアルカロイド（麦角アルカロイドと呼ばれている）が蓄積されており，ヨーロッパでは古くから麦角中毒が知られている．中毒すると，けいれんや感覚異常などの神経症状がみられる．エルゴタミンおよびエルゴメトリンは子宮収縮作用，血管平滑筋収縮作用を示し，

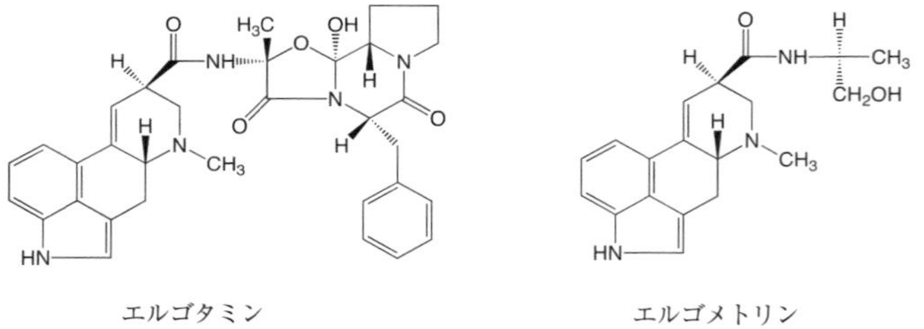

エルゴタミン　　　　　　　　　　　　エルゴメトリン

図6・20　麦角アルカロイドの構造

表6・11　そのほかのマイコトキシンと産生菌・作用

マイコトキシン名	産生菌	作用
グリセオフルビン	*Penicillium griseofulvum*	発がん（肝臓がん）
ステリグマトシスチン	*Aspergillus versicolor* など	肝臓障害，発がん（肝臓がん）
ルグロシン	*Penicillium rugulosum* など	肝臓障害
アフラトレム	*Aspergillus flavus*	神経毒
パキシリン	*Penicillium paxilli*	神経毒
パスパリニン	*Claviceps paspali*	神経毒
フミトレモルジン	*Aspergillus fumigatus*	神経毒
ペニトレム	*Penicillium cyclopium* など	神経毒
ベルクロゲン	*Penicillium verruculosum* など	神経毒
ロケフォルチン	*Penicillium roqueforti*	神経毒

前者は偏頭痛薬として，後者は子宮収縮薬として利用されている．

8・7　そのほかのマイコトキシン

　以上述べたマイコトキシンのほかにも，発がん性や急性毒性が問題となるものは多い．表6・11にその化合物名と産生菌および作用を一括して示す．

食品添加物

1. 食品添加物とは

食品衛生法第4条2項において，食品添加物とは「食品の製造の過程におい
て又は食品の加工若しくは保存の目的で，食品に添加，混和，浸潤その他の方
法によって使用する物をいう」と定義されている．記載されている目的ないし
は用途で食品に使用される物質は，化学的合成品であるか天然品であるかにか
かわらず，すべて食品添加物として扱うことになっている．従来は化学的合成
品である添加物はきびしく規制し，天然添加物は有害でない限り一般の食品と
同様な取り扱いで規制することになっていた．ところが，輸入食品の急増や天
然添加物の増加，食品添加物規制の国際整合性などを踏まえ，1995年5月の食
品衛生法の改正により，化学的合成品も天然品も食品添加物はすべて厚生労働
大臣が指定したものしか使用できなくなった．自由に使用されていた天然添加
物にも規制の網がかけられたことになる．

上記の条文のうち，「食品の製造の過程において」という文言も重要である．
食品添加物というと，一般的には最終食品に残っているもののみを連想しがち
である．しかし，最終食品に残っていなくても，製造の過程において使用され
たものはすべて食品添加物であることを明確にした文言である．例えば，エキ
ス製造の際の加水分解に使用される塩酸は中和されるので最終製品には残らな
いし，塩酸の中和に用いられる水酸化ナトリウムも当然残らない．また，脱色
のために使用される活性炭や食用油の抽出のために使用されるヘキサンも最終
食品には残らない．しかし，塩酸，水酸化ナトリウム，活性炭，ヘキサンはい
ずれも食品添加物として扱われる．

2. 食品添加物の分類

食品衛生法第12条には「人の健康を損なうおそれのない場合として厚生労

表7·1　食品添加物の分類

分類	厚生労働大臣の指定の必要性	含まれる添加物の内容		品目数 *
		合成品	天然品	
指定添加物	○	○	○	472
既存添加物	×	×	○	357
天然香料	×	×	○	612
一般飲食物添加物	×	×	○	104

* 2021 年 1 月 15 日現在.

働大臣が薬事・食品衛生審議会の意見を聴いて定める場合を除いては，添加物（天然香料及び一般に食品として飲食に供されている物であって添加物として使用されるものを除く．）並びにこれを含む製剤及び食品は，これを販売し，又は販売の用に供するために，製造し，輸入し，加工し，使用し，貯蔵し，若しくは陳列してはならない」と述べられている．すなわち，食品添加物は原則として使用してはいけないが，例外的に使用が認められたものだけは使用してよいことになっている．使用してよいものだけがリストされているという点で，食品添加物に対する規制は農薬同様にポジティブリスト制度であるといえる．

　1995 年の食品衛生法改正により，表7·1 に示すように食品添加物は指定添加物，既存添加物，天然香料，一般飲食物添加物（一般に食品として飲食に供されているものであって添加物として使用される品目）の4つに分類されている．

2·1　指定添加物

薬事・食品衛生審議会の意見を聴いて厚生労働大臣が指定した添加物で，指定の対象には化学的合成品と天然品の両方が含まれる．2021 年 1 月 15 日現在472 品目が指定されており，食品衛生法施行規則別表第 1 にリストされている．これら品目のうち，エステル類，エーテル類，脂肪酸類，フェノール類などのように一括名称で指定されている18 品目（すべて香料）については，それぞれの品目に該当するもの（合計3,252 種類）が通知で示されている．指定添加物は必要に応じて新たに指定される一方で，安全性に問題が認められたり使用されなくなったりすると削除される．

2·2　既存添加物

1995 年の食品衛生法改正の際，「この法律の公布の時点で現に流通し，使用されている添加物（天然香料及び一般に食品として飲食に供されているもので

あって添加物として使用されるものを除く）については指定制度を適用しない」
旨が附則に明記された．この附則に相当する添加物が既存添加物で，それまで
広く使用され長い食経験があるという理由で例外的に使用，販売などが認めら
れたものであり，既存添加物名簿に収載されている．既存添加物はすべて天然
添加物で，既存添加物名簿に収載されていない天然品は，指定を受けたものし
か添加物として使用できないことになった．その後，2003年の食品衛生法改
正により，既存添加物について安全性に問題があるもの，あるいは長年使用の
実績が認められないものは名簿から外すことになり，当初489品目あった既存
添加物のうち132品目はすでに取り消され，2021年1月15日現在で357品目に
なっている．取り消された132品目のうち安全性に問題があるものは1品目（ア
カネ色素，本章「5・2項　アカネ色素」を参照）で，残り131品目はいずれも
使用実績がないとされたものである．既存添加物は追加されることはないので，
今後さらに減少する可能性がある．

2・3　天然香料

　天然香料とは動植物から得られたものまたはその混合物で，食品の着香の目
的で使用される添加物である．ウニやカニなどの動物，ショウガ，シソ，サフ
ラン，コショウ，トウガラシ，果物（オレンジ，ブドウ，リンゴなど）などの
植物から得られる天然の物質で，614品目が天然香料基原物質リストに収載さ
れている．基本的にその使用量はごくわずかであり，長年の食経験で健康影響
がないことが認められているので，指定制度の対象にはなっていない．

2・4　一般飲食物添加物

　一般飲食物添加物は一般に食品として飲食に供されているものであるので，
当然すべて天然物である．指定制度の対象外で104品目がリストされている．
表7・2に代表的な一般飲食物添加物を示す．いずれも一般に食品として摂取す
る場合には添加物としては扱わない．例えば，オレンジ果汁やストロベリー果
汁はそのまま飲めば食品（ジュース）であるが，オレンジ色をつけるためとか
赤色をつけるために使用すれば添加物（着色料）とみなされ，添加物としての
表示が必要になる．

表7・2　代表的な一般飲食物添加物

分類	代表的な添加物
甘味料	アマチャ抽出物，カンゾウ末
苦味料	ホップ抽出物，ヨモギ抽出物
酵素	乳酸菌濃縮物
着色料	アカキャベツ色素，イカスミ色素，果汁色素（オレンジ果汁，ストロベリー果汁，ブドウ果汁など），野菜ジュース色素（トマトジュース，ニンジンジュースなど）
製造用剤	エタノール，カゼイン，コラーゲン，ゼラチン，卵白
増粘安定剤	オクラ抽出物，褐藻抽出物，グルテン，マンナン

3.　食品添加物の指定と安全性確保

3・1　食品添加物の指定基準

　食品添加物の指定にあたっての基本的考え方は，「食品添加物の指定および使用基準改正に関する指針」（衛化第29号，1996年3月22日）において示されている．まず，食品添加物は人の健康を損なうおそれがなく，かつその使用が消費者に何らかの利点を与えるものでなければならないというのが大前提である．その大前提のもとに，食品添加物の指定（および使用基準改正）にあたっては次の点が科学的に評価されることが必要であるとされている．

（1）**安全性**：食品添加物の安全性が，要請された使用方法において実証または確認されること．

（2）**有効性**：食品添加物の使用が，次のいずれかに該当することが実証または確認されること（対象となる食品の製造または加工の方法の改善・変更が比較的安価に実行可能であり，改善・変更した結果その添加物を使用しないですむ場合を除く）．

　①食品の栄養価を保持するもの．ただし，②に該当する場合またはその食品が通常の食事の中で重要なものでない場合には，食品中の栄養価を意図的に低下させることも正当と認められる場合がある．

　②特定の食事を必要とする消費者のための食品の製造に必要な原料または成分を供給するもの．ただし，疾病の治療そのほか医療効果を目的とする場合を除く．

　③食品の品質を保持しもしくは安定性を向上するもの，または味覚，視覚等の感覚刺激特性を改善するもの．ただし，その食品の特性，本質または品

質を変化させ，消費者をだますおそれがある場合を除く．

④食品の製造，加工，調理，処理，包装，運搬または貯蔵過程で補助的役割を果たすもの．ただし，劣悪な原料または上記のいずれかの過程における好ましからざる手段もしくは技術の使用による影響を隠す目的で使用される場合を除く．

3・2　食品添加物指定の手続き

　食品添加物の指定の申請にあたっては，当該食品添加物の発見の経緯，外国における使用状況，物理化学的性状，食品中の分析方法，成分規格案，使用基準案，添加物としての有効性・安全性に関する資料などが必要である．これら資料とともに厚生労働省に指定申請があった場合，まず食品安全委員会に安全性評価を諮問する．食品安全委員会では，表7・3に示す安全性に関する各種毒性試験などの科学的なデータに基づき，当該添加物について健康への悪影響がないとされる1日許容摂取量（ADI）を設定する．この結果を受けて，次に薬事・食品衛生審議会食品衛生分科会に諮問する．薬事・食品衛生審議会食品衛生分科会で指定してもよいという結論が出ると，パブリックコメントにより国民の意見を出してもらい，最終的に厚生労働大臣が指定する．

表7・3　食品添加物の安全性試験

試験名	試験方法
反復投与毒性試験	実験動物（げっ歯類：ラット，マウスなど，非げっ歯類：イヌなど）に食品添加物を混餌投与（または飲水投与）して影響を調べる．亜急性毒性は 28 日間反復投与および 90 日間反復投与，慢性毒性は 1 年間反復投与により評価する．
繁殖試験	二世代にわたって投与し，生殖機能や次世代への影響を調べる．
催奇形性試験	妊娠中の実験動物に投与し，胎児の奇形発生への影響を調べる．
発がん性試験	長期間（ラット：24 ～ 30 カ月，マウスおよびハムスター：18 ～ 24 カ月）投与し，発がんの有無を観察する．
抗原性試験	適切な感作および惹起方法（全身性アナフィラキシー試験や接触皮膚反応試験など）で実施し，アレルギー誘発能を評価する．
変異原性試験	遺伝子（DNA）への影響を明らかにする．
一般薬理試験	生体機能に及ぼす影響を薬理学的手法を用いて明らかにする．
体内動態に関する試験	吸収，分布，代謝，排泄などの体内動態に関する情報を得る．

3・3　食品添加物の規格基準

　食品添加物を使用する場合，必要性や有効性に加えて安全性が必須である．そのためには食品添加物がよい品質であることが求められる．また，よい品質であっても過剰に摂取することは健康に好ましくない添加物もある．そこで食品衛生法第13条第1項は，厚生労働大臣が添加物の製造，加工，使用，調理または保存の方法について基準を定め，添加物の成分について規格を定めることを規定している．さらに第2項では，基準に合わない方法で添加物を製造，使用すること，基準に合わない添加物を販売すること，規格に合わない添加物を製造，使用，販売することなどを禁止している．基準には，①使用できる食品の種類，使用量，使用制限などの使用基準，②添加物の製造時の原料などを制限する製造基準，③添加物の効果を保持するための保存基準などがある．添加物の規格は成分について定められ，添加物の品質，純度を保証する．これらの規格基準は「食品添加物公定書」に収載されている（食品衛生法第21条）．

　添加物の規格基準のうちもっとも重要なのは使用基準で，農薬の残留基準の場合と同じ考えで決められている（第6章「4・3　残留農薬基準」を参照）．すなわち，まず個々の添加物について各種毒性試験の結果からNOAEL（最大無毒性量）を求め，安全係数（通常100）で割ってADI（1日許容摂取量）を算出する．ついで国民栄養調査や食品の生産量，輸入量，消費量，家計調査などから食品ごとの摂取量を調べ，それに基づいて添加物の摂取量を推定する．推定摂取量がADIを大幅に下回るように考慮して添加物ごとに対象食品，使用

表7・4　食品添加物の使用基準の分類

使用基準の分類	主な添加物
1) すべての食品に対して同じ基準が定められている．	香料，膨張剤のカルシウム塩（クエン酸カルシウム，炭酸カルシウムなど）
2) すべての食品に使用が認められているが，食品によって異なる使用量が定められている．	甘味料のアセスルファムカリウム，サッカリンナトリウム，スクラロース
3) 特定の食品のみに使用を許可されている．	ガムベース，発色剤（亜硝酸ナトリウム，硝酸カリウム，硝酸ナトリウム），保存料（安息香酸，ソルビン酸など）
4) 特定の食品のみに使用が禁止されている．	着色料のβ-カロテン，タール色素（赤色2号，赤色102号，黄色4号，黄色5号など）
5) 最終食品の完成前に分解，除去または中和することが定められている．	殺菌料および漂白剤の亜塩素酸酸水，製造用剤のアセトン，イオン交換樹脂，塩酸，水酸化ナトリウム

量，使用制限が定められる．使用基準はすべての添加物に設定されているわけではない．安全性が極めて高く，日常広く食用に供されている添加物には使用基準はなく，食品に必要量を使用できる．指定添加物の多くには使用基準が設定されているが，既存添加物および一般飲食物添加物の場合，使用基準の設定は一部に限られている．また，天然香料については使用基準が設定されているものはない．

　食品添加物の使用基準は，使用できる食品や使用量などの点からおおまかに表7・4のように整理することができる．個々の添加物の使用基準については必要に応じて後述する．

4.　食品添加物の用途と種類

　食品添加物は，その使用目的から食品の外観や風味を向上するもの，食品の変質・腐敗を防止するもの，食品の製造・加工に使用するもの，食品の栄養成分を強化するものの4つに大別することができる．それぞれに該当する添加物の用途名を表7・5に示す．以下に，主な添加物（指定添加物と既存添加物のみに限り，使用基準のあるものには左肩に*を付す）をリストするとともに，その一部について説明を加える．

表7·5　食品添加物の使用目的と種類（用途名）

使用目的	種類（用途名）
食品の外観や風味を向上する 　食品の色合いをよくする 　食品の味をよくする 　食品に香りをつける	着色料，発色剤，漂白剤 甘味料，苦味料，酸味料，調味料 香料
食品の変質・腐敗を防止する 　微生物を殺す 　微生物の増殖を抑制する 　害虫を忌避する 　脂質の酸化を防止する	殺菌料 保存料，防かび剤 防虫剤 酸化防止剤
食品の製造・加工に使用する	イーストフード，ガムベース，かんすい，結着剤，酵素，光沢剤，固結防止剤，小麦粉処理剤，色調調整剤，消泡剤，醸造用剤，製造用剤，増粘剤（安定剤，ゲル化剤または糊料），チューインガム軟化剤，豆腐用凝固剤，乳化剤，発酵調整剤，被膜剤，表面処理剤，品質改良剤，品質保持剤，pH調整剤，噴射剤，膨張剤，保水乳化安定剤，離型剤
食品の栄養成分を強化する	栄養強化剤

4・1　食品の外観や風味を向上する添加物

1）着色料

指定添加物（33品目）：*β-アポ-8'-カロテナール，*β-カロテン，*カンタキサンチン，*三二酸化鉄，*食用赤色2号，*食用赤色2号アルミニウムレーキ，*食用赤色3号，*食用赤色3号アルミニウムレーキ，*食用赤色40号，*食用赤色40号アルミニウムレーキ，*食用赤色102号，*食用赤色104号，*食用赤色105号，*食用赤色106号，*食用黄色4号，*食用黄色4号アルミニウムレーキ，*食用黄色5号，*食用黄色5号アルミニウムレーキ，*食用緑色3号，*食用緑色3号アルミニウムレーキ，*食用青色1号，*食用青色1号アルミニウムレーキ，*食用青色2号，*食用青色2号アルミニウムレーキ，*二酸化チタン，*水溶性アナトー（ノルビキシンカリウム，ノルビキシンナトリウム），*鉄クロロフィリンナトリウム，*銅クロロフィリンナトリウム，*銅クロロフィル，リボフラビン，リボフラビン酪酸エステル，リボフラビン5'-リン酸エステルナトリウム

既存添加物（48品目）：*アナトー色素，*ウコン色素，*カカオ色素，*カラメル，*クチナシ黄色素，*クロロフィル，*コチニール色素，*トマト色素，*ビートレッド，*ベニコウジ色素，*ベニバナ赤色素，*ムラサキイモ色素など

　着色料は指定添加物，既存添加物のほかに一般飲食物添加物（表7・2参照）もあるが，指定添加物のリボフラビン類以外はすべて使用基準が設けられている．タール色素，三二酸化鉄，銅クロロフィリンナトリウムおよび銅クロロフィルの使用基準は後述する．そのほかの着色料については，こんぶ類，食肉，鮮魚介類（鯨肉を含む），茶，のり類，豆類，野菜，わかめ類に使用しないことという使用制限がある．以下にタール色素，タール色素以外の指定添加物の着色料，主な既存添加物の着色料に分けて説明する．

　タール色素　コールタールから得られるベンゼン，トルエン，ナフタリンなどの芳香族炭化水素を原料として製造されてきたのでその名がある（現在では芳香族炭化水素はコールタールではなく，石油精製の際に得られるナフサから得ている）．食用○色○号という名称がつけられている．12種類のタール色素

とそのアルミニウムレーキ8種が指定されている．タール色素はすべて水溶性のナトリウム塩であるが，その溶液に塩基性アルミニウム塩を多量加えると不溶性のアルミニウム塩となる．これをアルミニウムレーキといい，水や有機溶媒にはほとんど溶けない．もとの水溶性色素と比べて耐熱性，耐光性があるため，油脂食品，糖衣錠，粉末食品などに使用される．タール色素およびそのアルミニウムレーキは，カステラ，きなこ，魚肉漬物，鯨肉漬物，こんぶ類，しょうゆ，食肉，食肉漬物，スポンジケーキ，鮮魚介類（鯨肉を含む），茶，のり類，マーマレード，豆類，みそ，めん類（ワンタンを含む），野菜およびわかめ類には使用できない（使用制限）．これら生鮮食品などに着色料を用いると，鮮度や品質などに関して消費者をあざむくおそれがあるためである．タール色素は少量で着色効果があり，かつ安価であるので非常に多くの食品に用いられてきたが，消費者の天然品嗜好により近年の使用量は大幅に減少している．また，安全性に問題があるなどの理由で指定取り消しになったものも多い（本章「5・1タール色素」を参照）．

タール色素以外の指定添加物の着色料 β-アポ-8'-カロテナールおよびβ-カロテンは脂溶性のカロテノイド系色素である．β-カロテンはニンジンやホウレンソウなどの緑黄色野菜に多く含まれている黄橙色色素で，ビタミンAの前駆物質である．β-アポ-8'-カロテナールはβ-カロテンより赤みがかった物質で，β-カロテンからビタミンAの生合成過程における中間代謝物である．カンタキサンチンは，魚類，甲殻類，キノコ類，緑藻類に微量に含まれている黄橙色のカロテノイド色素で，使用は魚肉練り製品のかまぼこに限定されている．三二酸化鉄Fe_2O_3はベンガラ（弁柄）と呼ばれてきた赤色の着色料で，使用対象食品はコンニャクとバナナの果柄の着色に限られている．二酸化チタンTiO_2は白色着色料で，ホワイトチョコレートやホワイトチーズに使用されている．水溶性アナトー（黄色〜橙色）はベニノキの種子から得られるアナトー色素（既存添加物になっているカロテノイド系色素）の主成分であるビキシンのアルカリ加水分解物（ノルビキシンという）で，ノルビキシンのカリウム塩またはナトリウム塩を主成分とする．魚肉練り製品，食肉加工品，アイスクリームなどの着色に用いられている．鉄クロロフィリンナトリウム（既存添加物になっているクロロフィルのマグネシウムを鉄に置換した鉄クロロフィルの加水分解物）は緑色の着色料で，キャンデーやチューインガムなどに用いられてい

る．銅クロロフィリンナトリウム（銅クロロフィルの加水分解物）および銅ク
ロロフィル（クロロフィルのマグネシウムを銅に置換したもの）も緑色の色素
で，それぞれ使用対象食品（こんぶ，果実類・野菜類の貯蔵品，チューインガ
ム，魚肉ねり製品，チョコレートなど）と使用量の制限が設けられている．リ
ボフラビン類（ビタミンB$_2$）は使用基準のない黄色系色素で，清涼飲料水や
たれなどに用いられている．栄養強化剤としても使用されている．

　主な既存添加物の着色料　カラメル（褐色色素）はデンプン加水分解物を熱
処理して得られる物質で，製法の違いによってⅠ〜Ⅳの4種類に分けられてい
る．炭酸飲料，アルコール飲料，菓子，ソース，しょうゆなどに広く使われて
いる．着色料の中でもっとも使用量が多く，わが国では80%以上を占めている．
既存添加物は植物由来の色素が多いが，コチニール色素（主成分は赤色のカル
ミン酸）は中南米のサボテンに寄生するカイガラムシ科エンジムシ（別名コチ
ニールカイガラムシ）という昆虫の雌から，ベニコウジ色素（主成分は赤色の
モナスコルブリンやアンカフラビンなど）はベニコウジカビ*Monascus
purpureus* の培養液から得たものである．

　2）発色剤

指定添加物（3品目）：*亜硝酸ナトリウム，*硝酸カリウム，*硝酸ナトリ
　ウム

既存添加物（0品目）

　発色剤はそれ自身は色をもたないが，食品に加えたときに色を出現させる添
加物である．3種類の指定添加物が許可されているが，表7·6 に示すようにい
ずれも対象食品，使用量の制限がある．

　生肉を放置ないし加熱すると赤色から褐色に変化するが，これは肉中のミオ
グロビン（Mb）がメトミオグロビン（metMb）に酸化されるためである．亜
硝酸ナトリウム（NaNO$_2$）を生肉に加えると，肉中の還元物質あるいは酸化
防止剤として添加されたアスコルビン酸ナトリウムにより酸化窒素（NO）と
なり，これが肉中のMb（metMbは肉中の還元物質あるいは添加されたアスコ
ルビン酸ナトリウムによって還元されて再びMbにもどる）と反応して桃色の
ニトロソミオグロビン（MbNO）をつくる．加熱すると，MbNOはタンパク質

表7·6 発色剤の種類と使用基準

物質名	対象食品	使用量
亜硝酸ナトリウム	食肉製品，鯨肉ベーコン 魚肉ソーセージ，魚肉ハム いくら，すじこ，たらこ	0.07 g／kg 以下（亜硝酸根としての残存量） 0.05 g／kg 以下（亜硝酸根としての残存量） 0.005 g／kg 以下（亜硝酸根としての残存量）
硝酸カリウム 硝酸ナトリウム	食肉製品，鯨肉ベーコン	0.07 g／kg 以下（亜硝酸根としての残存量）

部分のグロビンが熱変性を起こしてニトロソミオクロモーゲンになる．これも桃色を保持しており，ハムやソーセージなどの肉製品の熱に安定な赤色色素の本体である．硝酸ナトリウム（$NaNO_3$）と硝酸カリウム（KNO_3）も，肉に加えると$NaNO_3$（KNO_3）→$NaNO_2$（KNO_2）→NOの変化をするので，亜硝酸ナトリウム同様に発色効果がある．

　亜硝酸ナトリウムの添加は発色の効果とともに細菌の抑制効果もあり，とくに致命率の高いボツリヌス中毒をおこすボツリヌス菌の増殖を抑える．また肉製品に塩漬肉特有のフレーバーを与える作用もある．一方，亜硝酸は二級アミン類や二級アミド類と反応して発がん性のあるN-ニトロソ化合物を生成するので，食肉への発色剤の使用には疑問も投げかけられている（第12章「5·1 ニトロソアミン」を参照）．

　3）漂白剤

指定添加物（7品目）：*亜塩素酸ナトリウム，*亜硫酸ナトリウム，高度サラシ粉，*次亜硫酸ナトリウム，*二酸化硫黄，*ピロ亜硫酸カリウム，*ピロ亜硫酸ナトリウム

既存添加物（0品目）

　食品に含まれる有色物質を酸化漂白または還元漂白して商品価値を高めるために用いられる添加物で，指定添加物7品目が使用を認められている．

　亜塩素酸ナトリウム（$NaClO_2$）　白色の粉末で，酸性溶液中で分解して二酸化塩素（ClO_2）を生じ，その強い酸化作用によって漂白が行われる．対象食品はかずのこの加工品，生食用野菜類，卵類，かんきつ類果皮，さくらんぼ，ふき，ぶどう，ももに限られており，一部食品については使用量の制限も設けられている．さらに，最終食品の完成前に分解または除去することという使用

制限もある. 殺菌料としても用いられる.

　高度サラシ粉　次亜塩素酸カルシウム（$Ca(ClO)_2$）を主成分とする酸化型漂白剤で, 使用基準は設けられていない. 殺菌料としても用いられる.

　そのほかの漂白剤　亜硫酸ナトリウム（Na_2SO_3）, 次亜硫酸ナトリウム（$NaClO$）, ピロ亜硫酸カリウム（$K_2O_5S_2$）およびピロ亜硫酸ナトリウム（$Na_2S_2O_5$）は, 強力な還元漂白作用を有する二酸化硫黄（SO_2）を発生する. いずれも酸化防止剤, 保存料としても用いられる. また, ごま, 豆類および野菜に使用してはならないという使用制限があるほか, 使用量（二酸化硫黄としての残存量）の制限も設けられている.

　4）甘味料

指定添加物（11品目）：アスパルテーム, *アセスルファムカリウム, アドバンテーム, キシリトール, *グリチルリチン酸二ナトリウム, *サッカリン, *サッカリンカルシウム, *サッカリンナトリウム, *スクラロース, D-ソルビトール, ネオテーム

既存添加物（12品目）：L-アラビノース, カンゾウ抽出物, D-キシロース, ステビア抽出物, L-ラムノース, D-リボースなど

　指定添加物の甘味料の化学構造を図7・1に示すとともに, 以下に簡単に説明する.

　アスパルテーム　フェニルアラニンとアスパラギン酸からなるジペプチドのメチルエステルである. ショ糖（砂糖の主成分）とよく似た甘味を有し, 甘味度はショ糖の約200倍である.

　アセスルファムカリウム　甘味度はショ糖の約200倍であるが, 後味がやや苦い. 後味改善のためにアスパルテームなどほかの甘味料と併用することが多い. 対象食品と使用量の基準が設けられている.

　アドバンテーム　アスパルテームの誘導体である. 甘味度はショ糖の14,000〜48,000倍で, 甘味料の中でもっとも高い.

　キシリトール　シラカバなどの樹木やトウモロコシの芯から調製される糖アルコールである. 甘味度はショ糖に近く, 口の中で溶けると清涼感がある. チューインガムや錠菓（タブレット）に使用されている. 虫歯予防効果, すな

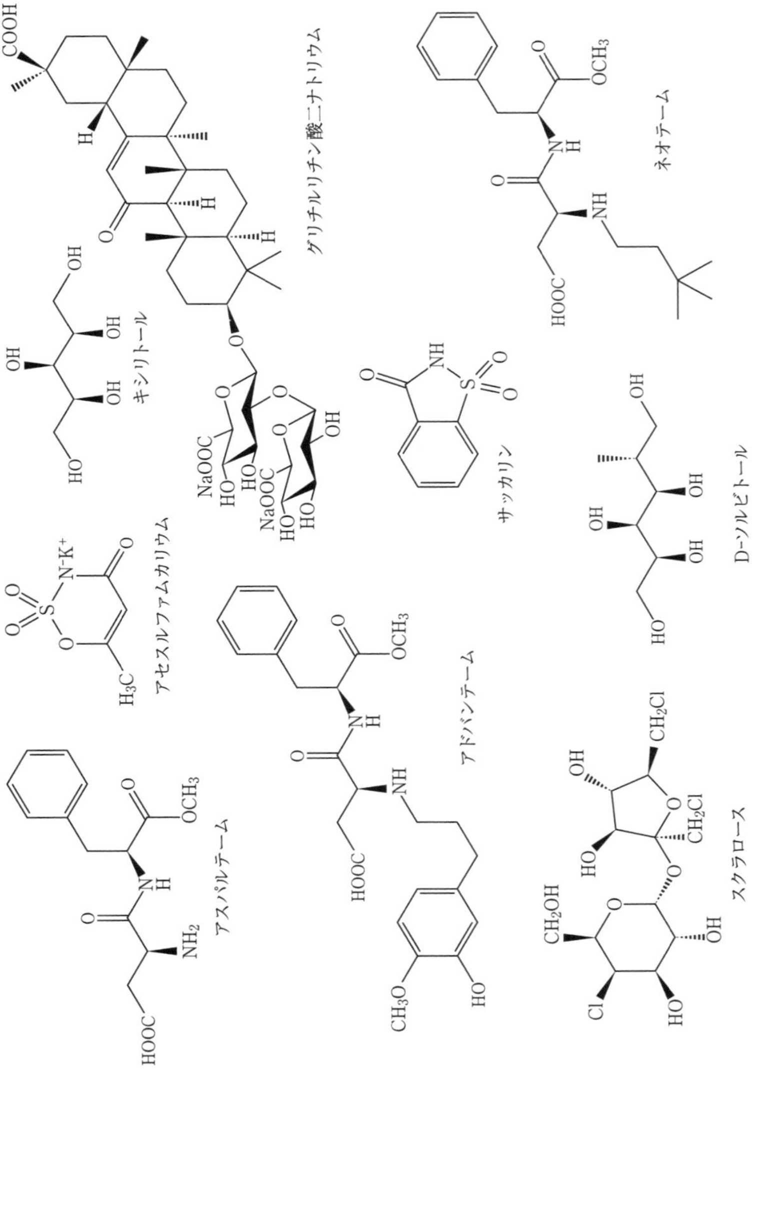

図7-1　主な甘味料の構造

わちミュータンス菌の活動を抑制する作用があるので，歯にいい甘味料として知られている．

グリチルリチン酸二ナトリウム　カンゾウ（甘草）の根の抽出物（既存添加物になっている）から精製し，水に溶けやすいナトリウム塩にしたもので，ショ糖の200 ～ 700倍の甘味度がある．感知するまでに時間がかかるのが特徴である．使用はしょうゆとみそに限られているが，これらの調味料の塩からさを感じる時間帯と甘味の時間帯が一致し，塩からさをやわらげる効果が著しいためである．

サッカリン類　甘味度はショ糖の200 ～ 700倍である．サッカリンは水に溶けにくいので，0.05 g/kgという使用基準でチューインガムのみに使われている．サッカリンカルシウムおよびサッカリンナトリウムは水に溶けやすく，清涼飲料水，漬物，魚肉ねり製品などに使われている．サッカリンの甘さは苦味を伴うので，多量に使用すると嗜好性が低下する．そこで，ほかの甘味料と併用したり，ショ糖の補助剤として使用することが多い．サッカリンナトリウムは発がん性の疑いがもたれ，一般食品への使用が一時禁止になったことがある．店頭販売のバラ売りの場合，食品添加物の表示は原則として免除されているが，甘味料のサッカリン類は売り場に表示するように指導されている．

スクラロース　ショ糖の水酸基のうち3つを塩素で置換した物質で，甘味度はショ糖の450 ～ 600倍である．対象食品と使用量の基準が設けられている．

D-ソルビトール　糖アルコールの一種で，ショ糖の約60%の甘味度を有する．溶解する時に熱を奪うので清涼感を与える．吸湿性があるので，保湿効果を必要とする和洋生菓子，かまぼこ，つくだ煮などに使用される．使用基準はないが，過量使用は下痢の原因となるので注意が必要である．1974年には高松市でぜんざいによる中毒（患者35人）が，広島市では乳類および加工品による中毒（患者84人）が発生している．

ネオテーム　アスパルテームの還元的アルキル化によって得られる．甘味度はショ糖の7,000 ～ 13,000倍で，アドバンテームに次いで高い．

5）苦味料

指定添加物（0品目）
既存添加物（12品目）：イソアルファー苦味酸，カフェイン（抽出物），キナ抽出物，キハダ抽出物，ニガヨモギ抽出物など

　苦味料は食品に適度な苦味をつけて味にしまりを与えるとともに，おいしさを増す添加物である．指定添加物には該当するものはなく，既存添加物の12品目が使用を認められている．いずれも使用基準はない．
　イソアルファー苦味酸はホップの花から得られたイソフムロン類を主成分とするもので，ビールの苦味に欠かせない．カフェイン（抽出物）はコーヒーやお茶から得られる苦味成分である．キナ抽出物はアカキナの樹皮から得られたキニジン，キニーネおよびシンコニンを主成分とするもの，キハダ抽出物はキハダの樹皮から得られたベルベリンを主成分とするもの，ニガヨモギ抽出物はニガヨモギの全草から得られたセスキテルペンを主成分とするものをいう．

6）酸味料

指定添加物（26品目）：クエン酸，クエン酸一カリウム，クエン酸三カリウム，コハク酸，コハク酸一ナトリウム，コハク酸二ナトリウム，酢酸ナトリウム，L-酒石酸ナトリウム，二酸化炭素，氷酢酸，フマル酸，リン酸など
既存添加物（1品目）：フィチン酸

　食品に酸味をつける添加物で，使用基準が設けられているものはない．また，二酸化炭素とリン酸以外はすべて有機酸またはその塩類である．酸味料の多くは調味料やpH調整剤としても用いられる．

7）調味料

指定添加物（56品目）：［アミノ酸（25品目）］DL-アラニン，グリシン，*L-グルタミン酸カルシウム，L-グルタミン酸ナトリウム，L-テアニン，L-トリプトファン，L-バリン，L-フェニルアラニンなど，［核酸（6品目）］

> 5'-イノシン酸二ナトリウム，5'-ウリジル酸二ナトリウム，5'-グアニル酸
> 二ナトリウムなど，［有機酸（17品目）］クエン酸三カリウム，*クエン
> 酸カルシウム，コハク酸，コハク酸一ナトリウム，コハク酸二ナトリウム，
> 酢酸ナトリウム，L-酒石酸ナトリウム，*乳酸カルシウム，乳酸ナトリウ
> ム，DL-リンゴ酸ナトリウムなど，［無機塩（8品目）］塩化カリウム，リ
> ン酸三カリウム，リン酸水素二カリウム，リン酸二水素カリウムなど
> 既存添加物（17品目）：L-アスパラギン酸，L-アラニン，タウリン，L-チ
> ロシン，ベタインなど

　調味料は化学構造の点からアミノ酸，核酸，有機酸，無機塩の4グループに
分けられる（例外は既存添加物のタウリンとベタイン）．このうちアミノ酸は
栄養強化剤，有機酸は酸味料やpH調整剤など，無機塩はかんすいや乳化剤な
どとしても使用されている．

　調味料の中には食品中のうま味成分として同定されたものが多い．こんぶの
L-グルタミン酸ナトリウム，かつお節の5'-イノシン酸二ナトリウム，しいた
けの5'-グアニル酸二ナトリウム，貝類のコハク酸塩（コハク酸一ナトリウム，

L-グルタミン酸ナトリウム　　　5'-イノシン酸二ナトリウム　　　コハク酸ナトリウム塩

5'-グアニル酸二ナトリウム　　　　　　L-テアニン

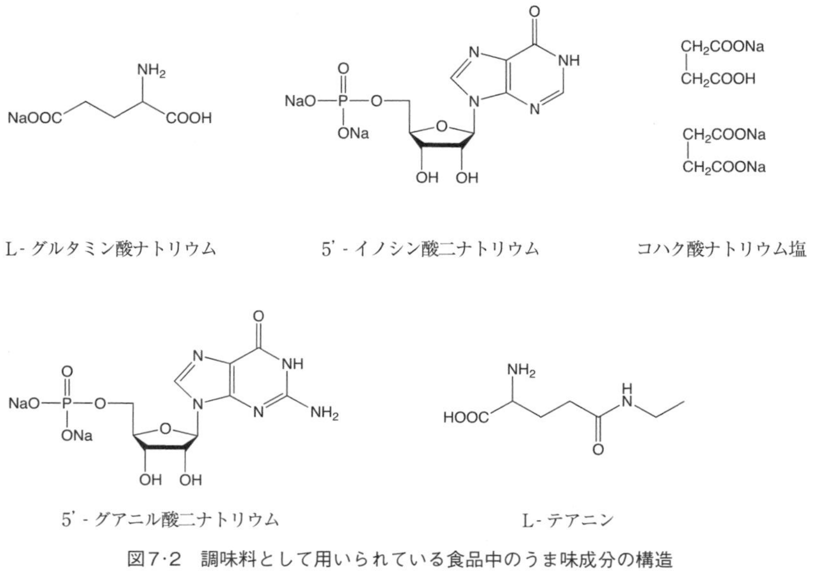

図7・2　調味料として用いられている食品中のうま味成分の構造

コハク酸二ナトリウム)，緑茶のL-テアニン（L-グルタミン酸-γ-エチルア
ミド）がそうである（各化合物の構造は図7・2に示す）．5'-イノシン酸二ナト
リウムと5'-グアニル酸二ナトリウムはL-グルタミン酸ナトリウムのうま味に
対して相乗効果を示すので，市販の家庭用調味料はL-グルタミン酸ナトリウ
ムに5'-イノシン酸二ナトリウムと5'-グアニル酸二ナトリウムを加えている．

　L-グルタミン酸ナトリウムは過剰摂取により健康危害を起こしたことがあ
る．1968年にアメリカの中華料理店で，L-グルタミン酸ナトリウムを多量に
含むわんたんスープを飲んだ人が頭痛，吐き気，動悸，顔面圧痛などを訴えた．
この中毒症状は中華料理店症候群（Chinese restaurant syndrome）と命名され，
日本でも類似の中毒例が知られている．ただし，その後の臨床試験において，
L-グルタミン酸ナトリウムの使用量と中華料理店症候群との間の相関に否定
的な成績が得られており，JECFA（FAO/WHO合同食品添加物専門家会議）も
L-グルタミン酸ナトリウムの摂取と中華料理店症候群との間に明確な関係は
認められないと結論している．

　8）香　料
　食品の嗜好性を高めるために加えるもので，食品添加物中ではもっとも数が
多い．指定添加物としては100品目以上（そのうちエステル類，エーテル類，
脂肪酸類，フェノール類などの一括名称で指定されている18品目の内訳は
3,000種以上になる）が使用を認められているが，既存添加物には香料はない．
香料は，香りをつける程度の極めて微量ならとくに健康上の問題はないと考え
られるが，ほかの目的のために使用すれば使用量が増えて有害となるおそれが
出てくる．そのため香料には，別段の規定があるもの（製造用剤としても用い
られるイソプロパノールと酢酸エチル，保存料としても用いられるプロピオン
酸）を除くと，着香の目的以外には使用してはならないという使用制限が設け
られている．

4・2　食品の変質・腐敗を防止する添加物
　1）殺菌料

指定添加物（12品目）：*亜塩素酸水，*亜塩素酸ナトリウム（漂白剤とし
　ても使用），*オクタン酸，*過酢酸，*過酢酸製剤，*過酸化水素，高度
　サラシ粉（漂白剤としても使用），*次亜塩素酸水（強酸性，弱酸性，微

酸性），*次亜塩素酸ナトリウム，*次亜臭素酸水，*二炭酸ジメチル，*1-
ヒドロキシエチリデン-1,1-ジホスホン酸
既存添加物（0品目）

　後述する保存料が微生物に対して発育阻止作用を示すのに対し，殺菌料は殺
菌的に作用する．指定添加物12品目が使用を認められており，既存添加物に
は該当するものはない．
　高度サラシ粉以外には使用基準が設定されている．例えば次亜塩素酸ナトリ
ウム（NaClO）はゴマには使用してはならないとか，次亜臭素酸水（主成分
は次亜臭素酸HBrO）は食肉の表面殺菌の目的以外には使用してはならないと
いう制限がある．また，亜塩素酸水（主成分は亜塩素酸$HClO_2$），亜塩素酸ナ
トリウム（$NaClO_2$），過酸化水素（H_2O_2）および次亜塩素酸水（主成分は次
亜塩素酸HClO）については，最終食品の完成前に分解または除去することに
なっている．
　2）酸化防止剤

指定添加物（19品目）：*亜硫酸ナトリウム，*次亜硫酸ナトリウム，*二酸
化硫黄，*ピロ亜硫酸カリウム，*ピロ亜硫酸ナトリウム（以上は漂白剤
としても使用），L-アスコルビン酸，L-アスコルビン酸ナトリウム，L-ア
スコルビン酸ステアリン酸エステル，L-アスコルビン酸パルミチン酸エ
ステル，*エチレンジアミン四酢酸カルシウム二ナトリウム（EDTA・
$CaNa_2$），*エチレンジアミン四酢酸二ナトリウム（EDTA・Na_2），*エリ
ソルビン酸，*エリソルビン酸ナトリウム，*クエン酸イソプロピル，*L-
システイン塩酸塩，*ジブチルヒドロキシトルエン（BHT），*dl-α-トコ
フェロール，*ブチルヒドロキシアニソール（BHA），*没食子酸プロピル
既存添加物（36品目）：γ-オリザノール，カテキン，*グアヤク脂，クロー
ブ抽出物，*酵素処理ルチン（抽出物），d-α-トコフェロール，フェルラ
酸，プロポリス抽出物，没食子酸，*ルチン（抽出物），ローズマリー抽
出物など

表7·7 酸化防止剤の使用基準

物質名	対象食品	使用量	使用制限
EDTA・CaNa$_2$ EDTA・Na$_2$	缶, 瓶詰清涼飲料水	0.035 g/kg以下（EDTA・CaNa$_2$として）	EDTA・Na$_2$は最終食品完成前にEDTA・CaNa$_2$にすること
	そのほかの缶, 瓶詰食品	0.25 g/kg以下（EDTA・CaNa$_2$として）	
エリソルビン酸 エリソルビン酸ナトリウム			酸化防止の目的に限る（魚肉ねり製品およびパンを除く）
グアヤク脂	油脂, バター	1.0 g/kg以下	
クエン酸イソプロピル	油脂, バター	0.1 g/kg以下	
L-システイン塩酸塩	パン, 天然果汁		
ジブチルヒドロキシトルエン（BHT）	魚介冷凍品, 鯨冷凍品	1 g/kg以下（BHAと併用の場合は合計量）	
	油脂, バター, 魚介乾製品, 魚介塩蔵品, 乾燥裏ごしいも	0.2 g/kg以下（BHAと併用の場合は合計量）	
	チューインガム	0.75 g/kg以下	
dl-α-トコフェロール			酸化防止の目的に限る
ブチルヒドロキシアニソール（BHA）	魚介冷凍品, 鯨冷凍品	1 g/kg以下（BHTと併用の場合は合計量）	
	油脂, バター, 魚介乾製品, 魚介塩蔵品, 乾燥裏ごしいも	0.2 g/kg以下（BHTと併用の場合は合計量）	
没食子酸プロピル	油脂	0.20 g/kg以下	
	バター	0.10 g/kg以下	

　油脂が酸化されると有毒な物質が生成するだけでなく, 味やにおいも悪くなる（第6章「7. 変敗油脂」を参照）. 酸化防止剤の主な使用目的は食品中の油脂の酸化防止であるが, 天然色素の酸化防止（退色防止）やほかの食品添加物（ビタミンAやビタミンDなどの脂溶性ビタミン, 不飽和脂肪酸を含む乳化剤など）の酸化防止のためにも使われる. 指定添加物の亜硫酸ナトリウムからピロ亜硫酸ナトリウムまでの5品目については漂白剤の項で述べたので, 以下にはその他の指定添加物について説明を加える. 使用基準については表7·7にまとめて示す（表7·7には既存添加物のグアヤク脂も含む）.

　L-アスコルビン酸類　L-アスコルビン酸（ビタミンC, 図7·3）およびその塩類, エステル類については使用対象食品, 使用量の制限はなく, 酸化防止の

目的ですべての食品に使用できる．いずれも栄養強化剤としても使用される．

　エリソルビン酸類　エリソルビン酸（図7·3）はL-アスコルビン酸の立体異
性体で，イソアスコルビン酸とも呼ばれる．ビタミンC効果は L-アスコルビ
ン酸の1/20であるが，酸化されやすいので酸化防止効果はより優れている．L-
アスコルビン酸類と同様に使用基準はない．なお，エリソルビン酸類は酸化防
止の目的のみで使われる．

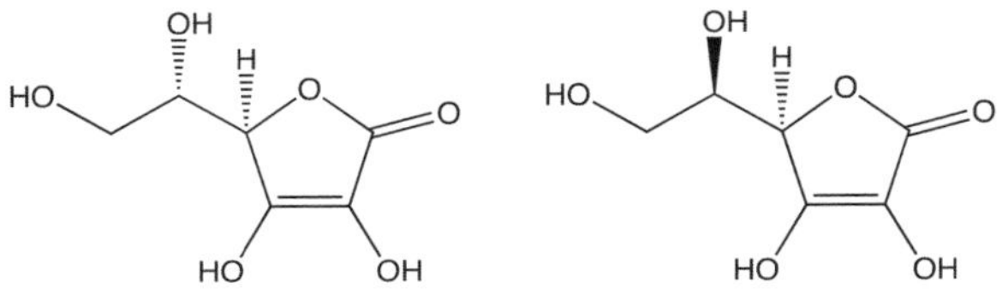

図7·3　L-アスコルビン酸（左）およびエリソルビン酸（右）の構造

　EDTA・$CaNa_2$およびEDTA・Na_2　EDTA類は油脂の酸化を触媒する金属
イオンを封鎖することによって酸化作用を防止する．缶詰食品や瓶詰食品での
遊離金属イオンを捕捉してその活動を封鎖する金属封鎖剤としてのみ使用が認
められている．EDTA・Na_2については，最終食品完成前にEDTA・$CaNa_2$にす
ることという使用制限が設けられている．

　クエン酸イソプロピル　クエン酸は油脂の酸化防止効果を示すが，その効果
を維持し，かつ油脂に対する溶解度を高めたのがクエン酸イソプロピルである．

　L-システイン塩酸塩　L-システインは含硫アミノ酸の一種で，微量の金属
イオンによって酸化されやすいため酸化防止効果を示す．

　ジブチルヒドロキシトルエン（BHT）
BHT（図7·4）は無色の結晶で，水に不
溶であるがエチルアルコールにはよく
溶ける．他の酸化防止剤よりも安定で，
加熱加工時に製品への移行がよい．ク
エン酸，アスコルビン酸，エリソルビ
ン酸などの有機酸との相乗効果，BHA
との併用効果もある．

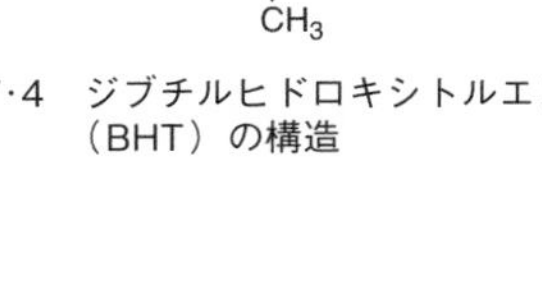

図7·4　ジブチルヒドロキシトルエン
（BHT）の構造

　α-トコフェロール　α-トコフェロール（ビタミンE，図7・5）は黄色の粘稠な液体で，水には溶けないがエチルアルコールには可溶である．既存添加物のd-体は天然品で，指定添加物のdl-体は合成品である．酸化防止効果はBHTやBHAよりは劣る．d-体の使用基準はないが，dl-体については酸化防止の目的に限るという使用制限がある．

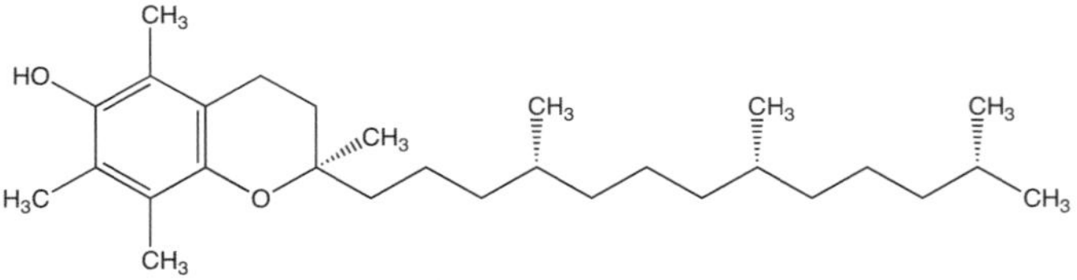

図7・5　α-トコフェロールの構造

　ブチルヒドロキシアニソール（BHA）BHA（図7・6）は淡黄色の結晶で，水に不溶，エチルアルコールに可溶である．酸化防止作用はBHTとほとんど同じで，BHTとの併用効果も高い．

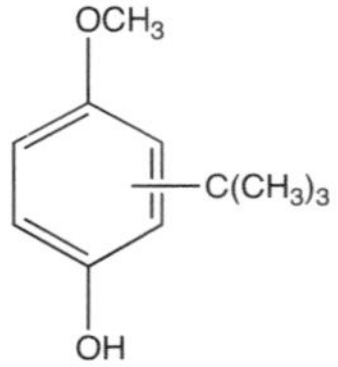

　没食子酸ピロピル　没食子酸（トリヒドロキシ安息香酸）とプロピルアルコールとのエステル化反応で得られる没食子酸プロピル

図7・6　ブチルヒドロキシアニソール（BHA）の構造

（図7・7）の酸化防止作用は強いが，それ自身酸化されて着色するので大量には使用できない．BHT，BHA，クエン酸と混合して用いられることが多い．なお，没食子酸は，ヌルデにアブラムシが感染してできるコブ（五倍子）などを原料に製造されている抗酸化物質で，既存添加物となっている．

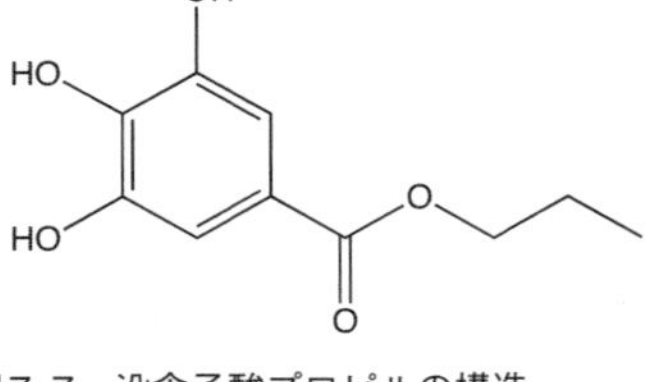

図7・7　没食子酸プロピルの構造

3）防かび剤

指定添加物（10品目）：*アゾキシストロビン，*イマザリル，*オルトフェ
　ニルフェノール，*オルトフェニルフェノールナトリウム，*ジフェニル，
　*ジフェノコナゾール，*チアベンダゾール，*ピリメタニル，*フルジオ
　キソニル，*プロピコナゾール

既存添加物（0品目）

　防かび剤は食品に付着したかびが繁殖するのを防止するための添加物であ
る．収穫後（ポストハーベスト）の農作物を倉庫で貯蔵したり，船で輸送した
りするときに使用する防かび剤や防虫剤，燻蒸剤などはポストハーベスト農薬
と呼ばれている．ポストハーベスト農薬は収穫後に散布するので高濃度に残留
しやすいという懸念があり，燻蒸剤以外は日本では使用が禁止されている．た
だし，防かび剤と次に述べる防虫剤は食品の保存が目的であるとして，日本で
は添加物としての使用が認められている．農薬と違って添加物の場合は表示の
義務があるので（防かび剤は物質名と用途名，防虫剤は物質名を表示しなけれ
ばならない），規制としてはより厳しいともいえる．
　防かび剤としては，図7・8に示す構造の指定添加物10品目が使用を認められ
ている．使用対象食品はレモンなどのかんきつ類やバナナ，ももなどの果物類
に限定されているものが多いが，フルジオキソニルはばれいしょにも，ジフェ
ノコナゾールはばれいしょにのみ使用が認められている（表7・8）．使用量（残
存量）の制限はすべてに設けられている．また，ジフェニルについては，グレー
プフルーツ，レモン，オレンジ類の貯蔵または運搬の用に供する容器の中に
入れる紙片に浸潤させて使用する場合に限るという使用制限もある．なお，店
頭販売のバラ売りは一般には表示の義務がないが，防かび剤の場合は表示をし
なければならない．

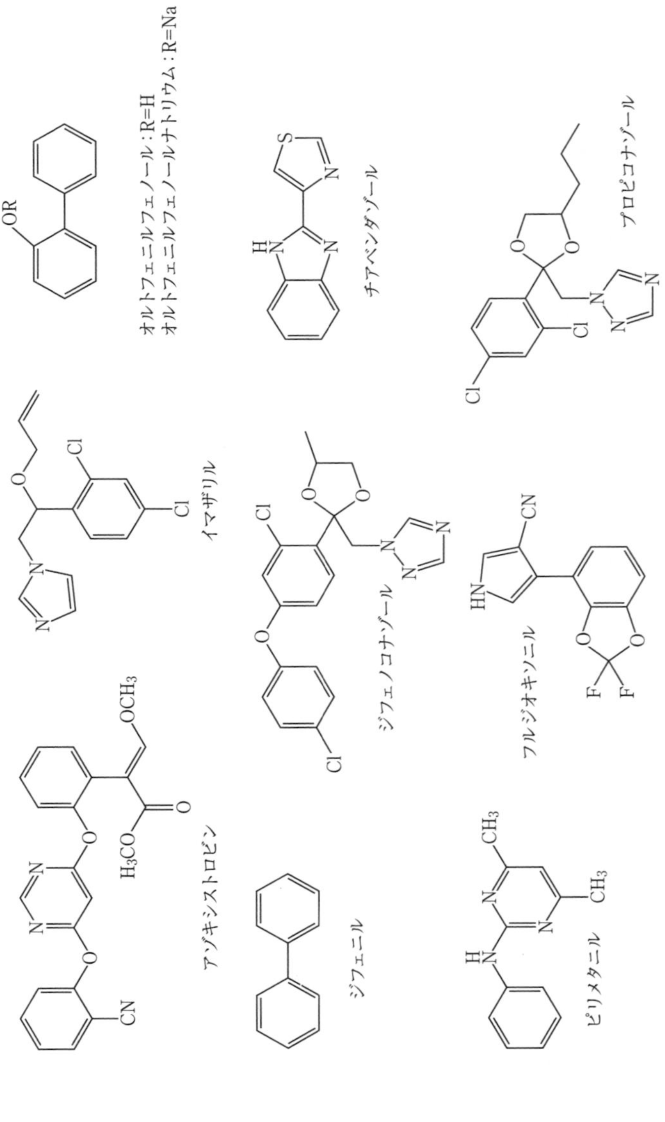
OCH3
H3CO
O
N
N
O
O
CN
アゾキシストロビン
N
N
O
Cl
Cl
イマザリル
OR
オルトフェニルフェノール：R=H
オルトフェニルフェノールナトリウム：R=Na
ジフェニル
Cl
O
Cl
O
O
N
N
N
ジフェノコナゾール
H
N
N
S
N
チアベンダゾール
H
N
N
N
CH3
CH3
ピリメタニル
F
F
O
O
HN
CN
フルジオキソニル
Cl
Cl
N
N
N
O
O
プロピコナゾール

図7·8　防かび剤の構造

表7·8　防かび剤の使用対象食品および使用量

物質名	対象食品	使用量
アゾキシストロビン	かんきつ類（みかんを除く）	0.01 g/kg以下
イマザリル	かんきつ類（みかんを除く）	0.005 g/kg以下
	バナナ	0.002 g/kg以下
オルトフェニルフェノール オルトフェニルフェノールナトリウム	かんきつ類	0.01 g/kg以下
ジフェニル	グレープフルーツ，レモン，オレンジ類	0.0004 g/kg以下
ジフェノコナゾール	ばれいしょ	0.004 g/kg以下
チアベンダゾール	かんきつ類	0.01 g/kg以下
	バナナ	0.003 g/kg以下
	バナナ（果肉）	0.0004 g/kg以下
ピリメタニル	あんず，おうとう，かんきつ類 （みかんを除く），すもも，もも	0.01 g/kg以下
	西洋なし，マルメロ，りんご	0.014 g/kg以下
フルジオキソニル	キウィー，パイナップル	0.02 g/kg以下
	かんきつ類（みかんを除く）	0.01 g/kg以下
	ばれいしょ	0.06 g/kg以下
	アボカド（種子を除く），あんず（種子を除く），おうとう（種子を除く），ざくろ，すもも（種子を除く），西洋なし，ネクタリン（種子を除く），パパイヤ，びわ，マルメロ，もも（種子を除く），りんご	0.005 g/kg以下
プロピコナゾール	かんきつ類（みかんを除く）	0.008 g/kg以下
	あんず（種子を除く），ネクタリン（種子を除く），もも（種子を除く），おうとう（果梗および種子を除く）	0.004 g/kg以下
	すもも（種子を除く）	0.0006 g/kg以下

4）防虫剤

指定添加物（1品目）：*ピペロニルブトキシド

既存添加物（0品目）

　わが国では防虫剤としては，指定添加物のピペロニルブトキシド（図7·9）1品目が使用を認められている．対象食品は穀類のみで，使用量は0.024 g/kg 以下という制限が設けられている．

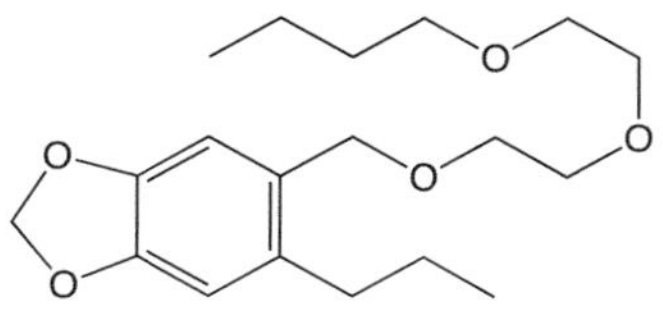

図7·9　ピペロニルブトキシドの構造

5）保存料

指定添加物（20品目）：*亜硫酸ナトリウム，*次亜硫酸ナトリウム，*二酸
化硫黄，*ピロ亜硫酸カリウム，*ピロ亜硫酸ナトリム（以上は漂白剤，
酸化防止剤としても使用），*安息香酸，*安息香酸ナトリウム，*ソルビ
ン酸，*ソルビン酸カリウム，*ソルビン酸カルシウム，*デヒドロ酢酸ナ
トリウム，*ナイシン，*パラオキシ安息香酸イソブチル，*パラオキシ安
息香酸イソプロピル，*パラオキシ安息香酸エチル，*パラオキシ安息香
酸ブチル，*パラオキシ安息香酸プロピル，*プロピオン酸，*プロピオン
酸カルシウム，*プロピオン酸ナトリウム

既存添加物（5品目）：カワラヨモギ抽出物，しらこたん白抽出物，ツヤブ
リシン（抽出物），ペクチン分解物，ε-ポリリシン

保存料は微生物（細菌，カビ，酵母）に対して発育阻止作用を示す．食品の
保存中における腐敗，変敗，とくに微生物の増殖によって起こる食品の変質を
防止し，保存性を向上する目的で使用する添加物である．保存料が微生物細胞
にのみ作用して人体に何ら悪影響を与えない薬剤であれば理想であるが，その
ような薬剤は本来あり得ない．それゆえ，一種の細胞毒とみなされる保存料を
人体に無害な条件で微生物に選択的に作用させ，食品保存の目的を達成するた
めに，指定添加物すべてについて対象食品や使用量などの使用基準が設けられ
ている（表7·9）．漂白剤，酸化防止剤としても使用される添加物を除く指定
添加物について，以下に説明する．

　安息香酸類　安息香酸（C_6H_5COOH）は脂溶性，ナトリウム塩は水溶性で
ある．細菌と酵母に有効であり，カビに対する作用はやや弱い．安息香酸類は，
以下に述べるソルビン酸類，デヒドロ酢酸ナトリウム，プロピオン酸類と同様
に酸型保存料といわれる．例えば安息香酸の場合，$C_6H_5COOH \rightleftarrows C_6H_5COO^- + H^+$のように解離することができるが，pHが低くなるほど平衡状態は左に片寄
り，非解離の分子が多くなる．非解離の分子はイオンより疎水性が高いので，
微生物の細胞膜（主成分は脂質）を通過して作用部位に到達しやすくなる．酸
型保存料は，食品の風味に影響を与えない範囲で酸味料を加えpHを下げて使
用する．

表7·9　保存料の使用対象食品および使用量

物質名	対象食品	使用量	備考
安息香酸 安息香酸ナトリウム	キャビア	2.5 g／kg 以下	使用量はいずれも安息香酸として
	マーガリン，菓子の製造に用いる果実ペーストおよび果汁	1.0 g／kg 以下	
	清涼飲料水，シロップ，しょうゆ	0.6 g／kg 以下	
ソルビン酸 ソルビン酸カリウム ソルビン酸カルシウム	チーズ	3.0 g／kg 以下	使用量はいずれもソルビン酸として
	うに, 魚肉ねり製品, 鯨肉製品, 食肉製品	2.0 g／kg 以下	
	いかくん製品，たこくん製品	1.5 g／kg 以下	
	あん類, かす漬, こうじ漬, 塩漬, しょうゆ漬およびみそ漬の漬物, キャンデッドチェリー, 魚介乾製品, ジャム, シロップ, たくあん漬, つくだ煮, 煮豆, ニョッキ, フラワーペースト類, マーガリン, みそ, 菓子の製造に用いる果実ペーストおよび果汁	1.0 g／kg 以下	
	ケチャップ, 酢漬の漬物, スープ, たれ, つゆ, 干しすもも	0.5 g／kg 以下	
	甘酒，発酵乳	0.3 g／kg 以下	
	果実酒，雑酒	0.2 g／kg 以下	
	乳酸菌飲料	0.05 g／kg 以下	
デヒドロ酢酸ナトリウム	チーズ，バター，マーガリン	0.5 g／kg 以下	使用量はデヒドロ酢酸として
ナイシン	食肉製品，チーズ，ホイップクリーム類	0.0125 g／kg 以下	使用量はいずれもナイシンAを含む抗菌性ポリペプチドとして
	ソース類，ドレッシング，マヨネーズ	0.01 g／kg 以下	
	プロセスチーズ，洋菓子	0.00625 g／kg 以下	
	卵加工品，みそ	0.005 g／kg 以下	
	穀類およびでん粉を主原料とする洋生菓子	0.003 g／kg 以下	
パラオキシ安息香酸イソブチル パラオキシ安息香酸イソプロピル パラオキシ安息香酸エチル パラオキシ安息香酸ブチル パラオキシ安息香酸プロピル	しょうゆ	0.25 g／L 以下	使用量はいずれもパラオキシ安息香酸として
	果実ソース	0.2 g／kg 以下	
	酢	0.1 g／L 以下	
	清涼飲料水，シロップ	0.1 g／kg 以下	
	果実または果菜	0.012 g／kg 以下	
プロピオン酸 プロピオン酸カルシウム プロピオン酸ナトリウム	チーズ	3.0 g／kg 以下	使用量はいずれもプロピオン酸として
	パン，洋菓子	2.5 g／kg 以下	

　ソルビン酸類　ソルビン酸（$CH_3CH = CHCH = CHCOOH$）は脂溶性，カリウム塩は水溶性，カルシウム塩は両者の中間的な溶解性を示す．酸型保存料で，細菌，カビ，酵母に対して幅広く効果を示す．カビと酵母に対してはほかの添加物では対応が難しいため，ソルビン酸類は世界でもっともよく用いられている保存料である．

　デヒドロ酢酸ナトリウム　デヒドロ酢酸ナトリウム（図7·10）は水溶性である．酸型保存料で，カビ，酵母，グラム陽性菌に対して一様に作用する．しかし，乳酸菌，偏性嫌気性菌およびグラム陰性菌に対する作用はやや弱い．

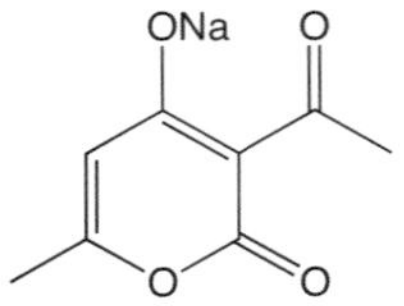

図7·10　デヒドロ酢酸ナトリウムの構造

　ナイシン　ナイシンはチーズ製造に用いられる *Lactococcus lactis* という乳酸菌が産生するアミノ酸34残基の抗菌ペプチドである．食品汚染菌や食中毒菌である *Clostridium* 属，*Listeria* 属，*Staphylococcus* 属などの菌に作用する．

　パラオキシ安息香酸エステル類　パラオキシ安息香酸エステル類（HOC_6H_4COOR）は水に溶けにくいが，エチルアルコール，酢酸などには溶ける．細菌，カビ，酵母に対して有効であるが，グラム陰性菌，乳酸菌に対して効力がやや低下する．酸型保存料と違って解離できないので，pHが変動（pH 3〜9）しても抗菌力はほとんど変わらない．

　プロピオン酸類　プロピオン酸類（CH_3CH_2COOX）は酸型保存料で，*Bacillus*，カビに対して効果を示すが酵母には無効である．そのため酵母を利用して作られるパンによく使われる保存料である．

4・3　食品の製造・加工に使用する添加物

1）製造用剤

　指定添加物（39品目）：アスパラギナーゼ，*アセトン，アンモニア，*イオン交換樹脂，*塩酸，カゼインナトリウム，*水酸化ナトリウム，水酸化マグネシウム，*硫酸，*ケイ酸マグネシウム，*酢酸エチル，*シュウ酸，*炭酸カルシウム，*ナトリウムメトキシド，*二酸化ケイ素，*ピロリン酸二水素カルシウム，*プロピレングリコール，*ポリビニルポリピロリドン，硫酸ナトリウムなど

既存添加物（93品目）：*カオリン，活性炭，*カラメルI～IV，キトサン，*金，くん液，*ケイソウ土，*酸性白土，生石灰，*タルク，タンニン，ヒアルロン酸，*パーライト，*ベントナイト，*ヘキサンなど

　各種食品の製造，加工工程中に使用されるもので，指定添加物39品目中26品目，既存添加物93品目中13品目に使用基準が定められている．例えば，塩酸，シュウ酸，水酸化ナトリウム，硫酸などは最終食品の完成前に中和または除去すること，ヘキサンは食用油脂製造の際の油脂の抽出に限って用いられ最終食品の完成前に除去すること，ケイソウ土や酸性白土などは食品の製造または加工上必要不可欠の場合に限るといった使用制限がある．

　2）増粘剤（安定剤，ゲル化剤または糊料）

指定添加物（22品目）：*アルギン酸プロピレングリコールエステル，アルギン酸ナトリウム，*カルボキシメチルセルロースカルシウム，*カルボキシメチルセルロースナトリウム，*デンプングリコール酸ナトリウム，*メチルセルロース，*ポリアクリル酸ナトリウム，*ポリビニルピロリドンなど

既存添加物（38品目）：アラビアガム，カラギナン，キチン，キトサン，ジェランガム，ペクチンなど

　増粘剤は水に溶解（または分散）して粘性を高める高分子化合物の添加物である．食品に粘りやとろみをつける場合には増粘剤（糊料とも呼ばれる），食品を接着して形崩れをしないようにする場合は安定剤，ゲル化（液体をゼリー状に固めること）を目的とする場合はゲル化剤という．いずれも舌ざわりや歯ざわりなどの食感を向上させるので，アイスクリームやゼリー，スープ，ソース，ジャム，めん類，ねり製品など幅広い食品に使用されている．使用基準のある7品目のうち，対象食品が錠剤など通常の食品形態でない食品に限定されているポリビニルピロリドン以外は，すべての食品に使用できるが使用量の制限が設定されている（例えば，アルギン酸プロピレングリコールエステルは使用量1.0%以下となっている）．

　増粘剤は多様な生物由来の物質（またはその誘導体）である．アルギン酸は

表7·10 食品の製造・加工に使用される主な添加物

用途名	指定添加物	既存添加物
イーストフード	炭酸カルシウム, *硫酸カルシウム, *リン酸三カルシウム, *リン酸一水素カルシウムなど	焼成カルシウム
ガムベース	*エステルガム, *酢酸ビニル樹脂, *ポリイソプレン, *ポリブテン, *リン酸一水素カルシウムなど	*タルク, ウルシロウ, グアヤク樹脂, ゴム, ミツロウなど
かんすい	炭酸ナトリウム, リン酸三カリウムなど	該当なし
結着剤	ピロリン酸四カリウム, ピロリン酸四ナトリウム, ポリリン酸カリウムなど	該当なし
酵素	該当なし	α-アミラーゼ, カタラーゼ, キチナーゼ, トリプシン, プロテアーゼ, リゾチーム, レンネットなど
光沢剤	該当なし	ウルシロウ, パラフィンワックス, ミツロウなど
固結防止剤	*ケイ酸カルシウム, 炭酸マグネシウム, *二酸化ケイ素, *フェロシアン化物	該当なし
小麦粉処理剤	*過酸化ベンゾイル, *過硫酸アンモニウム, *希釈過酸化ベンゾイル, *二酸化塩素	該当なし
色調調整剤	*グルコン酸第一鉄, *ニコチン酸, *ニコチン酸アミド, 硫酸第一鉄	該当なし
消泡剤	*シリコーン樹脂	該当なし
醸造用剤	硫酸アンモニウム, 硫酸マグネシウム, リン酸水素二アンモニウム, リン酸二水素アンモニウム	該当なし
チューインガム軟化剤	*プロピレングリコール, グリセリン, D-ソルビトール	該当なし
豆腐用凝固剤	*塩化カルシウム, 塩化マグネシウム, *硫酸カルシウム, 硫酸マグネシウムなど	粗製海水塩化マグネシウム
乳化剤	*ステアロイル乳酸カルシウム, *ポリソルベート20, *クエン酸カルシウム, *ピロリン酸二水素カルシウムなど	植物性ステロール, 植物レシチン, ダイズサポニン, 卵黄レシチンなど
発酵調整剤	*硝酸カリウム, *硝酸ナトリウム	該当なし
被膜剤	*オレイン酸ナトリウム, *モルホリン脂肪酸塩, *酢酸ビニル樹脂	該当なし
表面処理剤	*ナタマイシン	該当なし
品質改良剤	*エリソルビン酸, *L-システイン塩酸塩, *臭素酸カリウム, *D-マンニトールなど	該当なし
品質保持剤	*プロピレングリコール, D-ソルビトールなど	該当なし
pH調整剤	クエン酸, コハク酸, 乳酸, 氷酢酸など	該当なし
噴射剤	*亜酸化窒素	該当なし
膨張剤	*クエン酸カルシウム, 炭酸カルシウム, *乳酸カルシウム, *ピロリン酸二水素カルシウム, *硫酸カルシウム, *リン酸三カルシウムなど	該当なし
保水乳化安定剤	*コンドロイチン硫酸ナトリウム	該当なし
離型剤	該当なし	*流動パラフィン

* 使用基準のあるもの.

褐藻類（カジメ，アラメ，コンブなど），セルロースは綿やパルプ，アラビア
ガムはアフリカやインドなどに生育するアラビアゴムの木，カラギナンは紅藻
（イバラノリ，スギノリ，ツノマタ，キリンサイなど），キチンとキトサン（キ
チンを部分的に脱アセチル化した物質）はエビ・カニの殻，ジェランガムはグ
ラム陰性菌の培養液，ペクチンはかんきつ類やリンゴの果実から分離調製した
ものである．
　3）そのほか
　食品の製造・加工に用いられるそのほかの添加物は一括して表7·10に示す．
4・4　食品の栄養成分を強化する添加物（栄養強化剤）

指定添加物（93品目）：*亜鉛塩類（グルコン酸亜鉛，硫酸亜鉛），L-アス
　コルビン酸，L-アスパラギン酸ナトリウム，DL-アラニン，塩化第二鉄，
　*グルコン酸第一鉄，クエン酸カルシウム，グリシン，*L-システィン塩
　酸塩，チアミン塩酸塩，L-テアニン，*銅塩類（グルコン酸銅，硫酸銅），
　L-トリプトファン，*ニコチン酸，*ニコチン酸アミド，パントテン酸ナ
　トリウム，ビタミンA，葉酸，L-リシン塩酸塩，リボフラビンなど
既存添加物（31品目）：L-アスパラギン，イノシトール，焼成カルシウム，
　*デュナリエカロテン，*d-α-トコフェロール，*ニンジンカロテン，*パー
　ム油カロテン，フェリチン，ヘム鉄，ミックストコフェロールなど

　食品に不足している栄養成分を補うための添加物であり，ビタミン類，アミ
ノ酸類，ミネラル類などがある．指定添加物は使用基準のあるもの25品目，
使用基準のないもの68品目の合計93品目，既存添加物は使用基準のあるもの
4品目，使用基準のないもの27品目の合計31品目が認められている．

5. 指定取り消しになった主な食品添加物
　以前に食品添加物として指定されていた品目の中にも，発がん性など健康を
損なうおそれがみいだされたために添加物から削除されたものも多い．以下に
指定取り消しになった主な添加物について述べる．
5・1　タール色素
　1948年には24種のタール色素が添加物として指定されたが，その後，安全

性に問題があるとか安全性データが不十分である，あるいは使用実績がないという理由で表7・11に示す13種が指定取り消しになった．現在，添加物として使用が許可されているタール色素は，1948年に指定された11種（赤色2号，赤色3号，赤色102号，赤色104号，赤色105号，赤色106号，黄色4号，黄色5号，緑色3号，青色1号，青色2号）と1991年に追加指定された赤色40号とをあわせた12種である．

表7・11　指定取り消しになったタール色素

物質名	取り消し年	取り消し理由
赤色1号	1965	肝臓・腎臓の障害，発がん性
赤色4号	1966	膀胱炎，肝臓の異常
赤色5号	1966	成長抑制，肝臓の障害
赤色101号	1965	肝臓・腎臓の障害，発がん性
赤色103号	1971	安全性のデータ不足
橙色1号	1966	腎臓・脾臓の異常
橙色2号	1966	肝臓・心臓の障害
黄色1号	1966	腸の慢性的増殖潰瘍，肝臓・脾臓の障害
黄色2号	1966	成長抑制，各種臓器の異常
黄色3号	1966	弱い発がん性
緑色1号	1967	肝臓の障害，発がん性
緑色2号	1970	使用実績なし，将来の使用可能性もなし
紫色1号	1972	発がん性を示唆するデータ，安全性のデータ不足

5・2　アカネ色素

　アカネ色素はアカネ科のセイヨウアカネの根から抽出される赤色の色素で，アリザリン，ルベリトリン酸などを主成分とする．既存添加物（着色料）としてハム，ソーセージ類，かまぼこ，清涼飲料水などに使用されてきた．ラットを用いた試験により腎臓の尿細管にがんの発生が認められ，また変異原性試験も陽性との報告があり，2004年に添加物としての使用が禁止された．

5・3　ズルチン

　ズルチン（図7・11）はショ糖の約250倍の甘味を有する．戦後の甘味料不足のため1946年以来使用が許可されていたが，中毒事件はかなり多い．1947年には幼児が5gをなめて死亡，1963年には

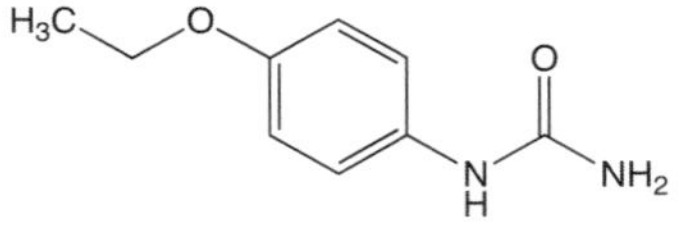

図7・11　ズルチンの構造

両親の留守中に大量になめた2人の男児が死亡，1966年には大量に添加された
ぼたもちを食べて6人が中毒，うち1人が死亡といった事例がある．いずれも
規定量以上の大量使用による中毒例である．動物実験でラットにがんを引き起
こすおそれがあることがわかり，1968年に食品添加物から削除された．

5・4　サイクラミン酸ナトリウム

サイクラミン酸ナトリウム（図7·12）はチ
クロと略称される甘味料で，甘味度はショ糖の
30 〜 40 倍である．サッカリンやズルチンとは
違ってくせのない甘味を示すため，多数の食品
に広く用いられていた．しかし，サイクラミン
酸ナトリウム・サッカリン製剤（10:1）を経

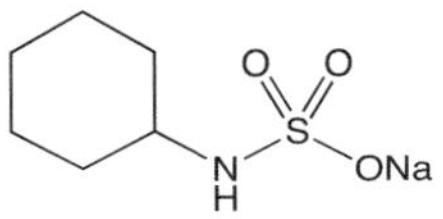

図7·12　サイクラミン酸
ナトリウム（チクロ）の構造

口的に与えたラットに膀胱がんが生じた実験例，サイクラミン酸ナトリウムの
代謝産物であるシクロヘキシルアミンがラット胎児に異常をおこさせた実験例
などにより，1969 年に食品添加物から削除された．

5・5　2-(2-フリル)-3-(5-ニトロ-2-フリル) アクリル酸アミド（AF-2）

AF-2（図7·13）はニトロフラン誘導体の一
種で，1965 年に指定された添加物である．以
前はニトロフラゾーンとニトロフリルアクリル
酸アミドの2種が許可されていたが，より強力
な AF-2 の開発によって前二者の指定が取り消
され，代わって添加物として指定された．橙赤
色の針状結晶で，抗菌力はカビ，酵母，乳酸菌

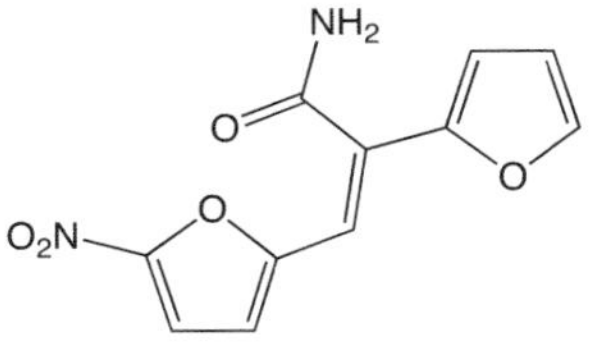

図7·13　AF-2の構造

に対しては弱いが，*Bacillus*，*Clostridium* のような芽胞形成細菌や腸炎ビブリ
オに対して強力に作用する．そのため，魚肉ハム・ソーセージ，魚肉ねり製品，
食肉ハム・ソーセージ，ベーコン，豆腐の防腐剤として使用されてきた．しか
し，AF-2が微生物や昆虫などの遺伝子に作用して変異を起こさせること，さ
らに発がん性が指摘されたことなどから1974年に指定取り消しとなった．

5・6　コウジ酸

コウジ酸（図7·14）はみそやしょうゆの製造に用いられているコウジ菌が
産生する．チロシナーゼの活性を阻害してメラニンの生成を抑えるので，美白
化粧品（医薬部外品）の有効成分として利用されてきただけでなく，食品添加

物（製造用剤）としてカニやエビなど甲殻類の
黒変防止などの用途にも使われてきた．しかし，
動物実験で肝臓に対する発がん性が示唆された
ため，2003年に食品添加物としての使用は禁
止された．みそ，しょうゆにもコウジ酸は含ま
れているが，含量は非常に低いので規制の対象
になっていない．

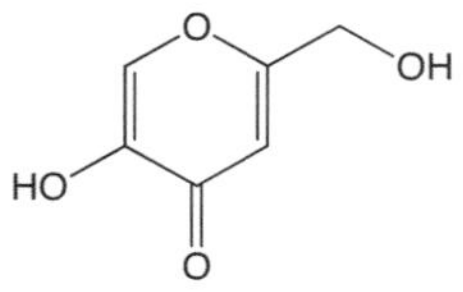

図7・14　コウジ酸の構造

6. 食品添加物の表示方法

食品添加物を食品に使用した場合，原則としてすべての物質名を表示しなけ
ればならない．物質名表示のほか，添加物によっては用途名併記による表示が
必要なもの，一括名による表示でよいもの，表示が免除されているものがある
（表7・12）．

表7・12　食品添加物の表示方法

表示方法	食品添加物の種類
物質名による表示	原則としてすべての添加物
用途名併記による表示	甘味料，着色料，保存料，酸化防止剤，増粘剤，漂白剤，発色剤，防かび剤
一括名による表示	イーストフード，ガムベース，かんすい，苦味料，酵素，光沢剤，香料，酸味料，調味料，豆腐用凝固剤，軟化剤，乳化剤，pH調整剤，膨張剤
表示の免除	加工助剤，キャリーオーバー，栄養強化剤

6・1　物質名による表示

指定添加物は「食品衛生法施行規則別表第2」，既存添加物は「既存添加物
名簿収載品目リスト」に記載されている物質名で表示するのが原則である．た
だし，これらの名称は化学名が主体で一般の消費者にはわかりにくい名称が多
いので，なじみのある簡略名や類別名が決められ，それらで表示してもよいこ
とになっている．例えば，食用赤色2号は赤色2号または赤2，L-アスコルビン
酸ナトリウムはアスコルビン酸Na，ビタミンCまたはV. C，チアミン塩酸塩
はチアミン，ビタミンB₁またはV. B₁，炭酸水素ナトリウムは炭酸水素Na，重
炭酸Naまたは重曹，クチナシ黄色素はカロテノイド色素，クエン酸ナトリウ
ムはクエン酸Naなどである．

6・2　用途名併記による表示

消費者の関心が高い8種類の添加物（表7・12）については，消費者の理解を得るために物質名だけでなくその用途名もあわせて表示することになっている．着色料の水溶性アナトーは着色料（アナトー），甘味料のキシリトールは甘味料（キシリトール），防かび剤のチオベンダゾールは防かび剤（TBZ）などのように記載する．ただし，着色料のうち物質名に「色」が入っているものは着色料であることが明らかであるので，用途名の併記は省略することも認められている．例えばクチナシ色素の場合，着色料（クチナシ色素）と記載しても単にクチナシ色素と記載してもよい．

6・3　一括名による表示

14種類の添加物（表7・12）については一括名による表示が認められている．これら添加物は複数の配合により効果を発揮することが多く個々の成分すべてを表示する必要性が低いと考えられるもの，あるいは食品中にも常在する成分（有機酸やアミノ酸など）であるので，一括名で表示しても表示の目的を達成できる．ただし，調味料にはアミノ酸，核酸，有機酸，無機塩の4グループがあり，調味料という一括名とグループ名を記載することになっている．例えば，L-グルタミン酸ナトリウムならば調味料（アミノ酸），5'-イノシン酸ナトリウムならば調味料（核酸）と記載する．

6・4　表示の免除

加工助剤，キャリーオーバーおよび栄養強化剤については表示が免除されている．

加工助剤は食品の製造工程で使用されるが，除去，分解，中和，失活などにより最終食品中には残存しないものをいう．アセトン，塩酸，水酸化ナトリウムなどが相当する．

キャリーオーバーとは，原材料の加工の際に使用されるが，次にその原材料を用いて製造される食品には使用されず，その食品中には原材料から持ち越された添加物が効果を発揮することができる量より少ない量しか含まれていないものをいう．例えば，味付けせんべいの製造に用いられたしょうゆ中の保存料が該当する．しょうゆは味付けせんべいの原材料であり，保存料は原材料の加工の際に用いられる．しかし，しょうゆを用いて製造される味付けせんべいには保存料は使用しない．こうして製造された味付けせんべいには，しょうゆか

ら持ち越された保存料はもはや保存効果を発揮することができないのである.

　栄養強化剤は，栄養強化の目的で使用されたビタミン，ミネラル，アミノ酸などである. 天然の食品中に常在する成分であり，国際的には食品添加物として扱っていない国も多いという事情を考慮して表示免除となっている.

第*8*章

食品の汚染指標細菌

1. 食品の微生物学的安全性と汚染指標細菌

　食品の原材料から，加工，流通，貯蔵の過程を経て消費に至るまで，いかに生物危害のない食品を供給するかということは食品衛生の重要な課題である．そのため，食品加工や流通の現場では，食品が安全であることを確かめるために，日常的な微生物検査が行われる．その際，個々の食品について様々な病原菌の汚染の有無を一々調べることは，時間的にも，労力的にも，技術的にも難しいので，その代りに現在広く行われている方法は，衛生的品質を評価する汚染指標細菌（衛生指標細菌ともいう）を決めておいて，それを検査する方法である．一般的に，食品の安全性確保のための指標細菌としては，大腸菌群，大腸菌（*E. coli*），E. coli（糞便系大腸菌群），腸内細菌科菌群，腸球菌などが用いられ，総合的な品質確保のための指標としては一般生菌数（成分規格で

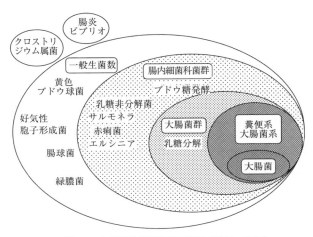

図8・1　各種汚染指標細菌の関係（浅尾，2012）

は細菌数（生菌数という）が広く用いられている．そのほか特別な目的のためには特定の病原菌を対象とすることもある．これらの各種汚染指標細菌の関係は図8・1のようになる．なお日本には大腸菌に関連した食品の規格・基準はない．

ヒトおよび動物の腸管内の常在菌である大腸菌を飲料水由来の病原菌の汚染指標として用いることを最初に提案したのはSchardinger（1892）である．当時流行していた赤痢やコレラ，チフスなどの伝染病対策として，いかにして飲料水（井戸水など）の安全性を確保するかということから考えられたものである．すなわち，これらの病原菌はヒトや動物の腸内（糞便）にいるので，水が糞便で汚染されていれば，病原菌汚染の疑いがあるということになるが，水中の微量の糞便汚染を肉眼や化学検査で証明することは難しいので，糞便と密接に関係のある菌群として大腸菌を調べることでその汚染状況を知るという考え方である．

その後この考え方は食品にも応用されるようになった．すなわち糞便由来の指標細菌が検出されるということは，直接または間接的にその食品がヒトまたは動物の糞便汚染を受けたということであり，腸管由来の食中毒細菌が存在している可能性が示唆されるわけである．しかし最近では，腸管由来の病原菌との関係よりも，食品からこれらの指標細菌が検出されるということは，食品の原料から消費に至るまでのどこかの段階で糞便汚染を受けたということであり，食品として不適当であると考えられるようになってきた．

ヒトや動物の腸内フローラを構成する菌種や菌数は健康なものでは動物種によってかなり一定している．例えば健康成人の糞便では数十種類の細菌が1g当たり10^{11}程度存在し，偏性嫌気性菌の*Bacteroides, Eubacterium, Bifidobacterium, Peptostreptococcus* などが優占している（図8・2）．*Escherichia, Klebsiella, Citrobacter* などの腸内細菌科菌群や腸球菌の菌数はともに糞便1g当たり10^6〜10^8程度である．そのほか*Lactobacillus* や*Clostridium*，酵母，ウイルスなども存在する．

糞便汚染の指標細菌としては，次のような条件を備えたものが望ましい．①ヒトおよび動物の消化管内だけに存在する，②消化管から外界に出て非常に希釈されてもなお検出されるぐらい多数存在する，③外界環境に対する抵抗力が糞便中に含まれるかもしれない病原菌のどの種類よりも強い，④水や食品中の

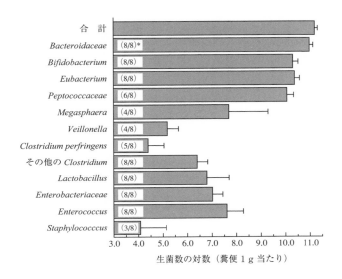

図8·2　健常な成年男子8人（25 ～ 43歳）の糞便微生物叢（久田ら, 1994）
平均値±標準誤差, （検出検体数 / 総検体数）. *Enterobacteriaceae* には大腸菌などが含まれる.

存在が極めて少数であっても，容易にかつ確実に検出できる．汚染指標細菌として
このような条件を完全に満たす微生物は見当たらないが，これまで，大腸
菌群や大腸菌は飲料水や各種食品の汚染指標として世界的にももっとも広く用
いられている.

　なお，汚染指標細菌でいう大腸菌とは，後述する44.5℃の増殖性やIMViC テ
ストなど，一定の試験法で選別される菌群に対する名称で，細菌分類学でいう
大腸菌（ *E. coli* ）を意味するとは限らない．それを区別するために，日本で
はふつう汚染指標細菌の方は立体でE. coli と表記される.

2.　各種食品に対する微生物の規格基準*

　食品の安全性と品質確保の観点から，食品一般および乳・乳製品に対して，「食
品, 添加物等の規格基準」および「乳及び乳製品の成分規格等に関する省令（乳
等省令）」により，表8·1および表8·2のような成分規格が設けられている．こ
_____
*　規格とは, 食品または添加物の純度, 成分などの状態に関するもので, 成分規格がある. 基準とは,
食品または添加物の製造, 加工, 使用, 調理, 保存の方法について定められた規範で, 製造基準, 加
工基準, 使用基準, 調理基準, 保存基準がある.

れらの規格では，生菌数と大腸菌群またはE. coli（糞便系大腸菌群）を組み合わせたものが多いが，鮮魚介類とその加工品，液卵，食肉製品ではそれぞれ特有の危害微生物についての規格が設けられている．

　このほか，未殺菌ミネラルウォーター類に腸球菌と緑膿菌，食肉製品の一部にクロストリジウム属菌の成分規格がある．また，乳・乳製品では生菌数規格が設けられており，発酵乳と乳酸菌飲料では製品としての適切性を保証するために乳酸菌数が規定されている．

　また，汚染指標細菌はこのような法令に基づく検査のほか各食品事業者が行う自主検査などにも広く用いられている．

　なお，多くの微生物検査法には，従来法のほか，それと同等性が確認されている迅速簡便法などの代替試験法があるが，食品衛生法に基づいて実施される行政検査では，その結果が食品の規格・基準などの適合性の判断に用いられるために，食品衛生法に基づいて告示あるいは通知された試験法（公定法）によって行う必要がある．一方，自主検査においてはこの限りでなく，各事業者が，迅速性，簡便性，経済性などから，最適と考える試験法を選ぶことができる．

3. 一般生菌数

　一般生菌数とは標準寒天培地を用い，35℃，24 〜 48時間好気培養で得られる生菌数で，食品やその製造，流通過程における細菌汚染の状態を反映し，品質管理の上で重要な指標となる．また，一般生菌数は安全性とは直接的な関係はないが，食中毒細菌の多くが35℃前後でよく増殖することから，食品の安全性や衛生的取扱いなどを総合的に評価する有力な手段となる．そのため一般生菌数は表8・1および表8・2に示したように，多くの食品で成分規格として汎用されている．

　様々な食品細菌のうちで非好塩性の好気性，中温細菌を主なターゲットにしているのが公定法である．したがって，低温細菌や嫌気性細菌，微好気性細菌，好塩細菌などが優占する食品には適用できない．

　一例として，要冷蔵食品の消費期限を決める場合を考えると，ふつう冷蔵庫温度（例えば10℃）で保存試験を行い，その際の一般生菌数変化を，公定法（標準寒天培地を用い，35℃，24 〜 48時間培養）で求め，自社基準値（例えば10^5/g）に達するまでの日数をもとに消費期限を設定するのが一般的であろう．

表 8·1　一般食品に対する微生物の規格基準

	一般生菌数[*1]	大腸菌群	E.coli	黄色ブドウ球菌	サルモネラ属菌	クロストリジウム属菌	腸炎ビブリオ	その他
清涼飲料水		⊖						
ミネラルウォーター類		⊖						*2
粉末清涼飲料	3,000 / g 以下	⊖						
氷雪	100 / ml 以下	⊖						
氷菓	10,000 / ml 以下	⊖						
乾燥食肉製品			⊖					
非加熱食肉製品			⊖	⊖	⊖			
特定加熱食肉製品			⊖	⊖	⊖	⊖		
加熱食肉製品（包装後加熱）		⊖				⊖		
加熱食肉製品（殺菌後包装）			⊖	⊖	⊖			
生食用食肉〔牛の食肉（内臓を除く）〕								*3
鶏卵（殺菌液卵）					⊖			
鶏卵（未殺菌液卵）	1,000,000 / g 以下							
鯨肉製品		⊖						
魚肉ねり製品		⊖						
冷凍ゆでだこ	100,000 / g 以下	⊖					⊖	
ゆでだこ							⊖	
非凍結ゆでがに（加熱摂取）							⊖	
冷凍ゆでがに（非加熱摂取）	100,000 / g 以下	⊖					⊖	
冷凍ゆでがに（加熱摂取）	100,000 / g 以下	⊖						
生食用鮮魚介類								*4
生食用かき	50,000 / g 以下		*5					*6
無加熱摂取冷凍食品	100,000 / g 以下	⊖						
加熱後摂取冷凍食品（凍結前加熱）	100,000 / g 以下	⊖						
加熱後摂取冷凍食品（凍結前加熱以外）	3,000,000 / g 以下		⊖					
生食用冷凍鮮魚介類	100,000 / g 以下	⊖						*4
食肉製品, 鯨肉製品用砂糖, でん粉, 香辛料								*7
容器包装詰加圧加熱殺菌食品								*8
食品保存用氷雪		⊖						

*1 規格基準では細菌数（生菌数）といっている. *2 腸球菌および緑膿菌：陰性（殺菌, 除菌など）.
*3 腸内細菌科菌群：陰性. *4 100MPN / g 以下. *5 230MPN / 100 g 以下.
*6 むき身にした生食用かきは 100MPN / g 以下. *7 胞子数 1,000 / g 以下.
*8 発育しうる微生物陰性. ⊖印は陰性であること.

表 8·2　乳・乳製品の成分規格における微生物の規準

製 品	一般生菌数*	大腸菌群	その他
生乳，生山羊乳	総菌数 4,000,000 / ml 以下		
牛乳，殺菌山羊乳，加工乳，成分調整乳，低脂肪牛乳，無脂肪牛乳	50,000 / ml 以下	⊖	
特別牛乳	30,000 / ml 以下	⊖	
乳製品			
クリーム	100,000 / g 以下	⊖	
バター，バターオイル，プロセスチーズ，濃縮ホエイ	10,000 / ml または g 以下	⊖	
アイスクリーム	100,000 / g 以下	⊖	
アイスミルク，ラクトアイス	50,000 / g 以下	⊖	
濃縮乳，脱脂濃縮乳	100,000 / g 以下		
無糖れん乳，無糖脱脂れん乳	0 / g		
全粉乳，脱脂粉乳，クリームパウダー，ホエイパウダー，バターミルクパウダー，加糖粉乳，調整粉乳，加糖れん乳，加糖脱脂れん乳，タンパク質濃縮ホエイパウダー	50,000 / g 以下	⊖	
ナチュラルチーズ（ソフト，セミハード）			リステリア・モノサイトゲネス 100 / g 以下
はっ酵乳，乳酸菌飲料（無脂乳固形分 3.0%以上）		⊖	乳酸菌数または酵母数 10,000,000 / ml または g 以上
乳飲料	30,000 / ml 以下	⊖	
乳などを主要原料とする食品　乳酸菌飲料（無脂乳固形分 3.0%未満）		⊖	乳酸菌数または酵母数 1,000,000 / ml または g 以上
常温保存可能品　牛乳，加工乳，乳飲料，成分調整牛乳，低脂肪牛乳，無脂肪牛乳	0 / ml（30℃，14 日間あるいは 55℃，7 日間保存後）		

* 規格基準では細菌数（生菌数）．⊖印は陰性であること．

　しかしこの方法は不適当である．なぜなら 10℃ 保存中に腐敗を起こすのは主に低温細菌であるが，上記の培養温度では低温細菌は測定できない（35℃では増殖しない）からである．事実，低温で腐敗した魚介類の生菌数は，20℃培養では $10^8 \sim 10^9$/g であるのに，35℃ 培養では $10^4 \sim 10^5$/g にしかならず，実際には腐敗しているにもかかわらず，それを見落とすことになる（表8·3）．

　図8·3はキムチとズワイガニ棒肉加熱製品について，それぞれのメーカーが10℃ で保存試験を行なった結果である．いずれも生菌数は20℃培養と35℃培養では大きく違い，35℃培養の結果をもとに品質判定や消費期限設定をすることが不適当であることがわかる．このように，要冷蔵食品の生菌数は低温細菌の増殖できる 20℃ 以下の培養温度で求めないと，間違った結果を得ることになる．

表8·3　公定法と改変法による生菌数（1g当たり）の比較

試　　　料	公定法[*1]（35℃培養）	改変法[*2]（20℃培養）
マイワシ（鮮魚）	8.6×10^3	2.5×10^4
マイワシ（5℃腐敗）	5.7×10^5	1.2×10^9
マイワシ（5℃腐敗後冷凍）	2.9×10^4	1.7×10^7
カツオ（鮮魚）	1.8×10^3	5.7×10^3
カツオ（冷凍）	8.0×10^2	1.2×10^3
イカ（冷凍）	1.4×10^4	1.1×10^5
イカ（5℃腐敗）	5.9×10^4	1.8×10^8
みりん干し	3.3×10^4	6.8×10^4
すじこ	2.6×10^2	3.1×10^3
ちくわ（室温腐敗）	1.3×10^8	1.3×10^8

[*1] 標準寒天培地.
[*2] 2.5％食塩添加 BPG 寒天培地（BPG 培地は魚肉エキス，ペプトン，グルコース
　　からなる培地）.　　　　　　　　　　　　　　　　　　　　（藤井，1985）

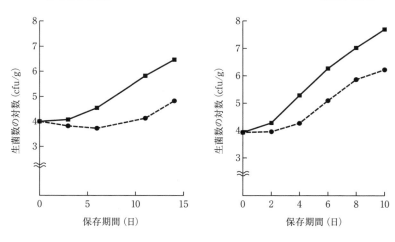

■：20℃培養　　●：35℃培養（公定法）

図8·3　キムチ（左）およびズワイガニ棒肉製品（右）の10℃保存試験中の生菌数に及
ぼす培養温度の影響（左：佐藤，2018　右：戸ヶ崎，2014）

先にあげた例だけでなく，高温細菌が主な腐敗菌となる加温販売のコーヒー
缶詰の検査には用いられないし，魚醤油の腐敗菌も高度好塩細菌であるので食

塩無添加の標準寒天培地では増殖しない．真空包装やガス置換包装食品で問題
となる嫌気性細菌の検出にも不適当である．

4.　大腸菌群

　大腸菌群（coliforms）とは，定められた試験法により，48時間以内に乳糖
を分解して酸とガスを産生する好気性または通性嫌気性のグラム陰性無胞子桿
菌の総称である．IMViC 試験（インドール産生，メチルレッド反応，Voges-
Proskauer 反応，クエン酸利用能）によって表8・4のようにパターン分けされる．
大腸菌（*Escherichia coli*）のほかに多くの腸内細菌科菌群（*Citrobacter freundii*，
Klebsiella pneumoniae，*Enterobacter cloacae*，*Pectobacterium cartovorum* など）を
含む．

　食品衛生法に基づく大腸菌群の試験法（公定法）は，食品ごとに培地や試料
採取法など異なる点があり複雑であるが，大きくは乳糖ブイヨン（lactose
broth, LB）または brilliant green lactose broth（BGLB）を用いる液体培地法と
デソキシコレート寒天培地（desoxycholate agar, DCA）を用いる寒天培地法に
分けられる．試験法の概要は図8・4 の通りである．この試験法は1947 年に食
品衛生法が公布された際に各種食品の規格・基準として大腸菌群を汚染指標細
菌とする考え方が取り入れられたのに伴って採用されたものであり，現在まで

表8・4　IMViC テストによる大腸菌群の分類

区　分		I	M	Vi	C	44.5℃
Escherichia coli（大腸菌）	Ⅰ型	+	+	−	−	+
	Ⅱ型	−	+	−	−	−
中間型	Ⅰ型	−	+	−	+	−
	Ⅱ型	+	+	−	+	−
Enterobacter aerogenes	Ⅰ型	−	−	+	+	−
	Ⅱ型	+	−	+	+	−
Enterobacter cloacae [ゼラチン液化性：+]		−	−	+	+	−
不規則型	Ⅰ型	+	+	−	−	−
	Ⅱ型	−	+	−	−	+
	Ⅳ型	−	−	+	+	+
その他の不規則型		各種の反応				

I：インドール試験，M：メチルレッド試験，Vi：V-P 試験，C：クエン酸塩利用試験，44.5℃：44.5℃
での発育．
　　　　　　　　　　　　　　　　　　　　　　　　（国際食品微生物規格委員会（ICMSF），1978）

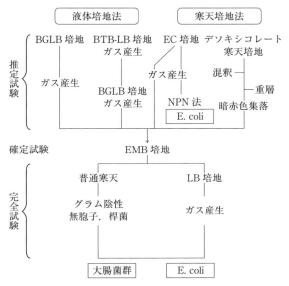

図8·4　日本の衛生指標菌試験（浅尾，2011）

基本的な手順は変更されていない.

　Schardinger（1892）はコレラ菌などの水系感染症菌よりも迅速に分離同定が可能な大腸菌を糞便汚染の指標細菌として使用することを提案したが，当時は大腸菌を分離同定することは容易ではなかったので，翌年には大腸菌と類似した集落を形成する菌群として，より簡便に検出可能な大腸菌群が提唱された（Blachstein，1893）.

　次項で述べる大腸菌以外の大腸菌群はヒトの糞便にも存在するが，それ以外にも広く分布している．したがって，食品から大腸菌が検出されれば糞便汚染の可能性が高いが，大腸菌以外の大腸菌群が検出された場合には，糞便とは無関係に自然界の土壌や植物からの汚染の可能性も考えられる．すなわち，大腸菌群が飲食物から検出されても糞便汚染とは無関係のこともあり得るが，疑わしきは避けるべきとの考えから，これらが検出されれば原料の段階や製品の製造・流通の段階で不潔な取り扱いを受けた可能性があるとみなしている.

5.　大腸菌

　大腸菌という用語は細菌分類学の分野では，*Escherichia coli* の和名として用いられている．大腸菌はヒトや動物の腸内に普通に存在している通常は無害な菌種で，通性嫌気性のグラム染色陰性桿菌，周毛性鞭毛を有し，糖を分解してガスを出す．オキシダーゼ陰性，カタラーゼ陽性，メチルレッド反応陽性，Voges-Proskauer 反応陰性，クエン酸利用能陰性，硫化水素非産生，尿素非分解，リパーゼをもたないなどの性質がある．

　大腸菌群は自然界にも分布しているため，食品からこれが検出されても，必ずしも糞便汚染を意味しない．これに対して*E.coli* はヒトや動物の腸内の常在菌であり，体外ではあまり長く生存できないので自然界にはほとんど分布しない．したがって食品などから*E.coli* が検出されれば糞便汚染の可能性が相当に高いといえる．

　食品衛生学の分野では，大腸菌群のうち，44.5℃で増殖し，乳糖を分解してガスを産生し，IMViC 試験のパターンが＋＋－－または－＋－－の菌群（表8·5）を大腸菌と呼んでいる．この方法で検出された菌群の中には，分類学上の大腸菌とは性質の一致しない大腸菌群のメンバーが含まれることがあるが，これらを大腸菌と呼ぶのは，おそらく試験法が導入された当初は，大腸菌群をIMViC 試験まで行えばほぼ本来の意味での大腸菌が特定されると考えていたためであろう．

6.　E. coli（糞便系大腸菌群）

　大腸菌群を特定する従来の試験は手間がかかるので，それに代わる簡便な試験法として，44.5℃での増殖と乳糖発酵・ガス産生能だけを調べて糞便系大腸菌群（fecal coliforms）を推定する方法（ECテスト）がある．ただしこれも細菌分類学でいう大腸菌を特定するものではなく，検査手順に多少の違いはあるが，上記の大腸菌群と同じと考えてよい．

　二枚貝には糞便汚染とは関係なく，はじめから大腸菌群が存在しているので，カキの汚染指標菌には米国の基準に準じてECテストによるE. coli-MPN 法が用いられる．わが国では，生食用カキのほか，加熱後摂取の冷凍食品，食肉製品などの成分規格に，E. coli が採用されている．

7. 腸球菌

　腸球菌とは*Enterococcus*属の複数の菌種を意味し，これに属する主な菌種は*E. faecalis*と*E. faecium*である．ヒトおよび動物の常在菌であるとともに，昆虫，植物，土壌などからも検出され，自然界での分布は広い．グラム陽性の球菌で，カタラーゼ陰性，10および45℃，pH 9.6，食塩6.5%などの条件下で増殖でき，60℃で30分間の加熱によっても死滅しない．

　腸球菌はヒトの糞便中における菌数は一般的に$10^6 \sim 10^8$/gで大腸菌群とほぼ同じ程度であるが，食中毒原因菌との相関関係は大腸菌群より低いといわれている．そのほかにも腸球菌は汚染指標菌としてみた場合，表8·5に示すように，腸管に対する特異性が少なく，分離同定が困難であり，生鮮野菜や塩漬肉での検出率が一般に高いなどの欠点がある．それにもかかわらず本菌群が汚染指標細菌となるのは，比較的厳しい環境条件に対する抵抗性において，大腸菌群より優れた点があるためであり，とくに凍結に対する抵抗性が非常に強いので，冷凍食品の汚染指標として注目されている．わが国では，未殺菌のミネラ

表 8·5　汚染指標としての大腸菌群と腸球菌の比較

特　性	大腸菌群	腸球菌
形態	桿菌	球菌
グラム染色性	陰性	陽性
腸管内における菌量	$10^7 \sim 10^9$ / g 糞便	$10^5 \sim 10^8$ / g 糞便
各種動物の糞便中における存在	動物によっては存在せず	大部分に存在
腸管に対する特異性	一般的に特異性あり	一般的に特異性は少ない
腸管以外における存在	一般的に低い菌量	一般的に高い菌量
分離同定の難易度	比較的容易	比較的困難
悪い環境条件に対する抵抗力	比較的小さい	比較的大きい
凍結に対する抵抗力	比較的小さい	比較的大きい
冷凍食品中における生残性	一般的に低い	高い
乾燥食品中における生残性	低い	高い
生鮮野菜中における存在	低い	一般的に高い
生鮮食肉中における存在	一般的に低い	一般的に低い
塩漬肉中における存在	低いか存在せず	一般的に高い
食品媒介腸管系病原菌との関係	一般的に高い	比較的低い
非腸管系食品媒介病原菌との関係	低い	低い

(Jay ら，2005)

ルウォーター類の成分規格や殺菌しないミネラルウォーター類の原水の製造基準に用いられている.

8. 腸内細菌科菌群

　2011年4月に飲食チェーン店で発生したユッケによる腸管出血性大腸菌の食中毒事件を受け，生食用食肉として販売される牛の食肉（ユッケ，タルタルステーキ，牛サシ，牛タタキ）の規格基準が新たに設定された．その中で，生食用食肉で危害の大きい腸管出血性大腸菌およびサルモネラ属菌の指標菌として，腸内細菌科菌群がわが国で初めて採用され，それが陰性であることが規定された（2011年10月施行）.

　わが国で従来用いられている大腸菌群などの指標菌が特定の培地での増殖性状によって判断される菌群であるのに対して，腸内細菌科菌群は分類学上の明確な菌群であり，将来分子生物学的な試験に移行する場合にも利点があると考えられるため，コーデックスやEUで大腸菌群に代わる汚染指標細菌として採用されている.

　腸内細菌科菌群とは，細菌分類学でいう腸内細菌科（*Enterobacteriaceae*）に属する菌群をいい，主な性状は，胞子非形成，グラム陰性桿菌，大部分は周毛性の鞭毛を有する通性嫌気性，グルコースや他の糖を発酵，大部分の菌種でカタラーゼ陽性，オキシダーゼ陰性，大部分の菌種が硝酸塩を亜硝酸塩に還元する.

　現行試験法での腸内細菌科菌群の定義は，VRBG（バイオレットレッド胆汁ブドウ糖）寒天培地で，淡紅～赤または紫色のコロニーを形成し，グルコースを発酵，オキシダーゼ陰性の菌群である（ISO 21528）．この菌群には大腸菌群の定義では外れる乳糖非分解性の主要な腸管系病原菌であるサルモネラ，赤痢菌，エルシニアなども含まれる.

第9章

食品の腐敗

1. 腐敗とは

　食品は放置しておくと，次第に外観やにおい，味などが変化していき，最後には食べられなくなってしまう．このような現象を腐敗と呼んでいる．これは食品のタンパク質や炭水化物などの成分が微生物の作用によって分解され，その結果，組織が軟化したり液化し，またアンモニアや硫化水素，酪酸など種々の悪臭成分が生じるためである．このような変化が現れるためには普通は食品1g 当たり $10^7 \sim 10^8$ 程度の菌数が必要であるが，その際，関与する微生物の種類がとくに限定されるわけでなく，また一般に，腐敗した食品を食べても下痢，嘔吐のような特定の症状がみられるわけでもない．腐ったものを食べると食中毒になるというようなことをよく言うが，これは正しくない．

　食中毒（微生物性食中毒）も微生物の作用によるという点では腐敗と同じであるが，食中毒はサルモネラ，黄色ブドウ球菌，腸炎ビブリオなど，食品衛生上問題となる特定の病原微生物が食品中で増殖，または毒素を生産し，それを食べた人にその微生物特有の症状（下痢，腹痛，嘔吐など）を起こすものである．多くの食中毒は腐敗を起こさない程度の菌量（少ない例では 10^2/ヒト）によって起きる．したがって，外見上著しい変化を伴わない食品を食べても食中毒になることはあるが，逆に，たとえ腐った食品を食べたとしても，そこに食中毒菌が含まれていなければ食中毒になるわけではない．

　発酵と呼ばれる現象も食品成分が微生物の働きによって次第に分解していく現象である．発酵は，ヨーグルトや酒のように，炭水化物が分解されて乳酸やアルコールなどが生成されるような場合が代表的で，一方，腐敗は食肉や魚介類のようにタンパク質を多く含む食品で顕著である．しかし，炭水化物が分解される場合が発酵で，タンパク質が分解される場合が腐敗ということではない．腐敗は炭水化物系食品のご飯や野菜，果実類などでも普通にみられるし，逆に

発酵食品の納豆はタンパク質食品である大豆に枯草菌を生やして作られる．また，代謝産物の違いで発酵と腐敗が区別されるわけでもない．牛乳に乳酸が蓄積して凝固したものはある時は発酵と呼ばれ，ある時は腐敗と呼ばれる．両者の区別は，食品や微生物の種類，生成物の違いによるのではなく，微生物作用のうち人間生活に有用な場合を発酵，有害な場合を腐敗と呼んでいるのである．

2. 腐敗微生物の分布と食品への汚染

食品には様々な微生物が付着しているが，それらの微生物のすべてが腐敗に関与するわけではない．食品がおかれた環境や食品成分に適したものだけが増殖して優占し，適さないものは劣勢化する．この際，優勢な微生物は食品成分を分解して変えてゆくので，その結果，周りの環境（成分やpHなど）が自分自身に不利になると増殖できなくなり，代ってそれまで劣勢であった微生物の中で，新しい環境に適したものが優勢化することになる．このように多くの食品中ではミクロフローラ（微生物叢）が変遷しながら腐敗が進行する（図9·1）．これらの微生物の中で腐敗に主導的な役割を果たす微生物を腐敗微生物というが，それは必ずしも1種とは限らず，また数の上で優勢な微生物とは限らない．

腐敗微生物の来源については，①家畜，魚介類，果実，野菜などにもともと付着していた一次汚染微生物，②加工流通の過程で二次的に汚染した微生物，の2つに整理することができる．このうち，一次汚染微生物は，農畜産食品で

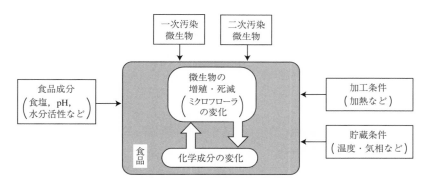

図9·1　食品の腐敗に影響を及ぼす要因

はその生育環境である土壌や空気中および腸内（動物の場合）の微生物の影響を，また水産食品では水圏や底土，魚の腸内の微生物の影響を大きく受けるが，二次汚染微生物の範囲は特定しにくく，加工品の副原料をはじめ，工場の空気や用水，製造用機器などのほか，作業者の衣服や手指などに由来するものもある．

2・1　自然界における腐敗微生物の分布

　大気中には地上や水面からほこりや飛沫などとともに舞い上がった細菌やカビの胞子が存在する．大気中の微生物の数は場所や季節などによって異なり，細菌は都市部で1m^{3}当たり10^3，農村部では10^{2}程度で，その多くは胞子形成グラム陽性菌である．カビ胞子は空気中に数千個以上いるといわれ，*Cladosporium* が20 〜 50％を占める．

　土壌中の微生物を蛍光染色法により顕微鏡下で計数すると1g当たり10^{10}程度の微生物が観察される．その大部分はVBNC（viable but non-culturable）細菌と呼ばれ，生きているが培養できない菌群である．平板法により分離できるのは10^5 〜 10^{8}程度で，水田土壌の例では，グラム陽性菌と陰性菌がほぼ半々で，陽性菌は *Bacillus* と *Corynebacterium* が，陰性菌では *Acinetobacter* や *Flavobacterium* が比較的多い．

　これに対し，海洋の微生物は *Pseudomonas*, *Alteromonas*, *Vibrio*, *Acinetobacter-Moraxella*, *Flavobacterium* などのグラム陰性菌が大部分で，低温性のものが多いのが特徴である．生菌数は沿岸域で10^3 〜 10^4/ml，外洋で0.1 〜 10/ml程度である．これら水中にも多数のVBNC細菌や低栄養細菌が存在するが，食品との関わりは少ない．河川や湖沼の主な細菌叢は *Acinetobacter-Moraxella*, *Enterobacteriaceae*, *Flavobacterium*, *Pseudomonas*, *Aeromonas* などで，その数は10^1 〜 10^5/ml程度であるが，汚染水域では10^7/mlに達することもある．

2・2　食品原料における腐敗微生物の分布

　牛や豚などの家畜では，健全な場合には筋肉や血液中に微生物は存在しないが，体表には生活環境に由来する微生物が，また消化管内には嫌気性細菌（*Bacteroidaceae* 科の細菌など）が10^8 〜 10^9/g，通性嫌気性菌（*Enterobacteriaceae*, *Lactobacillaceae* 科の細菌など）が10^6 〜 10^8/g程度存在する．

　健康な魚類の場合も筋肉や体液は無菌であるが，表皮や鰓，消化管内には多数の細菌が存在している．その数は漁場や季節，魚種などによって違うが，一

般に皮膚では$10^2 \sim 10^5/cm^2$，鰓では$10^3 \sim 10^7/g$，消化管（内容物）では$10^3 \sim 10^8/g$である．魚の表皮に付着している細菌は生息水域のフローラを反映して*Pseudomonas, Alteromonas, Vibrio, Moraxella* などが主である．また消化管内の細菌は海産魚では*Vibrio* が，淡水魚では*Aeromonas* と腸内細菌科のものが多い．また一部の淡水魚では嫌気性の*Cetobacterium* や*Clostridium* が多数存在する．

　野菜や果実の表皮には*Leuconostoc* や*Lactobacillus* などの乳酸菌のほか，*Corynebacterium, Bacillus*，大腸菌群，*Micrococcus*，カビなどが付着している．レタスやキャベツでは表面から1 〜 2 葉目の生菌数が$10^4 \sim 10^7/g$と多く，キュウリの表皮でも$10^5/g$，ブドウでは$10^5/g$程度の細菌がみられる．これらの数や種類は植物の種類や部位，生育環境などによっても異なる．

2・3　食品の加工工程における微生物汚染

　食品は原料処理や加工工程中にも様々な原因によって二次汚染を受ける．

　食肉や食鳥肉などではとくに腸抜き工程および冷却工程での微生物汚染が著しい．同じ冷凍調理食品でも，ハンバーグのように製造工程中に加熱工程のあるものでは，加熱により殺菌が行われるため，それ以前の微生物汚染が製品の微生物学的品質に影響を与えることは少ないが，凍結前未加熱のエビフライのような製品では，原料由来の一次汚染の程度によって製品の菌数レベルが決まってしまうので原料の品質管理がとくに重要となる．

3. 腐敗による化学成分の変化

　腐敗により食品成分は様々な変化を受ける．その結果，におい成分の変化が普通もっとも顕著であるが，他にも，食中毒の原因となる腐敗アミン（ヒスタミンなど）が生成されたり，肉眼でもわかるネトや色素が産生されたり，あるいは包装食品の膨張の原因となるガスが発生したりする．

3・1　におい成分

　食品の腐敗はにおいの変化によって感知されることが多い．このことはとくに魚介類や食肉またはその加工品のようなタンパク質やアミノ酸を多く含む食品で著しい．食品の腐敗臭は食品の種類や包装の状態，貯蔵の条件などによって大きく異なるが，一般に海産の魚介類ではアンモニアとトリメチルアミンが，食肉ではアンモニアが，米飯や野菜ではアンモニアと有機酸が，卵では硫化水素やメルカプタンが主なにおい成分である．

1）アンモニア

　腐敗によって生成されるアンモニアは主に食品成分中にエキス成分として存在するアミノ酸に由来する．微生物によるアミノ酸の分解は，図9·2 に示すように，①脱炭酸反応によるアミンの生成，②酸化的脱アミノ反応によるアンモニアとケト酸の生成，③直接の脱アミノ反応によるアンモニアと不飽和脂肪酸の生成，④還元的脱アミノ反応によるアンモニアと飽和脂肪酸の生成の4つの経路によって行われる．これらのうち，酸素の供給が十分な場合には，主に②の酸化的脱アミノ反応が進行する．

　サメ，エイなどの板鰓類の魚では，筋肉中に多量の尿素を含んでいるので，それらが死ぬと各種細菌がもつウレアーゼの作用で多量のアンモニアを生成する．

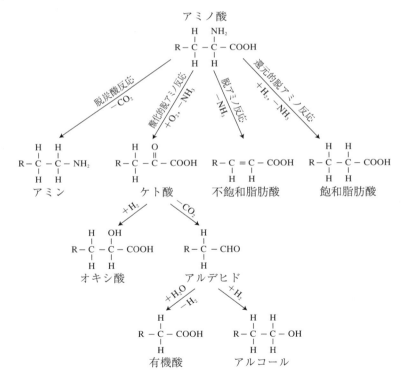

図9·2　微生物によるアミノ酸分解の主な経路（清水，1976）

2）硫化水素，メルカプタン

硫化水素，メチルメルカプタン，エチルメルカプタン，ジメチルサルファイドなどの硫黄化合物は微量で感知される成分であり，*Shewanella, Alteromonas* など種々の細菌によってメチオニン，シスチン，システインなどの含硫アミノ酸から生成される．

3）インドール

インドールは *Shewanella, Vibrio*，大腸菌などの細菌が有するトリプトファナーゼの作用によってトリプトファンから生成される．

4）トリメチルアミン

トリメチルアミンは海産魚介類に特有の腐敗臭成分であり，トリメチルアミンオキシド還元酵素をもつ *Shewanella, Alteromonas, Vibrio, Flavobacterium* などの細菌によって，魚介類のエキス成分であるトリメチルアミンオキシドから生成される．

5）酪酸，酢酸

酪酸は食品が嫌気的な条件下で腐敗した際の代表的な腐敗臭成分の1つである．*Clostridium* 属細菌ほか一部の嫌気性細菌により生成される．また酢酸は大腸菌，*Salmonella, Vibrio, Acetobacter* などによって生成される．

6）エチルアルコール

エチルアルコールをはじめとするアルコール類は食品の味や保存性に関係するが，食品のにおいにも関係する．エチルアルコールは酵母やヘテロ発酵型乳酸菌によって生成される．

3・2　その他の腐敗産物

1）ヒスタミン

アミノ酸が細菌の脱炭酸作用を受けると，ヒスタミンやプトレシン，カダベリンなど種々のアミン類が生成される．そのうち，ヒスタミンはアレルギー様食中毒の原因物質として食品衛生上とくに重要であり，遊離のヒスチジンを多量に含む赤身魚（マグロ，カジキ，サバ，ブリ，イワシなど）とその加工品がこの食中毒の原因食品となりやすい．そのほか，ワインやチーズなどでも生成されることがある．ヒスタミンを著量含んだ食品は口にしたときピリッとした辛みを感じさせる．

Morganella morganii, Enterobacter aerogenes, Raoultella planticola, Photobacterium damselae, P. phosphoreum, Lactobacillus sp., *Clostridium perfringens* などが代表的なヒスタミン生成菌として知られる.

2）乳　酸

　食品中に生成される有機酸の種類は食品成分や貯蔵条件などによって異なる. 有機酸はにおい成分として重要なものが多いが, 食品の味や保存性にも関係する. 食品中でもっともポピュラーな有機酸である乳酸は *Lactobacillus, Streptococcus, Leuconostoc* などの乳酸菌のほか, *Escherichia, Salmonella, Staphylococcus* などによっても生成される.

3）ガ　ス

　加熱不足の缶詰やレトルト食品, 包装されたハムや魚肉ソーセージ, かまぼこなどの食品中で炭酸ガスや水素ガスが生成されると膨張の原因となるが, これらのガスは主に *Clostridium* などの嫌気性菌が糖を分解して生産する. 包装食肉製品でみられる膨張はヘテロ型乳酸菌による炭酸ガスが原因のこともある.

4）ネ　ト

　魚肉ソーセージやかまぼこの表面にみられるネトの主体は *Bacillus, Micrococcus*, 乳酸菌などの集落である. これらのネトは粘液様で, 強いにおいをもっていることが多い. パンの糸引きは *Bacillus subtilis* の増殖によるものであり, 牛乳でも *Alcaligenes* の増殖によって粘稠性を増すことがある. またネトは細菌の代謝産物によることもあり, ショ糖を含むかまぼこにみられるネトは *Leuconostoc mesenteroides* の産生するデキストランである.

5）色　素

　微生物が産生する菌体内または菌体外色素は食品の変色を起こす. もっとも普通にみられるものは黄色, 褐色, 橙色, 赤色のカロチノイド色素で, *Flavobacterium, Sarcina, Corynebacterium, Xanthomonas* などが産生する. そのほか, *Pseudomonas* の数種の細菌はフルオレッシン, ピオシアニン, ピオルピン, クロラフィンなどの蛍光色素を産生する. 直接色素が産生されない場合でも, 微生物の腐敗産物が食品成分と反応して着色することがある. 肉や肉製品にみられる緑変は細菌によって作られた硫化水素が肉中のミオグロビンやヘモグロビンと反応してスルフミオグロビンやスルフヘモグロビンに変化するためである.

4. 食品に特有の腐敗微生物

　食品がどのような微生物によって腐敗するかは，表9·1 に示すように，食品原料の種類によってある程度決まってくるが，加工や貯蔵法（乾燥，塩蔵など）の影響も大きい．とくに加熱殺菌工程があるような食品では，食品原料の種類よりも，加熱による影響の方が大きく，加熱食品か非加熱食品かといった食品のタイプごとに共通性がみられる．そこでここでは食品のタイプ別に，①生鮮食品（非加熱）の例として鮮魚と食肉，牛乳，鶏卵，果実・野菜について，②加熱殺菌食品の例として缶詰類と魚肉ねり製品，米飯について述べることとする．

4·1　生鮮食品の腐敗

1）魚介類の腐敗

　健康な魚の皮膚や鰓，消化管に存在している微生物は魚が生きている間は体内へ侵入することはないが，魚の死後まもなく魚肉中のエキス成分を利用して増殖を開始し，その後筋肉や内臓酵素の働きによって消化管や各組織が分解を受けて脆弱となり，またタンパク質などの高分子物質も低分子化されて細菌の増殖に好都合となるため，皮膚や腹腔を突破して魚体内へ侵入をはじめ活発に

表 9·1　種々の食品に特徴的な腐敗微生物

腐敗微生物	肉・魚介類，卵	野菜類	穀・豆類	果実類	牛乳
グラム陰性桿菌[*1]					
非発酵性	＋＋＋	＋	＋	0	＋＋
発酵性	＋	＋＋	＋	±	±
球　　菌[*2]					
カタラーゼ陽性	＋	0	＋	0	±
カタラーゼ陰性	±	±	0		＋
Lactobacillaceae	0	＋	＋	＋＋	±
Bacillaceae	0	＋	＋	0	＋＋
糸　状　菌[*3]	＋	＋＋	＋＋＋	＋＋	0
酵　　母[*4]	0	0	＋	＋	0

＋＋＋ 常に優占種，　＋＋ 優占種，　＋ かなり検出，　± わずか，時折検出，　0 重要でない．
[*1] 非発酵性：*Pseudomonas, Acinetobacter, Alcaligenes* など．発酵性：*Flavobacterium, Chromobacterium, Erwinia* など．　[*2] カタラーゼ陽性：*Micrococcus, Staphylococcus* など．カタラーゼ陰性：*Streptococcus, Leuconostoc, Pediococcus* など．　[*3] *Rhizopus, Mucor, Aspergillus, Penicillium, Thamnidium, Monilia* など．
[*4] *Torulopsis, Candida, Rhodotorula* など．　　　　　　　　　　　　　　　　　　　（柳田，1984）

増殖するようになる.

　魚介類は畜肉に比べて腐敗しやすいが，その理由としては，①魚介類の皮膚には1cm² 当たり10³ ～ 10⁵と多数の細菌が付着しており，②それらの中には低温細菌も存在する．③畜肉に比べて結合組織の発達が悪く，肉質も弱い，④筋肉の自己消化作用が強い，⑤死後の筋肉のpH 低下が比較的小さく，畜肉より細菌の増殖に適していることなどが考えられている．

　魚介類を同一の条件下で貯蔵しても，その時の腐敗の進行の程度は，魚種，付着細菌叢，死後変化（死後硬直など），漁獲後の二次汚染などの要因によって大きく異なる．そのうえ魚介類は同じ種類であっても，部位，大きさ，季節，生息環境，餌料などによって成分組成が異なるので腐敗の様相は複雑である．

　ここでは非凍結鮮魚（冷蔵魚），冷凍魚，パーシャルフリージング貯蔵魚，ガス置換包装魚の腐敗と細菌叢の概要（図9·3）について述べる.

　冷蔵魚の腐敗　わが国近海で漁獲された魚（マアジ，マサバ，マイワシ，イサキなど）を冷蔵すると，0℃では大体8日～2週間後に，5℃では5日前後で表皮の細菌数が1cm² 当たり10⁷以上に達し腐敗する（図9·3）．この腐敗時の

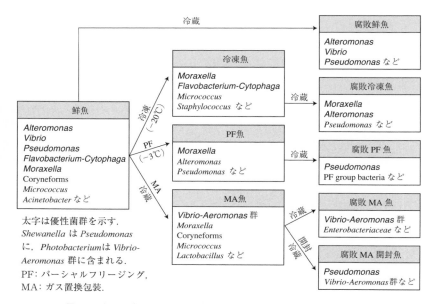

図9·3　鮮魚を各種条件下で貯蔵した際の新鮮時および腐敗時の細菌叢

フローラは*Alteromonas*（*A. macleodii* または*A. haloplanktis*）がもっとも多く，ついで*Shewanella*（*S. putrefaciens* ほか）と *Vibrio, Pseudomonas* も多くみられる．腐敗時のにおいは細菌叢によって異なり，これら各細菌群のうち，硫化水素，インドール，トリメチルアミンなどもっとも典型的な腐敗臭を出すのは*Shewanella* で，ほかに*Alteromonas*，*Vibrio* にも腐敗活性の強いものがある．一方，*Pseudomonas* には果実臭や酸臭など，*Alteromonas* や*Shewanella* とは異なった臭いを出すものが多い．*Moraxella* は一般に腐敗活性は弱い．

冷凍魚の腐敗　最近は消費者の生鮮魚志向が強いため，凍結貯蔵魚を消費地で解凍して販売するケースが増えている．このような市販凍結魚の体表の細菌叢は，凍結に弱い*Pseudomonas* や*Alteromonas, Shewanella, Vibrio* が減少し，*Moraxella* と球菌類が優占するなど，冷蔵魚の場合とは著しく異なる．このことから，市販魚の細菌叢を調べることにより冷凍魚かどうかを見分けることができる．

この解凍魚を低温で腐敗させると，解凍時に見られた球菌類は検出されず，*Shewanella* と *Vibrio* もわずかで，一方，解凍時には見られなかった*Alteromonas* や *Pseudomonas* が多数出現し，解凍時に多く生残した*Moraxella* がもっとも優勢となる．解凍時には見られないにもかかわらず*Alteromonas* が比較的多いのは，その増殖速度が極めて速いためである．

パーシャルフリージング貯蔵魚の腐敗　　パーシャルフリージング（PF）法は食品を $-3℃$ 付近の温度で貯蔵する方法で，微生物の面からは氷蔵に比べて温度が低いので貯蔵効果が期待できる．たしかに鮮魚（マアジ）を0℃および $-3℃$ に貯蔵した場合，生菌数は0℃では約10日で腐敗レベルに達するのに対し，$-3℃$ では2週間以上増加せず，PF貯蔵中の微生物に対する増殖抑制効果は0℃貯蔵より優れている．しかし解凍後には問題がある．冷蔵魚（マアジ）とPF貯蔵魚を0℃で解凍・貯蔵した場合の腐敗に至るまでの日数を氷蔵魚のそれと比較した結果によると，PF魚（3〜6日）＜氷蔵魚（11〜12日）≦冷凍魚（13日）の順で，PF解凍魚が極めて腐敗しやすくなるからである．このように，PF解凍魚が腐敗しやすい原因は，$-3℃$ でも増殖可能な低温細菌が解凍時にすでに優勢となっていることに加えて，この温度帯は冷凍と違って，貯蔵中にも氷結晶が成長するため，それによる組織破壊（およびドリップ）が生じ易く，解凍後に細菌の侵入・増殖が容易になるためである．

　PF貯蔵魚の貯蔵中および腐敗時の細菌フローラは，図9·3 のように氷蔵魚や冷凍魚のものとは異なる.

　ガス置換包装魚の腐敗　ガス置換包装ではとくにCO_2ガスの増殖抑制効果が顕著で，腐敗までの時間はほぼ2倍に延長される．ガス置換包装魚の腐敗時の細菌叢は，海外での報告例では *Lactobacillus* が優勢である場合が多いのに対し，わが国近海で漁獲された魚では *Vibrio-Aeromonas* 群細菌（*Photobacterium* を含む）が優占する傾向にある．この違いには，魚種，漁獲海域や貯蔵時のガス組成，温度のほか，とくに貯蔵日数の違いによるところが大きいと考えられる．なお，開封後の細菌叢は *Pseudomonas* が優勢となる.

２）食肉の腐敗

　牛の体温は40℃近くであるので，屠殺後すみやかに冷却する必要があるが，内部が10℃になるまでに急速冷却でも十数時間，緩慢冷却では2日以上を要する．屠殺解体直後の新鮮な牛枝肉上には中温性の *Micrococcus* や腸内細菌科の細菌がみられるが，枝肉が冷却され表面が10℃以下になると，低温性の *Pseudomonas* や *Moraxella*, *Acinetobacter*, 乳酸桿菌，*Brochothrix thermosphacta* などの菌群が検出されるようになる．好気条件下に低温貯蔵した食肉では，これらのうち，一般に増殖速度の速い *Pseudomonas* が優占するが，乾燥した枝肉の部分では低い水分活性に比較的耐性のある *B. thermosphacta* や乳酸桿菌が優勢となる.

　枝肉が緩慢冷却され，肉の中心部が10℃以下になるまでに長時間かかると，肉の内部で *Clostridium* 属細菌が増殖し，腐敗臭を発したり，緑変の原因となる．とくに牛のような大型動物で冷却が長時間かかった場合には，肉塊の中心部で酸敗臭のする変敗（ボーンテイント）が生じやすい.

　真空包装した冷蔵肉では *Pseudomonas* の増殖が抑制されるので，乳酸桿菌または *B. thermosphacta* が主要な腐敗細菌叢になる．乳酸菌は真空包装した食肉加工品を低温貯蔵した際の腐敗菌としてもしばしば問題となる．もともと食肉に付着していた乳酸菌のほとんどはこれら加工品の加熱工程で死滅するが，その後のスライスと包装の際に再び食品を汚染し，製品の貯蔵中に優勢菌群となり，ネトやガス発生の原因となる.

　牛肉のガス置換包装には20％程度のCO_2と50％以上のO_2の混合気が用いられる．この場合，O_2は肉色保持の目的で使用されるが，*Pseudomonas* の増殖を

促進するため，保存期間は0℃で4週間程度であり，真空包装の8～12週間に比べて劣る．O_2を用いないCO_2 20%-N_2 80%包装では真空包装と同等かそれ以上の保存効果が得られる．

　豚肉では真空包装で7日間程度の保存期間に対し，CO_2 25%-O_2 75%のガス置換包装では14日間程度，CO_2 100%では3週間程度に延長され，CO_2の効果が認められる．

3）牛乳の腐敗

　生乳には集乳時で一般に10^4/ml程度の細菌が含まれている．生乳の細菌汚染は，乳房内での一次汚染，搾乳時の二次汚染および搾乳後工場に届くまでの間の増殖の3段階に分けられる．生乳の細菌叢は乳牛の飼育環境や搾乳時の条件，その後の保存・流通条件などによって異なるが，最近のように低温流通が普及した状態では，低温性の*Pseudomonas*が圧倒的に多く，ほかに*Micrococcus*, *Staphylococcus*, *Streptococcus*, Coryneforms, *Enterobacteriaceae*, *Aeromonas*などがみられる．低温性の*Pseudomonas*は5℃での世代時間が4.6～6.3時間程度であり，1℃でもよく増殖できる．この菌群はリパーゼやプロテアーゼの産生力の強いものが多いため，菌数が1ml当たり10^6～10^8に達すると，粘性，苦味，果実臭，腐敗臭，ゲル化などの変質の原因となることが多い．

4）鶏卵の腐敗

　産卵直後の鶏卵の内部はたいてい無菌である．一方，卵殻の表面（洗浄前）には鶏卵1個当たり10^6～10^7程度の付着細菌が存在しており，洗浄卵でも10^4～10^5程度存在する．これらの細菌の一部は卵内に侵入して増殖する場合がある．しかし卵は生物としての防御機構が保持された状態で流通しているという点で，他の生鮮食品とは異なる．すなわち卵殻の表面にはムチン層があり，内側にも皮膜があるので，付着細菌の進入はまずここで阻止される．しかし殻の表面が湿っていたり，ムチン薄皮が破損されると，殻に付着していた細菌が気孔から進入し，殻内部の皮膜に達して増え，さらに卵白に達する．しかし卵白はpHが高く（約9.0～9.6）しかもリゾチームやアビジン，コンアルブミンなどの抗菌物質を含むため，ここでも増殖が抑えられる．これらの難関を突破したものが最後に卵黄に達し，ここで急速に増殖して腐敗を起こす．

　産卵直後の卵殻表面にはグラム陰性菌と陽性菌がほぼ半々存在するが，日が経つにつれ乾燥に弱いグラム陰性菌は死滅するため，*Staphylococcus*,

Micrococcus, Coryneforms などのグラム陽性菌の比率が増大する．これを室温に放置しておくと，保存1週間後で3.5％，2週間後で14％の卵に細菌の進入が認められ，その種類は夏季には*Enterobacteriacae* が，また冬期には*Pseudomonas, Aeromonas, Flavobacterium* などの低温菌が優勢となる．

5）野菜，果実の腐敗

野菜の場合には，輸送中や貯蔵中に起こる腐敗（病害）の1/3が細菌によっているといわれる．トマト，トウガラシ，ダイコン，ハクサイ，キャベツなどの軟腐病は*Erwinia, Pseudomonas* などによって起こる．キュウリの斑点細菌病には*Pseudomonas* が，トマトのかいよう病には*Clavibacter* が，その他の腐敗には*Erwinia* のほか，*Xanthomonas, Corynebacterium, Pseudomonas* などが関与する．また野菜の病害菌として重要なカビには，*Fusarium* 属，*Botrytis* 属，*Phytophthora* 属および*Alternaria* 属のものが多い．

果実は，pH が2.3（レモン）〜5.0（バナナ）程度で，野菜（pH 5 〜 7程度）に比べて低く，果皮が丈夫で，しかも表皮がワックスなどで覆われているため細菌による被害は受けにくく，腐敗（病害）のほとんどはカビによるものである．代表的な例として，*Penicillium* によるリンゴやミカンの青カビ病，*Alternaria* や *Fusarium* によるリンゴ心腐病，*Botrytis* によるナシ・ブドウ・リンゴの灰色カビ病などがある．

4・2　加熱殺菌工程のある食品の腐敗

1）缶詰・レトルト食品の腐敗

缶詰は食品を容器に詰め，脱気後密封し加熱殺菌したもので，保存性の極めて高い食品である．缶詰（pH 4.6 および水分活性0.94 を超える食品）の殺菌条件はボツリヌス菌の殺滅を目的としてF_0値 ［121.1℃（250° F）での加熱致死時間に相当する値（分）］4以上とすることが決められており，一般に108 〜 116℃で60 〜 120分程度の加熱が行われている．缶詰の製造工程は大部分が機械化，自動化されているが，管理が不十分な場合には製品が変敗することがある．缶・びん詰（容器詰）食品の種類ごとに主な変敗微生物を表9・2に示す．

なお，高温細菌の中には*Geobacillus stearothermophilus*（旧*Bacillus stearo-thermophilus*）（$D_{120℃}$ ＝ 4 〜 5分）や*Moorella thermoacetica*（旧*Clostridium thermo-aceticum*）（$D_{120℃}$ ＝ 5 〜 46分）のように極めて耐熱性の強いものが知られている．これらは40℃以下では増殖しないので，普通は問題となることは少ないが，

表9·2 缶詰・レトルト食品の主な腐敗微生物

種　名	果実・果汁	野菜	魚介	塩漬肉	調理食	菓子	低酸性飲料
Bacillus subtilis, B. licheniformis		◎	○	◎	◎	◎	
B. circulans					○		
B. coagulans		○	○	○	◎		
Geobacillus stearothermophilus [*1]					△		△
B. inulinus	◎						
Clostridium sporogenes		○	◎	◎			
C. pasteurianum, C. butyricum	◎					○	
Thermoanaerobacterium thermosaccharolyticum [*2]		◎			○		
Moorella thermoacetica [*3]							△

◎：とくに重要，○：つぎに重要，△：加温販売される場合に重要．　　　　　　　（松田，1990）
[*1] 旧 *Bacillus stearothermophilus*.　　[*2] 旧 *Clostridium thermosaccharolyticum*.
[*3] 旧 *Clostridium thermoaceticum*.

ホットベンダーで加温販売されるコーヒー缶詰やしるこ缶詰などで変敗菌として問題となる．

　従来，pH が3.7以下の缶詰では有胞子細菌による変敗の心配はまずなかった．しかし最近は，輸入原料とともに新しい菌も持ち込まれるようで，野菜ジュース缶詰などの新しい変敗菌としてpH 3 〜 6（最適pH 3.5 〜 4.0付近）の範囲でよく増殖する耐熱性細菌*Alicyclobacillus acidoterrestris* が報告されているので注意が必要である．

2）魚肉ねり製品の腐敗

　魚肉ねり製品は製造工程に加熱工程があるため，貯蔵性のよい加工品と思われやすいが，その加熱条件は，無包装・簡易包装かまぼこでは75℃，数分，包装かまぼこで80℃，数十分程度であり，この程度の加熱では原材料に由来する細菌のうち，胞子形成菌や耐熱性の強い菌種はかなりのものが生残する．魚肉ねり製品中の生残菌は加熱温度が70℃以下では主に球菌と有胞子桿菌が生残し，75 〜 85℃では有胞子桿菌のみが生残するので，保存性の上からは加熱温度が75℃以上かどうかが重要な分かれ目になる．

　魚肉ねり製品の腐敗原因菌は包装形態によって異なる．各種魚肉ねり製品の

表9·3　魚肉ねり製品の変敗とその原因菌

製品	変敗の種類	変敗現象	原因菌	汚染経路
簡易包装かまぼこ	ネト	透明, 赤, 黄色など様々な粘質物が表面に発生	*Leuconostoc mesenteroides, Serratia marcescens, Streptococcus, Micrococcus, Flavobacterium, Achromobacter*	二次汚染
	発黴	カビが表面に発生	*Penicillium, Aspergillus, Mucor*	二次汚染
	褐変	褐変表面の一部が褐変し, やがて内部まで進行	*Achromobacter brunificans, Serratia marcescens*	殺菌不足二次汚染
包装かまぼこ	気泡	小気泡が内容物とケーシングの間に発生シングの間に発生	*Paenibacillus polymyxa*[*1] *Bacillus licheniformis, B. coagulans* など	原材料
	軟化	弾力がなく, 外から押すとくずれる	*B. licheniformis, B. subtilis, B. circulans* など	原材料
	斑紋	表面が部分的に褐変	*B. licheniformis, Lysinibacillus sphaericus*[*2]	原材料
	斑点状軟化	内部も斑点状に軟化	*B. licheniformis, Lysinibacillus sphaericus*	原材料

[*1] 旧 *Bacillus polymyxa*.　　[*2] 旧 *B. sphaericus*.　　　　　　　　　　　　　　　（横関, 1976）

　主な腐敗・変敗菌を包装形態別にまとめたものを表9·3にあげておく. 無包装および簡易包装製品では, 表面が細菌やカビにより二次汚染されるので, 表面から先に変敗が起こるのが普通である. 包装かまぼこでは変敗菌は加熱後に生残する有胞子細菌による場合が多く, 斑点や気泡, 軟化, 膨張などの変敗を生じる. ただし, これらの原因菌は中温菌が多いので, 10℃以下で流通, 保存すればかなりの期間腐敗しないと考えてよい.

　上記の腐敗・変敗とは別に, 製品の貯蔵中または製品の再加熱後に表面の一部が褐変することがある. この原因はグルコース（またはショ糖）から褐変原因菌（*Achromobacter brunificans, Serratia marcescens, Enterobacter cloacae, Pseudomonas* sp. など）によって生成された褐変前駆物質（ケト酸）と製品中のアミノ酸との反応による.

3）米飯の腐敗

　米飯は変敗しやすい食品であるが, その腐敗の様相は単純で, 関係する菌群も限られる. その理由は, ①米飯の主成分がデンプンであること, ②炊飯後に生残する細菌は少数の *Bacillus* 胞子に限られること, ③嫌気状態におかれることが少ないため通常は嫌気性細菌の活動を考慮する必要がないことなどである. 炊飯直後の米飯中の *Bacillus* の胞子数は1g当たり$10^2 \sim 10^3$程度で, 夏季には十数時間で$10^7 \sim 10^8$に達し, 腐敗にいたる. 変敗には炊飯後に空気中や

器具から混入する二次汚染菌の影響も考えられるが，むしろ洗米時から生残している *Bacillus* 胞子が変敗原因菌として重要であるといわれている．米飯は発芽増殖した *Bacillus subtilis*, *B.megaterium*, *B. cereus* などのアミラーゼによって加水分解されて軟化するとともに，すえた臭気を生じ，酸性化する．ただし *B. pumilus* と *B. cereus* の特異株が増殖すると米飯はアルカリ性になる．

5. 腐敗の判定

腐敗の様子は食品の種類や関与する微生物の種類などによって様々であるので，食品の腐敗を一律に検出・判定することはできない．一般には，官能的方法，細菌学的方法，化学的方法がよく用いられる．

5・1 官能的方法

味覚や臭覚，視覚，触覚など，人間の感覚による判定法で，日常的に市場や店頭でも用いられている方法である．食品が腐敗しているかどうかということは，食べる人が味やにおい，外観などから感知することであるので，官能的評価はもっとも直接的な方法といえる．においや味のような検査項目については機器分析を上回る感度を示すことがあり，また総合的な評価が得られるので，腐敗の要因が特定できない場合や，異味，異臭を判定するような場合にはとくに有効である．

5・2 細菌学的方法

腐敗は主に細菌の作用によって起こるので，生菌数を測定することにより検出・判定することができる．食品1g当たりの生菌数が$10^7 \sim 10^8$になると腐敗に達していることが多い．生菌数の測定には普通，標準寒天培地を用いて35℃で24 〜 48 時間培養する方法が用いられる．しかし自然界の微生物は多様であり，すべての微生物を同時に検出できる培地や培養条件を設定することはできないので，得られた生菌数がいつも食品中の全生菌数を表しているとは限らない．食品の種類や保存条件に対応して，培地に食塩を加えたり，低温や嫌気条件で培養するなどの工夫が必要である（8章3.参照）．

5・3 化学的方法

細菌の腐敗産物のうちで腐敗の検出にもっともよく用いられている成分は揮発性塩基窒素（volatile basic nitrogen，VBN）である．食品の抽出液をアルカリ性にした時に揮発する窒素化合物の総称であり，食肉ではアンモニアが主な

成分であるが，海産魚介類ではアンモニアのほかにトリメチルアミン（trimethylamine, TMA）が含まれる．魚の場合，VBNが25 ～ 30 mg -N/100g,トリメチルアミンが4 ～ 7 mg -N/100g に達すると初期腐敗とみなされる．

　嫌気条件下で食品が腐敗する場合には，VBNよりはギ酸，酢酸，酪酸などの有機酸がよい指標となる．そのほか，pHの変化や硫化水素，インドールなどの腐敗産物を指標とする方法もあるが，食品の種類による変動が大きいことや，測定方法が煩雑であることなどのためにほとんど用いられない．

5・4　物理的方法

　食品の腐敗に伴って変化する硬さや弾性，粘性，保水性，屈折率，電気抵抗値などを指標とするものである．しかし今のところ，腐敗と明確に関連づけて用いられている指標はないようである．

5・5　魚介類の鮮度

　魚介類は畜産物や農産物に比べて鮮度低下が速いため，その品質にとって鮮度は一般にもっとも重要な要因であり，鮮度判定の問題は古くから論じられてきた．魚の死後の変化は普通，硬直，解硬，軟化，腐敗という順に進行し，その過程は劣化要因の異なる生鮮度低下（筋肉・内臓酵素による）と腐敗（細菌による）の2つに大別することができる．したがって鮮度判定の問題もこれら2つの鮮度の概念を区別して論じる必要がある．

　鮮魚介類の鮮度指標としてよく用いられているK値[*]は生鮮度（活きのよさ）の指標であり，腐敗とは直接関係がない．一方，腐敗の指標としては，生菌数やVBN，TMAなどが用いられる．従来，ややもすると，これら2種の鮮度の概念が混同されてきたきらいがある．図9・4は即殺直後のスケトウダラのK値とTMAの変化を示したものであり，K値はTMAではとらえることのできない極めて初期の鮮度低下を示しうることがわかる．しかし，このことから，K値

---

[*] 　魚肉の ATP は魚肉自身の酵素作用で，ATP → ADP → AMP（アデニル酸）→ IMP（イノシン酸）→ HxR（イノシン）→ Hx（ヒポキサンチン）という順に変化していく．この分解の経路はすべての魚に共通であり，一連の反応は IMP の分解速度で律速される．したがって ATP から IMP までが魚肉中の主成分である間は生鮮度が良好であるが，時間経過とともに HxR, Hx が増加すると生鮮度は低下したことになる．これらの ATP 関連化合物の総量はほぼ一定であることから，次式のようにこの総量に占める HxR+Hx の百分率を求め，これを K 値と呼んでいる．
　　K値（%）=（HxR+Hx）× 100 /（ATP+ADP+AMP+IMP+HxR+Hx）
K値は低いほど生鮮度のよいことを意味し，即殺魚では 10 ％以下，刺身用には 20 ％以下が適当であり，20 ～ 60 ％は調理加工向けの鮮度とされている．

が鮮度指標として TMA よりも優れているとはいえない．なぜなら，それぞれは活きのよさと腐敗という全く要因の異なる鮮度の指標であるからである．目的にあった鮮度指標を用いることが重要である．

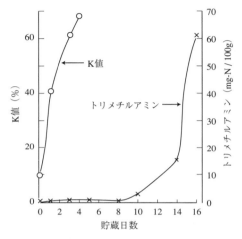

図 9·4　即殺スケトウダラの氷蔵中の K 値と
　　　　トリメチルアミン量の変化（内山，1978）

第*10*章

食品の微生物制御

1. 食中毒・腐敗防止の3原則

　食品を扱う現場では，食中毒・腐敗防止の3原則として，「付けない，増や
さない，殺す」，または「清潔，迅速（または冷却），加熱」ということがよく
いわれる．これを微生物学的に説明すると，①食品に付着している微生物の数
をできるだけ少なくする（「付けない」，「清潔」），②何らかの手段により食品
中の微生物の増殖を抑制する（「増やさない」，「迅速（または冷却）」），③食品
に付着している微生物を殺菌する（「殺す」，「加熱」），ということになる．

1・1　付着菌数の低減

　同じ条件で食品を貯蔵した場合，微生物が増殖して腐敗や食中毒を起こすま
での日数は最初に食品に付着していた菌数によって大きく左右される．また，
食中毒細菌の中にはカンピロバクターやリステリアのように10^2レベルの摂取
菌量でも発症するものがあり，このような場合には付着菌量の多少が直ちに食
中毒に関わることになる．

　図10・1は鶏肉の貯蔵中の菌数変化を示したものであるが，腐敗臭がするま
での日数は，最初の菌数が10^4の場合には5〜6日であるが，10^3の場合には約
12日であり，貯蔵前の菌数が一桁違うだけでシェルフライフが2倍違う．この
ことからも食品の付着菌数を減らすことがいかに重要であるかがわかる．調理
や加工工程に加熱操作がない場合には初発菌数は直接保存性や安全性に影響す
るのでとくに重要である．

　食品への微生物汚染を防ぐために，できるだけ清潔な材料を選び，衛生的に
取り扱う必要がある．そのため手洗いの励行や容器・器具の洗浄・殺菌を十分
行い，まな板などは肉と野菜，なま物と加熱製品などを使い分けるなどの注意
も必要である．ゴキブリやハエなどの衛生害虫の駆除にも心がけたい．また洗
浄の際の飛沫は予想外の広範囲に飛び散るので，作業中や作業直前の清掃は行

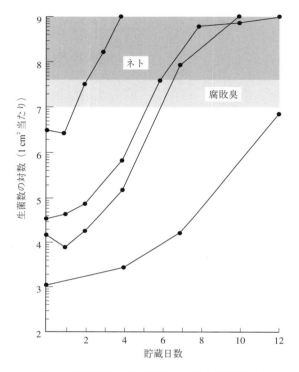

生菌数の対数（1 cm² 当たり）

貯蔵日数

ネト

腐敗臭

図10·1　鶏肉の貯蔵開始時の菌数レベルと腐敗発現までの日数（4.4℃貯蔵）　　（Silliker ら，1980）

うべきではない．また冷蔵庫はカビや細菌の意外な汚染源になりやすいので，定期的に掃除をすることも必要である．

1·2　微生物の増殖抑制

微生物の増殖を抑制するために，食品の置かれている環境または貯蔵の条件を微生物の増殖に不都合なようにするというのが2番目の原則である．低温貯蔵（冷蔵，凍結）や塩蔵，乾燥，酢漬けは食品の貯蔵温度や塩分，水分，pHなどを微生物の増殖に不適当な条件にすることによって食品に保存性をもたせ，ま

た安全性を確保する方法といえる．これらのうち，低温貯蔵法は単に微生物作用を抑制するだけでなく，同時に他の変化，例えば，酵素による生鮮度低下，油脂の酸敗，肉色の退化なども抑制し，食品の性状を大きく変えることなく貯蔵することができるので，種々の食品の貯蔵に広く用いられている．

レトルト食品や缶詰のように加熱殺菌された製品を除いては，食品には多かれ少なかれ細菌が付着している．普通はそれが増殖しなければ，腐敗や食中毒にはならないので，食品の製造・貯蔵・流通の際にできるだけ低温に保ち，微生物の増殖を極力抑えることが重要である．食中毒細菌の中には5℃以下でも増殖できるものもいるが，多くは10℃以下でほぼ増殖が抑制されるので食中毒防止に冷蔵は有効である．しかし腐敗細菌の中には0℃付近でもよく増殖する細菌がいるので，氷蔵でも貯蔵性には限界がある．

　迅速とは食品の調理・加工・貯蔵・流通の際にかかる時間をできるだけ短くして，微生物の増殖を抑えるということである．食品の製造や学校給食の規模が大型化すると，一度に処理する原材料や中間製品の量も格段に増え，調理に要する時間も以前より長くかかることになろう．また集中化方式（1カ所で集荷または調理し，広域に配達）の学校給食では食材集荷場や給食センターから学校への輸送にも長時間を要するので，その間の温度管理を徹底する必要がある．

1・3　微生物の殺滅

　加熱その他の方法で食品中の微生物をできるだけ殺滅するというのが3番目の原則である．殺菌の方法として，食品の場合，加熱がもっとも効果的な方法である．缶詰や魚肉ソーセージなどはこの原則を用いた食品である．すなわち，缶やケーシングに入れて密封した食品を加熱殺菌し，殺菌後の外部からの微生物の汚染を容器（包装）によって防いでいる．

　食品中の細菌が腐敗や食中毒を起こす菌量に達するまでの時間は，貯蔵開始時に付いている菌数によって大きく異なるので，完全殺菌でなくても，加熱などの手段によって菌数を減らすことの意味は大きい．まな板や包丁，ふきん，その他の器具や製造ラインの殺菌も，食品への細菌汚染を減らす上で重要である．また，かまぼこや麺類のように加熱工程のある製品では，その後の汚染を極力減らすことが重要となる．加熱前包装の食品では二次汚染の心配は少ないが，そうでない場合には食品に直接触れる手指や器具からの汚染だけでなく，室内に漂っているいわゆる空中落下菌対策も必要である．

2.　加熱による微生物の殺滅

2・1　微生物の耐熱性

　加熱は食品の殺菌にもっとも広く使われている方法である．微生物は普通その増殖最適温度より数度高い温度になると死滅が始まる．したがって微生物の熱抵抗性は種類によって大きく異なり，一般に高温微生物は低温微生物に比べて耐熱性が強い．また細菌の胞子は栄養細胞に比べ極めて抵抗性が大きい．表10・1に代表的な微生物の耐熱性を示す．この表のD値とは菌数を加熱前の10分の1にするのに必要な加熱時間（分）のことで，この数字が大きいほど耐熱性が大きいことを意味する．

表 10・1　微生物の耐熱性

	微生物	温度（℃）	D 値（分）
有胞子細菌	*Bacillus*	100	0.8 ～ 24.1
		121	0.02 ～ 3.0
	Clostridium	100	0.31 ～ 17.6
		121	0.003 ～ 1.7
	Geobacillus stearothermophilus [*1]	115	5.24 ～ 34
		121	1.42 ～ 14
	Moorella thermoacetica [*2]	120	5 ～ 46
	ボツリヌス菌（A 型）	110	2.43
		118	0.23
	ボツリヌス菌（E 型）	80	1.6 ～ 3.3
無胞子細菌	ブドウ球菌	60	0.3 ～ 0.6
	乳酸菌	60	0.11 ～ 2.86
	大腸菌	60	0.3 ～ 0.6
	サルモネラ	57	0.75 ～ 31.0
酵母	アルコール酵母	55	0.9 ～ 5
カビ	コウジカビ	50	4
	アオカビ	60	2.5

[*1] コーン缶詰変敗菌，旧 *Bacillus stearothermophilus*.
[*2] コーヒー缶詰変敗菌，旧 *Clostridium thermoaceticum*.（芝崎，1980）

2・2　食品の加熱殺菌

　加熱は食品成分の化学変化を促進するので，殺菌と同時に食品の栄養性や味，香り，テクスチャーなどに影響を与える．そのため食品の殺菌はなるべく品質に悪影響を与えないよう必要最小限の加熱にとどめる必要がある．

　普通，食品の加熱殺菌はD値の5倍を目安に行われることが多い．缶・びん詰やレトルト食品では，ボツリヌス菌胞子の死滅を目的として120℃ 4分の加熱またはそれと同等以上の殺菌効果のある方法を用いることが決められている．ただしpHが4.5以下の酸性食品ではボツリヌス菌胞子が生き残っても発芽・増殖できないので，通常はカビ，酵母，無胞子細菌を殺滅し得る程度の軽度な加熱処理がなされる．

　表10・2は缶・びん詰（容器詰）食品をpHによって分類し，そこでの主な変敗微生物と一般的な殺菌温度を示したものである．pH 3.7未満の高酸性食品中では有胞子細菌は生き残っても増殖できない（*Alicyclobacillus* などの例外あり）ので，比較的低い温度での殺菌が行われており，このような食品では，加熱不

表 10·2　容器詰食品の pH による分類と主な変敗原因微生物

食品の種類 (pH) 食品の例	低酸性食品 (＞ 5.0) 食肉,魚介類, しるこ,ココア	中酸性食品 (4.5 〜 5.0) ミートソース	酸性食品 (3.7 〜 4.5) フルーツみつ豆, ミカン,トマト製品	高酸性食品 (＜ 3.7) ピクルス,果汁, ミカンシロップ漬け
Bacillus subtilis(枯草菌)	+	+	±	−
B. licheniformis	+	+	±	−
Geobacillus stearothermophilus [*1]	+	−	−	−
Moorella thermoacetica [*2]	+	−	−	−
C. pasteurianum	+	+	+	−
C. botulinum(ボツリヌス A,B 型)	+	+	+	−
無胞子細菌	+	+	+	+
カビ・酵母	+	+	+	+
一般に採用される殺菌温度(℃)	＞ 110	100 〜 110	90 〜 100	75 〜 85

＋：増殖，　−：増殖せず．
[*1] 旧 *Bacillus stearothermophilus*.　[*2] 旧 *Clostridium thermoaceticum*.　　　　　(松田，1975)

足の場合には，乳酸菌などの無胞子細菌とカビ，酵母が主な変敗原因菌となる．これに対して pH 3.7 〜 4.5 の食品中では有胞子細菌も増殖するので，これを殺菌するためには比較的強い加熱処理が必要となる．pH 4.6 以上ではボツリヌス菌も増殖するため厳重な殺菌が必要となる．

　コーヒー缶詰では耐熱性の強い胞子形成細菌を殺すため 120℃，30 分程度の加熱殺菌が行われているが，それでも高温細菌の *Moorella thermoacetica*（旧 *Clostridium thermoaceticum* ）などが生き残ることがある．これらの菌は常温では増殖しないが,加温式自動販売機（ホットベンダー）中では,その温度がちょうどこの菌の最適増殖温度域（55 〜 65℃付近）にあるので変敗原因菌となる．この菌の 120℃での D 値は 5 〜 46 分と極めて耐熱性が強く，変敗を加熱だけで防ぐことはできないので，現在はショ糖脂肪酸エステルを併用して増殖を防止する方法がとられている．

2・3　低温殺菌と高温殺菌
　低温殺菌は，食品の品質になるべく影響を与えないために，食品中のすべての微生物を殺菌するのではなく，60℃程度の比較的ゆるい加熱によって問題となる胞子非形成の病原菌や変敗原因菌のみを殺すための方法である．英語では発明者のパスツールにちなんで pasteurization と呼ばれる．

　一方，細菌胞子を殺すために，120℃以上で短時間殺菌する方法もとられている．これは120℃以上の温度では細菌胞子の破壊速度は大きいのに対し，食品の化学反応速度ははるかに小さいために，胞子は短時間で死滅するが，食品の変色や風味の変化が最小限に抑えられるという利点がある．この方法は超高温殺菌（UHT）法と呼ばれ，牛乳などの殺菌に用いられている．

3. 冷蔵・冷凍による微生物の増殖制御
3・1　微生物の増殖と温度

　食品に関する微生物は増殖温度との関係で，図10・2のような3群に大別される．ヒトの皮膚や腸内にすんでいる細菌の多くは中温細菌であり，37℃付近では活発に増殖するが，10℃以下ではほとんど増殖しない．したがって，これらの細菌は低温貯蔵時の腐敗にはほとんど関係しない．これに対して，平均水温が5℃といわれる海の細菌の多くは冷蔵庫の温度域でも増殖可能な低温細菌で，低温貯蔵時の食品の腐敗に関係が深いグループである．参考までに主な食中毒細菌の増殖温度域を表10・3に示す．多くは中温性であるが中にはリステリアのように0℃付近で増殖できるものもいる．

　低温微生物が低い温度で増殖できる理由としては，とくに細胞膜脂質の物理的状態が重要と考えられており，一般に低温性の微生物では膜の不飽和脂肪酸の比率が高く，中温性の細菌でも増殖温度を下げると不飽和脂肪酸の割合が増えたり，脂肪酸が短鎖化する．微生物はこのような膜脂質組成の変化によって低温でもその流動性を保持して膜の機能を維持している．

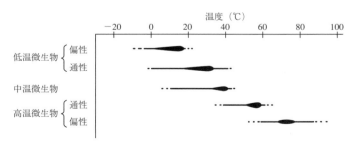

図10・2　増殖温度による微生物の群別

表 10·3　主な食中毒細菌の増殖温度域

細菌	増殖温度域（℃）		細菌	増殖温度域（℃）	
	A	B		A	B
腸炎ビブリオ	5 〜 44	5 〜 44	ボツリヌス菌		
黄色ブドウ球菌	6.5 〜 50	7 〜 50	タンパク分解菌	10 〜 48	10 〜 48
サルモネラ	5 〜 45.6	5.2 〜 46.2	タンパク非分解菌	3.3 〜 40	3.3 〜 45
カンピロバクター	32 〜 45	30 〜 45	セレウス菌	4 〜 50	4 〜 55
病原大腸菌	2.5 〜 45.6	7.0 〜 49.4	リステリア	− 1.5 〜 44	− 0.4 〜 45
ウェルシュ菌	15 〜 52.3	10 〜 42	赤痢菌	7 〜 46	6.1 〜 47.1

（A：厚生労働省資料，B：FDA 資料）

3·2　凍結による微生物の死滅

　図10·3は大腸菌を低温下に保持した場合の菌数の変化をみたものである．
− 1 〜 − 5℃での死滅が激しいのは，この温度では増殖は停止するが，まだ一
部の酵素系は働いているため，代謝系にアンバランスを生じ，また温度によっ
ては氷晶の成長による損傷も加わって次第に死滅していくものと考えられる．
これに対し，− 20℃では，凍結中に細胞表層付近の氷晶による損傷，細胞内
液の脱水，細胞外液の濃縮などの影響を受けるが，菌体は生理機能を全く停止

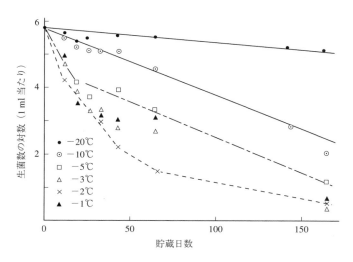

図10·3　低温下における大腸菌の死滅　（Haines，1937）

して休眠状態に入るために，死滅の程度は比較的小さく，食品を凍結しても菌数はせいぜい1桁下がる程度である．また，細菌胞子は凍結によっては死滅しない．

3・3　低温の貯蔵効果

　低温細菌の中には0℃付近でも活発に増殖できるものがいるので，冷蔵の温度域でも徐々に腐敗が進行する．中には−10℃くらいまで増殖可能なものが存在するが，このような微生物も普通は低温になるほど増殖速度は低下するので，低温貯蔵が有効であることには変わりはない．

　低温貯蔵法は，微生物の作用だけでなく，他の品質劣化，例えば，酵素作用による鮮度低下，油脂の酸敗，肉色の退化なども抑制し，食品の性状を大きく変えることなく貯蔵することができるので，生鮮食品をはじめ様々な加工品の貯蔵に広く用いられている．

　食品の腐敗に及ぼす貯蔵温度の影響の例として，図10・4に新鮮なマアジを0, 2.5, 5℃に貯蔵したときの生菌数の変化を，また図10・5は牛肉を0〜20℃に貯蔵した際の生菌数変化を示す．これらの図から，5℃は10℃の2倍近く日持ちがよく，また0℃は5℃よりさらに2倍貯蔵性のよいことがわかる．このような例からも，食品を冷蔵する際には，少しでも低い温度に保つことが重要であるといえる．同時にせっかく低温貯蔵している食品でも，しばらく高い温度にさらすと予想以上に貯蔵期間が短くなるので十分注意する必要がある．

　凍結中の食品は微生物作用をまったく受けないため長期保存ができる．しか

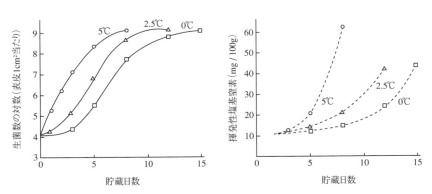

図10・4　マアジの 0℃，2.5℃および 5℃貯蔵における生菌数と揮発性塩基窒素量の変化
（奥積，1986）

し，解凍後には生残した微生物がふたたび活動をはじめるので腐敗が進行する．

4. 食塩による微生物の増殖制御

4・1　微生物の増殖と食塩濃度

細菌を増殖可能な食塩濃度の面から大まかに分類すると図10・6および表10・4のようになる．非好塩細菌は食塩無添加でよく増殖し，普通は食塩濃度が5～10％で増殖が阻止される．非好塩細菌のうち，黄色ブドウ球菌のように20％程度の比較的高い塩分濃度で

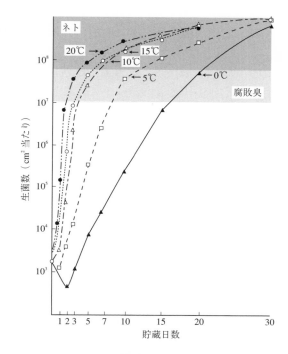

図10・5　0～20℃に貯蔵中の牛肉における細菌の増殖
(Silliker ら, 1980)

も増殖できるものは耐塩細菌と呼ぶことがある．好塩細菌は食塩無添加では増殖できないグループで，このうち微好塩細菌は主として海洋細菌で，増殖速度も速く，海産魚の腐敗原因菌となるものも多いが，これらは食塩濃度が10％では増殖できないものが多い．食中毒細菌の腸炎ビブリオもこのグループで，最適食塩濃度は2～3％である．中好塩細菌は5～20％付近でもっともよく増殖でき，増殖速度も比較的速いので，10％前後の食塩を含む塩蔵食品の腐敗原因となるものも多い．また高好塩細菌は死海のような塩分の高い湖（表層塩分約20％）や天日塩などに存在する赤色好塩細菌（古細菌）のグループで，飽和食塩濃度で増殖できるが，塩分濃度が薄いところでは溶菌する．参考までに主な食中毒細菌の増殖可能な最高食塩濃度を表10・5に示す．

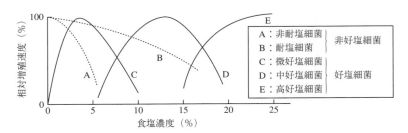

図10·6　増殖可能な食塩濃度域からみた細菌の分類

表 10·4　最適食塩濃度による細菌の群別

細菌群		最適増殖食塩濃度	細菌の例
非好塩細菌	非耐塩細菌（A）*	2%以下	一般細菌，淡水細菌
	耐塩細菌（B）	2%以下（高濃度まで増殖可）	黄色ブドウ球菌
好塩細菌	微好塩細菌（C）	2～5%	海洋細菌，腸炎ビブリオ
	中好塩細菌（D）	5～20%	ある種のビブリオやミクロコッカス
	高好塩細菌（E）	20～30%	赤色好塩細菌

* A～E：上の図10·6に対応.　　　　　　　　　　　　　　　　　　（Larsen，1962を改変）

表 10·5　主な食中毒細菌の増殖可能な最高食塩濃度

細菌	増殖最高食塩濃度(%)	細菌	増殖最高食塩濃度(%)
腸炎ビブリオ	10	ボツリヌス菌	
黄色ブドウ球菌	25	タンパク分解菌	10
サルモネラ	8	タンパク非分解菌	5
カンピロバクター	1.5	セレウス菌	18
病原大腸菌	6.5	リステリア	10
ウェルシュ菌	7	赤痢菌	5.2

（FDA 資料）

4・2　塩蔵の効果

　食品の腐敗細菌には食塩濃度が5～10%になると増殖できなくなるものが多いので，荒巻鮭や昔風の塩辛などは常温でもかなりの期間保存がきく．しかし貯蔵温度にもよるが10%程度の食塩では腐敗を十分に防ぐことはできない．

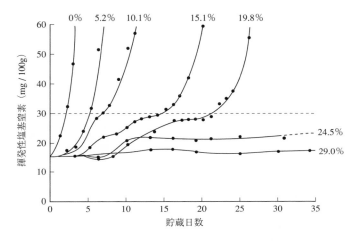

図10·7　アジ肉の腐敗と食塩含量（18 〜 19℃貯蔵）（清水・千原，1954）

アジ肉にいろいろな濃度になるように食塩を加え18 〜 19℃に貯蔵した結果（図10·7）では，1カ月以上保存できるためには20%以上の食塩が必要であった．またニシンを種々の用塩量で0℃に貯蔵した際の貯蔵性について調べた結果によると，肉中の食塩濃度が9.7 〜 16.6%の場合には少なくとも実験期間の78日間は良好な状態で貯蔵されたが，4.4 〜 5.9%の低塩の場合には0℃でも3週間以上は貯蔵できなかった．

5. 水分活性の調整による微生物の増殖制御
5·1　微生物と水
　食品中の水はタンパク質や糖類などの食品成分に束縛されている結合水と，そうでない自由水の2つの形態に分けられる．微生物が利用できるのは自由水であり，この量が少なくなると増殖が抑制される．乾燥によって自由水を減らして保存性をもたせたものが干物である．塩蔵品やジャム，羊羹などのように，塩分や糖分の高い製品では食品中の水の大部分が結合水の形で存在しているため，微生物はほとんど増殖できない．乾燥と塩蔵，糖蔵では製法は全く異なるが，微生物の水利用性という観点からは水分活性（a_w）という考え方で統一的に説明することができる．

5・2   微生物の増殖と水分活性

砂糖や食塩のような可溶性の物質が水に溶けると，水の一部はその物質に結びついて拘束されるので，何も溶けていないときに比べて水蒸気圧が低下する．拘束される水が多ければ多いほど水蒸気圧の低下も著しい．そこで，食品（食品も水に食塩，糖，アミノ酸などが溶けている溶液と考える）の水蒸気圧を p，純水の水蒸気圧を p_0 とすると，その食品の水分活性は，$a_W = p/p_0$ で示すことができる．p が純水の場合 $p = p_0$ であるので $a_W = 1$ であり，完全無水の食品では $p = 0$ であるので，a_W も 0 となる．したがって a_W の最大は 1，最小は 0 ということになる．

小さな容器に食品を入れて密封しておくと，その空間の湿度は食品の種類に応じて一定の湿度を示すようになる．この空間の相対湿度（RH）が食品の a_W に相当するが，湿度は 98% というように % で表すのに対し，a_W は 0.98 というように小数で示す．相対湿度と水分活性の間には RH = a_W × 100 の関係がある．

微生物は水分活性が低下すると次第に増殖が悪くなり，ある a_W 値以下になると全く増殖できなくなる．その値は微生物の種類によっても異なるが，目安として，一般細菌では 0.90，酵母では 0.88，カビでは 0.80 以下では増殖ができなくなり，カビは細菌や酵母に比べて低い水分活性に耐えることができる．好塩細菌や耐乾性カビ，耐浸透圧性酵母などはもっと低い水分活性でも増殖できるが，0.60 以下になるとあらゆる微生物は増殖できなくなる．

食中毒細菌の多くは 0.93 〜 0.95 が増殖できる水分活性の下限であるが，黄色ブドウ球菌は 0.83 〜 0.86 まで増殖可能である（表 10・6）．

表 10・6   主な食中毒細菌の増殖可能な水分活性の下限

細菌	増殖下限水分活性 A	増殖下限水分活性 B	細菌	増殖下限水分活性 A	増殖下限水分活性 B
腸炎ビブリオ	0.94	0.94	ボツリヌス菌		
黄色ブドウ球菌	0.86	0.83	タンパク分解菌	0.94	0.935
サルモネラ	0.94	0.94	タンパク非分解菌	0.97	0.97
カンピロバクター	0.98	0.987	セレウス菌	0.93 〜 0.95	0.92
病原大腸菌	0.95	0.95	リステリア	0.90	0.92
ウェルシュ菌	0.93 〜 0.95	0.93	赤痢菌	——	0.96

（A：厚生労働省資料，B：FDA 資料）

5・3　食品の水分活性調整による腐敗防止

　主な微生物の増殖範囲と食品の水分活性をまとめて示すと図10・8のようになる．日常貯蔵性のあまりよくない食品の水分活性は大体0.90以上のもので，カビも生えないくらい乾燥した食品の水分活性はほぼ0.70以下である．一般に多水分食品では細菌が生えやすく，中間水分食品ではカビや酵母が変敗の原因となることが多い．水分活性が低い製品は，乾燥しているか，食塩濃度が高いか，砂糖のような調味料の添加の多いものである．最近の低塩・高水分型の加工食品では水分活性を低くして貯蔵性をもたすため，食塩や砂糖など従来からの調味料以外にも種々の添加物が使われる傾向にある．

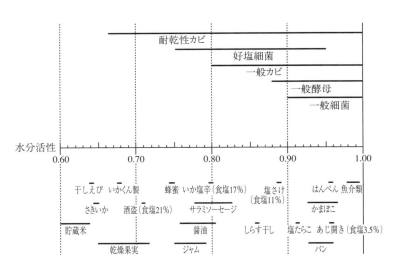

図10・8　食品の水分活性と微生物の増殖水分活性域

6.　pH 調整による微生物の増殖制御

6・1　微生物の増殖とpH

　微生物の中にはpH が1以下の硫黄泉や10以上の環境でも生えるものもいるが，食品に関係する微生物の増殖範囲はそれほど極端ではなく，一般の細菌は中性からややアルカリ性でよく生え，pH が4〜5以下になると生えないものが多い．一般に乳酸菌や酵母，カビは比較的酸に強く，乳酸菌ではpH 3.3〜4付近まで，酵母やカビではさらに低くpH 2〜3以下でも生えるものが多い．

主な微生物の増殖pH 範囲と食品のpHをまとめて示すと図10·9のようになる．また，主な食中毒細菌の増殖pH域は表10·7のとおりである．

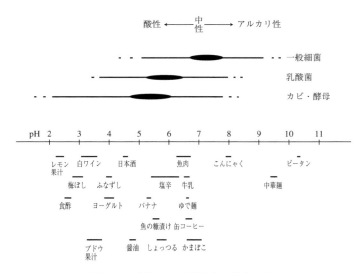

図10·9　食品の pH と微生物の増殖 pH 域

表 10·7　主な食中毒細菌の増殖 pH 域

細菌	増殖 pH 域 A	B	細菌	増殖 pH 域 A	B
腸炎ビブリオ	4.8 ～ 11	4.8 ～ 11	ボツリヌス菌		
黄色ブドウ球菌	4.0 ～ 9.8	4 ～ 10	タンパク分解菌	4.6 ～ 8.5	4.6 ～ 9
サルモネラ	4.5 ～ 8.0	3.7 ～ 9.5	タンパク非分解菌	5.0 ～ 8.5	5 ～ 9
カンピロバクター	5.5 ～ 8.0	4.9 ～ 9.5	セレウス菌	4.9 ～ 9.3	4.3 ～ 9.3
病原大腸菌	4.4 ～ 9.0	4 ～ 9	リステリア	4.5 ～ 9.5	4.4 ～ 9.4
ウェルシュ菌	5.0 ～ 9.0	5 ～ 9	赤痢菌	——	3.7 ～ 9.5

（A：厚生労働省資料，B：FDA 資料）

6・2　酸による腐敗防止

　酸を用いて食品を保存する方法は古くから行われてきたが，この際に用いる酸の種類（解離度の違い）によって，同じpHでも微生物の増殖に及ぼす効果が異なることに留意する必要がある．有機酸の抗菌力は，酢酸＞アジピン酸＞

コハク酸＞乳酸＞リンゴ酸＞クエン酸＞酒石酸＞塩酸の順で大きい．またいずれの有機酸もpHが低下するほど非解離型分子の割合が増えるので低pHほど抗菌力は強くなる．

　酸を用いた腐敗防止の例として，図10·10はサラダにマヨネーズを10〜40％加え，pHを4.7〜5.5に調製して，30℃に貯蔵した際の生菌数変化を調べた結果を示す．10％添加のpH5.5ではあまり腐敗防止効果はないが，pH5以下になると防腐効果が大きい．

7. ガス置換による微生物制御

7·1　微生物の増殖とガス組成

　微生物は，酸素があるときのみ

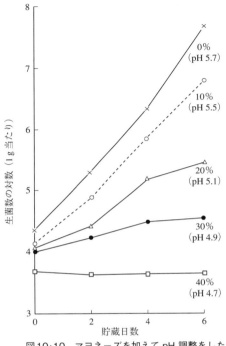

図10·10　マヨネーズを加えてpH調整をした
サラダの生菌数変化（30℃）
（山本ら，1980）

増殖できる好気性菌，酸素があってもなくても増殖できる通性嫌気性菌，酸素はかえって有害で，酸素の存在しない条件下でのみ増殖できる偏性嫌気性菌，わずかな酸素の存在下でのみ増殖できる微好気性菌の4つに大別される．

　畜肉や鮮魚の腐敗はおもに*Pseudomonas*や*Shewanella*, *Moraxella*など好気性のグラム陰性菌によって起こる．これらの多くは酸素濃度が低くなるにつれ増殖が抑制されるが，十分に阻止することはむずかしく，酸素が0.1％でも増殖速度は低下するものの増殖できる．したがって真空包装や脱酸素剤によって食品から酸素を除くだけでは大幅な腐敗防止効果は期待されない．そこでガス置換包装では細菌の増殖抑制効果のある炭酸ガスが用いられる．

　微生物に対する炭酸ガスの影響は菌の種類や培養条件などによって異なるが，一般にカビが最も弱く，細菌では多くのグラム陰性細菌や*S. aureus*は炭

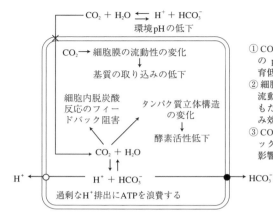

図10·11 微生物の細胞生理に及ぼす CO_2 の影響 （木村・藤井, 1996）

酸ガス濃度が高くなるほど抑制されるが, *Bacillus* は耐性を示し, 乳酸菌と *Clostridium* では増殖が促進される. 主要な腐敗菌であるグラム陰性細菌が抑制され, 乳酸菌が増殖する傾向は食品貯蔵の上で好都合である. 炭酸ガスの微生物に対する抑制作用については図10·11のように考えられている.

7・2 ガス置換包装の貯蔵効果

ガス置換包装は, 食品をポリ袋などに入れ, 包装内の空気を炭酸ガスや窒素ガスのような安全なガスで置き換え, 密封して食品を貯蔵する方法である. 低温との併用により従来に比べ格段の貯蔵性の向上が期待できる方法であり, わが国やヨーロッパ諸国でも徐々に実用化が進んでいる. ガス置換包装で最も注意を要するのは, 嫌気条件下で増殖する食中毒菌（ボツリヌス菌やウェルシュ菌）であり, 炭酸ガス包装ではこれらの胞子発芽がかえって促進されることが指摘されている. しかしこれらは発芽後, 中温では増殖するが, 低温では増殖は阻止される. したがって, ガス置換包装では厳重な低温管理が望まれる.

ガス置換包装の貯蔵効果を調べた例として, マアジ開き干しの場合を図10·12に示す. ガス置換包装の貯蔵効果は用いるガス組成によって大きく異なり, 一般に炭酸ガス置換の効果が顕著であり, 窒素ガス置換や脱酸素剤封入は腐敗防止に対してはあまり効果がない.

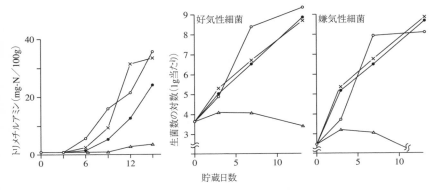

図10・12　5℃貯蔵中のマアジ開き干しのトリメチルアミン量と生菌数の変化　（藤井ら，1983）
○：含気包装，●：N₂包装，×：脱酸素剤封入包装，△：CO₂包装.

8. 食品添加物による微生物制御

　各種の化学合成保存料（ソルビン酸，プロピオン酸，安息香酸など）や天然の保存料（しらこたん白抽出物，ε-ポリリシンなど）が食品保存に用いられている（表10・8，p.180参照）．また最近はバイオプリザベーションといって，動物，植物，微生物起源の抗菌物質で，長い間食べられてきた有機酸（乳酸，酢酸など），アルコール，バクテリオシン，乳酸菌菌体などを用いた食品保存法が注目されている．乳酸菌の作用を活用したヨーグルトやチーズ，漬け物，馴れずしなどは伝統的なバイオプリザベーションと考えられる．

9. 複合効果による微生物制御

　これまで，食品中での微生物の増殖や死滅に温度や食塩濃度，pH，酸素濃度，水分活性などの要因がどのような影響を及ぼすかについて，各要因ごとに述べてきた．実際の食品加工ではこれらの要因をコントロールして微生物制御が行われているわけであるが，一般には食品中での微生物の増殖や生残には2つ以上の要因が関係していることが多く，実際の食品加工の際にもこれら複数の要因を組み合わせて，効果的に微生物制御を行っていることが多い．

　食品中の複合要因による微生物制御をわかりやすく説明したものとしてハードル理論がある．これは，微生物制御のための各種要因を1つずつのハードルにたとえ，加工工程において微生物がこれらのハードルを最終的に飛び越えな

表 10・8　作用機作による保存料，日持向上剤の分類

分　　　類	主な化合物	備　　考
有機酸型	**安息香酸**，**ソルビン酸**，**プロピオン酸**，**パラオキシ安息香酸エステル**，<u>酢酸</u>，**乳酸**，**クエン酸**，**アジピン酸**，**フマル酸**	細菌，カビ，酵母に有効
タンパク質・ペプチド型 　塩基性タンパク質 　バクテリオシン 　酵素 　その他	プロタミン(しらこたん白)，ポリリシン ナイシン <u>リゾチーム</u>，ラクトパーオキシダーゼ ラクトフェリン，アビジン	グラム陽性細菌に有効
界面活性剤型	グリセリン脂肪酸エステル(中鎖脂肪酸)，<u>チアミンラウリル硫酸塩(ビタミン B₁)</u>，ショ糖脂肪酸エステル	グラム陽性細菌，酵母に有効
強アルカリ キレート化合物 香辛料抽出物 サポニン型 植物抽出物 精油 糖分解物 酸化剤 無機塩 アミノ酸	焼成カルシウム 重合リン酸塩，クエン酸塩，EDTA塩 クローブ抽出物，オレガノ抽出物，<u>カラシ抽出物</u>，<u>ローズマリー抽出物</u> <u>トウガラシ水性抽出物</u>，<u>ユッカフォーム抽出物</u> カワラヨモギ抽出物，<u>モウソウチク抽出物</u>，<u>カンゾウ油性抽出物</u>，<u>ホップ抽出物</u> ツヤプリシン(抽出物) ペクチン分解物，キトサン 過酸化水素，<u>亜硫酸(塩)</u>，次亜塩素酸(塩)，オゾン，二酸化塩素 亜硝酸(塩)，<u>亜硫酸(塩)</u>，次亜塩素酸(塩) <u>グリシン</u>	サポニンは酵母に有効
食品成分	<u>エタノール</u>，醸造酢，<u>ホップ抽出物</u>など	

太字は保存料として，下線は日持向上剤に用いられているもの.　　　　　　　　　　　　(野崎，2012)

いように，いくつかの物理的および化学的技術を適切に組み合わせることにより，微生物を効果的に抑制できるという考え方である．この考え方は高水分食品や加熱を控えた食肉製品，発酵生ハムの開発などに適用されている．また開発途上国では，このハードル理論を用いて，野菜，果実や魚介類など生鮮食品を冷蔵庫なしで保存するような方法も試みられている．

第*11*章

食品の安全をめぐるそのほかの話題

　食品の安全・安心に関わるさまざまな話題を前章までに解説してきた．しかし，それぞれの章には収まらないが国民の関心が高い話題も残されている．本章では，残された主な話題として，東日本大震災（2011年3月11日発生）の際に福島第一原子力発電所の事故に伴って放出された「放射性物質」，患者数の増加から大きな社会問題にもなっている「食物アレルギー」，使用について賛否両論が大きくわかれている「遺伝子組換え食品」，米国産牛肉の輸入禁止措置から牛丼がなくなるという騒ぎにも発展した「BSE（牛海綿状脳症）」，加熱調理・加工中に生成する「発がん物質」，環境ホルモンの別名でよく知られている「内分泌撹乱化学物質」，ついつい忘れがちになる「器具・容器包装」を取り上げる．

1.　放射性物質
　放射性物質による食品の汚染は，核実験や原子力発電所の事故により環境中に放出された放射性物質が原因になる．1954年にはマーシャル諸島近海で操業していたマグロ漁船（第五福竜丸）が米軍の水爆実験により被爆し，死者を出すとともにマグロの放射性物質汚染が問題となった．また，1986年に発生した旧ソ連のチェルノブイリ原子力発電所の事故では農畜産物の大規模な汚染が，さらに2011年に発生した福島第一原子力発電所事故では農畜産物汚染に加えて水産物の汚染も問題になった．

1・1　放射線，放射能，放射性物質
　原子は原子核とその周囲の負電荷をもつ電子で構成されている．このうち原子核は，正電荷をもつ陽子と電荷をもたない中性子でできている．陽子の数は原子番号であり，電子の数とも等しい．原子の中には，陽子の数は同じであるが中性子の数が異なるものがあり，お互いに同位体と呼んでいる．例えば原子

番号6の炭素原子は陽子を6個もち，中性子の数はほとんどが6個（^{12}C）であるが，7個（^{13}C）または8個（^{14}C）の同位体も知られている．同位体はお互いに原子核の構造が異なるといえる．原子核の中には安定なものと不安定なものがあり，不安定な原子核（炭素の場合は^{14}C）は原子核崩壊（放射性崩壊，放射性壊変などともいわれる）により高いエネルギーをもつ粒子（α線，β線，中性子線など）や電磁波（γ線，X線など）を放出してほかの安定な原子核になろうとする．原子核崩壊に伴って放出される高エネルギー粒子および高エネルギー電磁波を放射線と総称しており，放射能は放射線を出す能力，放射性物質は放射能をもつ物質と定義される．

　原子核崩壊の2つの例（ウラン238，セシウム137）を図11・1に模式的に示す．核燃料として利用されているウランの原子核はすべて不安定である．ウラン238ではさまざまな核種を経て最終的に鉛206になるが，最初の段階では陽子2個と中性子2個の組（α線と呼ばれ，ヘリウムの原子核と同じである）を放出してトリウム234に変わる（α線を放出する核崩壊をα崩壊という）．福島原発事故で問題になったセシウム137は，原子核の中性子1個が電子（β線）を放出して陽子となり，バリウム137に変わる（β線を放出する核崩壊をβ崩壊という）．セシウム137の一部はβ崩壊によりそのまま安定なバリウム137に変わるが，多くは準安定同位体（バリウム137mと呼ばれている）を経てバリウム137になる．バリウム137mからバリウム137に変わるとき，非常に短い波長の電磁波（γ線）が放出される（γ線を放出する核崩壊をγ崩壊という）．福島原発事故で問題になったヨウ素131（陽子53個，中性子78個）も，セシ

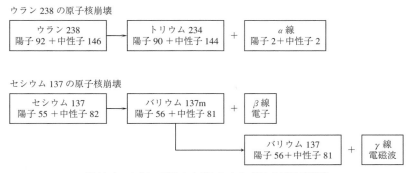

図11・1　ウラン238およびセシウム137の原子核崩壊

ウム137の原子核崩壊と同様に β 線と γ 線を出してキセノン131（陽子54個，中性77個）に変わる.

　放射性物質が放射線を放出して半分にまで減少する時間を物理学的半減期，生体内で代謝を受けて半分にまで減少する時間を生物学的半減期，物理的な崩壊と生体内代謝の両方を合算した半減期を実効半減期という. 半減期は放射性物質によって大きく異なっている. セシウム137は物理学的半減期（30年）は長いが生物学的半減期（70日）は短いので，実効半減期（64日）もかなり短い. ヨウ素131は物理学的半減期（8日）も生物学的半減期（138日）も短いので，実効半減期（7.6日）も当然短い. それに対してストロンチウム90の場合，物理学的半減期（29年）も生物学的半減期（49年）も非常に長く，したがって実効半減期（18年）も長い.

1・2　放射線による健康影響

　放射線を浴びることを被曝という. 水や食品などを介して体内に取り込んだ放射性物質による被曝であれば内部被曝，体外の放射性物質（自然放射線や医療用放射線など）による被曝であれば外部被曝となる. 被曝すると放射線のエネルギーにより遺伝子（DNA）の損傷が起こり，さまざまな障害が現れる. 被曝線量が多いと数週間程度で骨髄障害（白血球減少，血小板減少など），皮膚障害（紅斑，脱毛，潰瘍など），消化管障害（腹痛，吐き気など）などの急性障害がみられる. また，少量でも長期的に一定線量を受け続けていると，数年以上の長い潜伏期間を経て，がん，白血病，白内障，悪性貧血，老化などの障害（晩発性障害という）が現れる. 放射線障害には，一定線量の被曝を受ければ誰にでもみられる「確定的」な障害と，被曝しても必ずしも全員にみられないが発症率は被曝線量とともに増加する「確率的」障害がある. 急性障害は「確定的」であり，がんなどの晩発性障害は「確率的」であるといえる.

　体内に取り込まれた放射性物質は，核種によって蓄積部位が異なる. 例えば，セシウム137は筋肉，ヨウ素131は甲状腺，ストロンチウム90は骨髄に蓄積される.

1・3　食品中の放射性物質の基準値

　食品中の放射性セシウムに関して表11・1に示すような基準値が決められ，2012年4月1日から実施されている. 基準値は，食品からの被曝線量の許容値を1 mSv（ミリシーベルト）/年（コーデックス委員会の指標値）として設定

表 11・1 食品中の放射性セシウムに関する基準値

食品群	基準値（Bq/kg）	食品群の範囲
飲料水	10	ミネラルウォーター類，茶を含む清涼飲料水，飲用に供する茶などを含む．水道水については10 Bq/kg以下を管理目標値としている．
牛乳	50	牛乳のほか乳飲料（加工乳，低脂肪乳など）を含むが，乳酸菌飲料，発酵乳（ヨーグルトなど），チーズなどは一般食品の扱いである．
乳児用食品	50	表示により乳児向けの食品と認識される乳児用調製粉乳，乳児向け飲料（ただし，飲用茶に該当する飲料は飲料水とみなす），乳幼児用食品，ベビーフードなどを含む．
一般食品	100	飲料水，牛乳，乳児用食品に該当しないすべての食品を含む．

されている．

　まず，飲料水の基準値を世界保健機構（WHO）の指標にしたがって10 Bq（ベクレル）/kgと定めた．10 Bq/kgの水を毎日2リットル（＝kg）飲み続けると被曝線量は1年間で約0.1 mSvになる．残りの食品については年間被曝が0.9 mSv以内になるように，年齢や性別などによって分けた10の区分ごとに，平均摂取量と体格や代謝を考慮した係数を使って限度値を計算した．その結果，限度値がもっとも厳しかったのは13〜18歳の男子の120 Bq/kgで，安全性を重視して一般食品の基準値は100 Bq/kgとした．子供がよく飲む牛乳と乳児用食品については，一般食品よりさらに厳しい50 Bq/kgを基準値に定めた．なお，基準値は放射性セシウムが対象になっているが，セシウム以外の半減期が長い放射性物質（ストロンチウム，プルトニウム，ルテニウム）からの被曝量も考慮されている．すなわち，原発事故で放出されたセシウムとそのほかの放射性物質の比率をもとに，そのほかの放射性物質の上増し分が計算に組み込まれている．なお，放射性ヨウ素は半減期が短いこと，ウランについては放出量がごくわずかであったと考えられるので，規制の対象にはなっていない．

2. 食物アレルギー
2・1 食物アレルギーの発症機構
　外来の異物（抗原）から身を守っている免疫系に異常をきたし，生体にとって不利益な症状（皮膚症状，粘膜症状，消化器症状，呼吸器症状，アナフィラキシーなど）が引き起こされる現象がアレルギーである．アレルギーのうち，

食物が原因抗原となるものが食物アレルギー（食品アレルギーとか食事性アレルギーともいう）である.

　アレルギーはⅠ～Ⅳ型に分けられているが, 食物アレルギーのほとんどはイムノグロブリンE（IgE）を介したⅠ型（即時型）アレルギーである. その発症機構の概略を図11・2に示すが, アレルギー誘発物質（アレルゲン）が腸管から吸収されるという特徴はあっても, 体内に入った後のできごとは花粉症やダニアレルギーなどの一般のアレルギーと基本的に同じである. 腸管から吸収されたアレルゲンはまずマクロファージなどの抗原提示細胞に取り込まれてペプチドに分解され, MHCクラスⅡ分子と複合体を形成して細胞表面に提示される. 次に, 複合体に対するレセプターをもつT細胞が複合体と結合し, T細胞は活性化されてヘルパーT細胞になる. ヘルパーT細胞にはTh1細胞とTh2細胞があるが, アレルギー体質の場合にはTh2細胞が優勢になる. Th2細胞はインターロイキン4と呼ばれるサイトカインを出す. 抗体産生細胞であるB細胞は, Th2細胞の分泌するインターロイキン4によって活性化されるとIgE産生細胞にクラススイッチする（B細胞は最初は必ずIgMを産生するが, 外部からの刺激によりIgEなどほかの抗体の産生細胞に変化することをクラススイッチという）. こうして産生されたIgEは血液を通して体内各所に運ばれ, IgEのレセプターをもつ細胞（主としてマスト細胞で, マスト細胞は肥満細胞とかマストセルとも呼ばれる）と結合してアレルギーの感作が成立する. ここに再び

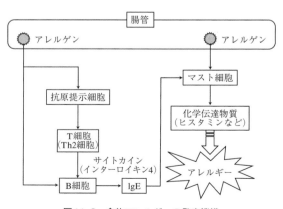

図11・2　食物アレルギーの発症機構

アレルゲンが侵入してマスト細胞表面のIgEと架橋するように結合すると，マスト細胞からヒスタミン，プロスタグランジン，ロイコトリエンなどの化学伝達物質が放出され，アレルギー症状が引き起こされる．マスト細胞は皮膚，気道，腸管などに多く存在するので，それぞれの部位で特徴的なアレルギー症状（例えば，皮膚ならじんましん，気道ならぜんそく，腸管なら下痢）が現れることになる．

　ヒトにはアレルギーを起こさない仕組みとして，消化酵素によるアレルゲンの分解，腸管免疫系（IgAが関与している）によるアレルゲンの吸収阻害，経口免疫寛容（経口的に摂取する抗原に対して免疫応答が鈍くなる現象）などが備わっている．健常人ではこれらの仕組みがしっかり働いているが，アレルギー体質のヒトでは仕組みの一部に破綻をきたしているのでIgEが高濃度に産生され，アレルギーの発症に至る．

2・2　食物アレルギーの発生状況

　わが国における食物アレルギーの有症率は，乳児が7.6 ～ 10％，3歳児が約5％，学童以降が1.3 ～ 4.5％で，全年齢を通して1 ～ 2％程度であると推定されている（食物アレルギーの診療の手引き2020）．アレルギー原因食品については全国的調査が時々行われているが，最新の調査である「平成30年度食品表示に関する試験検査等の実施（消費者政策調査費）：即時型食物アレルギーによる健康被害に関する全国実態調査」の結果を表11・2に示す．調査対象者（何らかの食物を摂取後60 分以内に症状が出現し，かつ医療機関を受診したもの）は4,851 人である．鶏卵，牛乳，小麦が3大原因食品で，これら3品目で全体の2/3を占めている．また，上位20位のうち，4位のくるみ，18位のマカダミアナッツ以外は，すべて後述するアレルギー表示制度において表示が義務化あるいは奨励されている品目である（表11・4参照）．

　表11・3には，初めて食物アレルギーを発症した2,764 人における原因食品を年齢別に示す．初発は乳幼児に多く，2歳児までで74％（2,032 人）を占めているが，18歳以上の初発者も4％（117 人）で，成人になって新規発症する例も決して少なくない．0歳児では3大原因食品（鶏卵，牛乳，小麦）による新規発症例が95％と大半を占めている．鶏卵と牛乳による新規発症は3歳児以降は激減するが，小麦の場合は7歳児以降に再び増加傾向がみられる．3大原因食品以外では，魚卵，木の実類，落花生，果物類，甲殻類，魚類など多彩な食

表 11·2　食物アレルギーの原因食品

順位	原因食品		アレルギー発症者	
	食品名	アレルギー表示制度*	人数	%
1	鶏卵	◎	1,681	34.7
2	牛乳	◎	1,067	22.0
3	小麦	◎	512	10.6
4	くるみ		251	5.2
5	落花生	◎	247	5.1
6	いくら	○	184	3.8
7	えび	◎	121	2.5
8	そば	◎	85	1.8
9	カシューナッツ	○	82	1.7
10	大豆	○	80	1.6
11	キウイフルーツ	○	77	1.6
12	バナナ	○	38	0.8
13	ごま	○	28	0.6
14	もも	○	24	0.5
15	やまいも	○	22	0.5
16	アーモンド	○	21	0.4
17	かに	◎	20	0.4
18	マカダミアナッツ		15	0.3
19	さけ	○	14	0.3
20	いか	○	13	0.3
	その他		269	5.5
合計			4,851	100.0

* ◎は特定原材料（表示義務），○は特定原材料に準ずるもの（表示奨励）（表 11·4 参照）.
(消費者庁，2019)

表 11·3　新規発症例における年齢別アレルギー原因食品

順位	0歳 (1,356)	1, 2歳 (676)	3〜6歳 (369)	7〜17歳 (246)	18歳以上 (117)
1	鶏卵 (55.6%)	鶏卵 (34.5%)	木の実類 (32.5%)	果物類 (21.5%)	甲殻類 (17.1%)
2	牛乳 (27.3%)	魚卵 (14.5%)	魚卵 (14.9%)	甲殻類 (15.9%)	小麦 (16.2%)
3	小麦 (12.2%)	木の実類 (13.8%)	落花生 (12.7%)	木の実類 (14.6%)	魚類 (14.5%)
4		牛乳 (8.7%)	果物類 (9.8%)	小麦 (8.9%)	果物類 (12.8%)
5		果物類 (6.7%)	鶏卵 (6.0%)	鶏卵 (5.3%)	大豆 (9.4%)

各年齢群で5%以上を占める原因食品を示す．また，年齢欄の（ ）内は人数で，合計 2,764 人である．
(消費者庁，2019)

表 11・4　アレルギー起こすおそれのある原材料を含む加工品の表示

表示	原材料
義務化 （特定原材料）	えび, かに, 小麦, そば, 卵, 乳, 落花生（ピーナッツ）
奨励 （特定原材料に準ずるもの）	アーモンド, あわび, いか, いくら, オレンジ, カシューナッツ, キウイフルーツ, 牛肉, くるみ, ごま, さけ, さば, 大豆, 鶏肉, バナナ, 豚肉, まつたけ, もも, やまいも, りんご, ゼラチン（牛肉・豚肉由来であることが多いが, 別途表示する）

品が1歳児以降の新規発症の原因となっている. なお, 乳幼児期の食物アレルギーの主な原因食品である鶏卵と牛乳に対しては, 3歳までに約50%, 学童までに80〜90%が耐性を獲得すると考えられており, これら食品によるアレルギーは年齢とともに減少する. 一方, 学童期以降に新規発症する甲殻類, 魚類, 果物類などに対する耐性獲得は低いので, 成人のアレルギーでは重要な原因食品となっている.

2・3　アレルギーを起こすおそれがある食品の表示

　食物アレルギーによる発症を防止するために, アレルギーを起こすおそれがある原材料を含む加工食品の表示に関する法律が2001年4月1日に施行された. この法律は, 世界に先駆けてわが国が施行したという点で画期的である. 当初は, 症例数が多いまたは重篤な症例（アナフィラキシーショック症例）が多い卵, 乳, 小麦, そばおよび落花生の5品目（特定原材料と呼んでいる）については表示を義務化し, 特定原材料に比べると症例数や重篤な症例が少ない19品目については特定原材料に準ずる品目として表示が奨励された. その後の見直しにより, 特定原材料に準ずる2品目（えび, かに）の特定原材料への格上げ, 4品目（アーモンド, カシューナッツ, ごま, バナナ）の特定原材料に準ずる品目への追加が行われ, 2021年10月現在では表11・4に示すように, 特定原材料は7品目, 特定原材料に準ずるものは21品目となっている. 近年, アレルギー症例が多くなっているくるみ（表11・2参照）については, 義務表示対象品目に追加することが検討されている.

2・4　アレルゲンの種類

　食品中の多種多様なタンパク質のうちアレルゲンとなるのは一部である．重要なアレルギー原因食品とその主要アレルゲンを表11・5に示す．アレルゲンはおおむね分子量1～10万のタンパク質で，加熱に対して安定であること（卵のオボアルブミンは例外），消化酵素に対して抵抗性が高いことがほぼ共通した性質としてあげられる．すなわち，加熱調理によってもアレルゲン性を失わず，一部は消化酵素に分解されずにそのまま腸管から吸収されるので抗原性が高いといえる．なお，ある食品に対してアレルギーを示す患者はすべて同じアレルゲンを認識するわけではない．例えば，卵アレルギー患者の場合，オボムコイドを強く認識する患者，オボアルブミンを強く認識する患者，オボムコイドとオボアルブミンの両方を認識する患者，そのほかのアレルゲンを強く認識する患者などさまざまである．また，たとえ同じアレルゲンを認識しても認識する部位（IgE結合エピトープという）は患者によって異なることも多い．

表 11・5　アレルギー原因食品とその主要アレルゲン

食品	主なアレルゲン	分子量	備考
卵（鶏卵）	オボムコイド	28,000	
	オボアルブミン	45,000	加熱に不安定
牛乳	α s1-カゼイン	23,600	
	β-ラクトグロブリン	18,300	乳清タンパク質
米	α-アミラーゼインヒビター	16,000	
小麦	α-アミラーゼインヒビター	13,000～14,000	baker's asthma の原因
	α-グリアジン	31,000～33,000	
そば	BWp16（16kDa タンパク質）	16,000	
大豆	Gly m Bd 30k	30,000	チオールプロテアーゼ様構造（酵素活性はない）
ピーナッツ	Ara h 1	66,000	
	Ara h 2	17,500	α-アミラーゼ/トリプシンインヒビター活性
魚	パルブアルブミン	12,000	Ca 結合性筋形質タンパク質
えび・かに	トロポミオシン	37,000	筋原繊維タンパク質

3. 遺伝子組換え食品

3・1 遺伝子組換え食品とは

　遺伝子組換え技術とは，ある生物の遺伝子の一部を切り取り，改変して元の生物の遺伝子に組み入れたり，そのままあるいは改変してほかの生物の遺伝子に組み入れる技術である．野生生物での自然交配や品種改良を目的とした人工的な交配においても遺伝子組換えが起こっているが，あくまでも同一種あるいは近縁種の間でのできごとである．それに対して遺伝子組換え技術は，微生物の遺伝子を植物に組み入れるといったように種の壁を大きく越えて適用可能である．そのため，遺伝子組換え技術により人間にとって有用な農作物などを容易に作り出すことができる反面，これまで自然界に存在しない生物を作り出すことにもなり，長期的にみると生態系への影響も懸念される．

　近年，遺伝子組換え食品に類似したものとして，CRISPR-Cas9（クリスパー・キャスナイン）と呼ばれるゲノム配列の任意の場所を削除，置換，挿入することができる技術を用いたゲノム編集食品が開発されている．ゲノム編集食品は，標的遺伝子の特定の位置を切断した後の操作により，タイプ1（自然修復），タイプ2（数塩基の挿入），タイプ3（他の生物の長い遺伝子の挿入）に大別される．このうちタイプ1は自然界で起こる突然変異あるいは従来の品種改良で起こる変化の範囲内であるし，タイプ2もそれに準ずると判断されるため，厚生労働省への届け出のみで販売できる．2021年12月時点で届け出済みのゲノム編集食品は，「グルタミン酸脱炭酸酵素遺伝子の一部を改変しGABA（γ-アミノ酪酸）含有量を高めたトマト」，肉付きが通常の1.2倍の「可食部増量マダイ」および成長速度が通常の1.9倍の「高成長トラフグ」の3種類である．一方，タイプ3は他の生物の長い遺伝子が挿入されているので，遺伝子組換え食品として取り扱う（2021年12月時点では該当食品はない）．

　遺伝子組換え技術を利用して作った大豆，とうもろこし，ばれいしょ（じゃがいも）などの農産物（加工品を含む）や食品添加物などを遺伝子組換え食品（genetically modified organismsの頭文字をとってGMOと略されたり，GM食品と略されたりする）という．遺伝子組換え農産物は，グリホサートやグルホシネートなどの除草剤に耐性を示すもの，コロラドハムシやアワノメイガなどの害虫に抵抗性を示すものが大部分である．これら遺伝子組換え農産物は，除草剤耐性や害虫抵抗性を付与されているが組成や栄養価などの点では従来品と同

等である．従来のものと組成や栄養などが著しく異なる遺伝子組換え農産物（特定遺伝子組換え農産物という）として，高オレイン酸大豆，ステアリドン酸産生大豆および高リシンとうもろこしがある．高オレイン酸大豆は，大豆の脂肪酸に占めるオレイン酸の割合（通常は約20％）を約80％に高めたもので，熱安定性を向上させるとともに血中の悪玉コレステロール値を下げる効果がある．ステアリドン酸産生大豆は，従来の大豆では産生されないステアリドン酸（n-3系脂肪酸の一種であり，人や動物が摂取するとその一部が体内においてEPAやDHAに変わることが知られている）を遺伝子組換えにより産生させるようにしたものである．高リシンとうもろこしは飼料用に開発されたもので，動物の成長に必須のアミノ酸であるリシンの濃度を高めたものである．一方，遺伝子組換え食品添加物としては，チーズ製造の際に必要な凝乳酵素レンネット（キモシン），でんぷん糖の製造などに用いられる加水分解酵素 α-アミラーゼなどがある．これら酵素を天然から得るためには多大な時間と労力を要するが，その遺伝子を微生物に導入して微生物に作らせると，簡便かつ効率的に大量の酵素を得ることができる．

3・2　遺伝子組換え食品の安全性審査

2001年4月から，遺伝子組換え食品の安全性審査が義務化され，審査を受けていない遺伝子組換え食品およびそれを原材料とする食品の製造，輸入，販売などが禁止されている．組換え体を食べる農作物はもとより，組換え体そのものは食べない食品添加物も審査の対象となっている．安全性審査は当初は厚生労働省の薬事・食品衛生審議会で行われていたが，食品安全委員会が設置された2003年7月以降は食品安全委員会が審査を担当している．

遺伝子組換え食品の安全性審査は，申請者（業者など）が実施した安全性評価の資料に基づいて行われている．第三者によるデータではなく申請者だけのデータに頼っているという点で批判を招いているが，審査にあたっては申請者が提出した資料の信頼性や妥当性が慎重に吟味され，不足資料があれば追加提出を求めている．審査の具体的項目は，挿入遺伝子の安全性，挿入遺伝子により産生されるタンパク質の有害性の有無，アレルギー誘発性の有無，挿入遺伝子が間接的に作用してほかの有害物質を産生する可能性の有無，遺伝子を挿入したことにより成分に重大な変化を起こす可能性の有無などである．2021年12月13日現在で，農産物8種326品目，食品添加物22種63品目が審査を終了

している.

3・3　遺伝子組換え食品の表示

遺伝子組換え食品の安全性審査が義務づけられた2001年4月から，遺伝子組換え食品の表示に関する法律も同時に施行されている．表示の対象となるのは，表11·6に示す大豆（枝豆および大豆もやしを含む），とうもろこし，ばれいしょ，菜種，綿実，アルファルファ，てん菜，パパイヤの8種類の農作物とこれら農

表 11·6　表示の対象となる遺伝子組換え農産物およびその加工食品

農作物	加工食品
大豆 （枝豆および 大豆もやしを含む）	1.　豆腐類および油揚げ類 2.　凍豆腐，おからおよびゆば 3.　納豆 4.　豆乳類 5.　みそ 6.　大豆煮豆 7.　大豆缶詰および大豆瓶詰 8.　きな粉 9.　大豆いり豆 10.　1〜9を主な原材料とするもの 11.　調理用の大豆を主な原材料とするもの 12.　大豆粉を主な原材料とするもの 13.　大豆たんぱくを主な原材料とするもの 14.　枝豆を主な原材料とするもの 15.　大豆もやしを主な原材料とするもの
とうもろこし	16.　コーンスナック菓子 17.　コーンスターチ 18.　ポップコーン 19.　冷凍とうもろこし 20.　とうもろこし缶詰およびとうもろこし瓶詰 21.　コーンフラワーを主な原材料とするもの 22.　コーングリッツを主な原材料とするもの（コーンフレークを除く） 23.　調理用のとうもろこしを主な原材料とするもの 24.　16〜20を主な原材料とするもの
ばれいしょ	25.　ポテトスナック菓子 26.　乾燥ばれいしょ 27.　冷凍ばれいしょ 28.　ばれいしょでんぷん 29.　調理用のばれいしょを主な原材料とするもの 30.　25〜28を主な原材料とするもの
菜種	
綿実	
アルファルファ	31.　アルファルファを主な原材料とするもの
てん菜	32.　調理用のてん菜を主な原材料とするもの
パパイヤ	33.　パパイヤを主な原材料とするもの

表11·7　遺伝子組換え食品の表示方法

ケース	表示義務	表示例
分別生産流通管理*が行われた遺伝子組換え農作物を原材料とする場合	義務	大豆（遺伝子組換え） 大豆（高オレイン酸遺伝子組換え）
遺伝子組換え農作物と非遺伝子組換え農作物が分別生産流通管理されていない農作物を原材料とする場合	義務	大豆（遺伝子組換え不分別）
分別生産流通管理が行われた非遺伝子組換え農作物（5%以下の意図せざる混入を含む）を原材料とする場合	任意	大豆（遺伝子組換えでない） 大豆（遺伝子組換えでないものを分別）
特定遺伝子組換え農作物と非特定遺伝子組換え農作物が意図的に混合された農作物を原材料とする場合	義務	大豆（高オレイン酸遺伝子組換えのものを混合）

*遺伝子組換え食品および非遺伝子組換え食品を生産，流通および加工の各段階で善良なる管理者の注意をもって分別および管理を行い，その旨を証明する書類により明確にした管理のことをいう．英語の identity preserved handling から IP ハンドリングとも呼ばれる．

作物を原材料とした加工食品である．具体的な表示方法は表11·7のとおりである．なお，次のような場合には表示を省略することができる（任意で表示してもよい）．

① 分別生産流通管理が適切に行われ，かつ，遺伝子組換え農作物が主な原材料でない場合（主な原材料とは，原材料の全重量の5%以上で，かつ，原材料の上位3位以内のものをいう）．

② 分別生産流通管理が適切に行われ，かつ，遺伝子組換え農作物（大豆およびとうもろこし）の意図せざる混入率が5%以下の場合．この場合，表示の省略だけでなく，「遺伝子組換えでない」旨の表示も認められている．

③ 組換えDNAやそれから生成したタンパク質が分解あるいは除去されているため，広く認められた最新の技術によっても検出できない加工食品（大豆を原材料とする大豆油やしょうゆ，とうもろこしを原材料とするコーン油やコーンフレークなど）の場合．ただし，特定遺伝子組換え農作物を原材料とした場合は，油やしょうゆなどについても省略できない．例えば，高オレイン酸遺伝子組換え大豆を用いて作った大豆油は，「食用大豆油（高オレイン酸遺伝子組換え）」のように表示しなければならない．

④ 業者間でやりとりされ一般消費者に販売されない食品の場合．

⑤ 容器または包装の面積が30 cm^{2}以下の場合．

このように，主な原材料でない場合には表示を省略できるし，意図せざる混

入の場合には混入率が5%近くあっても「遺伝子組換えでない」と表示できる．遺伝子組換え食品の表示方法は消費者にはわかりにくいため，2023年4月1日から改正される予定である．

4. BSE（牛海綿状脳症）

4・1　BSEとは

BSEは bovine spongiform encephalopathy の頭文字をとったもので，牛の脳組織にスポンジ状の変化を起こす疾病である．潜伏期間は3～7年と長く，発症すると神経過敏，泌乳量の減少，協調運動失調，麻痺，起立不能などの症状を呈し，2週間～6カ月で死亡する悪性の中枢神経性疾病である．1986年にイギリスで発見されて以来，ヨーロッパを中心として世界各地の牛で発生が報告されている．世界におけるBSEの発生は1992年に37,316頭とピークに達したが，2004年には1,000頭以下に，2015年以降は10頭以下に激減している．わが国でも2001年9月に最初のBSE牛が見つかって以来，これまでに36頭の牛でBSEの発生が確認されている．ただし，感染牛は2009年1月を最後に確認されていないし，2002年1月に出生した牛を最後に，それ以降に出生した牛からもBSEは確認されていない．

BSEのように脳にスポンジ状の変化を起こす疾病はTSE（transmissible spongiform encephalopathy，伝達性海綿状脳症）と総称されている．いずれも伝達因子と関係した病気であるが，伝達因子は十分には解明されていない．TSEとしてはヒツジやヤギのスクレイピー，伝達性ミンク脳症，ネコ海綿状脳症，シカの慢性消耗病などが知られている．ヒトにおいても，クロイツフェルト・ヤコブ病（Creutzfeldt-Jakob disease，CJD），新変異型クロイツフェルト・ヤコブ病（variant Creutzfeldt-Jakob disease，vCJD）などの病気が報告されている．このうちvCJDの原因はBSE感染牛であると推定されている，

4・2　BSEの原因物質

BSEの伝達因子は完全には解明されていないが，もっとも有力とされている因子はプリオンと呼ばれるタンパク質である．プリオンはアミノ酸265残基からなる分子量33,000～35,000の糖タンパク質で，細胞膜に結合して存在している．正常プリオンはヒトの脳にも普通にみられ，機能は不明であるが無害であるとされている．正常プリオンが異常型に変わるとBSEの発症につながる

が，異常プリオンができるメカニズムはよくわかっていない．正常プリオンは加熱に不安定でタンパク質分解酵素の作用も受けやすい．それに対して異常プリオンは熱に強いので通常の加熱調理では伝達能力を失わないし，タンパク質分解酵素にも抵抗性があるので感染能力も失わない．BSEが世界的に広がった原因は，伝達因子（異常プリオン）に汚染された肉骨粉（食肉処理の過程で得られるくず肉，内臓，皮，骨などの残渣をミキサーにかけ，脂肪分を除去後，乾燥させて細かく砕いたもの）を含む飼料の流通によると考えられているが，肉骨粉の製造における加熱工程でも異常プリオンは活性を失わないことを意味している．なお，BSE検査ではELISA法が採用されているが，異常プリオンはタンパク質分解酵素に対して安定であるという性質を利用し，正常プリオンのみをタンパク質分解酵素で分解後，残った異常プリオンをプリオンに対する抗体で検出している．

4・3　BSE対策

　わが国におけるこれまでのBSE対策（国内向け）の経緯を表11・8にまとめて示す．2001年9月に国内でBSEが初めて発生し，同年10月からと畜場においては，牛の特定危険部位（specified risk materialのことでSRMと略される），すなわち頭蓋（舌，頬肉を除く），脊髄および回腸遠位部（盲腸の接続部分から2 m以上）を除去・焼却すること，特定危険部位の除去・焼却の際に食用肉などが汚染されることのないような衛生的処理を行うことが義務づけられた．あわせてと畜検査では，全頭を対象としてBSE検査を行うことも義務化された．その後，BSE検査の対象牛は全頭から少しずつせばめられ，2017年4月には健康牛の検査そのものが廃止された．現在，24カ月齢以上の牛のうち，と畜検査員が必要と判断した牛のみを検査することになっている．

　輸入牛肉については，1996年3月に英国からの，2000年12月にはEU諸国からの輸入禁止措置がとられた．その後，2003年5月にはカナダ産牛肉，2003年12月には米国産牛肉も輸入が禁止された．カナダ産と米国産牛肉については，2005年12月に20カ月齢以下に限定して輸入が再開され，2013年2月には30カ月齢以下に緩和された．EU諸国からの牛肉輸入も，月齢制限つきで次々に再開された．さらに2019年5月には，カナダ産，米国産およびアイルランド産の牛肉については，月齢制限も撤廃されている．

表11·8 BSE対策（国内向け）の経緯

年月	検査対象牛	特定危険部位（SRM）
2001年 9月	国内で1頭目のBSE感染牛の確認	
2001年10月	全頭	以下のSRM（全月齢）の除去・焼却 ・頭部（舌，頬肉を除く），脊髄，扁桃および回腸遠位部
2004年 2月	全頭	脊柱（全月齢）をSRMに追加
2005年 8月	21カ月齢以上	脊柱（全月齢）をSRMに追加
2013年 2月	21カ月齢以上	30カ月齢以下の脊柱をSRMから除外
2013年 4月	30カ月齢超	30カ月齢以下の頭部，脊髄をSRMから除外
2013年 7月	48カ月齢超	30カ月齢以下の頭部，脊髄をSRMから除外
2015年 3月	48カ月齢超	頭部の皮（全月齢）をSRMから除外
2017年 4月	健康牛の検査廃止	頭部の皮（全月齢）をSRMから除外

5. 発がん物質

　食品中の主な発がん物質を表11·9に示す．植物性自然毒（サイカシン，プタキロシド），有害元素（ヒ素，クロム），カビ毒（アフラトキシン，パツリン，オクラトキシン）についてはすでに述べてきた．ここでは非意図的に生成する化学物質を説明する．

5・1　ニトロソアミン

　N-ニトロソ基（＞N-N＝O）を有する化合物はN-ニトロソ化合物と総称され，N-ニトロソアミン類（単にニトロソアミンともいう）とN-ニトロソアミド類に大別される．N-ニトロソ化合物の多くは実験動物に対して強力な発がん性を示すことから世界的に関心がもたれている．

1）N-ニトロソ化合物の生成

　食品中のN-ニトロソ化合物の含量は5 〜 10 ppbと非常に低いが，食品由来の成分の相互作用により生体内で生成される可能性があるので問題となる．N-ニトロソアミン類は二級アミン（プロリン，ピロリジン，ピペリジンといった環状化合物も含む）と亜硝酸との反応で，N-ニトロソアミドは二級アミド類と亜硝酸との反応で生成される．図11·3には一例として，ジメチルアミンと亜硝酸からN-ニトロソジメチルアミン（ジメチルニトロソアミン，N-メチル-N-ニトロソメタンアミンともいう）が生成される反応式を示す．ニトロソ化

表 11・9　食品中の主な発がん物質

発がん物質 の区分	発がん物質	備　考
植物性 自然毒	プタキロシド	ワラビに含まれる毒成分（第5章3・13参照）
	サイカシン	ソテツに含まれる毒成分（第5章3・13参照）
有害元素	ヒ素	発がん性を示すのは無機ヒ素（第6章3・2参照）
	クロム	発がん性を示すのは6価クロム（第6章3・8参照）
カビ毒	アフラトキシン	*Aspergillus flavus* などが産生（第6章8・1参照）
	パツリン	*Penicillium patulum* などが産生（第6章8・4参照）
	オクラトキシン	*Aspergillus ochraceus* などが産生（第6章8・5参照）
非意図的に 生成する 化学物質	ニトロソアミン	胃内で生成
	多環芳香族炭化水素	魚や肉の加熱調理中に生成
	ヘテロサイクリックアミン	魚や肉の加熱調理中に生成
	アクリルアミド	食品（特にじゃがいも類）の加熱製造中に生成

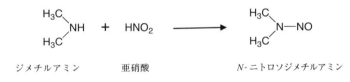

ジメチルアミン　　　　　亜硝酸　　　　　　　　　　　*N*-ニトロソジメチルアミン

図11・3　*N*-ニトロソジメチルアミンの生成

　反応は酸性条件下で進行するが、このことは胃内で*N*-ニトロソ化合物が生成されることを意味している。実際、ジメチルアミンと亜硝酸はヒトの胃液を用いたモデル実験で*N*-ニトロソジメチルアミンに変化するし、各種アミン類と亜硝酸をマウス、ラットなどに同時投与した実験でも胃内で*N*-ニトロソアミンの生成が確認されている。なお、ニトロソ化反応はビタミンC（アスコルビン酸）やビタミンE（*a*-トコフェロール）によって抑制され、逆に喫煙者の唾液中に多く含まれるチオシアン酸塩によって促進されることが判明している。

　N-ニトロソ化合物のもとになるアミン類やアミド類は魚介類、穀類、茶、タバコなどに含まれるが、わが国ではタラ類やニシン類にとくに多量に含まれるジメチルアミンがもっとも問題となる。これら魚類では、貯蔵中にはトリメ

チルアミンオキシドの酵素分解により，また加熱調理中にはコリンやトリメチルアミンオキシドの熱分解によりジメチルアミンが増加する．一方，*N*-ニトロソ化合物のもう一つの因子である亜硝酸の来源としては，野菜類（とくにダイコン，ホウレンソウ，コマツナなど）に多量に含まれる硝酸塩が重要である．硝酸塩濃度は数千ppmに達することもあるが，貯蔵中に微生物の作用で，さらにヒトの唾液中の微生物の作用で還元されて亜硝酸塩になる．亜硝酸の来源としては食肉製品，魚肉ソーセージ，鯨肉ベーコンなどの発色剤として用いられている亜硝酸ナトリウム，硝酸ナトリウム，硝酸カリウムもあげられる．亜硝酸塩や硝酸塩を食品添加物として使用することは発がん性の点から問題を含んでいるといえる．

2）*N*-ニトロソ化合物による中毒事件

N-ニトロソ化合物による実際の中毒事件としては，1957年にノルウェーで発生したミンクの大量斃死事件が知られている．ニシン魚粉を飼料としていたミンクが肝臓障害で死亡したものであるが，原因物質は魚粉中のジメチルアミンと保存料として添加されていた亜硝酸ナトリウムとの反応で生成した*N*-ニトロソジメチルアミンであることが究明された．魚粉中の*N*-ニトロソジメチルアミン含量は30 ～ 100 ppmと極めて高かった．

3）*N*-ニトロソ化合物の発がん性

国際がん研究機関（International Agency for Research on Cancer，IARC）の発がん性リスク一覧では，*N*-ニトロソジメチルアミンはグループ2A（ヒトに対する発がん性がおそらくある）に分類されている．*N*-ニトロソ化合物は，化合物によって発がん部位（標的臓器）が異なる．一般的には*N*-ニトロソアミンは肝臓と食道，*N*-ニトロソアミドは胃，骨髄，肺が標的臓器になる．*N*-ニトロソジメチルアミンをはじめとした*N*-ニトロソジアルキルアミンはそれ自体では発がん性を発揮しないが，生体内の酵素作用で生じるジアゾアルカンがアルキル化剤として発がん効果を示す．*N*-ニトロソジメチルアミンに対応するジアゾアルカンであるジアゾメタン$CH_2 = N^+ = N^-$はソテツの毒成分（サイカシン）からも生成される（図5・36参照）．

5・2　多環芳香族炭化水素（PAH）

多環芳香族炭化水素（polycyclic aromatic hydrocarbon，PAH）とは，置換基やヘテロ原子を含まない芳香環が縮合した炭化水素の総称である．コールター

ルや有機化合物の燃焼ガス
（自動車の排気ガス，タバコ
の煙など）のほか，こげた食
べ物（ステーキ，ハンバー
ガー，焼き魚など），肉や魚
のくん製品に含まれている.
主な4種類のPAHの構造を図
11・4に示す．国際がん研究
機関の発がん性リスク一覧で
は，ベンゾ[a]ピレンはグルー
プ1（ヒトに対する発がん性
が認められる），ベンゾ[a]ア
ントラセン，ベンゾ[b]フルオラン
テンおよびクリセンはグループ2B
（ヒトに対する発がん性が疑われ
る）に分類されている．発がん性
が確認されているベンゾ[a]ピレン
の場合，発がん性を示すのはベン
ゾ[a]ピレンそのものではなく，ベ
ンゾ[a]ピレンが体内の酵素作用を

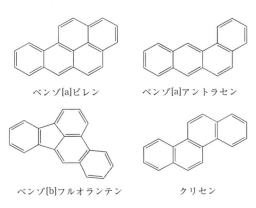

ベンゾ[a]ピレン　　　ベンゾ[a]アントラセン

ベンゾ[b]フルオランテン　　　クリセン

図11・4　主な多環芳香族炭化水素（PAH）の構造

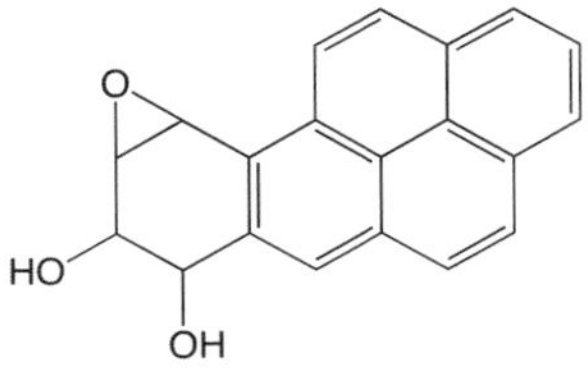

図11・5　ベンゾ[a]ピレンジオールエポキシド
の構造

受けて生成するベンゾ[a]ピレンジオールエポキシド（図11・5）である.

　日本人のPAH摂取源としては食品がもっとも重要で，かつお節とその加工
品，焼き肉，焼き鳥，焼き魚が主な摂取源であると推測されている．わが国
では今のところPAHを規制する動きはないが，ヨーロッパなどではベンゾ[a]
ピレンをはじめとした上述の4種類のPAHに対して食品中の規制値が設定され
ている.

5・3　ヘテロサイクリックアミン

　ヘテロサイクリックアミン（heterocyclic amine，HCA）は，少なくとも1つ
の複素環を含み，かつ少なくとも1つのアミノ基を含む化学物質で，150℃以
上の高温で調理した肉類（畜肉および魚），とくに焼けこげ中にみられる．ア
ミノ酸の加熱反応，またはアミノ酸とクレアチン，クレアチニン，糖の加熱

反応によって生成する．これまでに知られている20種以上のHCAのうち，表
11・10に示す10種（このうちの主な5種については化学構造を図11・6に示す）
はラットやマウスの肝臓，大腸，乳腺，前立腺などにがんを誘発することが明
らかにされており，国際がん研究機関によってヒトに対しても発がん性がある
とされている．発がん性を示すのはHCAそのものではない．PhIPを例として
図11・7に示すが，シトクロムP450によるN-水酸化，それに続くN-アセチル転
移酵素などによるアセチル化によって生成したN-アセトキシ体が発がん性を
示す本体である．N-アセトキシ体はデオキシグアノシンに結合してDNAの損

表 11・10　発がん性のあるヘテロサイクリックアミン（HCA）

略称	正式名称	発がん性*
IQ	2-アミノ-3-メチルイミダゾ[4,5-f]キノリン	2A
MeIQ	2-アミノ-3,4-ジメチルイミダゾ[4,5-f]キノリン	2B
MeIQx	2-アミノ-3,8-ジメチルイミダゾ[4,5-f]キノキサリン	2B
PhIP	2-アミノ-1-メチル-6-フェニルイミダゾ[4,5-b]ピリジン	2B
Trp-P-1	3-アミノ-1,4-ジメチル-5H-ピリド[4,3-b]インドール	2B
Trp-P-2	3-アミノ-1-メチル-5H-ピリド[4,3-b]インドール	2B
AαC	2-アミノ-9H-ピリド[2,3-b]インドール	2B
MeAαC	2-アミノ-3-メチル-9H-ピリド[2,3-b]インドール	2B
Glu-P-1	2-アミノ-6-メチルジピリド[1,2-a:3',2'-d]イミダゾール	2B
Glu-P-2	2-アミノジピリド[1,2-a:3',2'-d]イミダゾール	2B

* 国際がん研究機関（IARC）による評価で，2Aは「ヒトに対する発がん性がおそらくある」，2Bは「ヒトに
　対する発がん性が疑われる」を意味している．

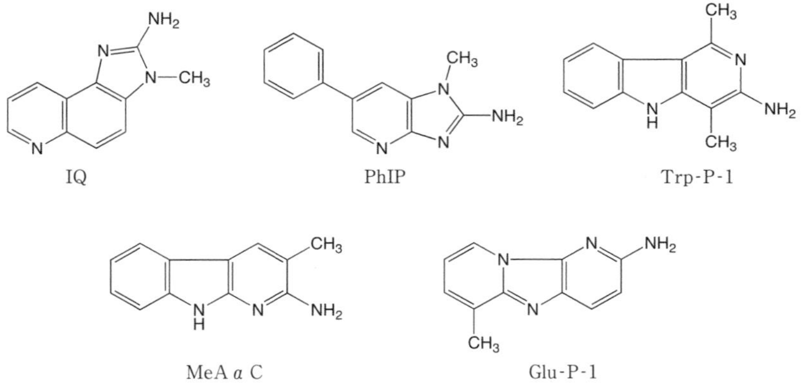

図11・6　主な発がん性ヘテロサイクリックアミン（HCA）の構造

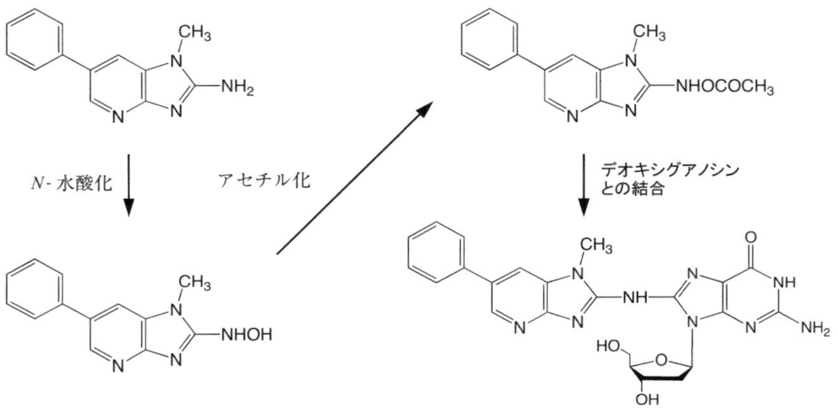

図11·7　PhIP による DNA の損傷

傷を引き起こし発がんに至る.

　HCA の食品中の含量は一般に 0.1 ～数 ng/g と極めて低濃度であり，1 日当たりの総摂取量も 0.4 ～ 16 µg と微量である．ただし，直火でこげ目が入るほど強く加熱調理した肉や魚の HCA 含量は数十 ng/g とかなり高くなる．肉や魚の焼けこげには，HCA のほかに発がん性のある多環芳香族炭化水素も多く含まれているので，こげた部分を無理に摂取することは避けた方がよい.

5·4　アクリルアミド

　アクリルアミド（$CH_2 = CHCONH_2$）は，重合反応により生成する高分子化合物であるポリアクリルアミド（水溶性合成樹脂）の原料となっている．電気泳動用のゲルとして研究で広く使用されているほか，廃水処理用の凝集剤，接着剤，染料などに用いられている．しかし，アクリルアミドそのものは神経毒性，肝臓毒性を有し，「毒物および劇物取締法」では劇物に指定されている．また，変異原性が確認されており，国際がん研究機関ではアクリルアミドを2A（ヒトに対する発がん性がおそらくある）に分類している.

　2002 年にスウェーデンの食品庁が，高温で加熱して製造した食品（ポテトチップス，フレンチフライ，ビスケットなど）にアクリルアミドが高濃度に含まれていることを発表し，世界的に大きな問題となった．食品中のアクリルアミド濃度の分析結果を表 11·11 に示すが，ポテトチップスやフレンチフライで

表11・11　食品中のアクリルアミド濃度

食　品	アクリルアミド濃度（µg/kg）[1]	
	国立医薬品食品衛生研究所	海外 5 カ国[2]
ポテトチップス	467 ～ 3,544	170 ～ 2,287
フレンチフライ	512 ～ 784	<50 ～ 3,500
ビスケット，クラッカー	53 ～ 302	<30 ～ 3,200
朝食用シリアル	113 ～ 122	<30 ～ 1,346
とうもろこしチップス類	117 ～ 535	34 ～ 416
食パン，ロールパン	<9 ～ <30	<30 ～ 162
チョコレートパウダー	104 ～ 141	<50 ～ 100
コーヒーパウダー	151 ～ 231	170 ～ 230
ビール	<3	<30

[1] 最小値～最大値.
[2] ノルウェー，スウェーデン，スイス，英国，米国.（厚生労働省ホームページ）

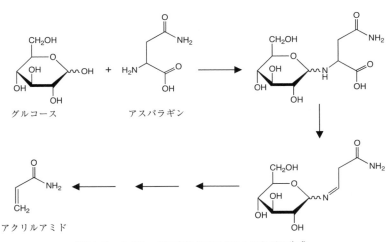

グルコース　　　　アスパラギン

アクリルアミド

図11・8　メイラード反応によるアクリルアミドの生成

の濃度が確かに高いことがわかる．アクリルアミドは原料には検出されないので，加熱中にアスパラギンと糖類（グルコースなど）のメイラード反応によって生成すると推定されている（図11・8）．食品原料にアスパラギンがなければアクリルアミドは生成しないので，遺伝子組換え技術によって作られたアスパラギナーゼが，2014年11月に食品添加物（食品加工の際のアクリルアミド生成を抑制する製造用剤）として指定されている．

6. 内分泌撹乱化学物質（いわゆる環境ホルモン）

1996年に刊行されたシーア・コルボーンらの著書「奪われし未来（Our Stolen Future）」において，内分泌撹乱化学物質（外因性内分泌撹乱化学物質とか内分泌撹乱物質ともいう）の環境汚染に伴う野生動物への影響（いくつかの例を表11・12に示す），ひいては人への影響の可能性が指摘された．それ以来，内分泌撹乱化学物質は大きな関心を集めてきた．

6・1 内分泌撹乱化学物質の種類

内分泌撹乱化学物質とは，"内分泌系に影響を及ぼすことにより，生体に障害や有害な影響を引き起こす外因性の化学物質" と定義されている（2003年5月政府見解）．内分泌系の機能，すなわち生体の恒常性，生殖，発生，行動などは内分泌器官から分泌される各種ホルモンの作用によって調節・制御されているが，内分泌撹乱化学物質はホルモン様作用を示す，あるいはホルモン作用を妨害するため，一般には"環境ホルモン"という名前で知られている．内分泌撹乱化学物質は，広義には植物性エストロゲン（女性ホルモン）や医薬品（合成エストロゲン）も含むが，一般的には微量で作用を示す環境汚染化学物質を意味している．

1998年5月に環境庁（現環境省）が発表した「環境ホルモン戦略計画SPEED '98」では，内分泌撹乱作用を有することが疑われる化学物質として67物質群がリストされた（2000年11月に65物質群に改訂された）．有機塩素系

表11・12　内分泌撹乱化学物質の野生動物への影響

	動物	場所	影響	原因物質（推定を含む）
哺乳類	フロリダヒョウ	米国フロリダ州	精子数の減少	エストロゲン様作用を示す農薬
	ゼニガタアザラシ	ワーデン海（オランダ）	個体数の減少，免疫機能の低下	PCB
	シロイルカ	カナダ	個体数の減少，免疫機能の低下	PCB
鳥類	セグロカモメ	北米五大湖	雌性化，甲状腺腫瘍	DDT
は虫類	ワニ	アポプカ湖（米国フロリダ州）	ペニスの萎縮，卵のふ化率低下，個体数減少	有機塩素系農薬
魚類	サケ類	北米五大湖	甲状腺の過形成，雄の二次性徴欠如	?
貝類	イボニシ	日本沿岸	雄性化，個体数の減少	有機スズ化合物

農薬（DDT，アルドリンなど），有機塩素系環境汚染物質（PCB，ダイオキシンなど），ポリカーボネート樹脂の原料であるビスフェノールA，プラスチック可塑剤に使用されているフタル酸エステル，船底塗料および漁網の防腐剤に使用されてきた有機スズ化合物（トリブチルスズ，トリフェニルスズ）などが含まれていたが，その後の調査研究により，リストされた多くの物質は哺乳類に対しては有意なホルモン様作用を示さないことがわかり，「化学物質の内分泌撹乱作用に関する環境省の今後の方針について -ExTEND2005-」（2005年3月）においてリストは削除された．しかし，「化学物質の内分泌撹乱作用に関する今後の対応 -ExTEND2010-」（2010年7月）および「同 -ExTEND2016-」（2016年6月）に基づき，環境リスクの評価・管理を目指して化学物質の内分泌撹乱作用に関する地道な研究は継続している．

6・2　内分泌撹乱化学物質の作用機構

内分泌撹乱化学物質の多くは，生体ホルモン（とくに性ホルモン）のレセプターと結合することによってホルモンと類似の作用を示す，またはホルモンの作用を妨害する．前者の例はDDT，PCB，ビスフェノールA，フタル酸エステル類などで，これら化学物質はエストロゲン（女性ホルモン）レセプターと結合してエストロゲン様作用を示す．後者の例はDDE（DDTの代謝物）やビンクロゾリン（有機塩素系農薬）などで，アンドロゲン（男性ホルモン）レセプターに結合してアンドロゲンの正常な作用を阻害する．一部の内分泌撹乱化学物質はホルモンレセプター以外のレセプターと結合することが知られている．例えばダイオキシンは，アリルハイドロカーボンレセプター（Ah レセプターとかダイオキシンレセプターと呼ばれる）と結合し，間接的にエストロゲン作用に影響を与えると考えられている．

7.　器具・容器包装

食品衛生法が食品と添加物を対象としていることはすぐに思い浮かぶが，器具や容器包装については忘れがちになる．しかし，器具・容器包装は食品と接触するので，清潔で衛生的でなければならないことは言うまでもない．器具・容器包装も食品衛生法の重要な対象であることを理解しておきたい．

7・1　器具・容器包装とは

食品衛生法では，器具は「飲食器，割ぽう具その他食品又は添加物の採取，

製造，加工，調理，貯蔵，運搬，陳列，授受又は摂取の用に供され，かつ，食品又は添加物に直接接触する機械，器具その他の物をいう.」（第4条第4項），容器包装は「食品又は添加物を入れ，又は包んでいる物で，食品又は添加物を授受する場合そのままで引き渡すものをいう.」（第4条第5項）と定義されている. 具体的にいうと，器具とはスプーン，はし，茶碗，皿，鍋，手袋，ベルトコンベア，食品製造機器など，容器包装とは缶，びん，チューブ，ラップフィルム，アルミホイル，包装紙などである.

7・2　器具・容器包装の材質

器具・容器包装の材質は多様で，合成樹脂（プラスチック），金属（鉄，アルミニウム，銅，鉛，ステンレスなど），ガラス，陶磁器（素焼きにうわ薬を塗って高温で焼いたもの），ホウロウ引き（金属にうわ薬を塗って高温で焼いたもので，単にホウロウともいう），ゴム，紙などがある. 中でも合成樹脂は，軽くて安価であるため非常に広く用いられている. 合成樹脂は熱可塑性樹脂と熱硬化性樹脂に大別される. 熱可塑性樹脂は，加熱すると柔らかくなるが冷やすと硬くなって製品の形状になる. 分子構造が変化しない物理的変化であるので，加熱冷却により再成形が可能である. 一方，熱硬化性樹脂は，加熱すると軟化するが加熱を続けると硬化して製品の形状になる. 硬化するのは架橋による化学的変化であるため，再び加熱しても溶融しない，すなわち再成形することはできない. 器具・容器包装に用いられている主な合成樹脂と原材料・用途を表

表11・13　器具・容器包装に用いられている主な合成樹脂と原材料・用途

	種類	原材料	主な用途
熱可塑性樹脂	ポリエチレン	エチレン	食器，食品用袋
	ポリエチレンテレフタレート	テレフタル酸，エチレングリコール	ペットボトル
	ポリ塩化ビニル	クロロエチレン	食品包装用フィルム
	ポリ塩化ビニリデン	1,1-ジクロロエチレン	食品包装用フィルム，ハム・ソーセージケーシング
	ポリカーボネート	ビスフェノールA，ホスゲン	給食用食器
	ポリスチレン	スチレン	使い捨て容器
	ポリプロピレン	プロピレン（プロペン）	食器，キャップ
熱硬化性樹脂	エポキシ樹脂	ビスフェノールA，エピクロロヒドリン	缶の内面塗装
	尿素樹脂（ユリア樹脂）	尿素，ホルムアルデヒド	食器
	フェノール樹脂	フェノール，ホルムアルデヒド	汁椀
	メラミン樹脂	メラミン，ホルムアルデヒド	食器

11·13に示す. なお, エラストマーと呼ばれる高分子弾性体にも熱可塑性エラストマー (ポリスチレンエラストマー, スチレン・ブロック共重合体など) と熱硬化性エラストマー (ゴム類) があるが, 後述するポジティブリスト制度においては熱可塑性エラストマーも合成樹脂として扱われている.

7・3 器具・容器包装の規格

器具や容器包装は食品と接触しているため, 有毒または有害物質が含まれていると食品に移行し, 人の健康を損なうおそれがある. そこで, 器具・容器包装については, 原材料一般の規格, 原材料の材質別規格, 用途別 (清涼飲料水の容器包装, 乳等の容器包装など) 規格および製造基準を設け, 安全性の確保に努めている. 原材料一般の規格としては, 後述する合成樹脂のポジティブリスト制度の内容を含むほか, 金属器具は銅, 鉛またはこれらの合金が削り取られるおそれのある構造でないこと, 器具・容器包装に用いる化学的合成品の着

表11·14 器具・容器包装またはこれらの原材料の材質別規格 (一部抜粋)

種類	材質試験		溶出試験*	
	試験項目	規格	試験項目	規格
ガラス 陶磁器 ホウロウ引き			カドミウム	材質別, サイズ別(深さや容量), 用途別(加熱理用器具とその他)に異なる.
			鉛	
合成樹脂一般	カドミウム	100 μg/kg以下	重金属	1 μg/ml以下(Pbとして)
	鉛	100 μg/kg以下		
ポリ塩化ビニル	ジブチルスズ化合物	50 μg/g以下	蒸発残留物	溶出試験条件によって異なる.
ポリカーボネート	ビスフェノールA	500 μg/g以下	ビスフェノールA	2.5 μg/ml以下
ゴム製の器具・容器包装 (ほ乳器具を除く)	カドミウム	100 μg/kg以下	フェノール	5 μg/ml以下
			ホルムアルデヒド	陰性
	鉛	100 μg/kg以下	亜鉛	1 μg/ml以下
			重金属	1 μg/ml以下 (Pbとして)
金属缶一般			ヒ素	0.2 μg/ml以下(As_2O_3として)
			カドミウム	0.1 μg/ml以下
			鉛	0.4 μg/ml以下

* 溶出試験に用いる浸出溶液(4%酢酸, 20%エタノール, ヘプタンなど)と浸出条件(温度, 時間)は, 試験項目ごとに決められている.

色料は指定添加物に限ることなどがある．原材料の材質別規格の一部を表11・14に示す．クリスタルガラスには高濃度の鉛が含まれている．陶磁器やほうろう引きの場合，うわ薬にはカドミウムや鉛が含まれていることがあるし，絵付けに使う薬品にもカドミウムや鉛が含まれていることがある．そのため，ガラス，陶磁器およびほうろう引き製品については，カドミウムと鉛の溶出規格が定められている．カドミウムと鉛については，合成樹脂一般やゴム製器具・容器包装の材質規格，金属缶一般の溶出規格の対象にもなっているし，そのほかの有害元素（ヒ素，スズ）や重金属も材質規格や溶出規格の対象になっている．

7・4　器具・容器包装のポジティブリスト制度

　器具・容器包装に対しては，これまではネガティブリスト制度（原則として規制がなく自由に使用できる状態で，使用を規制または禁止するものだけをリスト化する制度）が適用されていたが，2018年の食品衛生法の大幅改正の際，国際整合性を図るためにポジティブリスト制度（原則として使用が規制または禁止された状態で，使用してよいものだけをリスト化する制度）を導入することとし，2020年6月1日から施行されている．

　ポジティブリスト制度の対象は，欧米をはじめとした諸外国の制度やわが国の事業者団体によるこれまでの自主管理状況などを踏まえ，当面は合成樹脂製の器具・容器包装に限定している．ただし，合成樹脂以外の材質の器具・容器包装であっても，食品接触面に合成樹脂の層が形成されている場合（合成樹脂製のシートが張られている紙パック，合成樹脂製のコーティングがされている金属缶など）は制度の対象になる．ポジティブリスト制度の対象物質は，合成樹脂の基本を成す基ポリマーおよび最終製品に残存することを意図して用いられる添加剤（機能向上や劣化抑制などのために使用される可塑剤，安定剤，酸化防止剤，紫外線吸収剤など）で，モノマーの重合反応に用いられる触媒や重合助剤，不純物など最終製品中に残存することを意図しないものは対象外である．現在，基ポリマー約2,000物質，添加剤約1,600物質がリスト化されている．

第*12*章

HACCP

1. HACCPとは

近年欧米先進国では従来からの食品危害微生物に加え，病原大腸菌O157や
サルモネラ，リステリア，カンピロバクターなど新興・再興感染症と呼ばれる
各種病原体による食中毒が急増しており，このような衛生上の危害を防止する
ためにHACCP（ハサップ）という新しい衛生管理システムの導入が積極的に
進められており，既に義務化されている国も多い．

HACCPとはHazard Analysis and Critical Control Point の略称で，「食品の危害
要因分析・重要管理点（監視）」方式と訳されている．ここで言う危害（Hazard）
とは，健康に害を及ぼすおそれのある生物学的，化学的または物理的な要因（表
12・1）である．HACCPでは，従来のように最終製品の抜き取り的な微生物学
または物理・化学的検査に基づいて衛生・品質管理を行うのではなく，表
12・2に示すコーデックス（Codex）の7原則（後述）に沿って，食品の原材料
の生産から最終製品の消費にいたるまでの各段階ごとに発生するおそれのある
危害因子（たとえば腸炎ビブリオ食中毒，ボツリヌス食中毒など）とその発生
要因（室温放置，殺菌不足など）をあらかじめ分析し，それを防除するために
必須な対策（低温保持，十分な殺菌など）を立て，これがいつも守られている
ことを監視（温度モニタリングなど），記録することにより，危害の発生を未
然に防止する科学的な衛生管理システムである．このシステムが効率よく機能
するためには，施設設備や従業者の衛生といった一般的衛生管理事項が実施さ
れていることが必要である．

表 12·1　HACCP で対象とする危害要因

生物学的要因	食中毒細菌：サルモネラ，腸炎ビブリオ，カンピロバクター，病原大腸菌，ブドウ球菌，ボツリヌス菌，ウェルシュ菌，セレウス菌，リステリア，赤痢菌，ヒスタミン産生菌など
	ウイルス：ノロウイルス，A 型肝炎ウイルス，E 型肝炎ウイルスなど
	寄生虫：アニサキス，クドア，サルコシスティスなど
	その他：マイコトキシン産生菌，腐敗細菌，高度のカビ・酵母汚染など
化学的要因	化学物質：ヒスタミン，重金属，残留農薬，残留抗生（抗菌）物質，PCB など
	自然毒：マリントキシン，毒草，毒キノコなど
	特定原材料：アレルギー物質
物理的要因	危険な異物：金属片，ガラス片など

2．わが国における HACCP 導入

　わが国では 1995 年に食品衛生法が改正され，HACCP の考え方が「総合衛生管理製造過程」の承認制度として導入された．この制度の対象食品は，食品衛生法で製造加工の基準が設けられている乳，乳製品，食肉製品，魚肉ねり製品，容器包装詰加圧加熱殺菌食品（缶詰・瓶詰，レトルト食品），清涼飲料水の 6 業種に限られており，承認施設では法に規制された製造加工基準によらない方法での製造が可能になるというものであり，またその導入は各食品企業の自主判断に任されてきた．

　しかし，近年の食品流通の国際化や，東京オリンピック・パラリンピックの開催などを見据えて，食品衛生管理のさらなる向上とその水準が国際的にも遜色がないことを示していく必要があることなどから，2018 年に食品衛生法の一部が改正され，HACCP に沿った衛生管理の制度化（義務化）が 2020 年 6 月から（1 年間の経過措置期間を経て）施行された．今回の制度化では，原則としてすべての食品等事業者が HACCP 導入の対象となるが，小規模営業者などではいきなり HACCP に基づいた導入は困難なことから，次のように 2 つのカテゴリーに分けて衛生管理計画を作成することになる．

　①大規模事業者，と畜場，食鳥処理場を対象とした「HACCP に基づく衛生管理」：コーデックスの HACCP 7 原則に基づき，食品等事業者自らが，使用する原材料や製造方法などに応じ，衛生管理計画を作成し，管理を行う．

②小規模な営業者などを対象とした「HACCPの考え方を取り入れた衛生管理」：業界団体が作成する手引書を参考に，簡略化されたアプローチによる衛生管理を行う.

なお，これらの制度は，認証・承認制度ではなく，保健所等が営業許可の更新時や立入検査等の際に，事業者等の実施状況について監視指導を行う仕組みになっている.

3．HACCPの7原則と12手順

HACCPは上記の7原則を実行することが基本である．食品加工場などでHACCPを導入するには，施設・製品毎に表12·2の7原則（手順6 ～ 12）を組み込んだHACCPプランを構築し実行することになる．HACCP導入後の日常的な衛生管理はそのプランに基づいて行われる．表12·2にあげるコーデックスの12手順のうち，手順1 ～ 5は7原則（手順6 ～ 12）に基づいたHACCPプランを作り上げるための準備段階である.

4．一般的衛生管理プログラム

HACCPは原材料の生産から製品の流通・消費に至る間の食品の流れに注目した衛生管理である．したがってHACCPを効率よく進めるためには，生産現場および加工場の環境や施設設備の衛生管理，従業員の教育訓練および健康調査というような衛生管理が十分行われていることが必要であり，それによって製造環境からの微生物汚染を事前に防止することができ，製造工程中の重要管理点（CCP）の数を絞り込んで，食品自体のCCPのコントロールに注意を集中することができる.

HACCPシステムの導入に当たってあらかじめ整備しておくべき衛生管理項目は一般的衛生管理プログラム（prerequisite program; PPまたはPRP）とよばれ，表12·3のような項目が含まれる．このプログラムは欧米ではGMP（good manufacturing practice；適正製造基準）として以前から行われているのに対し，わが国ではこの点の取り組みが遅れているため，HACCPの導入に際してはまずこれらの整備が必要となる．一般的衛生管理プログラムでは，あらかじめ標準作業手順書（standard sanitation operation procedure；SSOP）を作成しておき，これに基づいて日常の衛生管理を適切に行う.

表12·2　HACCP の 7 原則と12手順

手順1	HACCPチームの編成：HACCPシステムを作成するには，まず製品について専門的な知識や技術を有する者でHACCPチームを編成する．
手順2	製品の記述：HACCPシステムを適用しようとする製品について，その原材料，製品の特性，製造加工法，保存流通方式，製品の安全性確保に関するすべての情報を記述する．
手順3	意図する用途の確認および使用法：対象製品はどのように使用するのかを確認し，消費対象が一般健康人であるのか，または乳幼児・老人・病院食などの特別の用途であるのかを確認する．
手順4	フローダイヤグラムの作成：製品の原材料受け入れから出荷までの作業工程を記したフローダイヤグラムを作成する．
手順5	フローダイヤグラムの現場確認：フローダイヤグラムが現場の実状を示しているかどうかを，実際の作業現場で作業中に確認し，実状と異なれば修正する．
手順6（原則1）	危害要因分析：原材料および加工工程について発生しうるすべての危害原因物質をリストアップし，それらの発生要因および制御のための防止措置を明らかにする．
手順7（原則2）	重要管理点の決定：フローダイヤグラムの各段階において，食品衛生上の問題発生が起こらないところまで危害の原因物質をコントロール（除去または低減）できる手順，作業段階を重要管理点（CCP）と決定する．CCPの数はできるだけ少なくすることが大切であり，一般的衛生管理プログラムで管理できるものは除く．
手順8（原則3）	管理基準の確立：CCPごとに危害制御のための管理基準を設定する．管理基準には温度-時間，水分活性，pH，食塩濃度，官能的所見などが用いられる．
手順9（原則4）	モニタリング方法の確立：管理基準が許容範囲内にあることを測定または観察する方法を設定する．モニタリングは連続的に行うことが望ましいが，それができない場合はCCPが正常な管理下にあることが十分保証できる頻度で行わなければならない．
手順10（原則5）	管理基準逸脱時の措置の確立：逸脱が生じた時，工程に対して誰がどのような是正措置を取るのか，逸脱した製品の処置（廃棄など）はどのようにするのかなどを明記しておく．
手順11（原則6）	検証方法の確立：HACCPが計画通り機能しているか，また有効に機能しているかの検証方法を決めておく．
手順12（原則7）	記録の保管システムの確立：上記のチェック，検証，措置などを文書化して保管する方法を決めておく．すべての記録がその場で行われたものであることがあとでわかる必要がある．

　イクラのO157食中毒事件（1998年）やバリバリいかのサルモネラ食中毒事件(1999年)，雪印加工乳のブドウ球菌食中毒事件（2000年）などの大規模食中毒の原因として明らかになったのは，日常的な衛生管理の不備と微生物に対する認識不足に起因する問題（一般的衛生管理プログラムの問題）が大部分ということである．したがって一般的衛生管理事項の整備だけでも大部分の事故が防止できるということになる．

表 12·3 一般的衛生管理プログラムの主な内容

施設・設備の衛生管理
施設・設備，機械・器具の保守管理
鼠族・昆虫の防除
使用水の衛生管理
排水および廃棄物の衛生管理
従事者の衛生管理
従事者の衛生教育
食品などの衛生的取り扱い
製品の回収プログラム
試験・検査に用いる設備などの保守管理

5. 加工場でのHACCPの適用

　このHACCPシステムは実際の加工現場では次のようにして日常の衛生管理に適用されるであろう．まず，HACCPチームが対象となる製品ごとに，製品の特徴や製造工程の流れを把握し，各工程で考えられる衛生危害の原因を明らかにし（HA），それを予防するために迅速平易に行いうる重要管理点（CCP）と管理方法・基準などを決め，HACCPシステムを作り上げる．HACCPを適用する加工場での日常の作業は，このシステムで計画された手順に従って管理項目のモニタリングを行ない，必要な是正措置や検証を行い，それらを記録することである．

　例えばツナ缶詰を製造する場合について考えてみよう．この製品の危害因子としてボツリヌス菌中毒とアレルギー様食中毒が考えられるとしよう．一連の工程のうちこれら微生物危害の原因となりうる点としては，巻締め不良，殺菌不足と原料の鮮度低下が考えられ，それらを制御することにより危害が予防されるのであれば，これがCCPということになる．このCCPの具体的な監視としては，原料解凍後の品温，放置時間の測定，巻締め状態のチェック（またはシーマの確認，真空度など），殺菌条件の自記などを行うことになる．また，HACCPではこれらの観察，測定結果を克明に記録し，管理責任者の元に掌握できるようにするとともに，管理基準から逸脱した場合には直ちにその工程作業を中止するなどの措置をとりうることが不可欠である．さらに，一連の観察，測定結果や逸脱時の対応などの記録を保存することが重要である．

　従来の衛生管理では最終製品から抜き取ったサンプルに対する微生物学また

は物理・化学的検査が主体であったが，これでは万一問題が明らかになっても，その時点では製品はすでに流通しており，後の祭りということがあり得た．また少数のサンプリングだけではすべての製品が安全であるという保障は得がたい．HACCPでは，段階ごとに迅速に結果の得られる管理項目を設定し，その監視結果に基づいて管理するため，製品の出荷時点までにすべての結果が管理責任者の手元で掌握でき，管理項目に問題が生じたときには遅くとも出荷前に対応できるという利点がある．したがってこのことは一般の食品だけでなく，製造後直ちに出荷する日配食品などの衛生管理にも極めて有効である．また各工程におけるチェックポイントの監視記録を保存するので，万一問題が生じた場合の原因究明も迅速かつ合理的に行え，自社製品にＰＬ訴訟が生じたような場合にも科学的な根拠に基づいて対応できることになる．

6．HACCP導入の効果

　HACCPを導入するメリットとして，厚生労働省のパンフレットでは次のようなことが記されている．①クレームやロス率が下がり，品質のばらつきが少なくなる．②取引先からの評価が上がる．③衛生管理のポイントを明確にして記録も残すことで，従業員の経験や勘に頼らない安定した安全な製品が作れるようになる．④工程ごとに確認すべきことが明確になる．⑤従業員のモチベーションが上がり現場の状況が把握しやすくなる．

　また，HACCPに沿った衛生管理を導入済みないし導入を検討中の企業（1,169社）についてのアンケート結果（図12・1）でも，その効果または期待する効果として，品質・安全性の向上，従業員の意識の向上，企業の信用度やイメージの向上，クレームの減少，製品イメージの向上，事故対策コストの削減などがあげられている．

　HACCPの経済的効果については，FDAの試算でも国家レベル，企業レベルとも利益が上がるという．表12・4は，FDAがHACCPの導入によって魚介類由来の疾病がどのくらい予防できるかを試算したものである．疾病発生数の減少によって生じる利益は年間約4500万ドル〜1億1600万ドルと予測されている．HACCPの効果は単に直接的なコストの減少だけでなく，その導入によって生産効率が改善されること，品質が向上，クレームが減少し，消費者の信頼が増すことや，従業員の意識や志気が高まり，社内の雰囲気が活性化されることな

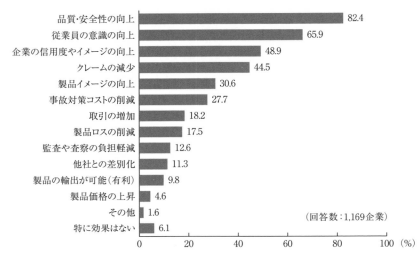

図12・1　HACCP に沿った衛生管理の導入による効果（または期待する効果）割合（複数回答）
（農林水産省, 2021）

表 12・4　HACCP の導入によって予防される米国での疾病発生人数

危害因子	HACCP 導入前の推定発生人数	HACCP 導入によって避けられる人数（下限～上限）
ボツリヌス食中毒	10	3 ～ 5
ウェルシュ菌食中毒	200	100 ～ 150
カンピロバクター食中毒	200	100 ～ 150
サルモネラ食中毒（チフス以外）	200	100 ～ 150
ビブリオによる食中毒（*V. vulnificus* 以外）	1,000	200 ～ 500
V. vulnificus 食中毒	60	12 ～ 30
赤痢	200	100 ～ 150
ヒスタミン食中毒	8,000	4,000 ～ 6,000
A 型肝炎	1,000	150 ～ 500
ノロウィルス感染	100,000	15,000 ～ 50,000
シガテラ毒	1,600	96 ～ 200
麻痺性貝毒	10	～ 1
その他の海産物中毒	20	～ 1
アニサキス	100	25 ～ 60
広節裂頭条虫	1,000	250 ～ 600
ランブル鞭毛虫症	30	15 ～ 23

（田中, 1998）

どの副次的な効果も大きい.

7. 国際的な HACCP 認証

　わが国でも HACCP が制度化され，すべての食品従事者に HACCP への対応が義務化されることになった．食品企業の中には ISO 22000 のような国際認証の取得を目指す場合もあるが，これは食品安全管理規格が国際レベルであることを取引先や消費者に示したいような場合や国際貿易などで必要となるものであって，国内的に必須のものではない.

　HACCP の第三者認証を取得するメリットとしては，取引先や消費者からの信頼性の向上，ブランド力の向上のほかに，取引先からの監査対応に要する時間や負担の軽減という点もあげられる（国際的な HACCP の第三者認証を取得した場合，取引先からの二者監査において HACCP に関する監査が不要になる場合がある）.

　国際的な HACCP 認証の多くは「HACCP に関する規格要求事項」「一般的衛生管理に関する規格要求事項」および「HACCP のマネージメントに関する規格要求事項」などで構成される．ここでいう「HACCP のマネージメントに関する規格要求事項」とは，組織全体で HACCP や一般的衛生管理を運用・維持管理するために必要な要求事項で，そこには経営層の参画や，組織の内部・外部とのコミュニケーション，確実に継続的改善を行うための仕組みづくり，従事者に対する教育・訓練や力量評価といった7原則12手順以外の項目も含まれている.

　HACCP の考え方を取り入れた国際的な食品安全管理規格（HACCP の第三者認証）としては，ISO 22000 をはじめ，FSSC 22000 や SQF，日本発の規格である JFS-C などの認証を取得する組織も増えている．FSSC 22000 は，ISO 22000 に関して，一般衛生管理を明確化するとともに，食品防御（食品テロ）対策や食品偽装対策などの要求事項を追加した規格である．JFS は日本発の食品安全管理規格で，JFS-C は FSSC 22000 などの国際規格と同等の規格要求事項で構成されている（JFS-A は一般衛生管理，JFS-B は一般衛生管理と HACCP を中心とした規格である）．認証取得を希望する組織は，国際的に認められた第三者審査登録機関による審査を受けなければならない．また，認証取得後も定期的な更新審査を受ける必要がある.

　なお，国際的な食品安全管理規格は，定期的に改訂が行われるのでHACCP
の第三者認証に取り組む組織は，常に最新版の規格を踏まえて，自社の仕組み
の見直しを行わなければならない．

　ただし，自社の一般的衛生管理やHACCPを見直す必要があるのは，第三者
認証に取り組む組織に限ったことではない．HACCPの自主運用に取り組むす
べての組織は，自社の食品安全管理や衛生管理の仕組みが有効に機能している
かを評価する必要がある．

　また，2011年にFDA（米国食品医薬品局）が食品安全に関する法律の大規
模な改訂を行い「米国食品安全強化法」（FSMA；食品安全強化法　Food Safety
Modernization Act）を公布したり，2021年にはコーデックス委員会がHACCP
ガイドラインの改訂を行うなど，食品安全を取り巻く国際的な状況は刻一刻と
変化している．国内外の法律に関する情報だけでなく，過去に他社で発生した
食中毒や食品事故に関する情報なども積極的に入手して，常に自社のHACCP
の改善を図ることが肝要である．

8.　ISO 22000

　ここでは最もよく知られる国際規格であるISO 22000について述べる．

　ISO 22000とは，コーデックスの12手順に沿ったHACCPシステムと品質マ
ネージメントシステムを組み合わせた食品安全マネージメントシステムの規格
である．ISO（International Organization for Standardization, 国際標準化機構）は，
アイソ，アイエスオー，イソと呼び，語源は略語ではなく，ギリシャ語で均等
を意味するisos に由来する．　国際貿易の円滑化のために工業分野の国際的な
標準規格を策定するための組織であり，製品の品質や環境の国際的な管理シス
テムの標準化のために，ISO 9001（品質マネージメントシステム）やISO
14001（環境マネージメントシステム）などの規格を策定・発行している．

　従来のHACCPは製造工程の衛生管理に重点がおかれ，フードチェーン全体
の関係や責任分担，情報交換などは配慮されていない．また一般的衛生管理プ
ログラムをどの程度行うかによって，構築するHACCPプランが大きく異なっ
てくるにもかかわらず，その両者の関係や，プログラム実施状況の確認，また
実際にシステムをどのように運用し，維持，改善していくかということなどが
あいまいであるなどの問題がみられる．

このような点から，国際的に普及しつつあるISO 9001の規格を用いて，コーデックスのHACCP12手順の不足を補った食品安全マネージメントシステムを確立したものがISO 22000といえるが，コーデックスのHACCP12手順との主要な違いは次のとおりである．

①HACCPでは一般的衛生管理プログラムの部分はHACCPの前提事項と位置づけられているが，ISO 22000では，そのうち，工場の設備や器具の整備のような製造環境の衛生管理に類する部分への取り組みを「前提条件プログラム（PRP）」とし，攪拌機の洗浄のような製造工程に関する一般的衛生管理プログラムを「オペレーションPRP（OPRP）」として分けた．

②HACCPでは製造工程における食品安全ハザードの管理はCCPに重点が置かれているが，ISO 22000ではCCPとOPRPの両者を用いて管理する．

③ISO 22000ではOPRPとCCPによって管理が行われるが，これらが本当に機能しているかどうかの「妥当性確認」のチェックを明確にした．

したがって，ISO22000では，食品安全ハザード管理の手段として，従来はなかったOPRPという考え方を取り入れ，図12・2のように，PRP，OPRP，HACCPの三者を適切に組み合せたシステムとなっている．

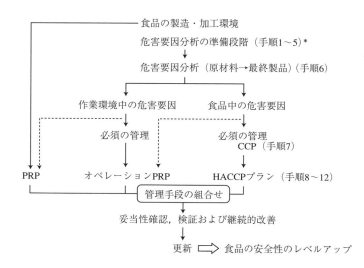

図12・2　PRP，オペレーションPRP，HACCP の組み合わせによる食品安全マネージメントシステム＊かっこ内はコーデックスの12手順.　　　（小久保，2015）

食 品 安 全 基 本 法

平成15年5月23日法律第48号
最終改正：平成30年6月13日法律第46号

第1章 総 則

（目的）

第1条 この法律は、科学技術の発展、国際化の進展その他の国民の食生活を取り巻く環境の変化に適確に対応することの緊要性にかんがみ、食品の安全性の確保に関し、基本理念を定め、並びに国、地方公共団体及び食品関連事業者の責務並びに消費者の役割を明らかにするとともに、施策の策定に係る基本的な方針を定めることにより、食品の安全性の確保に関する施策を総合的に推進することを目的とする。

（定義）

第2条 この法律において「食品」とは、全ての飲食物（医薬品、医療機器等の品質、有効性及び安全性の確保等に関する法律（昭和35年法律第145号）に規定する医薬品、医薬部外品及び再生医療等製品を除く。）をいう。

（食品の安全性の確保のための措置を講ずるに当たっての基本的認識）

第3条 食品の安全性の確保は、このために必要な措置が国民の健康の保護が最も重要であるという基本的認識の下に講じられることにより、行われなければならない。

（食品供給行程の各段階における適切な措置）

第4条 農林水産物の生産から食品の販売に至る一連の国の内外における食品供給の行程（以下「食品供給行程」という。）におけるあらゆる要素が食品の安全性に影響を及ぼすおそれがあることにかんがみ、食品の安全性の確保は、このために必要な措置が食品供給行程の各段階において適切に講じられることにより、行われなければならない。

（国民の健康への悪影響の未然防止）

第5条 食品の安全性の確保は、このために必要な措置が食品の安全性の確保に関する国際的動向及び国民の意見に十分配慮しつつ科学的知見に基づいて講じられることによって、食品を摂取することによる国民の健康への悪影響が未然に防止されるようにすることを旨として、行われなければならない。

（国の責務）

第6条 国は、前3条に定める食品の安全性の確保についての基本理念（以下「基本理念」

という。）にのっとり、食品の安全性の確保に関する施策を総合的に策定し、及び実施する責務を有する。

（地方公共団体の責務）

第7条　地方公共団体は、基本理念にのっとり、食品の安全性の確保に関し、国との適切な役割分担を踏まえて、その地方公共団体の区域の自然的経済的社会的諸条件に応じた施策を策定し、及び実施する責務を有する。

（食品関連事業者の責務）

第8条　肥料、農薬、飼料、飼料添加物、動物用の医薬品その他食品の安全性に影響を及ぼすおそれがある農林漁業の生産資材、食品（その原料又は材料として使用される農林水産物を含む。）若しくは添加物（食品衛生法（昭和22年法律第233号）第4条第2項に規定する添加物をいう。）又は器具（同条第4項に規定する器具をいう。）若しくは容器包装（同条第5項に規定する容器包装をいう。）の生産、輸入又は販売その他の事業活動を行う事業者（以下「食品関連事業者」という。）は、基本理念にのっとり、その事業活動を行うに当たって、自らが食品の安全性の確保について第一義的責任を有していることを認識して、食品の安全性を確保するために必要な措置を食品供給行程の各段階において適切に講ずる責務を有する。

2　前項に定めるもののほか、食品関連事業者は、基本理念にのっとり、その事業活動を行うに当たっては、その事業活動に係る食品その他の物に関する正確かつ適切な情報の提供に努めなければならない。

3　前2項に定めるもののほか、食品関連事業者は、基本理念にのっとり、その事業活動に関し、国又は地方公共団体が実施する食品の安全性の確保に関する施策に協力する責務を有する。

（消費者の役割）

第9条　消費者は、食品の安全性の確保に関する知識と理解を深めるとともに、食品の安全性の確保に関する施策について意見を表明するように努めることによって、食品の安全性の確保に積極的な役割を果たすものとする。

（法制上の措置等）

第10条　政府は、食品の安全性の確保に関する施策を実施するため必要な法制上又は財政上の措置その他の措置を講じなければならない。

第2章　施策の策定に係る基本的な方針

（食品健康影響評価の実施）

第11条　食品の安全性の確保に関する施策の策定に当たっては、人の健康に悪影響を及ぼすおそれがある生物学的、化学的若しくは物理的な要因又は状態であって、食品に含まれ、

又は食品が置かれるおそれがあるものが当該食品が摂取されることにより人の健康に及ぼす影響についての評価（以下「食品健康影響評価」という。）が施策ごとに行われなければならない。ただし、次に掲げる場合は、この限りでない。

　一　当該施策の内容からみて食品健康影響評価を行うことが明らかに必要でないとき。

　二　人の健康に及ぼす悪影響の内容及び程度が明らかであるとき。

　三　人の健康に悪影響が及ぶことを防止し、又は抑制するため緊急を要する場合で、あらかじめ食品健康影響評価を行ういとまがないとき。

②　前項第3号に掲げる場合においては、事後において、遅滞なく、食品健康影響評価が行われなければならない。

③　前2項の食品健康影響評価は、その時点において到達されている水準の科学的知見に基づいて、客観的かつ中立公正に行われなければならない。

（国民の食生活の状況等を考慮し、食品健康影響評価の結果に基づいた施策の策定）

第12条　食品の安全性の確保に関する施策の策定に当たっては、食品を摂取することにより人の健康に悪影響が及ぶことを防止し、及び抑制するため、国民の食生活の状況その他の事情を考慮するとともに、前条第1項又は第2項の規定により食品健康影響評価が行われたときは、その結果に基づいて、これが行われなければならない。

（情報及び意見の交換の促進）

第13条　食品の安全性の確保に関する施策の策定に当たっては、当該施策の策定に国民の意見を反映し、並びにその過程の公正性及び透明性を確保するため、当該施策に関する情報の提供、当該施策について意見を述べる機会の付与その他の関係者相互間の情報及び意見の交換の促進を図るために必要な措置が講じられなければならない。

（緊急の事態への対処等に関する体制の整備等）

第14条　食品の安全性の確保に関する施策の策定に当たっては、食品を摂取することにより人の健康に係る重大な被害が生ずることを防止するため、当該被害が生じ、又は生ずるおそれがある緊急の事態への対処及び当該事態の発生の防止に関する体制の整備その他の必要な措置が講じられなければならない。

（関係行政機関の相互の密接な連携）

第15条　食品の安全性の確保に関する施策の策定に当たっては、食品の安全性の確保のために必要な措置が食品供給行程の各段階において適切に講じられるようにするため、関係行政機関の相互の密接な連携の下に、これが行われなければならない。

（試験研究の体制の整備等）

第16条　食品の安全性の確保に関する施策の策定に当たっては、科学的知見の充実に努めることが食品の安全性の確保上重要であることにかんがみ、試験研究の体制の整備、研

究開発の推進及びその成果の普及、研究者の養成その他の必要な措置が講じられなければ
ならない。

（国の内外の情報の収集、整理及び活用等）

第17条　食品の安全性の確保に関する施策の策定に当たっては、国民の食生活を取り巻
く環境の変化に即応して食品の安全性の確保のために必要な措置の適切かつ有効な実施
を図るため、食品の安全性の確保に関する国の内外の情報の収集、整理及び活用その他の
必要な措置が講じられなければならない。

（表示制度の適切な運用の確保等）

第18条　食品の安全性の確保に関する施策の策定に当たっては、食品の表示が食品の安
全性の確保に関し重要な役割を果たしていることにかんがみ、食品の表示の制度の適切な
運用の確保その他食品に関する情報を正確に伝達するために必要な措置が講じられなけ
ればならない。

（食品の安全性の確保に関する教育、学習等）

第19条　食品の安全性の確保に関する施策の策定に当たっては、食品の安全性の確保に
関する教育及び学習の振興並びに食品の安全性の確保に関する広報活動の充実により国
民が食品の安全性の確保に関する知識と理解を深めるために必要な措置が講じられなけ
ればならない。

（環境に及ぼす影響の配慮）

第20条　食品の安全性の確保に関する施策の策定に当たっては、当該施策が環境に及ぼ
す影響について配慮して、これが行われなければならない。

（措置の実施に関する基本的事項の決定及び公表）

第21条　政府は、第11条から前条までの規定により講じられる措置につき、それらの実
施に関する基本的事項（以下「基本的事項」という。）を定めなければならない。

②　内閣総理大臣は、食品安全委員会及び消費者委員会の意見を聴いて、基本的事項の案を
作成し、閣議の決定を求めなければならない。

③　内閣総理大臣は、前項の規定による閣議の決定があったときは、遅滞なく、基本的事項
を公表しなければならない。

④　前2項の規定は、基本的事項の変更について準用する。

第3章　食品安全委員会

（設置）

第22条　内閣府に、食品安全委員会（以下「委員会」という。）を置く。

（所掌事務）

第23条　委員会は、次に掲げる事務をつかさどる。

一　第21条第2項の規定により、内閣総理大臣に意見を述べること。

二　次条の規定により、又は自ら食品健康影響評価を行うこと。

三　前号の規定により行った食品健康影響評価の結果に基づき、食品の安全性の確保のため講ずべき施策について内閣総理大臣を通じて関係各大臣に勧告すること。

四　第2号の規定により行った食品健康影響評価の結果に基づき講じられる施策の実施状況を監視し、必要があると認めるときは、内閣総理大臣を通じて関係各大臣に勧告すること。

五　食品の安全性の確保のため講ずべき施策に関する重要事項を調査審議し、必要があると認めるときは、関係行政機関の長に意見を述べること。

六　第2号から前号までに掲げる事務を行うために必要な科学的調査及び研究を行うこと。

七　第2号から前号までに掲げる事務に係る関係者相互間の情報及び意見の交換を企画し、及び実施すること。

② 　委員会は、前項第2号の規定に基づき食品健康影響評価を行ったときは、遅滞なく、関係各大臣に対して、その食品健康影響評価の結果を通知しなければならない。

③ 　委員会は、前項の規定による通知を行ったとき、又は第1項第3号若しくは第4号の規定による勧告をしたときは、遅滞なく、その通知に係る事項又はその勧告の内容を公表しなければならない。

④ 　関係各大臣は、第1項第3号又は第4号の規定による勧告に基づき講じた施策について委員会に報告しなければならない。

（委員会の意見の聴取）

第24条 　関係各大臣は、次に掲げる場合には、委員会の意見を聴かなければならない。ただし、委員会が第11条第1項第1号に該当すると認める場合又は関係各大臣が同項第3号に該当すると認める場合は、この限りでない。

一　食品衛生法第6条第2号ただし書（同法第68条第2項において準用する場合を含む。）に規定する人の健康を損なうおそれがない場合を定めようとするとき、同法第7条第1項から第3項までの規定による販売の禁止をしようとし、若しくは同条第4項の規定による禁止の全部若しくは一部の解除をしようとするとき、同法第8条第1項の規定により同項に規定する指定成分等を指定しようとするとき、同法第10条第1項の厚生労働省令を制定し、若しくは改廃しようとするとき、同法第12条に規定する人の健康を損なうおそれのない場合を定めようとするとき、同法第13条第1項（同法第68条第2項において準用する場合を含む。）の規定により基準若しくは規格を定めようとするとき、同法第13条第3項に規定する人の健康を損なうおそれのないこと

が明らかである物質若しくは人の健康を損なうおそれのない量を定めようとするとき、同法第18条第1項（同法第68条第3項において準用する場合を含む。）の規定により基準若しくは規格を定めようとするとき、同法第18条第3項ただし書に規定する人の健康を損なうおそれのない量を定めようとするとき、同法第50条第1項の規定により基準を定めようとするとき、又は同法第51条第1項若しくは第52条第1項の厚生労働省令を制定し、若しくは改廃しようとするとき。

二　農薬取締法（昭和23年法律第82号）第3条第1項の規定により特定農薬を指定し、若しくは変更しようとするとき、又は同法第4条第3項（同法第34条第6項において準用する場合を含む。）の基準（同法第4条第1項第8号又は第9号に掲げる場合に該当するかどうかの基準を除く。）を定め、若しくは変更しようとするとき。

三　肥料の品質の確保等に関する法律（昭和25年法律第127号）第3条の規定により公定規格を設定し、変更し、若しくは廃止しようとするとき、同法第4条第1項第4号の政令の制定若しくは改廃の立案をしようとするとき、同法第7条第1項若しくは第8条第3項（これらの規定を同法第33条の2第6項において準用する場合を含む。）の規定により特定普通肥料についての登録若しくは仮登録をしようとするとき、同法第13条の2第2項（同法第33条の2第6項において準用する場合を含む。）の規定により特定普通肥料についての変更の登録若しくは仮登録をしようとするとき、又は同法第13条の3第1項（同法第33条の2第6項において準用する場合を含む。）の規定により特定普通肥料についての変更の登録若しくは仮登録をし、若しくはその登録若しくは仮登録を取り消そうとするとき。

四　家畜伝染病予防法（昭和26年法律第166号）第2条第1項の政令の制定若しくは改廃の立案をしようとするとき、同法第4条第1項の届出伝染病を定める農林水産省令を制定し、若しくは改廃しようとするとき、又は同法第62条第1項の政令の制定若しくは改廃の立案をしようとするとき。

五　飼料の安全性の確保及び品質の改善に関する法律（昭和28年法律第35号）第2条第3項の規定により飼料添加物を指定しようとするとき、同法第3条第1項の規定により基準若しくは規格を設定し、改正し、若しくは廃止しようとするとき、又は同法第23条の規定による製造、輸入、販売若しくは使用の禁止をしようとするとき。

六　と畜場法（昭和28年法律第114号）第6条第1項、第9条第1項、第13条第1項第3号若しくは第14条第6項第2号若しくは第3号の厚生労働省令を制定し、若しくは改廃しようとするとき、又は同条第7項の政令の制定若しくは改廃の立案をしようとするとき。

七　水道法（昭和32年法律第177号）第4条第2項（同条第1項第1号から第3号までの規

定に係る部分に限る。）の厚生労働省令を制定し、又は改廃しようとするとき。

八 医薬品、医療機器等の品質、有効性及び安全性の確保等に関する法律第14条第1項、第14条の3第1項（同法第20条第1項において準用する場合を含む。以下同じ。）、第19条の2第1項、第23条の2の5第1項、第23条の2の8第1項（同法第23条の2の20第1項において準用する場合を含む。以下同じ。）、第23条の2の17第1項、第23条の25第1項、第23条の28第1項（同法第23条の40第1項において準用する場合を含む。以下同じ。）若しくは第23条の37第1項若しくは同法第83条第1項の規定により読み替えて適用される同法第14条第1項、第14条の3第1項、第19条の2第1項、第23条の2の5第1項、第23条の2の8第1項、第23条の2の17第1項、第23条の25第1項、第23条の28第1項若しくは第23条の37第1項の規定による動物のために使用されることが目的とされている医薬品、医薬部外品、医療機器若しくは再生医療等製品についての承認をしようとするとき、同法第14条の4第1項（同法第19条の4において準用する場合を含む。以下同じ。）若しくは第23条の29第1項（同法第23条の39において準用する場合を含む。以下同じ。）若しくは同法第83条第1項の規定により読み替えて適用される同法第14条の4第1項若しくは第23条の29第1項の規定による動物のために使用されることが目的とされている医薬品若しくは再生医療等製品についての再審査を行おうとするとき、同法第14条の6第1項（同法第19条の4において準用する場合を含む。以下同じ。）若しくは第23条の31第1項（同法第23条の39において準用する場合を含む。以下同じ。）若しくは同法第83条第1項の規定により読み替えて適用される同法第14条の6第1項若しくは第23条の31第1項の規定による動物のために使用されることが目的とされている医薬品若しくは再生医療等製品についての再評価を行おうとするとき、同法第23条の2の9第1項（同法第23条の2の19において準用する場合を含む。以下同じ。）若しくは同法第83条第1項の規定により読み替えて適用される同法第23条の2の9第1項の規定による動物のために使用されることが目的とされている医療機器若しくは体外診断用医薬品についての使用成績に関する評価を行おうとするとき、又は同法第83条第1項の規定により読み替えて適用される同法第14条第2項第3号ロ若しくは同法第83条の5第1項の農林水産省令を制定し、若しくは改廃しようとするとき。

九 農用地の土壌の汚染防止等に関する法律（昭和45年法律第139号）第2条第3項の政令（農用地の土壌に含まれることに起因して人の健康を損なうおそれがある農畜産物が生産されるおそれがある物質を定めるものに限る。）又は同法第3条第1項の政令（農用地の利用に起因して人の健康を損なうおそれがある農畜産物が生産されると認められ、又はそのおそれが著しいと認められる地域の要件を定めるものに限る。）

の制定又は改廃の立案をしようとするとき。

十　食鳥処理の事業の規制及び食鳥検査に関する法律（平成2年法律第70号）第11条第1
項、第15条第4項第2号若しくは第3号、同条第6項又は第19条の厚生労働省令を制
定し、又は改廃しようとするとき。

十一　食品衛生法及び栄養改善法の一部を改正する法律（平成7年法律第101号）附則第
2条の2第1項の規定により添加物の名称を消除しようとするとき。

十二　ダイオキシン類対策特別措置法（平成11年法律第105号）第6条第1項の政令の制
定又は改廃の立案をしようとするとき。

十三　牛海綿状脳症対策特別措置法（平成14年法律第70号）第7条第1項又は第2項の厚
生労働省令を制定し、又は改廃しようとするとき。

十四　前各号に掲げるもののほか、政令で定めるとき。

②　関係各大臣は、前項ただし書の場合（関係各大臣が第11条第1項第3号に該当すると認
めた場合に限る。）においては、当該食品の安全性の確保に関する施策の策定の後相当の
期間内に、その旨を委員会に報告し、委員会の意見を聴かなければならない。

③　第1項に定めるもののほか、関係各大臣は、食品の安全性の確保に関する施策を策定す
るため必要があると認めるときは、委員会の意見を聴くことができる。

（資料の提出等の要求）

第25条　委員会は、その所掌事務を遂行するため必要があると認めるときは、関係行政
機関の長に対し、資料の提出、意見の表明、説明その他必要な協力を求めることができる。

（調査の委託）

第26条　委員会は、その所掌事務を遂行するため必要があると認めるときは、独立行政
法人、一般社団法人若しくは一般財団法人、事業者その他の民間の団体、都道府県の試験
研究機関又は学識経験を有する者に対し、必要な調査を委託することができる。

（緊急時の要請等）

第27条　委員会は、食品の安全性の確保に関し重大な被害が生じ、又は生じるおそれが
ある緊急の事態に対処するため必要があると認めるときは、国の関係行政機関の試験研究
機関に対し、食品健康影響評価に必要な調査、分析又は検査を実施すべきことを要請する
ことができる。

②　国の関係行政機関の試験研究機関は、前項の規定による委員会の要請があったときは、
速やかにその要請された調査、分析又は検査を実施しなければならない。

③　委員会は、食品の安全性の確保に関し重大な被害が生じ、又は生じるおそれがある緊急
の事態に対処するため必要があると認めるときは、関係各大臣に対し、国立研究開発法人
医薬基盤・健康・栄養研究所法（平成16年法律第135号）第19条第1項の規定による求め、

国立研究開発法人農業・食品産業技術総合研究機構法（平成11年法律第192号）第18条第1項若しくは国立研究開発法人水産研究・教育機構法（平成11年法律第199号）第16条第1項の規定による要請又は独立行政法人農林水産消費安全技術センター法（平成11年法律第183号）第12条の規定による命令をするよう求めることができる。

（組織）

第28条 委員会は、委員7人をもって組織する。

② 委員のうち3人は、非常勤とする。

（委員の任命）

第29条 委員は、食品の安全性の確保に関して優れた識見を有する者のうちから、両議院の同意を得て、内閣総理大臣が任命する。

② 委員の任期が満了し、又は欠員が生じた場合において、国会の閉会又は衆議院の解散のために両議院の同意を得ることができないときは、内閣総理大臣は、前項の規定にかかわらず、同項に定める資格を有する者のうちから、委員を任命することができる。

③ 前項の場合においては、任命後最初の国会で両議院の事後の承認を得なければならない。この場合において、両議院の事後の承認を得られないときは、内閣総理大臣は、直ちにその委員を罷免しなければならない。

（委員の任期）

第30条 委員の任期は、3年とする。ただし、補欠の委員の任期は、前任者の残任期間とする。

② 委員は、再任されることができる。

③ 委員の任期が満了したときは、当該委員は、後任者が任命されるまで引き続きその職務を行うものとする。

（委員の罷免）

第31条 内閣総理大臣は、委員が心身の故障のため職務の執行ができないと認める場合又は委員に職務上の義務違反その他委員たるに適しない非行があると認める場合においては、両議院の同意を得て、これを罷免することができる。

（委員の服務）

第32条 委員は、職務上知ることのできた秘密を漏らしてはならない。その職を退いた後も同様とする。

② 委員は、在任中、政党その他の政治的団体の役員となり、又は積極的に政治運動をしてはならない。

③ 常勤の委員は、在任中、内閣総理大臣の許可のある場合を除くほか、報酬を得て他の職務に従事し、又は営利事業を営み、その他金銭上の利益を目的とする業務を行ってはなら

ない。

（委員の給与）

第33条　委員の給与は、別に法律で定める。

（委員長）

第34条　委員会に委員長を置き、委員の互選によって常勤の委員のうちからこれを定める。

②　委員長は、会務を総理し、委員会を代表する。

③　委員長に事故があるときは、あらかじめその指名する常勤の委員が、その職務を代理する。

（会議）

第35条　委員会は、委員長が招集する。

②　委員会は、委員長及び3人以上の委員の出席がなければ、会議を開き、議決をすることができない。

③　委員会の議事は、出席者の過半数でこれを決し、可否同数のときは、委員長の決するところによる。

④　委員長に事故がある場合の第2項の規定の適用については、前条第3項に規定する委員は、委員長とみなす。

（専門委員）

第36条　委員会に、専門の事項を調査審議させるため、専門委員を置くことができる。

②　専門委員は、学識経験のある者のうちから、内閣総理大臣が任命する。

③　専門委員は、当該専門の事項に関する調査審議が終了したときは、解任されるものとする。

④　専門委員は、非常勤とする。

（事務局）

第37条　委員会の事務を処理させるため、委員会に事務局を置く。

②　事務局に、事務局長のほか、所要の職員を置く。

③　事務局長は、委員長の命を受けて、局務を掌理する。

（政令への委任）

第38条　この章に規定するもののほか、委員会に関し必要な事項は、政令で定める。

　　　附　　　則

（省略）

付録2

食品衛生法

昭和22年12月24日法律第233号
最終改正：平成30年6月13日法律第46号

第1章 総 則

第1条 この法律は、食品の安全性の確保のために公衆衛生の見地から必要な規制その他の措置を講ずることにより、飲食に起因する衛生上の危害の発生を防止し、もつて国民の健康の保護を図ることを目的とする。

第2条 国、都道府県、地域保健法（昭和22年法律第101号）第5条第1項の規定に基づく政令で定める市（以下「保健所を設置する市」という。）及び特別区は、教育活動及び広報活動を通じた食品衛生に関する正しい知識の普及、食品衛生に関する情報の収集、整理、分析及び提供、食品衛生に関する研究の推進、食品衛生に関する検査の能力の向上並びに食品衛生の向上にかかわる人材の養成及び資質の向上を図るために必要な措置を講じなければならない。

② 国、都道府県、保健所を設置する市及び特別区は、食品衛生に関する施策が総合的かつ迅速に実施されるよう、相互に連携を図らなければならない。

③ 国は、食品衛生に関する情報の収集、整理、分析及び提供並びに研究並びに輸入される食品、添加物、器具及び容器包装についての食品衛生に関する検査の実施を図るための体制を整備し、国際的な連携を確保するために必要な措置を講ずるとともに、都道府県、保健所を設置する市及び特別区（以下「都道府県等」という。）に対し前2項の責務が十分に果たされるように必要な技術的援助を与えるものとする。

第3条 食品等事業者（食品若しくは添加物を採取し、製造し、輸入し、加工し、調理し、貯蔵し、運搬し、若しくは販売すること若しくは器具若しくは容器包装を製造し、輸入し、若しくは販売することを営む人若しくは法人又は学校、病院その他の施設において継続的に不特定若しくは多数の者に食品を供与する人若しくは法人をいう。以下同じ。）は、その採取し、製造し、輸入し、加工し、調理し、貯蔵し、運搬し、販売し、不特定若しくは多数の者に授与し、又は営業上使用する食品、添加物、器具又は容器包装（以下「販売食品等」という。）について、自らの責任においてそれらの安全性を確保するため、販売食品等の安全性の確保に係る知識及び技術の習得、販売食品等の原材料の安全性の確保、販売食品等の自主検査の実施その他の必要な措置を講ずるよう努めなけれ

ばならない。

② 食品等事業者は、販売食品等に起因する食品衛生上の危害の発生の防止に必要な限度において、当該食品等事業者に対して販売食品等又はその原材料の販売を行つた者の名称その他必要な情報に関する記録を作成し、これを保存するよう努めなければならない。

③ 食品等事業者は、販売食品等に起因する食品衛生上の危害の発生を防止するため、前項に規定する記録の国、都道府県等への提供、食品衛生上の危害の原因となつた販売食品等の廃棄その他の必要な措置を適確かつ迅速に講ずるよう努めなければならない。

第4条 この法律で食品とは、全ての飲食物をいう。ただし、医薬品、医療機器等の品質、有効性及び安全性の確保等に関する法律（昭和35年法律第145号）に規定する医薬品、医薬部外品及び再生医療等製品は、これを含まない。

② この法律で添加物とは、食品の製造の過程において又は食品の加工若しくは保存の目的で、食品に添加、混和、浸潤その他の方法によつて使用する物をいう。

③ この法律で天然香料とは、動植物から得られた物又はその混合物で、食品の着香の目的で使用される添加物をいう。

④ この法律で器具とは、飲食器、割ぽう具その他食品又は添加物の採取、製造、加工、調理、貯蔵、運搬、陳列、授受又は摂取の用に供され、かつ、食品又は添加物に直接接触する機械、器具その他の物をいう。ただし、農業及び水産業における食品の採取の用に供される機械、器具その他の物は、これを含まない。

⑤ この法律で容器包装とは、食品又は添加物を入れ、又は包んでいる物で、食品又は添加物を授受する場合そのままで引き渡すものをいう。

⑥ この法律で食品衛生とは、食品、添加物、器具及び容器包装を対象とする飲食に関する衛生をいう。

⑦ この法律で営業とは、業として、食品若しくは添加物を採取し、製造し、輸入し、加工し、調理し、貯蔵し、運搬し、若しくは販売すること又は器具若しくは容器包装を製造し、輸入し、若しくは販売することをいう。ただし、農業及び水産業における食品の採取業は、これを含まない。

⑧ この法律で営業者とは、営業を営む人又は法人をいう。

⑨ この法律で登録検査機関とは、第33条第1項の規定により厚生労働大臣の登録を受けた法人をいう。

第2章　食品及び添加物

第5条 販売（不特定又は多数の者に対する販売以外の授与を含む。以下同じ。）の用に供する食品又は添加物の採取、製造、加工、使用、調理、貯蔵、運搬、陳列及び授受は、清潔で衛生的に行われなければならない。

第６条 次に掲げる食品又は添加物は、これを販売し（不特定又は多数の者に授与する販売以外の場合を含む。以下同じ。）、又は販売の用に供するために、採取し、製造し、輸入し、加工し、使用し、調理し、貯蔵し、若しくは陳列してはならない。

一　腐敗し、若しくは変敗したもの又は未熟であるもの。ただし、一般に人の健康を損なうおそれがなく飲食に適すると認められているものは、この限りでない。

二　有毒な、若しくは有害な物質が含まれ、若しくは付着し、又はこれらの疑いがあるもの。ただし、人の健康を損なうおそれがない場合として厚生労働大臣が定める場合においては、この限りでない。

三　病原微生物により汚染され、又はその疑いがあり、人の健康を損なうおそれがあるもの。

四　不潔、異物の混入又は添加その他の事由により、人の健康を損なうおそれがあるもの。

第７条 厚生労働大臣は、一般に飲食に供されることがなかつた物であつて人の健康を損なうおそれがない旨の確証がないもの又はこれを含む物が新たに食品として販売され、又は販売されることとなつた場合において、食品衛生上の危害の発生を防止するため必要があると認めるときは、薬事・食品衛生審議会の意見を聴いて、それらの物を食品として販売することを禁止することができる。

② 厚生労働大臣は、一般に食品として飲食に供されている物であつて当該物の通常の方法と著しく異なる方法により飲食に供されているものについて、人の健康を損なうおそれがない旨の確証がなく、食品衛生上の危害の発生を防止するため必要があると認めるときは、薬事・食品衛生審議会の意見を聴いて、その物を食品として販売することを禁止することができる。

③ 厚生労働大臣は、食品によるものと疑われる人の健康に係る重大な被害が生じた場合において、当該被害の態様からみて当該食品に当該被害を生ずるおそれのある一般に飲食に供されることがなかつた物が含まれていることが疑われる場合において、食品衛生上の危害の発生を防止するため必要があると認めるときは、薬事・食品衛生審議会の意見を聴いて、その食品を販売することを禁止することができる。（以下省略）

第８条 食品衛生上の危害の発生を防止する見地から特別の注意を必要とする成分又は物であつて、厚生労働大臣が薬事・食品衛生審議会の意見を聴いて指定したもの（第3項及び第70条第1項において「指定成分等」という。）を含む食品（以下この項において「指定成分等含有食品」という。）を取り扱う営業者は、その取り扱う指定成分等含有食品が人の健康に被害を生じ、又は生じさせるおそれがある旨の情報を得た場合は、当該情報を、厚生労働省令で定めるところにより、遅滞なく、都道府県知事、保健所を設置す

る市の市長又は特別区の区長（以下「都道府県知事等」という。）に届け出なければならない。

② 都道府県知事等は、前項の規定による届出があつたときは、当該届出に係る事項を厚生労働大臣に報告しなければならない。

③ 医師、歯科医師、薬剤師その他の関係者は、指定成分等の摂取によるものと疑われる人の健康に係る被害の把握に努めるとともに、都道府県知事等が、食品衛生上の危害の発生を防止するため指定成分等の摂取によるものと疑われる人の健康に係る被害に関する調査を行う場合において、当該調査に関し必要な協力を要請されたときは、当該要請に応じ、当該被害に関する情報の提供その他必要な協力をするよう努めなければならない。

第9条 厚生労働大臣は、特定の国若しくは地域において採取され、製造され、加工され、調理され、若しくは貯蔵され、又は特定の者により採取され、製造され、加工され、調理され、若しくは貯蔵される特定の食品又は添加物について、第26条第1項から第3項まで又は第28条第1項の規定による検査の結果次に掲げる食品又は添加物に該当するものが相当数発見されたこと、生産地における食品衛生上の管理の状況その他の厚生労働省令で定める事由からみて次に掲げる食品又は添加物に該当するものが相当程度含まれるおそれがあると認められる場合において、人の健康を損なうおそれの程度その他の厚生労働省令で定める事項を勘案して、当該特定の食品又は添加物に起因する食品衛生上の危害の発生を防止するため特に必要があると認めるときは、薬事・食品衛生審議会の意見を聴いて、当該特定の食品又は添加物を販売し、又は販売の用に供するために、採取し、製造し、輸入し、加工し、使用し、若しくは調理することを禁止することができる。（以下省略）

第10条 第1号若しくは第3号に掲げる疾病にかかり、若しくはその疑いがあり、第1号若しくは第3号に掲げる異常があり、又はへい死した獣畜（と畜場法（昭和28年法律第114号）第3条第1項に規定する獣畜及び厚生労働省令で定めるその他の物をいう。以下同じ。）の肉、骨、乳、臓器及び血液又は第2号若しくは第3号に掲げる疾病にかかり、若しくはその疑いがあり、第2号若しくは第3号に掲げる異常があり、又はへい死した家きん（食鳥処理の事業の規制及び食鳥検査に関する法律（平成2年法律第70号）第2条第1号に規定する食鳥及び厚生労働省令で定めるその他の物をいう。以下同じ。）の肉、骨及び臓器は、厚生労働省令で定める場合を除き、これを食品として販売し、又は食品として販売の用に供するために、採取し、加工し、使用し、調理し、貯蔵し、若しくは陳列してはならない。ただし、へい死した獣畜又は家きんの肉、骨及び臓器であつて、当該職員が、人の健康を損なうおそれがなく飲食に適すると認めたものは、この

限りでない。(以下省略)

第11条 食品衛生上の危害の発生を防止するために特に重要な工程を管理するための措置が講じられていることが必要なものとして厚生労働省令で定める食品又は添加物は、当該措置が講じられていることが確実であるものとして厚生労働大臣が定める国若しくは地域又は施設において製造し、又は加工されたものでなければ、これを販売の用に供するために輸入してはならない。

② 第6条各号に掲げる食品又は添加物のいずれにも該当しないことその他厚生労働省令で定める事項を確認するために生産地における食品衛生上の管理の状況の証明が必要であるものとして厚生労働省令で定める食品又は添加物は、輸出国の政府機関によつて発行され、かつ、当該事項を記載した証明書又はその写しを添付したものでなければ、これを販売の用に供するために輸入してはならない。

第12条 人の健康を損なうおそれのない場合として厚生労働大臣が薬事・食品衛生審議会の意見を聴いて定める場合を除いては、添加物（天然香料及び一般に食品として飲食に供されている物であつて添加物として使用されるものを除く。）並びにこれを含む製剤及び食品は、これを販売し、又は販売の用に供するために、製造し、輸入し、加工し、使用し、貯蔵し、若しくは陳列してはならない。

第13条 厚生労働大臣は、公衆衛生の見地から、薬事・食品衛生審議会の意見を聴いて、販売の用に供する食品若しくは添加物の製造、加工、使用、調理若しくは保存の方法につき基準を定め、又は販売の用に供する食品若しくは添加物の成分につき規格を定めることができる。

② 前項の規定により基準又は規格が定められたときは、その基準に合わない方法により食品若しくは添加物を製造し、加工し、使用し、調理し、若しくは保存し、その基準に合わない方法による食品若しくは添加物を販売し、若しくは輸入し、又はその規格に合わない食品若しくは添加物を製造し、輸入し、加工し、使用し、調理し、保存し、若しくは販売してはならない。

③ 農薬（農薬取締法（昭和23年法律第82号）第2条第1項に規定する農薬をいう。次条において同じ。）、飼料の安全性の確保及び品質の改善に関する法律（昭和28年法律第35号）第2条第3項の規定に基づく農林水産省令で定める用途に供することを目的として飼料（同条第2項に規定する飼料をいう。）に添加、混和、浸潤その他の方法によつて用いられる物及び医薬品、医療機器等の品質、有効性及び安全性の確保等に関する法律第2条第1項に規定する医薬品であつて動物のために使用されることが目的とされているものの成分である物質（その物質が化学的に変化して生成した物質を含み、人の健康を損なうおそれのないことが明らかであるものとして厚生労働大臣が定める物質を除

く。）が、人の健康を損なうおそれのない量として厚生労働大臣が薬事・食品衛生審議会の意見を聴いて定める量を超えて残留する食品は、これを販売の用に供するために製造し、輸入し、加工し、使用し、調理し、保存し、又は販売してはならない。ただし、当該物質の当該食品に残留する量の限度について第1項の食品の成分に係る規格が定められている場合については、この限りでない。

第14条　厚生労働大臣は、前条第1項の食品の成分に係る規格として、食品に残留する農薬、飼料の安全性の確保及び品質の改善に関する法律第2条第3項に規定する飼料添加物又は医薬品、医療機器等の品質、有効性及び安全性の確保等に関する法律第2条第1項に規定する医薬品であつて専ら動物のために使用されることが目的とされているもの（以下この条において「農薬等」という。）の成分である物質（その物質が化学的に変化して生成した物質を含む。）の量の限度を定めるとき、同法第2条第9項に規定する再生医療等製品であつて専ら動物のために使用されることが目的とされているもの（以下この条において「動物用再生医療等製品」という。）が使用された対象動物（同法第83条第1項の規定により読み替えられた同法第14条第2項第3号ロに規定する対象動物をいう。）の肉、乳その他の生産物について食用に供することができる範囲を定めるときその他必要があると認めるときは、農林水産大臣に対し、農薬等の成分又は動物用再生医療等製品の構成細胞、導入遺伝子その他厚生労働省令で定めるものに関する資料の提供その他必要な協力を求めることができる。

第3章　器具及び容器包装

第15条　営業上使用する器具及び容器包装は、清潔で衛生的でなければならない。

第16条　有毒な、若しくは有害な物質が含まれ、若しくは付着して人の健康を損なうおそれがある器具若しくは容器包装又は食品若しくは添加物に接触してこれらに有害な影響を与えることにより人の健康を損なうおそれがある器具若しくは容器包装は、これを販売し、販売の用に供するために製造し、若しくは輸入し、又は営業上使用してはならない。

第17条　厚生労働大臣は、特定の国若しくは地域において製造され、又は特定の者により製造される特定の器具又は容器包装について、第26条第1項から第3項まで又は第28条第1項の規定による検査の結果次に掲げる器具又は容器包装に該当するものが相当数発見されたこと、製造地における食品衛生上の管理の状況その他の厚生労働省令で定める事由からみて次に掲げる器具又は容器包装に該当するものが相当程度含まれるおそれがあると認められる場合において、人の健康を損なうおそれの程度その他の厚生労働省令で定める事項を勘案して、当該特定の器具又は容器包装に起因する食品衛生上の危害の発生を防止するため特に必要があると認めるときは、薬事・食品衛生審議会の意見を

聴いて、当該特定の器具又は容器包装を販売し、販売の用に供するために製造し、若しくは輸入し、又は営業上使用することを禁止することができる。(以下省略)

第18条 厚生労働大臣は、公衆衛生の見地から、薬事・食品衛生審議会の意見を聴いて、販売の用に供し、若しくは営業上使用する器具若しくは容器包装若しくはこれらの原材料につき規格を定め、又はこれらの製造方法につき基準を定めることができる。

② 前項の規定により規格又は基準が定められたときは、その規格に合わない器具若しくは容器包装を販売し、販売の用に供するために製造し、若しくは輸入し、若しくは営業上使用し、その規格に合わない原材料を使用し、又はその基準に合わない方法により器具若しくは容器包装を製造してはならない。

③ 器具又は容器包装には、成分の食品への溶出又は浸出による公衆衛生に与える影響を考慮して政令で定める材質の原材料であつて、これに含まれる物質(その物質が化学的に変化して生成した物質を除く。)について、当該原材料を使用して製造される器具若しくは容器包装に含有されることが許容される量又は当該原材料を使用して製造される器具若しくは容器包装から溶出し、若しくは浸出して食品に混和することが許容される量が第1項の規格に定められていないものは、使用してはならない。ただし、当該物質が人の健康を損なうおそれのない量として厚生労働大臣が薬事・食品衛生審議会の意見を聴いて定める量を超えて溶出し、又は浸出して食品に混和するおそれがないように器具又は容器包装が加工されている場合(当該物質が器具又は容器包装の食品に接触する部分に使用される場合を除く。)については、この限りでない。

第4章　表示及び広告

第19条 内閣総理大臣は、一般消費者に対する器具又は容器包装に関する公衆衛生上必要な情報の正確な伝達の見地から、消費者委員会の意見を聴いて、前条第1項の規定により規格又は基準が定められた器具又は容器包装に関する表示につき、必要な基準を定めることができる。

② 前項の規定により表示につき基準が定められた器具又は容器包装は、その基準に合う表示がなければ、これを販売し、販売の用に供するために陳列し、又は営業上使用してはならない。

③ 販売の用に供する食品及び添加物に関する表示の基準については、食品表示法(平成25年法律第70号)で定めるところによる。

第20条 食品、添加物、器具又は容器包装に関しては、公衆衛生に危害を及ぼすおそれがある虚偽の又は誇大な表示又は広告をしてはならない。

第5章　食品添加物公定書

第21条 厚生労働大臣及び内閣総理大臣は、食品添加物公定書を作成し、第13条第1項

の規定により基準又は規格が定められた添加物及び食品表示法第4条第1項の規定により基準が定められた添加物につき当該基準及び規格を収載するものとする。

第6章　監視指導

第21条の2　国及び都道府県等は、食品、添加物、器具又は容器包装に起因する中毒患者又はその疑いのある者（以下「食中毒患者等」という。）の広域にわたる発生又はその拡大を防止し、及び広域にわたり流通する食品、添加物、器具又は容器包装に関してこの法律又はこの法律に基づく命令若しくは処分に係る違反を防止するため、その行う食品衛生に関する監視又は指導（以下「監視指導」という。）が総合的かつ迅速に実施されるよう、相互に連携を図りながら協力しなければならない。

第21条の3　厚生労働大臣は、監視指導の実施に当たつての連携協力体制の整備を図るため、厚生労働省令で定めるところにより、国、都道府県等その他関係機関により構成される広域連携協議会（以下この条及び第66条において「協議会」という。）を設けることができる。（以下省略）

第22条　厚生労働大臣及び内閣総理大臣は、国及び都道府県等が行う監視指導の実施に関する指針（以下「指針」という。）を定めるものとする。（以下省略）

第23条　厚生労働大臣は、指針に基づき、毎年度、翌年度の食品、添加物、器具及び容器包装の輸入について国が行う監視指導の実施に関する計画（以下「輸入食品監視指導計画」という。）を定めるものとする。（以下省略）

第24条　都道府県知事等は、指針に基づき、毎年度、翌年度の当該都道府県等が行う監視指導の実施に関する計画（以下「都道府県等食品衛生監視指導計画」という。）を定めなければならない。（以下省略）

第7章　検　　査

第25条　第13条第1項の規定により規格が定められた食品若しくは添加物又は第18条第1項の規定により規格が定められた器具若しくは容器包装であつて政令で定めるものは、政令で定める区分に従い厚生労働大臣若しくは都道府県知事又は登録検査機関の行う検査を受け、これに合格したものとして厚生労働省令で定める表示が付されたものでなければ、販売し、販売の用に供するために陳列し、又は営業上使用してはならない。（以下省略）

第26条　都道府県知事は、次の各号に掲げる食品、添加物、器具又は容器包装を発見した場合において、これらを製造し、又は加工した者の検査の能力等からみて、その者が製造し、又は加工する食品、添加物、器具又は容器包装がその後引き続き当該各号に掲げる食品、添加物、器具又は容器包装に該当するおそれがあり、食品衛生上の危害の発生を防止するため必要があると認めるときは、政令で定める要件及び手続に従い、その

者に対し、当該食品、添加物、器具又は容器包装について、当該都道府県知事又は登録検査機関の行う検査を受けるべきことを命ずることができる。(以下省略)

第27条 販売の用に供し、又は営業上使用する食品、添加物、器具又は容器包装を輸入しようとする者は、厚生労働省令で定めるところにより、その都度厚生労働大臣に届け出なければならない。

第28条 厚生労働大臣、内閣総理大臣又は都道府県知事等は、必要があると認めるときは、営業者その他の関係者から必要な報告を求め、当該職員に営業の場所、事務所、倉庫その他の場所に臨検し、販売の用に供し、若しくは営業上使用する食品、添加物、器具若しくは容器包装、営業の施設、帳簿書類その他の物件を検査させ、又は試験の用に供するのに必要な限度において、販売の用に供し、若しくは営業上使用する食品、添加物、器具若しくは容器包装を無償で収去させることができる。(以下省略)

第29条 国及び都道府県は、第25条第1項又は第26条第1項から第3項までの検査(以下「製品検査」という。)及び前条第1項の規定により収去した食品、添加物、器具又は容器包装の試験に関する事務を行わせるために、必要な検査施設を設けなければならない。(以下省略)

第30条 第28条第1項に規定する当該職員の職権及び食品衛生に関する指導の職務を行わせるために、厚生労働大臣、内閣総理大臣又は都道府県知事等は、その職員のうちから食品衛生監視員を命ずるものとする。

② 都道府県知事等は、都道府県等食品衛生監視指導計画の定めるところにより、その命じた食品衛生監視員に監視指導を行わせなければならない。

③ 内閣総理大臣は、指針に従い、その命じた食品衛生監視員に食品、添加物、器具及び容器包装の表示又は広告に係る監視指導を行わせるものとする。

④ 厚生労働大臣は、輸入食品監視指導計画の定めるところにより、その命じた食品衛生監視員に食品、添加物、器具及び容器包装の輸入に係る監視指導を行わせるものとする。

⑤ 前各項に定めるもののほか、食品衛生監視員の資格その他食品衛生監視員に関し必要な事項は、政令で定める。

第8章　登録検査機関

第31条 登録検査機関の登録を受けようとする者は、厚生労働省令で定めるところにより、実費を勘案して政令で定める額の手数料を納付して、厚生労働大臣に登録の申請をしなければならない。(以下省略)

第32条～第47条 (省略)

第9章　営　　業

第48条 乳製品、第12条の規定により厚生労働大臣が定めた添加物その他製造又は加工

の過程において特に衛生上の考慮を必要とする食品又は添加物であつて政令で定めるものの製造又は加工を行う営業者は、その製造又は加工を衛生的に管理させるため、その施設ごとに、専任の食品衛生管理者を置かなければならない。ただし、営業者が自ら食品衛生管理者となつて管理する施設については、この限りでない。

② 営業者が、前項の規定により食品衛生管理者を置かなければならない製造業又は加工業を2以上の施設で行う場合において、その施設が隣接しているときは、食品衛生管理者は、同項の規定にかかわらず、その2以上の施設を通じて1人で足りる。

③ 食品衛生管理者は、当該施設においてその管理に係る食品又は添加物に関してこの法律又はこの法律に基づく命令若しくは処分に係る違反が行われないように、その食品又は添加物の製造又は加工に従事する者を監督しなければならない。

④ 食品衛生管理者は、前項に定めるもののほか、当該施設においてその管理に係る食品又は添加物に関してこの法律又はこの法律に基づく命令若しくは処分に係る違反の防止及び食品衛生上の危害の発生の防止のため、当該施設における衛生管理の方法その他の食品衛生に関する事項につき、必要な注意をするとともに、営業者に対し必要な意見を述べなければならない。

⑤ 営業者は、その施設に食品衛生管理者を置いたときは、前項の規定による食品衛生管理者の意見を尊重しなければならない。

⑥ 次の各号のいずれかに該当する者でなければ、食品衛生管理者となることができない。

一 医師、歯科医師、薬剤師又は獣医師

二 学校教育法（昭和22年法律第26号）に基づく大学、旧大学令（大正7年勅令第388号）に基づく大学又は旧専門学校令（明治36年勅令第61号）に基づく専門学校において医学、歯学、薬学、獣医学、畜産学、水産学又は農芸化学の課程を修めて卒業した者（当該課程を修めて同法に基づく専門職大学の前期課程を修了した者を含む。）

三 都道府県知事の登録を受けた食品衛生管理者の養成施設において所定の課程を修了した者

四 学校教育法に基づく高等学校若しくは中等教育学校若しくは旧中等学校令（昭和18年勅令第36号）に基づく中等学校を卒業した者又は厚生労働省令で定めるところによりこれらの者と同等以上の学力があると認められる者で、第1項の規定により食品衛生管理者を置かなければならない製造業又は加工業において食品又は添加物の製造又は加工の衛生管理の業務に3年以上従事し、かつ、都道府県知事の登録を受けた講習会の課程を修了した者（以下省略）

第49条　（省略）

第50条　厚生労働大臣は、食品又は添加物の製造又は加工の過程において有毒な又は有

害な物質が当該食品又は添加物に混入することを防止するための措置に関し必要な基準を定めることができる。(以下省略)

第51条〜第53条 (省略)

第54条 都道府県は、公衆衛生に与える影響が著しい営業(食鳥処理の事業を除く。)であつて、政令で定めるものの施設につき、厚生労働省令で定める基準を参酌して、条例で、公衆衛生の見地から必要な基準を定めなければならない。

第55条〜第61条 (省略)

第10章 雑　則

第62条 (省略)

第63条 食中毒患者等を診断し、又はその死体を検案した医師は、直ちに最寄りの保健所長にその旨を届け出なければならない。

② 保健所長は、前項の届出を受けたときその他食中毒患者等が発生していると認めるときは、速やかに都道府県知事等に報告するとともに、政令で定めるところにより、調査しなければならない。

③ 都道府県知事等は、前項の規定により保健所長より報告を受けた場合であって、食中毒患者等が厚生労働省令で定める数以上発生し、又は発生するおそれがあると認めるときその他厚生労働省令で定めるときは、直ちに、厚生労働大臣に報告しなければならない。

④ 保健所長は、第2項の規定による調査を行つたときは、政令で定めるところにより、都道府県知事等に報告しなければならない。

⑤ 都道府県知事等は、前項の規定による報告を受けたときは、政令で定めるところにより、厚生労働大臣に報告しなければならない。

第64条 (省略)

第65条 厚生労働大臣は、食中毒患者等が厚生労働省令で定める数以上発生し、若しくは発生するおそれがある場合又は食中毒患者等が広域にわたり発生し、若しくは発生するおそれがある場合であつて、食品衛生上の危害の発生を防止するため緊急を要するときは、都道府県知事等に対し、期限を定めて、食中毒の原因を調査し、調査の結果を報告するように求めることができる。

第66条 前条に規定する場合において、厚生労働大臣は、必要があると認めるときは、協議会を開催し、食中毒の原因調査及びその結果に関する必要な情報を共有し、関係機関等の連携の緊密化を図るとともに、食中毒患者等の広域にわたる発生又はその拡大を防止するために必要な対策について協議を行うよう努めなければならない。

第67条 都道府県等は、食中毒の発生を防止するとともに、地域における食品衛生の向

上を図るため、食品等事業者に対し、必要な助言、指導その他の援助を行うように努めるものとする。

② 都道府県等は、食品等事業者の食品衛生の向上に関する自主的な活動を促進するため、社会的信望があり、かつ、食品衛生の向上に熱意と識見を有する者のうちから、食品衛生推進員を委嘱することができる。

③ 食品衛生推進員は、飲食店営業の施設の衛生管理の方法その他の食品衛生に関する事項につき、都道府県等の施策に協力して、食品等事業者からの相談に応じ、及びこれらの者に対する助言その他の活動を行う。

第68条　第6条、第9条、第12条、第13条第1項及び第2項、第16条から第20条まで（第18条第3項を除く。）、第25条から第61条まで（第51条、第52条第1項第2号及び第2項並びに第53条を除く。）並びに第63条から第65条までの規定は、乳幼児が接触することによりその健康を損なうおそれがあるものとして厚生労働大臣の指定するおもちゃについて、これを準用する。この場合において、第12条中「添加物（天然香料及び一般に食品として飲食に供されている物であつて添加物として使用されるものを除く。）」とあるのは、「おもちゃの添加物として用いることを目的とする化学的合成品（化学的手段により元素又は化合物に分解反応以外の化学的反応を起こさせて得られた物質をいう。）」と読み替えるものとする。

② 第6条並びに第13条第1項及び第2項の規定は、洗浄剤であつて野菜若しくは果実又は飲食器の洗浄の用に供されるものについて準用する。

③ 第15条から第18条まで、第25条第1項、第28条から第30条まで、第51条、第54条、第57条及び第59条から第61条までの規定は、営業以外の場合で学校、病院その他の施設において継続的に不特定又は多数の者に食品を供与する場合に、これを準用する。

第69条　（省略）

第70条　厚生労働大臣は、第6条第2号ただし書（第68条第1項及び第2項において準用する場合を含む。）に規定する人の健康を損なうおそれがない場合を定めようとするとき、第7条第1項から第3項までの規定による販売の禁止をしようとし、若しくは同条第四項の規定による禁止の全部若しくは一部の解除をしようとするとき、第8条第1項の規定により指定成分等を指定しようとするとき、第10条第1項の厚生労働省令を制定し、若しくは改廃しようとするとき、第12条に規定する人の健康を損なうおそれのない場合を定めようとするとき、第13条第1項（第68条第1項及び第2項において準用する場合を含む。）に規定する基準若しくは規格を定めようとするとき、第13条第3項に規定する人の健康を損なうおそれのないことが明らかである物質若しくは人の健康を損なうおそれのない量を定めようとするとき、第18条第1項（第68条第1項及び第3項

において準用する場合を含む。）に規定する基準若しくは規格を定めようとするとき、第18条第3項ただし書に規定する人の健康を損なうおそれのない量を定めようとするとき、第23条第1項に規定する輸入食品監視指導計画を定め、若しくは変更しようとするとき、第50条第1項に規定する基準を定めようとするとき、又は第51条第1項、第52条第1項若しくは第54条の厚生労働省令を制定し、若しくは改廃しようとするときは、その趣旨、内容その他の必要な事項を公表し、広く国民の意見を求めるものとする。ただし、食品衛生上の危害の発生を防止するため緊急を要する場合で、あらかじめ広く国民の意見を求めるいとまがないときは、この限りでない。

② 都道府県知事等は、第24条第1項に規定する都道府県等食品衛生監視指導計画を定め、又は変更しようとするときは、その趣旨、内容その他の必要な事項を公表し、広く住民の意見を求めなければならない。

③ 厚生労働大臣は、第1項ただし書の場合においては、事後において、遅滞なく、広く国民の意見を求めるものとする。

④ 第1項及び前項の規定は、内閣総理大臣が第19条第1項(第68条第1項において準用する場合を含む。)に規定する表示についての基準を定めようとするとき、並びに厚生労働大臣及び内閣総理大臣が指針を定め、又は変更しようとするときについて準用する。

第71条 厚生労働大臣、内閣総理大臣及び都道府県知事等は、食品衛生に関する施策に国民又は住民の意見を反映し、関係者相互間の情報及び意見の交換の促進を図るため、当該施策の実施状況を公表するとともに、当該施策について広く国民又は住民の意見を求めなければならない。

第72条～第80条 （省略）

第11章 罰 則

第81条 次の各号のいずれかに該当する者は、これを3年以下の懲役又は300万円以下の罰金に処する。(以下省略)

第82条～第89条 （省略）

附 則

（省略）

索　引

あ行

亜塩素酸ナトリウム　*168*
アオブダイ　*99*
赤カビ　*152*
アカネ色素　*188*
赤身魚類　*145*
アクリルアミド　*261*
アクロメリン酸　*113*
アコニチン　*115*
アザスピロ酸　*104*
亜硝酸　*256*
　　──ナトリウム
　　167, 258
L-アスコルビン酸　*176*
アスパルテーム　*169*
アセスルファムカリウム
　169
アセタケ　*113*
アドバンテーム　*169*
アトロピン　*117*
アニサキス　*66*
　　──症　*67*
アニサチン　*119*
アブラソコムツ　*100*
アフラトキシン　*150*
アブラボウズ　*100*
アマニチン　*112*
アミグダリン　*120*
アルセノシュガー　*129*
アルセノベタイン　*128*
アルミニウムレーキ　*166*
アレルギー　*68*
　　──様食中毒
　　19, 145, 210
アレルゲン　*245, 249*
アワビ　*106*
安息香酸　*182*
安定剤　*185*
アンモニア　*209*
イシナギ　*101*

異常プリオン　*255*
いずし　*46*
イタイイタイ病　*130*
1日許容摂取量
　138, 162, 163
一般飲食物添加物　*160*
一般生菌数　*196*
一般的衛生管理プログラム
　270
遺伝子組換え食品　*250*
イヌサフラン　*118*
易熱性溶血毒　*30*
5'-イノシン酸二ナトリウム
　173
イボテン酸　*113*
イムノグロブリンE　*245*
イルジン　*110*
インドール　*210*
ウイルス性食中毒　*19, 61*
ウェステルマン肺吸虫　*73*
ウェルシュ菌　*49*
牛海綿状脳症　*254*
ウスタル酸　*111*
衛生指標細菌　*193*
栄養強化剤　*187, 191*
エチルアルコール　*210*
エリソルビン酸　*177*
エルゴタミン　*156*
エルゴメトリン　*156*
塩蔵　*232*
エンテロトキシン
　41, 50, 53
黄色ブドウ球菌　*41*
嘔吐　*42, 62*
　　──毒　*53*
黄変米　*154*
オーシスト
　77, 78, 84, 86
オカダ酸　*103*
オゴノリ　*122*

汚染指標細菌　*193*

か行

回虫　*87*
化学性食中毒　*123*
化学農薬　*135*
カキ　*62*
カキシメジ　*111*
加工助剤　*191*
過酸化物価　*148*
果実　*218*
ガス　*211*
　　──置換包装　*215, 238*
カドミウム　*129, 267*
神奈川現象　*30*
カニ　*106*
加熱殺菌　*217, 226*
カネミ油症事件　*142*
カビ毒　*150*
かまぼこ　*217*
辛子れんこん　*49*
カラメル　*167*
ガランタミン　*118*
カルボニル価　*148*
カレー　*51*
β-カロテン　*166*
肝吸虫　*71*
環境ホルモン　*263*
感染侵入型　*19*
感染毒素型　*19*
缶詰　*48, 217, 226*
カンピロバクター　*32*
甘味料　*169*
記憶喪失性貝毒　*104*
危害要因分析・重要管理点
　268
規格基準　*163, 195*
器具　*264*
キシリトール　*169*
寄生虫　*64*

既存添加物　159
キノコ毒　108
揮発性塩基窒素　220
5 α - キプリノール硫酸エステル
　99
キャリーオーバー　191
給食病　49
急性参照用量　138
牛乳　216
魚介類　31, 212
魚肉ねり製品　218
許容1日摂取量　138
ギラン・バレー症候群　34
ギロミトリン　115
5'- グアニル酸二ナトリウム
　173
クエン酸イソプロピル　177
クサウラベニタケ　110
クドア　68
苦味料　172
クリセン　259
グリチルリチン酸二ナトリウム
　171
クリプトスポリジウム　84
L- グルタミン酸ナトリウム
　173
クロム　134
グロリオサ　118
クワズイモ　120
鶏肉　34
鶏卵　27, 216
ゲノム編集食品　250
下痢性貝毒　102
下痢毒　53
ゲル化剤　185
嫌気性菌　237
原子核崩壊　242
コイ　99
好塩細菌　231
好塩性　31
高温細菌　217, 227
好気性菌　237
高好塩細菌　231
コウジ酸　189

合成樹脂　265
広節裂頭条虫　70
高度サラシ粉　169
香料　174
コーデックスの7原則　268
小型球形ウイルス　60
コニイン　119
ゴニオトキシン　102
コハク酸塩　173
コプラナー PCB
　142, 143
コプリン　114
コリアミルチン　120
糊料　185
コリン　110
コルヒチン　118

さ行
サイカシン　122
細菌性食中毒　19
サイクラミン酸ナトリウム
　189
サイクロスポラ　86
最大無毒性量　139, 163
サキシトキシン　101
酢酸　210
サケ　71
サッカリン類　171
殺菌　225
　──料　174
サポウイルス　60
サルコシスティス　77
サルモネラ　22
酸価　148
酸型保存料　182
酸化防止剤　175
酸敗　147
酸味料　172
残留性有機汚染物質　141
残留農薬基準　138
3類感染症　8
ジアゾメタン　122, 258
ジェルビン　116
シガテラ　96

シガトキシン　98
志賀毒素　36
　──産生性大腸菌　35
色素　211
シキミ　119
シクトキシン　119
2-シクロプロペンカルボン酸
　112
L-システイン塩酸塩　177
指定添加物　159
自動酸化　147
シトレオビリジン　154
ジノグネリン　99
ジノフィシストキシン　103
ジブチルヒドロキシトルエン
　177
ジメチルアミン　257
ジャガイモ　120
シャグマアミガサタケ　115
シュウ酸カルシウム　120
重要管理点　270
使用基準　163
硝酸塩　258
消費期限　196
消費者庁　4
食中毒　8, 205
　──統計　9
　──発生状況　9
　──微生物　22
　──防止の3原則　223
　大規模──　19
　微生物性──　16
食肉　27, 35, 215
食品安全委員会
　5, 162, 251
食品安全基本法　2
食品衛生　1
　──管理者　6
　──法　3
食品添加物　158, 239
　──公定書　163
食品内毒素型　19
植物性自然毒　107
食物アレルギー　244

飼料添加物　137
シロシビン　114
シロシン　114
シロタマゴテングタケ　111
真空包装　48, 215, 237
神経症状　46
水銀　125
スイセン　117
水分活性　233
スクラロース　171
スコポラミン　117
スズ　131, 264
ズルチン　188
ゼアラレノン　152
生菌数　196
青酸配糖体　120
製造用剤　184
生体内毒素型　19, 50
生物農薬　136
世界保健機関　1, 7
赤痢菌　57
セレウス菌　52
セレウリド　53
セレノネイン　133
セレン　133
旋尾線虫　76
鮮度　221
　──指標　221
総合衛生管理製造過程　269
増殖抑制　224
増粘剤　185
ソテツ　121
ソラニン　120
D-ソルビトール　171
ソルビン酸　184

た行
タール色素　165
耐塩細菌　231
ダイオキシン　143, 264
大腸菌　202
　──群　200
耐熱性　225
　──溶血毒　30

耐容1日摂取量　144
唾液腺　105
多環芳香族炭化水素　258
タゼチン　118
脱酸素剤　48, 237
タマゴテングタケ　111
胆のう　99
チクロ　189
着色料　165
チャコニン　120
中華料理店症候群　174
中好塩細菌　231
腸炎ビブリオ　28
腸管凝集接着性大腸菌　40
腸管出血性大腸菌　35
腸管侵入性大腸菌　40
腸管毒素原性大腸菌　40
腸管病原性大腸菌　40
腸球菌　203
超高温殺菌　228
チョウセンアサガオ　117
腸内細菌科菌群　204
腸内フローラ　194
調味料　172
通性嫌気性菌　237
ツキヨタケ　110
ツチン　120
L-テアニン　174
低温細菌　198, 228
低温殺菌　227
低温貯蔵　230
デオキシニバレノール　152
テトラミン　105
テトロドトキシン　94, 106
デヒドロ酢酸ナトリウム　184
テングタケ　113
天然香料　160
銅　131
凍結　229
動物性自然毒　89
動物用医薬品　138
ドウモイ酸　104
トキソプラズマ　78

ドクウツギ　119
ドクササコ　112
ドクゼリ　119
ドクツルタケ　111
特定遺伝子組換え農産物　251
特定危険部位　255
特定原材料　248
ドクニンジン　119
α-トコフェロール　178
ドライアイスセンセーション　96
トランス脂肪酸　149
トリカブト　115
トリコロミン酸　113
とり刺し　34
トリメチルアミン　221

な行
ナイシン　184
内部被曝　243
内分泌攪乱化学物質　263
ナガズカ　98
鉛　132, 267
におい成分　208
握り飯　42
二酸化硫黄　169
ニセクロハツ　112
ニトロソアミン　256
N-ニトロソ化合物　256
N-ニトロソジメチルアミン　256
ニバレノール　152
日本海裂頭条虫　70
乳酸　211
乳児ボツリヌス症　49
ネオスルガトキシン　105
ネオテーム　171
ネコ　78
ネト　211
ノロウイルス　60

は行
パーシャルフリージング　214

ハードル理論　*239*
バイ　*105*
バイオプリザベーション　*239*
肺吸虫　*73*
バイケイソウ　*116*
ハイドロパーオキシド　*148*
バクテリオシン　*239*
ハコフグ　*99*
馬刺し　*77*
ハサップ　*268*
ハシリドコロ　*117*
蜂蜜　*49*
麦角アルカロイド　*156*
発がん物質　*256*
発酵　*205*
発色剤　*167*
パラオキシ安息香酸エステル　*184*
パラムツ　*100*
パリトキシン　*99, 106*
半減期　*243*
ハンター・ラッセル症候群　*126*
ヒカゲシビレタケ　*114*
微好塩細菌　*28, 231*
微好気性菌　*33, 237*
ヒスタミン　*145, 210, 246*
ビスフェノールA　*264*
微生物性食中毒　*16*
ヒ素　*127*
　　——ミルク中毒事件　*127*
ビタミンA過剰症　*101*
ビタミンC　*176*
鼻中隔穿孔　*134*
ヒト-ヒト感染　*62*
ヒトヨタケ　*114*
病原大腸菌　*39*
表示　*190, 248, 252*
漂白剤　*168*
ヒヨスチアミン　*117*
ヒラメ　*69*
ピロフェオホルバイドa　*106*
びん詰　*48, 217, 226*
ファゼオルナチン　*121*

ファロイジン　*111*
ファンコニー症候群　*130*
フグ毒　*90*
不顕性感染　*63*
プタキロシド　*121*
フタル酸エステル　*264*
付着菌数　*223*
ブチルヒドロキシアニソール　*178*
ブドウ球菌　*41*
腐敗　*205*
　　——の判定　*220*
　　——微生物　*206*
フモニシン　*152*
フリーラジカル　*147*
プリオン　*254*
プロスタグランジン　*122, 246*
プロスルガトキシン　*105*
プロトベラトリン　*116*
プロピオン酸　*184*
分散接着性大腸菌　*40*
分別生産流通管理　*253*
糞便系大腸菌群　*202*
米飯　*219*
ヘテロサイクリックアミン　*259*
ベニテングタケ　*113*
ベラトラミン　*116*
ベラトリジン　*116*
ベロ毒素産生性大腸菌　*35*
偏性嫌気性菌　*237*
ベンゾ[a]アントラセン　*259*
ベンゾ[a]ピレン　*259*
ベンゾ[b]フルオランテン　*259*
変敗　*147, 219*
防かび剤　*179*
放射性セシウム　*243*
放射性物質　*241*
放射線　*241*
放射能　*241*
防虫剤　*181*
ポジティブリスト制度　*140, 267*

ポストハーベスト農薬　*135, 179*
保存料　*182, 239*
ホタルイカ　*76*
没食子酸ピロピル　*178*
ボツリヌス菌　*43, 238*
ボツリヌス毒素　*45*
ホテイシメジ　*114*
ポリ塩化ジベンゾp-ジオキシン　*143*
ポリ塩化ジベンゾフラン　*143*

ま行

マイコトキシン　*150*
マイトトキシン　*98*
マウスユニット　*92*
マスト細胞　*245*
麻痺性貝毒　*101, 106*
水俣病　*125*
宮崎肺吸虫　*73*
無鉤条虫　*80*
ムシモール　*114*
ムスカリジン　*110*
ムスカリン　*110, 113*
メサコニチン　*115*
メタロチオネイン　*130*
メチル水銀　*125*
メルカプタン　*210*

や行

焼き肉　*38*
焼き飯　*53*
薬事・食品衛生審議会　*6, 162*
野菜　*218*
有機塩素系化合物　*141*
有機塩素系農薬　*136, 143*
有鉤条虫　*81*
油脂　*147*
ユッケ　*37, 204*
容器包装　*264*
溶血性尿毒症症候群　*38*
ヨウ素価　*148*
要冷蔵食品　*196*

横川吸虫　*74*

ら行
酪酸　*210*
卵巣　*98*
ランプテロール　*110*
リコクトニン　*115*
リコリン　*118*
リスク管理　*3, 5*
リスクコミュニケーション
　3, 6
リスク評価　*3, 5*
リスク分析　*3*
リステリア　*54*
リナマリン　*121*
硫化水素　*210*
冷蔵　*228*
冷凍　*214, 228*
レトルト食品　*217*
ロイコトリエン　*246*

わ行
ワックスエステル　*100*
ワライタケ　*114*
ワラビ　*121*

────────────

アルファベット
ADI　*138, 162, 163*
AF-2　*189*
Alicyclobacillus acidoterrestris
　218
Anisakis　*66*
ARfD　*138*
Aspergillus flavus　*151*
a_w　*233*
A型肝炎ウイルス　*60*
Bacillus cereus　*52*
BGLB　*200*
BHT　*177*
BSE　*254*
Campylobacter coli　*33*
Campylobacter jejuni　*33*

CCP　*270*
Clostridium botulinum　*43*
Clostridium perfringens　*49*
CODEX　*7*
coliforms　*200*
DCA　*200*
D値　*225*
E. coli　*202*
ECテスト　*202*
EDTA　*177*
Enteritidis 血清型菌　*22*
Enterobacteriaceae　*204*
Enterococcus　*203*
Escherichia coli　*35*
E型肝炎ウイルス　*60*
F_0値　*217*
FAO　*7*
FSSC 22000　*275*
Geobacillus stearothermophilus
　217
Geobacillus stearothermophilus
　227
GMP　*270*
GM食品　*250*
HACCP　*268*
　──の12手順　*270*
　──の制度化　*269*
　──の第三者認証　*275*
　──の7原則　*270*
HT-2トキシン　*152*
IgE　*245*
IMViC 試験　*200, 202*
ISO 22000　*276*
JECFA　*7*
JFS-C　*275*
Kudoa septempunctata　*68*
K値　*221*
LB　*200*
Listeria monocytogenes　*54*
Moorella thermoacetica
　217, 227
Morganella morganii　*210*
MU　*92, 101, 103*
NOAEL　*138, 163*

O157　*37*
PAH　*258*
pasteurization　*227*
PCB　*141, 264*
pH 調整　*235*
Photobacterium damselae
　210
POPs　*141*
PP　*270*
PRP　*270*
Pseudoterranova　*66*
ready-to-eat 食品　*57*
Salmonella choleraesuis　*24*
Salmonella enterica　*24*
Salmonella Enteritidis　*24*
Salmonella Typhimurium　*24*
Shigella　*58*
SQF　*275*
SRM　*255*
SRSV　*60*
SSOP　*270*
Staphylococcus aureus　*41*
T-2トキシン　*152*
TCBS 寒天培地　*29*
TDH　*30*
TDI　*144*
TRH　*30*
Typhimurium 血清型菌　*22*
UHT　*228*
VBN　*220*
VBNC　*207*
Vibrio parahaemolyticus　*28*
Voges-Proskauer 反応　*202*
VRBG　*204*
WHO　*1, 7*

著者紹介

藤井建夫（ふじい・たてお）

京都府生まれ．京都大学農学部水産学科卒業，同大学大学院農学研究科博士課程修了，農学博士．水産庁東海区水産研究所微生物研究室長，東京水産大学・東京海洋大学教授，山脇学園短期大学教授，東京家政大学特任教授（生活科学研究所長）などを経て，現在,同大学大学院客員教授，東京海洋大学名誉教授．日本食品衛生学会元会長．

専門分野―食品微生物学，食品衛生学．

主な著書―「加工食品と微生物」（中央法規出版），「増補 塩辛・くさや・かつお節」（恒星社厚生閣），「食品の腐敗と微生物」（幸書房），「食品微生物学の基礎」（講談社），ほか．

塩見一雄（しおみ・かずお）

岡山県生まれ．東京大学農学部水産学科卒業，同大学大学院農学系研究科博士課程修了，農学博士．日本学術振興会奨励研究員，米国ロードアイランド大学薬学部博士研究員，東京水産大学・東京海洋大学教授を経て，現在,東京海洋大学名誉教授．日本食品衛生学会元会長．

専門分野―水産化学，食品衛生学．

主な著書―「新・海洋動物の毒」（成山堂書店），「魚貝類とアレルギー（改訂版）」（成山堂書店），「魚介類アレルゲンの科学」（恒星社厚生閣），「食品の危害化学物質」（幸書房），ほか．

2022 年 3 月 10 日　初版第 1 刷発行

新・食品衛生学　第三版

著　者　藤井建夫・塩見一雄
発行者　片岡一成
発行所　（株）恒星社厚生閣
製　本　シナノ

東京都新宿区四谷三栄町3-14　（〒160-0008)
TEL. 03(3359)7371　FAX. 03(3359)7375

（定価はカバーに表示）

ISBN978-4-7699-1676-5 C3060
Tateo Fujii & Kazuo Shiomi, 2022 Printed in Japan

JCOPY 〈出版者著作権管理機構　委託出版物〉